O DRAGÃO E OS DEMÔNIOS ESTRANGEIROS

HARRY G. GELBER

O DRAGÃO E OS DEMÔNIOS ESTRANGEIROS

A CHINA E O MUNDO, DE 1100 A.C. AOS DIAS ATUAIS

Tradução de
Marisa Motta

Revisão Técnica de
Antonio José Bezerra de Menezes Jr.

EDITORA RECORD
RIO DE JANEIRO • SÃO PAULO

2012

CIP-BRASIL. CATALOGAÇÃO-NA-FONTE
SINDICATO NACIONAL DOS EDITORES DE LIVROS, RJ.

Gelber, Harry Gregor
G279d O dragão e os demônios estrangeiros : a China e o mundo, de 1100 a.C. aos dias atuais / Harry G. Gelber ; tradução de Marisa Motta. – Rio de Janeiro : Record, 2012.

Tradução de: The dragon and the foreign devils
Inclui bibliografia e índice
ISBN 978-85-01-08145-2

1. China – Relações exteriores. 2. China – História. I. Título.

CDD: 327.51
11-0446 CDU: 327(510)

Texto revisado segundo o novo Acordo Ortográfico da Língua Portuguesa.

Título original em inglês:
THE DRAGON AND THE FOREIGN DEVILS

Diagramação de miolo: editoriarte

Direitos exclusivos de publicação em língua portuguesa para o Brasil
adquiridos pela
EDITORA RECORD LTDA.
Rua Argentina, 171 – Rio de Janeiro, RJ – 20921-380 – Tel.: 2585-2000,
que se reserva a propriedade literária desta tradução.

Impresso no Brasil

ISBN 978-85-01-08145-2

PEDIDOS PELO REEMBOLSO POSTAL
Caixa Postal 23.052 - Rio de Janeiro, RJ - 20922-970

Dedicado a Isabelle, Gabriel, Simon e Jocelyn,
que não estavam presentes na última vez.

Nota sobre romanização

O texto pinyin de romanização adotado há alguns anos na China foi utilizado neste livro para a transição dos nomes e termos chineses. A forma de romanização mais antiga que seria mais familiar ao leitor (por exemplo, Cantão em vez de Guangzhou) é indicada em nota da primeira vez em que o nome aparece.

Sumário

Ilustrações

Retrato do primeiro jesuíta importante a pisar na China, Matteo Ricci (1552-1626). (*Gesu, Roma, Itália/The Bridgeman Art Library*)

Ferdinand Verbiest (1623-1688). (*Hulton Archive, Getty Images*)

O jesuíta alemão Adam Schall von Bell (1591-1666). (*Athanasius Kircher, China momentis qua profanis [...] aliarumque rerum memorabilium argumentis ilustrata, Amsterdã 1649, placa 11. Foto: Oldenbourg Wissenschaftsverlag, Munique*)

O imperador Kangxi (1654-1722), da dinastia Qing. (*De an.haiguinet.com*)

Passaporte da dinastia Qing (*De www.ecf.caltech.edu)*

Conde Fyodor Golovin (1650-1706), o negociador russo do Tratado de Nerchinsky, firmado em 1689. (*De www.diplomatrus.ru*)

Vista do palácio de verão, Beijing (artista chinês, data desconhecida). (*Bibliothèque Nationale, Paris, França/The Bridgeman Art Library*)

Lorde George Macartney, primeiro embaixador britânico na China, ajoelhado diante do imperador (desenho de James Gillray), 1794. (*Victoria & Albert Museum, Londres RU/The Bridgeman Art Library*)

A Grande Muralha da China, de William Simpson, 1886. (*Coleção Privada, © Bonhans, Londres, RU/The Bridgeman Art Library*)

Guangzhou, *c.*1850. (*Coleção do autor*)

A imperatriz viúva Cixi, o último governante Qing (1835-1900). (*Cortesia da Historic Photographs, Fine Arts Library, Harvard College Library*)

Bombardeio de Guangzhou durante as Guerras do Ópio, 1856. (*Hulton Archive, Getty Images*)

Cartum chinês dos diabólicos (cuspidores de fogo) europeus durante as Guerras do Ópio, 1857. (*Hulton Archive, Getty Images*)

Henry John Temple, visconde Palmerston, secretário britânico de Relações Exteriores e futuro primeiro-ministro (1784-1865). (*Coleção do autor*)

O conde de Elgin, comandante britânico na China em 1857 e de 1859-60. (*Time & Life Pictures, Getty Images*)

Anson Burlingame, diplomata norte-americano, na ocasião embaixador chinês no Ocidente (1820-1870). (*Library of Congress, Washington, D.C.*)

John Hay, secretário de Estado dos EUA, 1900. (*Library of Congress, Washington, D.C.*)

Um boxer acenando uma bandeira. (*National Archives dos EUA*)

Conde Nikolai Muraviev-Amursky, governador da Sibéria oriental, 1847-61. (*De www.peoples.ru*)

Conde Sergei Witte, negociador do término da guerra russo-japonesa (1849-1915). (*Library of Congress, Washington, D.C.*)

Agradecimentos

Este livro é um estudo sobre a visão e o relacionamento dos países estrangeiros e das pessoas com a China ao longo de muitos séculos, e de como a China lidou com eles. É desnecessário dizer que este trabalho não poderia ter sido realizado sem o apoio de muitas instituições e pessoas. Sou extremamente grato à Universidade de Harvard e, em especial, ao Centro de Estudos Europeus e ao Fairbank Center, que se tornaram minha casa acadêmica durante dois anos, de 2004 a 2006; ao Departamento de Relações Internacionais e ao Centro Asiático da London School of Economics e Political Science, e à School of Government da Universidade da Tasmânia. As bibliotecas de Harvard e da London School of Economics e a British Library ofereceram recursos extraordinariamente ricos e indispensáveis. Alguns amigos e colegas também ajudaram de diversas formas ou foram gentis ao lerem e comentarem partes ou o texto total do manuscrito. Sinto uma imensa gratidão por eles: todos evitaram que eu cometesse mais erros, ou absurdos. A Caitlin Anderson, Christopher Andrew, Christopher Coker, James Cronin, Mark Elvin, Christopher Gelber, Merle Goldman, Peter Hall, Fred Halliday, Bill Hamilton, Christopher Hill, Stanley Hoffmann, Christopher Hughes, Philip Kuhn, Roderick MacFarquhar, Charles Maier, Jeff Makholm, Jonathan Mirsky, Robert Ross, Razeen Sally, John Schulz, Ross Terril e Ezra Vogel, meus agradecimentos. No final desse processo, Bill Swainson e seus colegas da editora Bloomsbury foram admiráveis, até mesmo intimidadores, pela eficiência em notar imperfeições de estilo ou de conteúdo que poderiam ter passado despercebidas.

Eu sou, é claro, o único responsável por quaisquer erros, equívocos, omissões e deslizes que possam ter escapado de todos esses olhos de águia.

HARRY G. GELBER
Cambridge, MA, 2006

Mapas

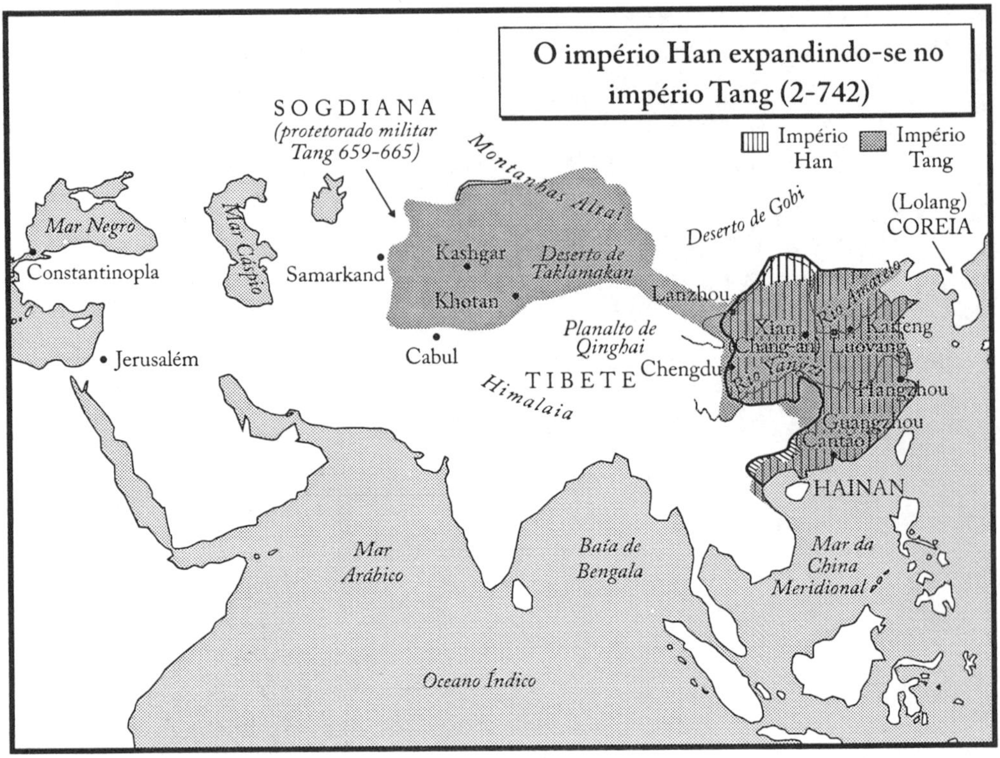
O império Han expandindo-se no império Tang (2-742)
Império Han
Império Tang
SOGDIANA
(protetorado militar Tang 659-665)
Montanhas Altai
Deserto de Gobi
(Lolang)
COREIA
Mar Negro
Constantinopla
Mar Cáspio
Samarkand
Kashgar
Khotan
Deserto de Taklamakan
Lanzhou
Rio Amarelo
Xian
Chang-an
Luoyang
Kaifeng
Jerusalém
Cabul
Planalto de Qinghai
TIBETE
Chengdu
Rio Yangzi
Hangzhou
Himalaia
Guangzhou
Cantão
HAINAN
Mar Arábico
Baía de Bengala
Mar da China Meridional
Oceano Índico

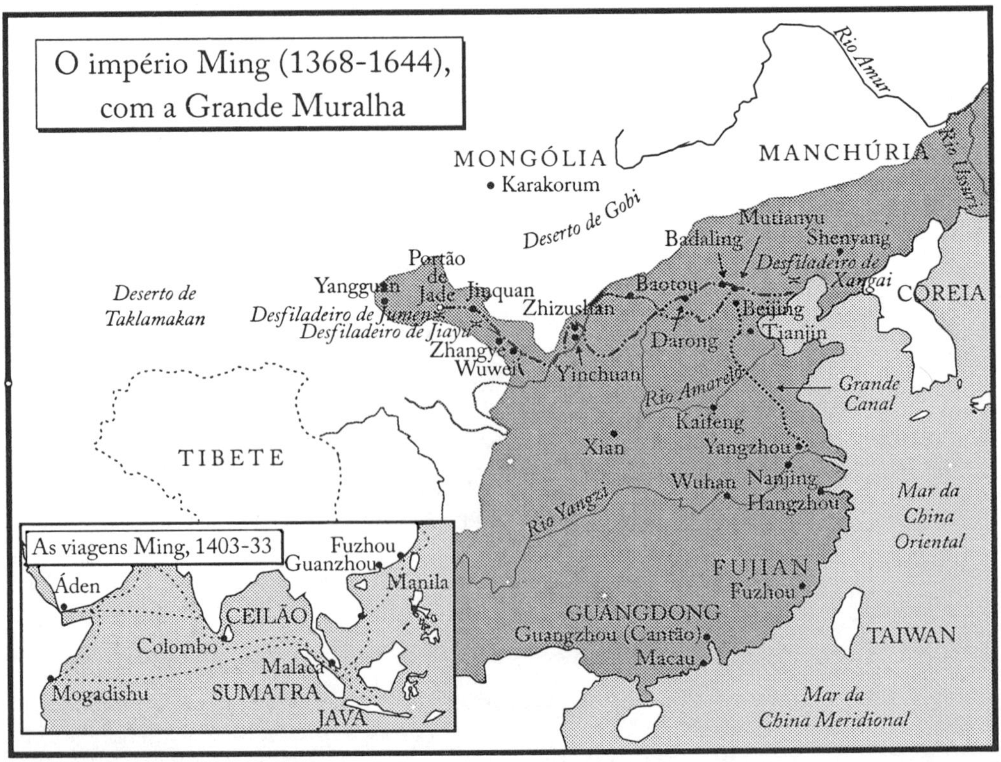
O império Ming (1368-1644), com a Grande Muralha
Rio Amur
MONGÓLIA
Karakorum
MANCHÚRIA
Rio Ussuri
Deserto de Gobi
Mutianyu
Badaling
Shenyang
Desfiladeiro de Xangai
COREIA
Portão de Jade
Yangguan
Jinquan
Baotou
Deserto de Taklamakan
Desfiladeiro de Jumen
Zhizushan
Beijing
Desfiladeiro de Jiayu
Tianjin
Zhangye
Darong
Wuwei
Yinchuan
Grande Canal
Rio Amarelo
Kaifeng
TIBETE
Xian
Yangzhou
Wuhan
Nanjing
Hangzhou
Rio Yangzi
Mar da China Oriental
FUJIAN
Fuzhou
GUANGDONG
Guangzhou (Cantão)
TAIWAN
Macau
Mar da China Meridional
As viagens Ming, 1403-33
Fuzhou
Guanzhou
Áden
Manila
CEILÃO
Colombo
Malaca
Mogadishu
SUMATRA
JAVA

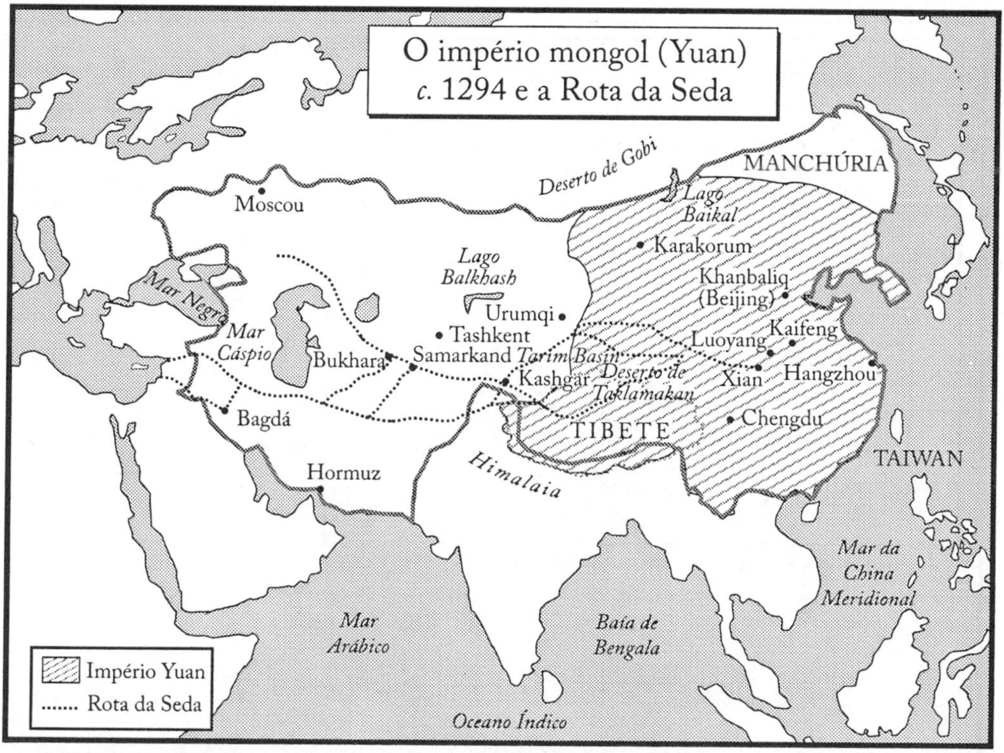
O império mongol (Yuan)
c. 1294 e a Rota da Seda
Deserto de Gobi
MANCHÚRIA
Moscou
Lago Baikal
Karakorum
Lago Balkhash
Khanbaliq (Beijing)
Mar Negro
Urumqi
Mar Cáspio
Tashkent
Kaifeng
Luoyang
Bukhara
Samarkand
Tarim Basin
Kashgar
Deserto de Taklamakan
Xian
Hangzhou
Bagdá
TIBETE
Chengdu
Hormuz
Himalaia
TAIWAN
Mar da China Meridional
Mar Arábico
Baía de Bengala
Império Yuan
Rota da Seda
Oceano Índico

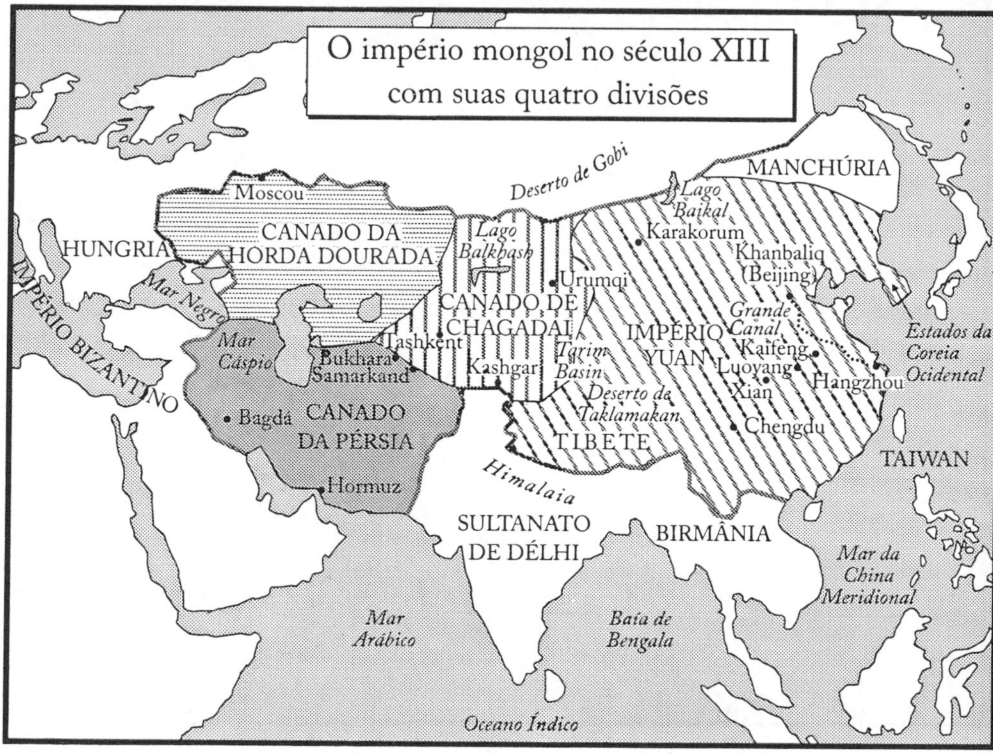
O império mongol no século XIII
com suas quatro divisões
Deserto de Gobi
MANCHÚRIA
Moscou
Lago Baikal
CANADO DA HORDA DOURADA
Lago Balkhash
Karakorum
HUNGRIA
Khanbaliq (Beijing)
Mar Negro
Urumqi
IMPÉRIO BIZANTINO
CANADO DE CHAGADAI
Grande Canal
Estados da Coreia Ocidental
Mar Cáspio
Tashkent
IMPÉRIO YUAN
Kaifeng
Bukhara
Samarkand
Tarim Basin
Kashgar
Luoyang
Hangzhou
Xian
Deserto de Taklamakan
Bagdá
CANADO DA PÉRSIA
Chengdu
TIBETE
TAIWAN
Hormuz
Himalaia
SULTANATO DE DÉLHI
BIRMÂNIA
Mar da China Meridional
Mar Arábico
Baía de Bengala
Oceano Índico

Fronteiras sino-russas, 1680-1859
Fronteira estabelecida pelo Tratado de Nerchinsk, 1689-1859
RÚSSIA
Chinês até 1859
Russo após 1859
Albazin
Nerchinsk
Kiakhta
CHINA
Rio Amur
Khavarovsk
Rio Ussuri
HEILONGJIANG
KIRIN
COREIA
JAPÃO
FEDERAÇÃO RUSSA
Urumqi
XINJIANG
QINGHAI
TIBETE
Himalaia
Lhasa
SICHUAN
NEPAL
BUTÃO
BANGLA-DESH
ÍNDIA
Baía de Bengala
MIANMAR
(Birmânia)
TAILÂNDIA

A China moderna
Lago Baikal
Ulaanbaatar
G Ó L I A
MONGÓLIA INTERIOR
HEILONGJIANG
Harbin
Changchun
JILING
Shenyang
(Mukden)
LIAONING
Hohot
Rio Amarelo
Beijing
(Khanbaliq)
Tianjin
Taiyuan
HEBEI
SHANXI
Rio Amarelo
Jinan
SHANDONG
COREIA DO NORTE
COREIA DO SUL
Mar Amarelo
Xian
SHAANXI
Zhengzhou
JIANGSU
HENAN
ANHUI
Nanjing
Xangai
JAPÃO
Hefei
HUBEI
Wuhan
Rio Yangzi
Chengdu
Hangzhou
Nanchang
ZHEJIANG
Mar da China Oriental
Changsha
JIANGXI
HUNAN
Fuzhou
Guiyang
GUIZHOU
FUJIAN
TAIWAN
GUANGDONG
GUANGXI
Guangzhou
(Cantão)
Nannnig
HONG KONG
HAINAN

Introdução

A China é o poder em ascensão mais instigante do mundo moderno. O crescimento explosivo da economia chinesa e a possibilidade de a República Popular da China ser em breve a próxima superpotência, que dominará o Leste asiático e influenciará o resto do mundo, têm atraído o interesse mundial, admiração e inveja, ou apreensão. É uma mudança extraordinária de posição da China, que há meio século estava devastada pela guerra e empobrecida, sendo um objeto, em vez de um sujeito, dos grandes poderes políticos.

Essas mudanças que parecem tão repentinas têm, no entanto, raízes profundas, que se estendem aos primórdios da história da China. E não só da China, mas de muitas tribos, reinos, nações e Estados que interagiram com os chineses durante longos períodos, e cujos desdobramentos ajudaram a configurar a China atual. Este livro descreve a história das relações entre os chineses e o resto do mundo, com grande ênfase nos interesses e pontos de vista de outros povos e países, e não apenas dos chineses e de suas dinastias. Relata a história desde o início, voltando mais de 3 mil anos no tempo. Começa com a pergunta de como e quando surgiu uma "China" identificável e coesa o suficiente para que outros povos a considerassem uma entidade soberana única. O livro estende-se até o início do século XXI.

A grande vantagem desse tipo de relato é que posso fazer uma narrativa englobando três pontos. Primeiro, o de examinar as relações envolvidas, das incursões dos cavaleiros das estepes à China por volta do ano 200 a.C. às conquistas dos mongóis no século XIII, da primeira vinda de viajantes estrangeiros até o declínio da China após 1911. De objeto de manipulação política dos grandes poderes até se tornar alvo de reações estrangeiras ao massacre da Praça da Paz Celestial em 1989. Segundo, tentei explicar o que motivou essas sociedades estrangeiras de menor e maior porte, quais preocupações com a China se inseriam em seus grandes interesses e em sua visão de mundo. E terceiro, resumi alguns temas intrigantes e recorrentes durante esse longo período. A China atravessou três ciclos repetitivos, da turbulência e desordem a um governo central forte, retrocedendo ao período de tumulto. Cada ciclo foi aparentemente causado pelos três maiores problemas da China: crescimento demográfico, administração central personalizada em excesso e fronteiras voláteis. Este livro discute cada um deles em minúcias. As condutas estrangeiras também se moveram em ondas ou ciclos, da admiração ou ganância ao desapontamento e à impaciência, até mesmo desprezo, depois retrocedendo ao ciclo anterior.

Quando uma pessoa em particular, um tópico ou um momento-chave precisa de mais explicações do que a narrativa principal permite, introduzi miniensaios, ou "intermezzos", para inseri-los no texto principal. É possível abordar qualquer tema, de "Confúcio" às "concubinas"; da última imperatriz do século XIX, Cixi, à influência decisiva na Guerra do Pacífico, entre 1941 e 1945, da habilidade da Marinha norte-americana de decifrar os "códigos navais japoneses"; ou os esboços das personalidades de figuras relevantes como Madame Chiang ou Deng Xiaoping; tudo isso, espero, sem interromper o desenrolar da história principal.

O livro, portanto, começa com um lento desenvolvimento e não com uma data específica, mas termina em 2001. Isso porque, embora seja concluído com um olhar para o futuro, tem como objetivo ocupar-se dos ciclos do passado, e não com as manchetes atuais sobre a política e a economia do século XXI. Ao mesmo tempo, o relato descrito pelo livro confere, precisamente em razão da recorrência de alguns dos principais temas, uma relevância por vezes surpreendente ao mundo contemporâneo. Isso se deve ao fato de que a extraordinária ascensão da China nos dias de hoje, até mesmo a maneira como lida com seus problemas internos, continua claramente interligada com as relações econômicas e políticas entre a China e outros países e poderes.

No Ocidente, a história e a cultura da China tornaram-se, nos últimos anos, uma grande indústria literária. Na verdade, o fascínio pela China e pela graciosidade de sua arquitetura, arte, cerâmica e poesia não é algo novo. Mas a história recente de revoluções e turbulências, além da expansão econômica e demográfica explosiva, tem atraído mais atenção do que o interesse cultural. Provocou admiração, mas também preocupações com relação ao crescimento de sua influência econômica e seu poder global em potencial. Esse fato suscitou uma extensa e diversificada produção literária, de narrativas de viajantes, de literatura sobre negócios ou finanças, a estudos acadêmicos de excelência a respeito da história chinesa e textos de orientação política que dizem como se relacionar com a China no futuro. Contudo, o fluxo e refluxo do interesse de outros Estados e sociedades, no contexto da política e da perspectiva chinesas, assim como o interesse ou desinteresse da China por eles, têm sido relativamente negligenciados.

Esta é a lacuna que este livro busca preencher.

1

Criação

Das Origens aos Qin,
1100 a.C. a 206 a.C.

A criação da China é uma das histórias mais confusas e turbulentas da humanidade. Da obscura compreensão de seus primórdios como um conjunto de tribos no vale do rio Amarelo, expandiu-se até se tornar o maior país do mundo, reunindo um quarto da população mundial; um país que fascina o exterior há vinte séculos. É uma história de violência, de invenções filosóficas e políticas, realizações artísticas brilhantes e, com frequência, de relações complexas e sutis com os estrangeiros.

A visão chinesa tradicional sobre as origens do país, do "Reino do Meio" ou do ser humano, tem sido cercada por mitos e lendas. Fósseis humanos encontrados há pouco tempo na região oeste do país têm mais de 3 milhões de anos; outros remontam a 1,7 milhão de anos. Outros apareceram no fértil vale do rio Amarelo ou próximo a ele. O homem de Beijing viveu há cerca de meio milhão de anos no norte da China, ao passo que o homem neolítico viveu aproximadamente em 10000 a.C.

Como, de fragmentos tão dispersos como esses, um grupo, uma sociedade emergiu com tanta coesão a ponto de ser denominada coletivamente de China? Estimativas modernas sugerem que as sociedades que conhecemos por esse nome começaram a surgir em torno de 6500 a.C., quando as primeiras técnicas de exploração agrícola do período Neolítico chegaram ao vale do rio Amarelo, possivelmente originárias do Oriente Médio. A população e os assentamentos, é claro, dependiam do abastecimento de comida: cultivo de milhete e sorgo nas planícies do norte e, ainda mais importante, a cultura de arroz no sul. O arroz sempre teve uma importância especial e, ao longo do tempo, tornou-se o produto principal da vida chinesa, moldando sua cultura. Em muitos lugares, o folclore diz que o arroz faz parte do mito da criação. As escrituras indianas e budistas mencionam com frequência o arroz e o utilizam como uma grande oferenda para os deuses. Na China, mesmo hoje, a tradição afirma que "as coisas mais preciosas não são as pérolas nem o jade, mas os cinco grãos", sendo o arroz o primeiro. Era um ditado antigo usado muito antes que o arroz se constituísse no grão mais importante entre mais de cinco.[1]

Assim, alimentos como sorgo e, em especial, o arroz forneceram uma base para a lenta absorção e fusão dos grupos étnicos e culturais que levaram — dependendo de como se calcula esses fatores — no mínimo 2 mil anos. Ninguém se considerava "chinês" até o início do primeiro milênio a.C. Houve um "império" bem antes de haver um "povo chinês" coeso, sem mencionar uma "China" no sentido moderno. A geografia política da China também sofreu um processo de mudança contínua. Desde o início de sua história, ocorreram alterações constantes de espaço, fronteiras, agrupamentos étnicos, e até mesmo de nomes. Por volta do final do ano 200 a.C., na primeira unificação, comandada pela dinastia Qin, o território da "China" correspondia a apenas cerca de um quarto de sua área atual.

O cultivo da terra foi durante muito tempo bastante primitivo, com vilarejos criados para a produção de alimentos, caça ou defesa, e que mudavam para novos locais quando o solo local se exauria. As casas eram construídas de taipa ou, no norte, poderiam ser cavernas quentes e confortáveis escavadas em colinas de loess. O trigo e a cevada parecem ter chegado no segundo milênio a.C., provavelmente mais uma vez da Ásia ocidental. Os camponeses criavam porcos e cachorros para comer a carne, e com o tempo passaram para a agricultura de corte e queimada e aprenderam como fabricar cerâmica e armazenar grãos. Só quando os grãos puderam ser armazenados, as pessoas criaram vilarejos mais permanentes, rodeados de muros de barro. Ao longo do tempo, tornaram-se socialmente estratificadas, com algumas famílias proprietárias de terras, outras sendo formadas por pequenos cultivadores e algumas se tornando escravas. O povo aprendeu a usar ferramentas e ornamentos, como anéis e machados feitos de pedra polida e jade, que se transformaram em símbolos do poder de um chefe e de seus contatos com o céu.

Os assentamentos aumentaram aos poucos e passaram a ter áreas de moradia e trabalho separadas. Acreditava-se que a primeira cidade da China havia sido criada por volta do ano 2000 a.C., onde hoje fica a província de Shandong, na mesma época em que os pequenos estados também surgiram. Mas em 2002 d.C., arqueólogos chineses encontraram ruínas de uma cidade na província de Anhui, datadas de 5500 a.C., contendo casas complexas, algumas grandes edificações, um fosso, oficinas, além de cerâmicas e joias.[2] Em muitos lugares, no entanto, só depois de 2500 a.C., os aldeões passaram a viver em assentamentos mais permanentes e as pessoas começaram a deslocar-se para a Manchúria e para o Centro e o Sul da China. Nessa época também surgiu a adoração ao ancestral, provavelmente para criar um relacionamento com os deuses do cotidiano entre os quais as pessoas viviam. Além disso, talvez em 2000 a.C., uns cinco séculos depois da construção da Grande Pirâmide no Egito, surgiu um tipo de cerâmica pintada que tinha algumas semelhanças com as encontradas em lugares no Oriente Médio e no Leste europeu

Ao mesmo tempo, a China permaneceu em grande parte isolada. As fronteiras de seu mundo eram rodeadas de desertos, oceanos e montanhas. O isolamento, com suas graves consequências, foi fortalecido por conflitos constantes com tribos guerreiras e bandos de salteadores da Ásia Central, que em torno de 1700 a.C. viajavam de um oásis perigoso a outro, ao passo que a China ficou separada por algo entre 490 e 644 mil quilômetros das civilizações emergentes da Índia e da Grécia. Em qualquer contexto político, a China era uma terra sem vizinhos.

A geografia ajudou a configurar as fundações da sociedade chinesa de outras formas. A China concentrou-se, no início, em dois vales colossais banhados por rios e nas terras que os circundavam (semelhante à conexão da antiga Pérsia com as artérias de seus grandes rios, o Tigre e o Eufrates). Eles foram temas centrais e contínuos na história da China. Apesar das crises ocasionais de escassez de víveres, a China desenvolveu um sistema sofisticado de agricultura, cada vez mais baseado na irrigação. Também implementou uma agricultura intensiva que exigiu muita mão de obra, fator que tem sido a base do sistema social desde então, o que proporcionou, entre outras coisas, uma forte coesão social. Mesmo nos tempos modernos, a China alimentou cerca de 23% da população mundial com apenas 7% de terra cultivável.

A primeira dinastia hereditária parece ter sido a Xia, mas só há evidência arqueológica mais sólida a respeito da segunda, a dos Shang. É possível que tenham se desenvolvido por volta de 1700 a 1122 a.C. Tanto eles como seus predecessores criaram as primeiras autoridades centrais e utilizaram a metalurgia do bronze. Em torno de 1400 a.C., o bronze teve seu uso disseminado, tanto para armas como para ornamentos. Era uma arte nobre no trabalho dos artesãos Shang. Além disso, os Shang fabricavam seda e inventaram a escrita, fatores essenciais na civilização chinesa desde então. Quase todos os seus registros escritos desapareceram, pois eram guardados em varas de bambu perecíveis. Porém, algumas inscrições em bronze sobreviveram, com palavras representadas por pinturas que faziam referência ao seu significado.

As cidades Shang provavelmente foram construídas na parte oriental do rio Amarelo, dividindo as terras em cidades-Estados que eram governadas por uma capital que poderia mudar de uma cidade para outra. Cidades muradas tornaram-se comuns. Nas primeiras delas, as muralhas tinham uns dez metros de altura por cerca de vinte metros de largura. As construções, tanto casas para o povo ou palácios para os reis, eram feitas de adobe, ou taipa. Os reis desempenhavam funções sacerdotais importantes, aliadas ao controle da economia e à liderança na guerra; e eram enterrados em túmulos subterrâneos em forma de cruz, acompanhados por utensílios e sacrifícios humanos.

Na época dos Shang, a maioria da população era composta por lavradores. As pessoas possuíam gado, porcos e cachorros, e adoravam cavalos, alguns importados das tribos nômades do norte. Os governantes reivindicavam direitos sobre a terra que esses lavradores utilizavam, e impunham obrigações, tais como a entrega de grãos, alistamento na guerra ou trabalho forçado. Na realidade, desde o período Neolítico os governantes chineses usaram uma mão de obra maciça para executar trabalhos públicos como muralhas ou canais, sem grandes preocupações com o sofrimento humano. (Na Segunda Guerra Mundial,* fez o mesmo para construir campos de aviação.)

Também podiam ser servos hereditários e alguns artesãos eram contratados como serviçais de famílias nobres. As pessoas comuns, por sua vez, viviam em moradias de bambu ou tijolo seco, e em geral tinham de gastar três quartos de sua renda em comida, enquanto parte dos camponeses citadinos continuava a viver em moradias subterrâneas. A expectativa de vida era de 25 a 26 anos, e devido à doença, à fome e ao trabalho árduo, a situação perdurou até o final do século XIX. Os nobres, em contraste, ocupavam postos importantes e havia uma classe de proprietários de terra mais ou menos independente, cujas propriedades se transformaram em uns trinta pequenos estados, mesmo no período em que o governante Shang continuou sendo o líder religioso e chefe supremo. Quando a dinastia Shang terminou, seus sucessores controlaram cerca de 3 milhões de homens livres e um milhão de escravos.

As guerras eram corriqueiras. Desde os primórdios da civilização, povos do norte e do oeste costumavam entrar na região chinesa, onde eram absorvidos ou repelidos. Os Shang estavam constantemente em guerra com os vizinhos. As armas eram feitas de bronze, porém o período Shang também deu origem a uma grande inovação: um veículo ligeiro de guerra com duas rodas. A tecnologia pode ter vindo do exterior, talvez transmitida pelos hititas da Ásia Menor. De qualquer forma, permitiu a criação de carros de combate. A luta ficou mais feroz e sangrenta, assim como concentrada na primavera e no outono, de acordo com as necessidades do inverno ou das colheitas no verão. Os exércitos eram comandados por

---

* Jiang Jieshi, em pinyin. Optou-se pela forma mais conhecida. (*N. da E.*)

guerreiros aristocratas seguidos por simples camponeses, todos ameaçados não só pelos senhores vizinhos, mas pelas tribos bárbaras estrangeiras.

Os Shang também desenvolveram ideias extremamente importantes, como a adoração do "Senhor nas Alturas", que governava os deuses inferiores do Sol, da Lua e de diversas forças como o vento e a chuva. Mais tarde, nutriram crenças sobre ancestrais que se tornaram pássaros. Acreditavam que, após a morte, os ancestrais passariam a morar no céu e que manteriam o interesse ativo pela família. Eram as pessoas adequadas para interceder com os deuses em benefício de seus descendentes vivos. Em resposta, as famílias tinham obrigações para com os ancestrais. Se esses deveres fossem negligenciados, os ancestrais ficariam zangados, cessariam a proteção e desastres poderiam ocorrer. Esse sistema social e de crença era apoiado por sacrifícios. O sacrifício humano era comum, pois nenhum desses reinos e sociedades era humanitário no sentido moderno do termo. Os escravos podiam ser mortos nas cerimônias de inauguração de um novo templo. Quando um rei morria, dúzias ou centenas de escravos ou prisioneiros podiam ser sacrificados. A cada ano, escolhia-se uma bela jovem que, bem vestida e com joias, era ofertada como noiva ao rio Amarelo. Com frequência, os reis eram acompanhados pelas esposas, e até mesmo por bons amigos, na morte, emparedados vivos no túmulo real.

Sexo, Casamento e o Universo

Desde os primórdios, a concepção chinesa do universo e do ser humano foi cíclica, como as estações do ano. Poderia haver ordem, mas não teleologia. A ordem do universo era uma eterna interação de *yin* e *yang*, as forças cósmicas negativas e positivas. Elas equilibravam-se como as relações do céu e da terra, que se uniam em tempestades tropicais.

A união sexual de um homem e uma mulher era uma réplica desse princípio universal e da interação das forças duais da natureza. Embora a família chinesa fosse patriarcal desde o começo, a mulher é quem tinha poderes especiais e mágicos, além de ser sexualmente superior ao homem. Era ela a guardiã do conhecimento sexual e a grande iniciadora, e o homem não passava de um pupilo ignorante. A mulher tinha um suprimento ilimitado de força vital e cuidava do marido, que, numa união sexual, fortalecia sua força vital alimentando-se do suprimento abundante dela. Portanto, era a mágica feminina que prendia o homem. Não surpreende, então, que desde o início dos tempos, assim como na literatura comum e erótica, a mulher tenha sido identificada com a cor vermelha, a cor da vida, com a felicidade e a potência sexual. Já o homem foi identificado com a cor branca, que denota influências negativas, luto, potência fraca e até mesmo morte.

Em razão dessas concepções, as relações sexuais, em particular as dos governantes, eram envolvidas por cerimoniais e ritos. Senhoras especiais da corte eram escolhidas para supervisionar as atividades sexuais do monarca e de suas esposas, e permaneciam no quarto real a fim de registrar o tempo e os detalhes dos acontecimentos, e também para manter o monarca ciente do estado de saúde de qualquer esposa ou concubina. Só as esposas podiam ficar no quarto real durante a noite inteira. As concubinas tinham de sair antes do amanhecer. E em todas as classes, qualquer que fosse a vida levada pelas concubinas ou pelas esposas antes de entrar na família, casar-se virgem era essencial para a mulher tornar-se a principal esposa do marido.

O governo dos Shang durou cerca de seis séculos e terminou quando, por volta de 1050 a.C., ou um pouco mais tarde, o pequeno estado de Zhou e seus aliados vindos do oeste invadiram a região Shang, destruíram seu exército e mataram o último imperador desta dinastia. No entanto, assim que assumiram o controle, adotaram muitos de seus costumes e sua forma de governo, enquanto expandiam consideravelmente seu território em direção ao sul e ao rio Yangzi. Os reis Zhou, tal como seus predecessores Shang, dividiram as terras entre seus membros, os clãs aliados e seus favoritos. Tendo em vista que os Zhou eram um grupo minoritário, o reino era administrado por tropas Zhou espalhadas pelo país, em áreas distribuídas como feudos dos clãs. O arrendatário do feudo, ou senhor local, considerava que a terra pertencia ao seu clã. Os Zhou também construíram novas cidades muradas, onde a nobreza vivia separada do povo nativo. Isso foi uma repetição dos princípios governamentais dos Shang aplicados às cidades e estados, com os governantes atentos para que a administração dos pequenos estados ficasse nas mãos de seus parentes ou aliados. Os senhores encarregados de cada pequeno estado comandavam guerreiros hereditários. Havia um código de conduta cavalheiresco, com regras similarmente complicadas de etiqueta para os civis. Os Zhou também desenvolveram, mais tarde, cerimônias que remontavam à adoração dos ancestrais pássaros.

Cada estado reivindicava o controle dos elementos principais de produção: água, terra e mão de obra. A sociedade se dividia nitidamente entre os ricos, os pobres e os governantes despóticos que requeriam seu direito à terra e sobre a população; porém constataram, como aconteceu com outro imperador chamado Mao Zedong no século XX, que territórios privados significavam mais produção. A especialização econômica desenvolveu-se até o ponto em que a produção comercial cresceu e pôde explorar os mercados locais dentro dos centros reais e de senhores da terra. Os assentamentos e as cidades aumentaram, com uma clara separação das áreas de moradia e de oficinas, que se localizavam fora da cidade. A produção de ferro e o artesanato urbano floresceram. Ao longo do tempo, dentro e em paralelo ao sacerdócio, desenvolveu-se um grupo social de "eruditos", que não pertencia nem à classe inferior nem à nobreza. Os forasteiros eram, é claro, os "bárbaros".

Com o decorrer dos séculos, a dinastia Zhou perdeu o poder. O império era enorme e sua administração inábil. Por conseguinte, os senhores locais prestavam cada vez menos atenção ao centro. Os Zhou sempre formaram um pequeno grupo com tribos nômades de mongóis, turcomanos e alguns tibetanos que viviam ao redor ou entre eles, fazendo com que a população estivesse longe de ser homogênea. Quando os aliados dos Zhou se espalharam pelo país, eles se tornaram mais independentes e menos incentivadores do centro, que se ocupava em rechaçar rebeldes e ataques. Os senhores locais, então, passaram a governar os grupos por conta própria. Por fim, em 771 a.C., uma aliança de senhores do norte e tribos nômades atacou a capital Xi'an e matou o governante.

Ao mesmo tempo, uma vez que o conceito moderno de fronteira indiscutível não existiu por 2 mil anos ou mais, a expansão e o declínio do governo Zhou suscitaram novas questões de legitimidade. A fim de convencer seus povos da legitimidade de seu poder, os governantes inventaram a concepção do "Mandato do Céu", ideia que permaneceu crucial nas noções subjacentes de autoridade até os séculos XX e XXI. Evidentemente, o céu reinava supremo entre todas as forças sobrenaturais e determinava os assuntos humanos. A monarquia era vista como uma posição intermediária entre o céu e a terra, e o imperador, ostentando o título de "Filho do Céu", era designado para cuidar do bem-estar de seus súditos. Também parecia lógico que, como chefe de governo, ele fosse o intermediário supremo entre o céu e a terra, e caso negligenciasse suas obrigações ou se tornasse corrupto, o céu retiraria seu mandato e o concederia a outra pessoa. Quando a benevolência celestial parecesse ter se retraído — a seca ou a escassez de víveres poderia ser uma evidência disso — o governante teria, é claro, perdido todas as suas qualidades sobrenaturais e, em consequência, o Mandato do Céu para governar. Se houvesse uma tentativa bem-sucedida de destronar o monarca, isso seria uma prova de que o mandato fora adequadamente transferido. Se a ação contra o imperador falhasse, o agressor seria apenas um rebelde e mereceria morrer. Isso era uma teoria de governo baseada no comportamento moral do governante e na gestão em benefício de toda a população, que continuaria a influenciar a política por séculos. Também ajudou a moldar as relações externas e, com isso, um poderoso sentimento de superioridade da China.

Esses princípios de governabilidade social, política e de relações externas, inclusive a noção do Mandato do Céu e do governante como o vínculo entre o céu e a terra, eram só uma espécie de fundação sobre a qual outros poderiam construir; especialmente os dois pensadores seminais da China e do mundo, Confúcio (551-479 a.C.) e seu discípulo Mêncio (372-289 a.C.), cujas vidas coincidiram com as de alguns dos grandes filósofos da humanidade, como o Buda por volta do ano 500 a.C. e Sócrates, Platão e Aristóteles um século mais tarde na Atenas de Péricles.

Confúcio foi, sem dúvida, o maior de todos eles. Ele desenvolveu a mais influente das três escolas, de certa forma rivais, do pensamento chinês. Era um filho culto de uma família da pequena aristocracia e passou a vida viajando pelos reinos em guerra, oferecendo conselhos sem assumir responsabilidades executivas. Só após sua morte, os discípulos coligiram suas ideias, muitas das quais incluíam pensamentos não necessariamente originais dele, e as inseriram nos *Analectos*, que tiveram uma influência moral, política e filosófica duradoura. Seus princípios, que abordam a organização adequada da família, da sociedade e do Estado, com ordens internas e relações com o mundo externo, permearam a política chinesa e as relações externas ao longo de vinte séculos. Eles exprimiram muitas premissas silenciosas até hoje. Mesmo durante a Revolução Cultural de Mao Zedong na década de 1960, 2 mil anos e meio depois de Confúcio, essas ideias de unidade familiar, deferência em relação à autoridade estabelecida e subordinação do indivíduo à sociedade sobressaíram em meio à loucura generalizada.

Os daoistas, estudantes de uma filosofia derivada de Laozi, um sábio que a tradição supunha ter vivido na mesma época em que Confúcio, no século VI a.C., coexistiam em desacordo com essas teorias.[3] Essas pessoas argumentavam que não havia necessidade de um sistema centralizador. A única coisa importante era um foco, ou uma compreensão, da força misteriosa conhecida como o *Dao*, ou o "Caminho". Apesar de indefinível, seria a fonte de todo poder ativo no universo.[4] Do ponto de vista político, os daoistas queriam um retorno das comunidades agrícolas primitivas, com um governo não invasivo que daria espaço para a relação espontânea das pessoas à natureza.

A terceira escola de pensamento foi a dos "legistas". Eles alegavam que os indivíduos só reagiam ao medo da dor ou, ao contrário, ao desejo de prazer. Por conseguinte, a organização tinha de ser estruturada com base em leis fortes, regulamentando um sistema claro de recompensas ou punições. O governante e o funcionário responsável — o chanceler que elaboraria as leis — eram os guias da sociedade. Abaixo deles, o povo comum tinha apenas um dever: viver e trabalhar para o governante e obedecer a ordens. Falhar na obrigação determinada pelo imperador, por exemplo, significava punição, independentemente das circunstâncias. Não havia sentido em mencionar os "direitos" de alguém fora do contexto das demandas do governante. Só o presente, e não um passado irrelevante, deveria guiar a ação. A autoridade do governante se originaria de sua posição, não de qualquer exemplo moral. Assim que as leis fossem promulgadas, elas tornariam as ações pessoais do governante muito menos relevantes para a prosperidade do império. A sociedade poderia ser administrada apenas aplicando as leis. O capital deveria ser socializado. A economia enriqueceria o Estado e fortaleceria o poder militar. Era uma visão com semelhanças curiosas com as do socialismo do século XX na China e na URSS. Também originava um governo arbitrário, gerando suspeitas e hostilidade com relação aos intelectuais e desconfiança quanto à atuação de comerciantes e mercados.

Uma Maneira de Viver Confuciana

Os analectos confucianos oferecem — ao menos como interpretado por seus seguidores e pelas gerações posteriores — um conjunto de princípios organizacionais, mas sobretudo morais, da vida familiar, social e política, com ênfase especial no caráter moral do governante, fosse ele de uma família ou de um Estado.

Confúcio enfatizou a ordem e a hierarquia, com o povo comum totalmente subordinado a um governante honrado. O céu permanece sendo a chave, não como um tirano divino, e sim como o mantenedor e a corporificação de um sistema de lei baseado em normas universais. Portanto, o sistema confuciano fundamentava-se na ideia de harmonia como o princípio básico de ordem cósmica e humana. O governante não deveria interferir nos assuntos do dia a dia. Em vez disso, deveria governar segundo uma conduta íntegra e pelo exemplo. A conduta íntegra era a base não apenas do status moral, mas do poder, e o governante seria um pai para seus súditos. "Aquele que governa pela força moral é como a estrela polar [...] Quando a conduta pessoal de um príncipe é correta, seu governo é eficaz sem emitir ordens. Se sua conduta pessoal for incorreta, ele poderá dar ordens, porém não será obedecido." O comportamento ético do governante determinaria a saúde moral e espiritual de toda a sociedade. Isso implicava, igualmente, que as reformas sociais emanariam de um governante benevolente, e não do povo comum (um pressuposto que ajuda a explicar o massacre da Praça da Paz Celestial). É claro, o céu poderia retirar o mandato do governante se ele parasse de cumprir os desígnios do céu, o que, é óbvio, referia-se a um bom governo e a uma conduta moral. Contudo, enquanto houvesse o mandato, Confúcio queria governantes que presidissem domínios nitidamente subdivididos, onde cada indivíduo fosse sensível à sua posição adequada na vida. O indivíduo se subordinaria à comunidade e o núcleo da organização seria a família, o Estado sendo apenas uma extensão do conceito familiar.

Para os confucianos, a ordem apropriada da comunidade e a vida familiar, portanto, dependiam de um comportamento ético sincero e da observância correta das regras tradicionais e das cerimônias públicas e privadas. A harmonia seria demonstrada no comportamento do homem superior. Isso se referia ao autorrespeito, à sinceridade, à benevolência e à magnanimidade; e, é claro, às boas maneiras. Essas qualidades seriam mostradas em todas as facetas do comportamento humano. A unidade familiar, a obediência ao chefe da família e o amor mútuo eram prioridades importantes. A família deveria ser governada por seu patriarca. O pai teria autoridade sobre o filho, o marido sobre a mulher, e o irmão mais velho sobre o mais novo. O mesmo princípio regeria a lealdade do súdito para com o governante. É desnecessário dizer que também era dever do pai, ou do governante, retribuir essa devoção com zelo e benevolência. Os valores comerciais ou o desejo por lucro, em contraste, eram vistos com reprovação.

Além disso, uma vez que o governante era o elo entre o céu e a terra, e o céu era, por definição, universal, ele era também um monarca universal e de todos os povos, chineses e outros, que lhe deviam deferência.

A dinastia Zhou prolongou-se até cerca de 400 a.C., mas não foi um período de paz e calma. Tendo em vista que a ordem política da terra continuava a ser menos unitária, com uma hierarquia intrincada de posições sociais e posse da terra, os senhores locais expandiram a soberania absoluta em suas terras e as rupturas de relações se intensificaram. Além disso, a posição do imperador tornou-se contraditória. Por um lado, por ser o "Filho do Céu", ele era o governante universal. Por outro, a autoridade real do governante diminuía muito à medida que alguém se aproximava da periferia do império. Por vários motivos, ele não era nada mais do que um títere.

Nesse ínterim, o trabalho em ferro e a agricultura aumentaram consideravelmente a riqueza e o crescimento populacional, embora os números exatos sejam desconhecidos. Depois de 400 a.C., veio o período dos "reinos combatentes", que acarretou desordem e fragmentação social até meados dos anos 250. Contudo, as cidades cresceram, converteram-se em centros de cultura e luxo, atraindo imigrantes. Foi um período de grande inquietude, mas apesar disso o comércio se expandiu. As guerras estimularam as trocas mercantis e os impostos comerciais contribuíram muito para a renda do Estado. Ao mesmo tempo, dentro dos estados a autoridade ficou mais centralizada. Uma classe governante profissionalizada desenvolveu-se, em parte devido à necessidade de competência administrativa para a sobrevivência do

Estado; e mais atenção foi dada ao recrutamento de funcionários capacitados. A posse privada de terra cresceu no momento em que antigos nobres e servos passaram a usar a terra dos habitantes locais. Quando as famílias adquiriam a terra, o chefe da família reivindicava um direito de posse ou, após sua morte, o direito de dividi-la entre os filhos sobreviventes.[5]

Ao longo do tempo, os reinos combatentes perderam todo o senso de submissão ao poder central, enquanto a guerra se convertia em questões mais relevantes. Mercenários foram contratados e, no século V a.C., surgiu a cavalaria, com governantes e comandantes imitando os vizinhos mongóis e turcos. Isso tornou a guerra ainda mais violenta. No norte, alguns pequenos estados continuaram a lutar com grupos tribais de fora do império. Em torno do ano 300 a.C., algumas dessas tribos mongóis e turcas, que há muito tempo dominavam a arte de lutar a cavalo, constituíram a federação xiongnu. À medida que a população crescia, camponeses chineses migraram em direção ao norte e precisaram de proteção contra o ataque das tribos. Então, os governantes construíram muralhas para manter a federação xiongnu afastada. Foi o início de uma prática que por fim gerou a "Grande Muralha". Outro desdobramento foi a fusão de dúzias, até mesmo centenas, de pequenos estados. Em determinado momento, existiam milhares deles. Aos poucos, uns absorveram os outros e, ao final, só restou um.

O pequeno Estado que restou foi o principado dos Qin, cujo duque passou a adotar o título de *Wang*, ou rei. Grande parte de sua população não era chinesa, e sim tibetana ou turca. No entanto, os governantes podiam recrutar a população inteira para servir na guerra. Com o passar do tempo, os Qin suplantaram a casa reinante dos Zhou.

Por volta do ano 221 a.C., começou o período clássico da unificação da China e da elaboração da cultura chinesa. A figura central dessa consolidação foi o maior governante Qin, na verdade, o primeiro a intitular-se imperador, que governou "tudo sob o céu", Qin Shi Huangdi. Ele nasceu em 259 e assumiu o trono Qin aos 13 anos. No início, governou com o título de rei, e só depois de escapar de diversas tentativas de assassinato[6] e de eliminar estados menores passou a governar como imperador do estado que se tornaria a "China", reinando de 221 a 210 a.C. Sua memória permaneceu viva na imaginação dos chineses ao longo dos séculos. O nome "China" provavelmente é originário do nome Qin.

Na unificação Qin, o governo central se fortaleceu às custas dos barões locais. O processo seguiu princípios não confucianos. Qin Shi Huangdi não tinha dúvidas de que deveria governar o império com ideias legistas e pulso de ferro. Ele representava o ápice do governo e era o grande executor de transgressões. Qualquer poder alheio era mantido apenas pelo capricho do imperador. A aristocracia rural foi substituída por funcionários regionais nomeados. O protesto e a rebelião da aristocracia foram enfraquecidos pela mudança forçada de umas 120 mil famílias dominantes para novos palácios na capital em Xi'an, onde viviam de estipêndios sob a vigilância do imperador. Ao mesmo tempo, a presença desse grande grupo aristocrático atraiu comerciantes e artesãos, e assim a capital se tornou um centro de cultura e arte.

Huangdi também ordenou que as muralhas das cidades no império todo fossem derrubadas e que as armas privadas ou dos clãs fossem apreendidas e fundidas. Ele fomentou o poder burocrático centralizado e uma nova elite de funcionários subordinada ao governante. Instaurou novos princípios de responsabilidade em grupo, de modo que cada membro de uma família ou de um grupo fosse responsável pelos erros cometidos por qualquer outro membro. Isso significava que uma família inteira de um transgressor poderia ser punida, até mesmo executada, pelo seu ato. Esses fatos ocasionaram uma forma de governo que politizava todos os aspectos da vida chinesa, do comércio aos costumes, às ideias e à arte. Estendeu-se à elaboração de sistemas diferenciados de escrita, arte e literatura, ao desenvolvimento de um texto padronizado e do primeiro léxico.

Houve outras melhorias práticas. Na época em que Huangdi assumiu o trono, muito já havia sido feito para codificar as leis e padronizar os pesos e as medidas, mas ele foi além. Introduziu um código legal uniforme em todo o império e uma moeda de metal padrão. Além disso, promoveu grandes aperfeiçoamentos na agricultura e na irrigação.

Ao mesmo tempo, Qin Shi Huangdi aproveitou talentos de todos os lugares, à medida que reorganizava e centralizava a administração pública. Foi uma versão antiga do que os franceses muitos séculos depois batizariam de *carrière ouverte aux talents*. Contudo, também havia leis severas e punições cruéis. Em caso de traição ou revolta, o culpado poderia ser cozido vivo em um caldeirão. Violações menores seriam punidas com mutilação. Entretanto, as comunicações se aperfeiçoaram bastante, não apenas por uma grande rede de canais, mas graças a uma enorme rede de 6.800 quilômetros de estradas imperiais. Essas estradas uniram o império e permitiram o transporte de pessoas, mercadorias e alimentos para a população em crescimento. Havia uma medida padrão para veículos, a fim de que as rodas se encaixassem nos sulcos profundos que o tráfego criava nas estradas. A questão da defesa também foi considerada. A tecnologia militar foi modernizada com a introdução de espadas de ferro, e não mais de bronze. O imperador estendeu as versões antigas, feitas de terra compactada, da "Grande Muralha" para a defesa da região norte. Era uma vasta operação humana e logística que empregava cerca de 300 mil homens, inevitavelmente com uma enorme taxa de mortalidade. Mas ele também empreendeu campanhas de conquista em áreas onde hoje se localizam Guangdong e Guangxi. Seus exércitos chegaram até Yunnan, Sichuan e ao delta do rio Vermelho, onde agora é o Vietnã; também tentou colonizar novos territórios enviando condenados para os locais.

Havia um controle feroz do pensamento. O imperador ordenou que se queimassem livros que ele desaprovava, a maioria obras de Confúcio, embora tenha preservado textos sobre medicina e agricultura. Dizem ainda que mandou enterrar vivos cerca de 460 eruditos, a maior parte confucianos. Aliava a qualidade de grande organizador ao misticismo. Seu palácio foi construído segundo princípios astronômicos. Ele organizava suas viagens pelo império de forma a corresponder com a trajetória do Sol; e seu túmulo refletiria a organização do universo. Talvez seu memorial mais famoso seja sua tumba, descoberta só em 1974, repleta de preciosidades, com o teto abobadado e bestas instaladas para atirar em qualquer intruso. O imperador foi seguido em sua morte por muitas concubinas. Os trabalhadores também foram enterrados para não revelarem os segredos do túmulo. Os destaques principais são as cerca de 7.500 estatuetas de soldados, cada uma desenhada e esculpida com a postura e a fisionomia diferentes, que foram enterradas para protegê-lo. Essas estatuetas se tornaram uma grande atração turística.

Contudo, a energia, o dinamismo e os custos humanos e materiais do reinado de Qin Shi Huangdi foram demasiados para o império suportar. Havia um profundo ressentimento quanto ao fardo crescente do serviço militar, dos impostos e do trabalho forçado. As classes letradas ressentiam-se com o controle do pensamento. Quando Huangdi morreu, a rebelião eclodiu. Os nobres queriam mais poder, populistas reivindicaram os direitos dos trabalhadores forçados, generais queriam mais liberdade de ação. Após apenas quatro anos da morte do grande imperador, o segundo imperador, pressionado pelo desespero, suicidou-se e o império começou a ruir. Mais tarde, depois de algumas décadas de turbulência, um líder rebelde, Liu Bang, entrou na capital, destronou o novo e jovem governante e se proclamou imperador em 206 a.C. Foi o início da dinastia Han.

2

Dos Han aos Sui

206 a.C. a 581 d.C.

Ele assumiu o trono com o nome de Gaozu em torno de 200 a.C. e iniciou uma era em que os efeitos das conquistas de Huangdi, o aumento da riqueza e da população na China e a unificação imperial tornaram as relações internacionais muito mais importantes. Era mais do que "relações internacionais" no sentido moderno. O que começou e perdurou cerca de 22 séculos não era tanto um processo de relações contínuas com estrangeiros, mas uma expansão e absorção de outros povos e territórios num império cada vez maior. O Estado herdado dos Qin cobria apenas uma fração da China atual, mas em dois milênios antes de Cristo sua população multiplicou-se na faixa de 20% ou mais. A expansão era flutuante e errática, porém a trajetória histórica foi de crescimento e ampliação. Tampouco foi apenas uma "marcha de conquista", embora a maioria das vitórias militares sem dúvida tenha sido. Em vez disso, grande parte da expansão da China resultou de dois outros fatores. Um deles foi o processo quase imperceptível de absorção e consolidação que os chineses desenvolveram por meio da agregação de tribos num único povo. O outro fator deveu-se à atração provocada pelo poder e riqueza crescentes, e também graças ao dinamismo da China e de sua cultura, que fizeram com que povos tribais, ou os potentados do

Turquestão e da Manchúria, interessassem-se em integrar uma cultura mais rica e atraente que a deles. Mesmo os estrangeiros que posteriormente conquistaram a China, como os mongóis e depois os manchus, constataram que precisavam se adaptar aos povos que governavam e se tornaram, ao longo do tempo, achinesados. Além disso, suspeita-se que o peso demográfico evidente das massas chinesas estimulava a antiga tendência dos camponeses sem terra de vagar por novos territórios. A influência da política de Beijing no final do século XX para suprimir os povos e culturas do Tibete e Xinjiang, importando imigrantes chineses, talvez também tenha contribuído.

Em suma, as pessoas que começaram a se intitular "Han" se expandiram a partir das planícies da região central da China em todas as direções, por meio de migrações e pela conquista e assimilação de tribos locais. A China sempre teve mais grupos políticos e étnicos, assim como estados em suas fronteiras, do que qualquer outro país; e embora os chineses tenham por fim sido expulsos da Coreia e do Vietnã, eles ao longo dos séculos se disseminaram por lugares onde havia espaço.

Os princípios chineses de governo ajudaram. Apesar de toda a confusão e desordem da época tardia dos Han, sem mencionar os quatro séculos tumultuados seguintes, os grandes princípios de unidade da China, consolidados pelos Han, nunca foram de todo perdidos. Não menos importante foi o imperador, responsável apenas perante o "Céu". Ele permanecia sendo um símbolo de continuidade e permanência, a autoridade suprema, o foco do serviço. Esperava-se que desse um exemplo moral, pois se o seu desempenho decaísse, o céu ficaria zangado. Por ser o sustentáculo da moralidade e a única fonte de leis, seus subordinados tinham o dever de adverti-lo se a conduta dele se tornasse questionável ou se sua política fosse prejudicial.

Os Han governaram de 206 a.C. a 221 d.C., um período dividido, em linhas gerais, em duas metades iguais. A dinastia teve um bom desempenho inicial. Os imperadores fomentaram a recuperação econômica, reduziram impostos e revogaram leis impopulares e controles centralizados. Nesses quatro séculos, expandiram o governo e o comércio em todas as direções. O governante mais prestigioso foi o imperador Wudi, que assumiu o trono em 141 a.C., com 16 anos, e governou por quase meio século, até 87 a.C. Gravuras retratam-no com grandes mandíbulas e um abdome pronunciado. Assim como Qin Shi Huangdi, converteu-se em um dos maiores imperadores da China. Ele era ainda mais sagaz do que seus predecessores Qin quanto à expansão territorial e às conquistas militares. Passou a ser conhecido como o "Imperador Marcial" e gastou enormes somas que resultaram num grande crescimento imperial. Também criou a burocracia estatal, ainda mais importante, um ideal de império e de administração imperial que perdurou. No final do período Han e ao longo das "eras turbulentas" que se seguiram, o governo imperial centralizado, restrito a uma classe de funcionários leais, com seus membros sendo indicados por mérito e por recomendação dos ministros, tornou-se uma norma inquestionável para a sociedade humana organizada.

Os governantes Han, sobretudo Wudi, não se prenderam ao legismo de Huangdi. Em vez disso, os Han reviveram, endossaram e incorporaram os princípios confucianos.[1] Wudi revogou o edito dos Qin que ordenava a queima de livros e reviveu a ideia de que a autoridade imperial vinha do céu, e não apenas de leis promulgadas.[2] Reforçou mais a burocracia e determinou a seleção de candidatos para o serviço civil. O modo pelo qual os estudantes eram treinados para ocupar postos no governo foi o início do famoso sistema de exames chinês para recrutamento do serviço civil, que mais tarde se converteu num modelo para serviços civis no mundo ocidental moderno.[3] Os últimos imperadores Han receberam uma educação confuciana, e funcionários de posição mais elevada também eram educados na mesma tradição. O imperador era responsável pela realização de rituais sazonais para assegurar boas colheitas e o bem-estar do povo. Até mesmo a condução de conflitos externos tinha suas estruturas cerimoniais, e a guerra transformou-se numa atividade religiosa, rodeada de rituais, adivinhações e preces, havendo inclusive a apresentação de prisioneiros e do butim diante dos altares dos ancestrais vitoriosos. Além disso, a vida das pessoas organizava-se em torno de rituais públicos e privados, como os que invocavam ou prestavam homenagem aos ancestrais de alguém.

A vida campesina começou a se organizar segundo um padrão que se tornou o sistema básico da vida rural chinesa. As pessoas, talvez umas setenta famílias, criavam um vilarejo, com cada família sendo composta por cerca de cinco membros. Um grupo de vilarejos constituía uma única área de comércio, a uma distância de não mais que um dia de viagem do único mercado da cidade. Isso tendia a tornar o assentamento autossuficiente, não apenas como sistema econômico, mas como um município central que funcionava como centro social.

Junto com a firme orientação imperial e a população crescente, emergiu a elaboração da cultura chinesa, incluindo arte, literatura e rituais. Um novo gênero de poesia se desenvolveu, como os ensaios poéticos de Xi Kang (220 e 260 d.C.), assim como novas formas de história escrita. O primeiro dicionário foi compilado. Túmulos começaram a ser escavados nas montanhas, decorados com pinturas murais e cerâmicas, muitas com insinuações de imortalidade. O trabalho em laca e a pintura atingiram níveis muito sofisticados. A astronomia e a magia foram aperfeiçoadas e livros escolares de aritmética e medicina foram elaborados. A cultura e os rituais em comum estabeleceram, muito mais que o poder burocrático ou militar, a unidade que marcou o império. Além disso, os Han estimularam a disseminação da linguagem chinesa, e a escrita foi amplamente adotada, ou pelo menos compreendida pelos povos letrados em grandes regiões do Leste asiático.[4]

O sentimento de superioridade da China foi mais tarde fortalecido por uma série de invenções. Na época de Cristo, os chineses já haviam inventado o sistema decimal, o papel,[5] a produção da seda (inclusive o papel feito de fibras de seda), o cabresto para cavalos e a relha. Detectaram a circulação do sangue e o brilhante cientista e matemático Chang Heng inventou a sismografia e, 15 séculos antes de Galileu, concebeu o mundo como um globo que poderia ser visto por meio de um tipo de grade. Poucos séculos depois, os chineses inventaram a pólvora, o fósforo e o princípio dos rotores e lâminas dos helicópteros. Tudo isso tornou a China hegemônica e inclinada a não valorizar a cultura alheia.

Não é de se admirar que muitos clássicos produzidos nesse período tenham continuado a enfatizar a cultura e a virtude, em vez da força, como base de um governo bem-sucedido. Como o misterioso sábio Laozi disse, "um bom guerreiro não exibe sua força. Quem for bom na batalha não se zanga. Aquele que é bom em derrotar o inimigo não toma a iniciativa". Esse pressuposto afetava não só a perspectiva e a estrutura internas, mas o trato com forasteiros. Em nenhum lugar na periferia dessa civilização em crescimento, os chineses teriam contato com qualquer comunidade organizada politicamente ou um grupo tão civilizado quanto eles. Todo esse conjunto de circunstâncias fez com que a sociedade chinesa se tornasse cada vez mais introspectiva e autocontida. Também gerou bastante arrogância, autocontentamento e etnocentrismo.

Vidas Privadas

Os imperadores Han fomentaram um confucionismo austero, mas suas vidas privadas, e as de muitos de seus amigos, eram pitorescas. Os três primeiros imperadores Han eram bissexuais, seus filhos e sobrinhos cometeram incesto e crueldades inomináveis, enquanto parentes do sexo masculino devassavam qualquer mulher casada por quem se encantassem. Wudi tinha um namorado que foi seu companheiro por muitos anos. (A sociedade chinesa era indulgente com relação à homossexualidade.) Também teve mais dois rapazes como constante companhia, até que um deles matou o outro por ter violado uma mulher no harém. Outro favorito de Wudi foi um ator que tinha uma bela voz e que partilhava o monarca com Lady Li, sua própria irmã. Quando ela morreu, Wudi escreveu o famoso poema:

Não há mais o ruge-ruge de mangas de seda,
A poeira amontoa-se no degrau de sua residência real.
Seus aposentos vazios estão frios e solitários,
As folhas amareladas empilham-se nas portas com tranca dupla.
Como tenho saudade dessa linda mulher!
Onde meu coração perturbado encontrará repouso?

As principais estratégias determinavam que o império tinha de se preocupar com as fronteiras perigosas, sobretudo ao norte e a oeste. As regiões central e nordeste da Ásia, em todo o arco do Afeganistão à Manchúria, eram muito instáveis. Povos guerreiros como os citas atravessaram suas fronteiras. Muitos outros foram tentados pelas longas fronteiras mal definidas e vulneráveis, como os tibetanos, os tubos e, mais tarde, os manchus. Houve muitos outros. Bem antes do ano 300 a.C., encontra-se referência a povos tão distantes como os do rio Amur, no norte. Os registros Han mencionam o "povo cabeludo" de Yilou que se lavava com urina.[6] As costas orientais também eram ocasionalmente saqueadas por bárbaros piratas.

Por volta de meados desse primeiro milênio, uma ameaça ainda mais temível surgiu, dessa vez vinda dos cavaleiros nômades das estepes da região nordeste. Esses nômades, que cavalgavam sem arreios, tinham uma mobilidade muito grande, com tecnologias militares novas e superiores, como o uso do arco e flecha. Nas tribos mongóis, em especial, o planejamento era cuidadoso e elas se moviam com bastante rapidez e com uma disciplina feroz. Dizem que um chefe mongol que treinara seus soldados para atirar em qualquer alvo que mirassem lhes impôs um teste. Ele atirou sucessivamente em seu melhor cavalo, em sua esposa favorita e no melhor cavalo do pai. Os soldados que não seguiam seu exemplo eram mortos. Por fim, atirou no pai e apossou-se do trono.[7] Esses exércitos a cavalo escolhiam pontos diferentes de ataque e concentravam rapidamente as melhores forças nesses locais, enquanto a infantaria vagarosa e defensiva chinesa se espalhava de forma esparsa ao longo das fronteiras. Assim, esses nômades eram muito mais eficientes nas frequentes e difíceis guerras que ocorriam nas fronteiras.

Os xiongnu, um povo que vagava pelas estepes do norte e do noroeste da China, e que era ancestral dos hunos, foram os agressores mais importantes. Tempos depois, os xiongnu converteram-se num flagelo lendário na Europa. A maioria das informações sobre eles vem de fontes chinesas e por isso são previsivelmente hostis. As razões do conflito são fáceis de desvendar. Os chineses, sobretudo os camponeses sem terra que perambulavam pelo norte, queriam terra. Os xiongnu precisavam de comida. As estepes eram áridas, em especial no inverno, e o povo do norte necessitava do alimento produzido pelos chineses mais ao sul. Em consequência, durante uns quatro séculos ocorreram guerras esporádicas entre os xiongnu e o império chinês.

Ao longo do tempo, essa confederação xiongnu dizimou algumas outras tribos nas regiões oeste e leste e absorveu seu povo. Também mantinha relações com os povos do norte da China e alguns deles migraram para o território xiongnu, como artesãos e artífices, ou como administradores treinados para a nova administração estatal de Xiongnu. O segundo chefe da confederação, que a transformou em império, foi um líder notável chamado Mao-tun. Ele assassinou o pai e, a partir de 209 a.C., promoveu a unificação de Xiongnu e expandiu seu império em todas as direções. Empenhou-se particularmente em solucionar o problema de comida do povo, dirigindo-se para a região chinesa do rio Amarelo. Porém, percebeu que as áreas da China não deveriam ser apenas conquistadas, e sim absorvidas, e para isso precisaria de uma estrutura adequada e equivalente à autoridade estatal, com um governante que também fosse Filho do Céu e com direito ao cerimonial do Estado. O império xiongnu desenvolveu, então, uma organização central administrativa e religiosa que ameaçou a China não só com incursões, mas atraindo chineses que viviam nas fronteiras.

Em torno de 140 a.C., o império xiongnu havia se convertido numa ameaça real à capital Han e à região ao redor. Assim, Wudi começou a agir com vigor para rechaçá-los e separá-los de outras tribos ameaçadoras, como a dos tibetanos. Ele também queria proteger a rota de caravanas em direção ao oeste, pois, nessa época, a capital Han se convertera num centro comercial ativo que dava grandes lucros ao império. Decidiu parar de enviar presentes para os xiongnu a fim de mantê-los tranquilos e procurar aliados. Os chineses souberam por prisioneiros xiongnu que uma nação que eles derrotaram fugira para o oeste. Dois anos após assumir o trono, em 138 a.C., Wudi decidiu encontrá-la e persuadi-la a se unir numa causa comum contra os xiongnu. Enviou um jovem empreendedor e corajoso, o comandante da guarda dos portões do palácio, Zhang Qian, nessa missão diplomática e de busca por informações. Zhang atravessou o terrível deserto de Taklamakan, e foi capturado pelos xiongnu, mas escapou. Levou

13 anos para retornar à China, sem promessas de aliança, porém com uma esposa xiongnu e informações preciosas sobre os povos, territórios e condições que vira, inclusive dos reinos desconhecidos de Ferghana, Bokhara, Samarcanda e outros. Essas informações aguçaram o apetite imperial de expansão para o oeste, sobretudo ao longo das rotas das caravanas que conduziam a uma cadeia de oásis através da Ásia Central até a região onde hoje ficam o Irã, o Iraque e a Síria. As duas rotas, ao norte e ao sul dos desertos principais, deram origem à famosa "Rota da Seda". Wudi também tomou conhecimento da existência, no território que agora é o Uzbequistão, de uma nova raça de cavalos, um animal veloz e vigoroso conhecido como "Cavalo Celestial".[8] Era exatamente o que Wudi precisava para sua cavalaria.

O Cavalo na China

A domesticação de cavalos provavelmente começou no norte há cerca de 5 mil anos. Tão antigos quanto a dinastia Shang (1600-1100 a.C.), os cavalos eram tão valiosos que eram enterrados com seus donos, para estarem disponíveis no outro mundo. Na época dos Zhou, o poder militar era medido pelo número de carretas disponíveis de um governante, tal como em meados do século XX o poder militar era avaliado pelo número de tanques ou aviões. À medida que o império cresceu, os cavalos tornaram-se cada vez mais essenciais para controlar a terra e as pessoas, e também para a comunicação e o transporte.

A partir do século IV a.C., as maiores ameaças à China vieram dos cavaleiros nômades das estepes do norte e noroeste. Os xiongnu, depois os mongóis e mais tarde os manchus, criaram os melhores exércitos do mundo. Na época dos Han, em torno de 200 a.C., os chineses haviam abandonado a guerra com carretas, substituindo-as pela cavalaria. O desejo de aperfeiçoar essas forças levou a campanhas como a de Wudi para adquirir uma raça superior de cavalo de Ferghana.

A história do cavalo na China inclui três grandes invenções e três períodos de maiores mudanças. As invenções foram o cabresto e o peitoral como parte dos arreios, possivelmente em 300 a.C., e o estribo. Isso possibilitou o uso total da força do cavalo para puxar veículos sem restringir a respiração do animal. (Se passaria outro milênio até que o peitoral chegasse à Europa.) O estribo criado na Índia no final do século II surgiu na China, talvez sem conexão com a Índia, no início do século IX a.C. Foi uma invenção de especial importância, que pela primeira vez deu ao cavaleiro um apoio seguro para lutar e possibilitou o uso de armas de impacto, tais como a lança. Isso permitiu formar uma cavalaria pesada.

Tão antigos quanto a dinastia Han, os cavalos também eram usados para exibições. O adestramento era um hábito na corte e o desempenho desses "cavalos dançarinos" se tornou ainda mais sofisticado na dinastia Tang, quando a caça a cavalo e o polo viraram moda para ambos os sexos.

Quanto às maiores mudanças, uma delas ocorreu no período Han (206 a.C. a 220 d.C.), quando, em especial sob o comando do imperador Wudi, a China percorreu grandes distâncias e gastou muito dinheiro para comprar as melhores raças de cavalos dos reinos situados a oeste. A seguinte ocorreu durante a dinastia Tang (618-907 d.C.), quando a criação de cavalos foi aperfeiçoada com a importação de cavalos turcos e árabes, assim como graças a melhores métodos de criação caseira. A terceira mudança aconteceu durante a dinastia (mongol) Yuan (1279-1368 d.C.), quando a qualidade dos cavalos e os métodos de criação dos Tang declinaram.

Apesar da importância estratégica dos cavalos, os métodos de criação nem sempre eram bem-sucedidos. Por isso, em quase todo o período imperial, a China precisou gastar grandes somas adquirindo cavalos no exterior. Embora os Tang tenham tentado elaborar bons métodos de criação, o esforço diminuiu com os Song, que tinham pouca tradição equestre. Até a chegada dos maravilhosos soldados cavaleiros, os mongóis, o império precisou confiar na habilidade de comprar cavalos no norte e recrutar nômades tribais ou até mesmo tribos.

As campanhas para enfrentar os perigos dos nômades continuaram, às vezes com perdas maciças de ambos os lados. Em 104 a.C., o general Li Guang-li, irmão da concubina imperial favorita, foi enviado à bacia de Tarim, mas foi repelido após muitas batalhas. Por fim, a paz foi acordada com o rei de Ferghana, que concordou em adotar o sistema tributário chinês. Outros pequenos estados também aderiram, como alguns do Turquestão ocidental. Ainda mais importante, o general Li trouxe alguns dos famosos cavalos de Ferghana, velozes e vigorosos, que se converteram em símbolos de status na China.

Os conflitos com os xiongnu prosseguiram depois da morte de Wudi em 87 a.C., com derrotas ocasionais dos chineses, mas sempre formando alianças com vários inimigos dos xiongnu e empreendendo campanhas de sabotagem e intriga para criar desordem e desunião entre eles. Só em 51 a.C., os xiongnu chegaram a um acordo, classificando a si próprios como protetores das fronteiras da China e recebendo generosas recompensas. Mesmo assim, demorou mais de um século para persuadir a maioria deles a render-se e para o Estado tornar-se totalmente tributário.

Essas campanhas tinham consequências. Manter a "Rota da Seda" aberta significava protegê-la. Isso envolvia o relacionamento com pequenas tribos que controlavam um ou outro oásis e negar a amizade com os xiongnu. Assim, os chineses concordaram com a independência delas, quase sempre como tributárias, como retorno por sua tolerância, e até mesmo apoio, aos mercadores e viajantes Han. Alguns desses chefes locais recebiam verdadeiras ou pretensas princesas chinesas como noivas, enquanto as crianças dos chefes iam viver confortavelmente como reféns em periferias civilizadas na China. Porém, mesmo nessas circunstâncias, a estrada precisava ser policiada. Era necessário manter pontos fortes, guarnições e paradas de descanso e abastecimento para viajantes.

Essas preocupações devem ter contribuído para o fortalecimento de outros homens honrados. Houve, por exemplo, a carreira de trinta anos no Ocidente de Ban Zhao, talvez o mais famoso general e administrador chinês enviado até então ao Turquestão. Ele reconquistou Xinjiang e comandou um exército de 70 mil homens pelas montanhas Tian Shan até o mar Cáspio. É provável que um ou dois dos enviados de Ban Zhao tenham chegado ao mar Morto e à Mesopotâmia moderna. Essas questões conflituosas com os nômades e os problemas da Ásia Central e da Ásia do Norte foram fatores importantes para a política e a estratégia da China nos dois milênios seguintes, e tiveram fortes ecos nas relações cautelosas da Ásia Central atual com a China do século XXI.

Porém, os povos ao norte e a oeste da China não eram os únicos preocupados com seu poder ou magnetismo. O "Imperador Marcial" gastou somas colossais nas guerras e empreendeu campanhas no sul. Os imperadores expandiram o território chinês além de Guangdong e Guangzhou, até Fujian. Wudi assumiu o controle de Guangzhou,* Guangdong e da maior parte da costa sudeste da China. Isso lhe possibilitou controlar o comércio marítimo dessas regiões, os comerciantes estrangeiros que viviam e comercializavam em suas cidades e seus impostos. A China alcançou as ilhas Hainan, além de entrar nas regiões ao norte do Vietnã. É possível que tenha feito esforços para criar uma rota comercial para a Birmânia (atual Mianmar) e tentativas de estabelecer contatos por mar com a área que é hoje a Malásia. Os chineses já tinham desenvolvido habilidades marítimas costeiras relativamente avançadas, e eram capazes de usar os ventos das monções para impulsionar os navios das ilhas para a costa. O poder nas regiões leste e sul baseava-se nessas habilidades marítimas. Um navio do período Han descoberto em Guangzhou tinha um leme central na popa: provavelmente o primeiro desses mecanismos de navegação a existir. Houve também a penetração chine-

---

* Conhecida historicamente pelos ocidentais como Cantão, atual capital da província de Guandong. (*N. da E.*)

sa na Coreia. Por volta do século IV a.C., os chineses tiveram problemas com algumas tribos guerreiras ao redor do rio Yalu — a atual fronteira chinesa e norte-coreana —, mas foram os Qin que de fato se empenharam em subjugar a Coreia, e os Han estabeleceram as colônias. Em 108 a.C., Wudi conquistou diversos pequenos estados na região oeste da Coreia, dando ao império, entre outros fatores, o controle do comércio com as ilhas japonesas. Contudo, assim que os Han fraquejaram, os coreanos espalharam-se de novo em direção ao norte, embora ao longo do tempo tivessem adotado modelos chineses confucianos de treinamento e legislação administrativa.

No Ocidente, sobretudo em Yunnan, também houve guerras e rebeliões, grandes perdas humanas e, por fim, uma absorção. Uma das razões do envio de exércitos chineses ao sul e ao sudoeste da China, em direção ao Vietnã, à Manchúria e à Coreia, foi dominar regiões rurais e seus suprimentos de comida. Mas houve também movimentos populacionais quando os Han migraram para Yunnan, Annam e Tonkin. No momento em que os cônsules romanos Mário e Sulla abriam caminho no mundo mediterrâneo, Wudi estava criando um império que se estendia do leste da Ásia Central até a Coreia do Norte.

Além da conquista, havia, é claro, o comércio. As evidências dos estágios iniciais desses contatos são extremamente dispersas. É possível que as especiarias do arquipélago indonésio tenham ficado muito valorizadas no sul da China bem cedo. Do mesmo modo, a produção de seda e sua comercialização começaram logo nos estágios iniciais. Os tecidos de seda chegaram ao Egito na época dos faraós pela antiga Síria, ou Fenícia, pois filamentos de seda foram encontrados na região do Nilo, datados de cerca de 1000 a.C. Houve ainda outros contatos na Ásia Central. Um século depois da morte de Alexandre, o Grande em 323 a.C., grupos de mercadores gregos se desenvolveram na antiga Baktria, onde hoje é o Afeganistão. Lá o mundo grego encontrou, por um curto período de tempo, os nômades da estepe siberiana e o mundo do rio Indo. Em 1979, arqueólogos russos descobriram um imenso e espetacular tesouro em um cemitério localizado numa colina, que as pessoas locais sempre chamaram de Tillya Tepen ou Colina do Ouro, com moedas indianas e romanas, objetos gregos e um espelho chinês.

Quais eram as ideias básicas por trás disso tudo? Afinal, nenhum Estado confuciano com o propósito de viver regido por princípios universais e ser responsável pelo "Céu" poderia criar ou sustentar um império sem um conjunto de premissas e princípios coerentes para explicar e justificar esse fato. Os princípios podem às vezes ficar em segundo plano nos pragmatismos da época, do lugar e da ocasião, como de hábito, mas qual era a estrutura de governabilidade das ideias? Como essas teorias e formalidades diplomáticas se articulavam com os problemas práticos das relações com o mundo externo? Ao longo de todo o sistema imperial chinês, as classes civis e militares concentraram-se nos rituais de manter a vida da sociedade chinesa em sintonia com a ordem universal. Isso era visto como um processo no qual as influências e forças operavam em harmonia mútua, num esquema de equilíbrio complementar, e não em oposição.

Nesse contexto, o povo e os funcionários continuaram a presumir que era autoevidente que o Estado chinês, comandado pelo Filho do Céu, não poderia ser um mero Estado em meio a outros. Em vez disso, ele era a sociedade do mundo civilizado, com a "China" e a "Civilização" como os dois lados da mesma moeda conceitual. O governante chinês, por ser uma figura de significado universal e também a personificação da virtude, deveria ser bondoso e indulgente com relação aos que estavam além de suas fronteiras. Eles eram, por definição, "bárbaros", pois não faziam parte da civilização central.

Neste sentido, segundo o pensamento chinês, o mundo dividia-se toscamente em cinco zonas hierárquicas e concêntricas, com o domínio imperial no centro. Os círculos externos eram os bárbaros, divididos em grupos internos e externos. Os bárbaros externos viviam além das fronteiras do império, enquanto os internos guardavam as fronteiras. Os territórios bárbaros que pagassem tributo recebiam o status de Estado independente, com um funcionário chinês sob o comando geral, mas preservando seus costumes locais e modos de vida. Assim como os romanos na mesma época e os britânicos bem depois, os Han acharam muito conveniente confiar nas pessoas ricas e poderosas locais. Esperava-se que pagassem tributo ao imperador e que esse pagamento gerasse generosas retribuições do monarca. Embora o sistema tributário tivesse suas particularidades, o costume de pagar impostos ao governante central era difundido em muitas regiões da Ásia e, séculos depois, na Europa.

O conceito de sistema tributário era reforçado pelo enorme tamanho, poder e sofisticação da China. No final do milênio, a população do império totalizava cerca de 60 milhões de pessoas, e o sistema tributário era o instrumento pelo qual a China impunha as regras e controlava as formas e meios de conduta das tribos e reinos estrangeiros em suas relações com os chineses. Enfatizava um comportamento ritualístico e ético. Nesse sistema, os estrangeiros enviados em missões ao império não só tinham de trazer um tributo como precisavam se comportar de um modo que reforçasse tanto a hegemonia regional da China quanto a visão chinesa de si mesma e do império como o centro da civilização humana. Essa concepção não envolvia apenas a política, mas a "exterioridade" do que fora por séculos um elemento central das relações pessoais, sociais e externas. A China era o Reino do Meio, localizado entre o céu e a terra, e o imperador, por ser o "Filho do Céu", era o patriarca de uma família de povos centrada nessa China. Então, em retorno aos tributos e ao bom comportamento, os estrangeiros recebiam reconhecimento e direitos especiais de comercialização. Para os chineses, esse sistema, é óbvio, reafirmava constantemente sua visão do mundo. Demonstrava que fora da China só havia bárbaros, que eram atraídos pelo brilho da civilização superior chinesa, sua arte, literatura, teatro, porcelana e sedas, e ansiosos para se beneficiarem dela. Muitos desses pontos de vista continuam a repercutir com intensidade no século XXI entre os admiradores estrangeiros e chineses.

É claro que o acesso dos estrangeiros era sujeito a condições. A permissão de fazer contato e comércio com a China seria concedida pelo governante local ou por seus emissários, mas precisariam demonstrar subserviência ao imperador chinês ao trazer um tributo. Esse tributo poderia ser apenas uma oferta de produtos nativos, porém ao apresentá-la o portador tinha de desempenhar, na presença do imperador, os rituais de obediência: ajoelhar-se três vezes e tocar a testa no chão nove vezes. Em retorno, o imperador concederia formalmente ao governante estrangeiro o status de vassalo. Uma carta imperial de patente seria entregue a ele, assim como um brasão e um calendário chinês, símbolos de aceitação da ordem do mundo chinês. O novo vassalo também receberia presentes generosos de ouro e peças valiosas. Os privilégios legais de comercialização do tributário continuariam enquanto o relacionamento mútuo perdurasse. Era sem dúvida um enorme incentivo para que os estrangeiros se comportassem bem.

Havia ainda a questão preocupante dos contatos iniciais entre a China e a Europa. Não parece ter havido contatos diretos entre Roma e China, embora os romanos tenham obtido, por meio de vários revendedores, sedas chinesas, pimenta indiana e especiarias indonésias, pagas por Roma com mercadorias de vidro ou ferro. Há também registros que mencionam comerciantes ocidentais que alegavam estar vindo de Roma. No século IV a.C., os romanos começaram a falar dos "seres",* o povo da seda, apesar de a informação sobre a China, ou qualquer informação da China acerca de Roma, ter sido, na melhor das hipóteses, espasmódica e deturpada.

Por sua vez, a Rota da Seda e suas mercadorias ocasionaram os primeiros contatos indiretos entre o Império Romano e a China. Em 53 a.C., Marco Licínio Crassos e suas legiões perseguiam os partas no Eufrates — no atual Iraque — quando os partos deram meia-volta, pararam as legiões com uma saraivada de flechas e desfraldaram grandes bandeiras de seda. O brilho das bandeiras sob a luz intensa do sol desmoralizou por completo os romanos. Mas eles descobriram que esse material maravilhoso, deslumbrante demais para ter sido fabricado pelos partos, provinha da área distante da Ásia Central. Os romanos logo procuraram obter mais desse material, e os partos e os árabes ficaram muito felizes ao enriquecerem como revendedores no comércio entre o Oriente e o Ocidente. As roupas de seda logo se converteram em trajes tão elegantes que, em 14 d.C., o imperador Tibério proibiu os homens de usá-las, a fim de que os romanos não se transformassem em homens muito decadentes. Em 166 d.C., os romanos enviaram emissários à capital Han, Loyang, e rotas comerciais abriram-se entre a China, o Golfo Pérsico e portos do mar Vermelho. O comércio continuou, com Roma e seu império enviando vidro, produtos têxteis, tintas, pedras preciosas, coral e âmbar para a China; e também ouro, porque a seda tinha de ser paga em metal precioso. Em contrapartida, a China vendia, além da

* Chineses. (*N. da T.*)

seda, cerâmicas, laca, peles e ruibarbo, que muitos chineses pensavam ser tão essencial para a digestão dos ocidentais que ameaças de privá-los de seu suprimento poderia ser uma arma diplomática útil. Os lucros comerciais aumentaram, em particular os dos revendedores partos. Assim, no século II d.C., os comerciantes passaram a utilizar uma rota alternativa: via Índia e pelo mar — a conexão por mar que certa vez Alexandre, o Grande pensara em estender.

Porém, o comércio começou a demonstrar um grande desequilíbrio. Os ocidentais ficaram muito interessados na China. Os chineses, ao contrário, não revelaram nenhum interesse em explorar ou viajar para o longínquo Ocidente, a não ser para fazer algum comércio. Plínio, o Velho, por exemplo, observou que, "como selvagens, os seres evitavam a companhia dos outros e esperavam que os comerciantes os procurassem".[9] Esse contraste entre o desejo dos europeus de exploração distante e aventura e o enfoque mais restrito e doméstico da China perduraria.

Seda

A lenda diz que, certa vez, por volta de 2640 a.C., a Senhora Hsi Ling-shi, esposa do mítico Imperador Amarelo, estava tomando chá. Um casulo de bicho-da-seda caiu por acaso dentro da xícara. Quando ela tentou pegá-lo, dele saiu um longo filamento. O mundo descobrira a seda. Mais tarde ela introduziu o tear. Se essa história encantadora é verdadeira ou não, isso é outra questão. Uma pequena xícara de marfim com a pintura de um bicho-da-seda foi encontrada, provavelmente datada de 7000-6000 a.C. E um casulo de um bicho-da-seda foi achado no norte da China, datado de cerca de 3000-2600 a.C. Fragmentos e fios do mesmo período também foram encontrados em outro lugar.

Outros fatos são mais precisos. A seda, no início, só era permitida para o uso do imperador, de seus parentes próximos e de alguns funcionários do império de alto escalão. O imperador usava uma túnica de seda branca dentro do palácio. Do lado de fora, ele, sua principal esposa e seu herdeiro vestiam túnicas da cor da terra, amarelas. Ao longo do tempo, a seda passou a ser usada em maior escala na indústria. Era utilizada em instrumentos musicais, cordas de arco, papel e roupas. Além disso, na economia e no comércio. Por exemplo, uma múmia egípcia feminina com faixas de seda nos cabelos foi descoberta em Deir el Medina, perto de Tebas, pertencente à 21ª dinastia, que governou de 1070 a 945 a.C.*

No século V a.C., pelo menos seis províncias chinesas fabricavam seda, e, em cada primavera, a imperatriz abria a temporada do cultivo da seda. Era um trabalho árduo reservado às mulheres. As filhas, mães e avós das famílias dedicavam bastante tempo durante o dia para alimentar e cuidar dos bichos-da-seda, separar os casulos e tecer, tingir e bordar o material de seda. Ao mesmo tempo, as técnicas e os processos de fabricação eram um segredo de Estado. A revelação desses segredos ou a tentativa de contrabandear ovos de bichos-da-seda ou o casulo significava morte na China.

À medida que o uso da seda se tornou mais difundido, a manutenção do segredo ficou mais difícil. Durante o século IV a.C., quando os gregos e os romanos começaram a falar dos homens do reino da seda e do reinado do imperador Wudi, embaixadores viajaram a lugares tão distantes como a Pérsia e a Mesopotâmia, carregando diversos presentes, inclusive seda. Também durante a dinastia Han, os lavradores podiam pagar seus impostos com seda, e o material foi usado para pagar funcionários. Na verdade, foi utilizado como uma forma de dinheiro: os valores eram calculados pelo comprimento da seda, da mesma maneira que outros poderiam usar o ouro e a prata. Nesse ínterim, em torno do ano 200 a.C., o conheci-

*Artigo de 4 de março de 1993, publicado na revista científica *Nature*.

mento do cultivo da seda chegou à Coreia por intermédio de imigrantes chineses. Logo depois, o conhecimento do cultivo do bicho-da-seda alcançou a Índia. Outro embaixador Han carregando presentes de seda chegou a Bagdá em 97 d.C.

A seda tornou-se popular em Roma. Um relato do ano 380 a.C. dizia: "O uso da seda, que antes fora restrito à nobreza, agora se disseminou por todas as classes sem distinção, mesmo as mais baixas." E menos de trinta anos depois, quando Alarico, rei dos godos, estava sitiando Roma, ele pediu, como recompensa para poupar a cidade, não só ouro, prata e pimenta, mas também 4 mil túnicas de seda. Dizia-se que mais tarde, em torno de 440 d.C., uma princesa chinesa casou com um príncipe de Khotan, um reino perto do deserto ocidental, e ele contrabandeou ovos de bicho-da-seda colocando--os nos cabelos dela. Um século depois, ao redor de 550 d.C., dois monges nestorianos foram para a corte do imperador bizantino Justiniano com bichos-da-seda escondidos em seus bastões de bambu ocos. Os bizantinos logo criaram oficinas imperiais e a partir de então, junto com as exportações da China, o conhecimento da fabricação continuou a se difundir.

Esses foram os acontecimentos iniciais que tornaram a seda o tecido luxuoso favorito no mundo inteiro.

No entanto, nenhum império dura para sempre e o império Han não foi exceção. Desde o início houve problemas. As campanhas de Wudi eram muito dispendiosas e esgotaram as poupanças das administrações anteriores. Suas conquistas requeriam exércitos enormes de ocupação, que eram um escoadouro permanente do tesouro público imperial. Essas campanhas diminuíram o número de cavalos caros e grandes contingentes de camponeses tiveram de ser recrutados. As missões tributárias estrangeiras precisaram ser mantidas, com um custo elevado para que fossem bem tratadas na capital. O sofrimento dos camponeses agravou-se à medida que a população crescia e as posses individuais de terra se reduziram. Os impostos aumentaram, mas muito dos rendimentos iam para os bolsos dos funcionários e nunca chegavam ao centro. Até mesmo a cunhagem foi diminuída.

Ineficiências e debilidade administrativa flagelaram os Han na virada do milênio em diante, quando os imperadores acharam necessário confiar nos eunucos da corte, que logo brigaram com os burocratas. As famílias da pequena nobreza começaram a formar alianças entre elas, casaram entre si e ficaram mais poderosas. Se conseguissem obter um favor imperial ao dar ao imperador uma bela jovem, poderiam se tornar uma favorita e até mesmo gerar um filho dele. De qualquer modo, esperava-se que levasse membros de sua família para o alto funcionalismo. A situação se agravava quando o trono era herdado por crianças, pois as mães designavam pessoas não pelo mérito e sim por serem membros de sua família. O sectarismo e a incompetência do centro enfraqueceram a administração inteira. O descontentamento popular provocou o banditismo e conflitos rurais, com hordas de camponeses marchando para a capital, matando funcionários e, por fim, o imperador.

Em meados do século II d.C., a dinastia Han estava falida, tanto do ponto de vista social e político quanto econômico. Só durou mais meio século, com distúrbios, imperadores fracos, rebeliões do Exército, conspirações, assassinatos e contragolpes. O poder local aumentou à custa do centro. O confucionismo também declinou. As grandes famílias proprietárias de terra tornaram-se poderosas demais para que o governo central impusesse controles em suas atividades locais. Elas começaram a organizar exércitos privados, enquanto a pequena nobreza passou a controlar o recrutamento do funcionalismo na burocracia imperial. Com o tempo, a pequena nobreza se fortaleceu o suficiente para interromper a imposição de um novo censo com relação à posse da terra, a base da taxação.

Os grupos tribais causaram ainda mais problemas; estados fortes surgiram além das fronteiras e houve incursões posteriores de nômades do norte da China. Em 184 d.C., além do sectarismo, a corrupção e a traição no centro, duas rebeliões lideradas por grupos religiosos daoistas explodiram, novos nômades surgiram, ataques ocorreram no norte e 19 tribos xiongnu tiveram de se instalar em Shansi, em troca de ajuda armada. A queda dos Han teve início com uma combinação dessas rebeliões em seu território e a contínua inabilidade das autoridades para proteger as fronteiras ao norte.

Em seguida, veio a conquista tártara da região norte da China. Quando o poder chinês no norte e na Ásia Central se reduziu, mais nômades começaram a chegar, com frequência adotando costumes chineses, casando com chinesas e estabelecendo um governo nos moldes chineses. Por exemplo, os turcos tubos capturaram a capital e o antigo centro Luoyang, dos Han, em 311, e ainda aprisionaram o imperador. Depois, por volta de meados do século IV, os tibetanos começaram a se organizar como forças militares, em vez de tribais. Os xiongnu tinham apenas exércitos de cavalaria, mas os tibetanos criaram a infantaria, às vezes recrutando chineses. Logo dominaram algumas regiões agrícolas ricas do norte da China e prosseguiram, na década de 380, com sua campanha para o sul.

Quando a resistência chinesa sucumbiu, a corte fugiu para o sul, em direção a Nanjing. Antes do final da dinastia Han, as áreas centrais da civilização do império localizavam-se no norte e no noroeste da China. Em comparação, as terras da bacia do rio Yangzi e o sul haviam sido meras colônias. Mas, impelidas por novas pressões dos bárbaros do norte, muitas pessoas se deslocaram para as regiões centrais e do sul. Assim, após as invasões dos tártaros, todo o foco e o ponto central se dirigiram para o sul e, por conseguinte, o norte foi governado durante séculos por povos não chineses. As dinastias Sui e Tang unificaram as terras chinesas, e as áreas como as de Jiangxi e Zhejiang converteram-se em parte da China central.

O colapso final da dinastia Han foi desencadeado em 189 d.C. por revoltas do Exército, com a pilhagem da capital e do palácio imperial. O império se dissolveu em meio à anarquia. Prosseguiu com dificuldade por algum tempo, mas seu término veio com uma rebelião de algumas grandes famílias no norte. Em dezembro de 220 d.C., o último imperador abdicou e se recolheu com privilégios apropriados e uma renda generosa. No ano seguinte, a dinastia extinguiu-se como um corpo político efetivo.

Seguiram-se três séculos e meio de agitações e administrações de curta duração, que coincidiram com a derrocada do Império Romano e as consequentes dificuldades na Europa. Diversos séculos de tumulto e desunião transcorreram na China, durante os quais o que fora um equilíbrio de poder dentro do império se tornou um equilíbrio de fraqueza. O sul da China, ao redor e abaixo do Yangzi , presenciou o surgimento de seis dinastias nesse período conturbado, ao passo que o norte viu alguns outros reinos. O período entre a queda dos Han e a restauração de certa unidade sob o comando dos Sui e dos Tang é quase sempre visto como uma "era sombria" da China. Foi uma época sangrenta, não só por disputas entre grupos maiores, mas entre as famílias governantes. A população das grandes cidades chinesas diminuiu e a ocupação geográfica da China sofreu uma mudança permanente. Era fácil acreditar na concepção de Confúcio, segundo a qual o melhor governo é aquele em que o povo pensa que os governantes estão fazendo tudo em prol dele, porém era muito difícil manter essa crença quando se vivia em meio ao caos e a bárbaros intrusos.

A turbulência desses séculos foi de certo modo limitada pela chegada do budismo, com sua tranquilidade e enfoque não mundano. O budismo nasceu no século VI a.C. no nordeste da Índia, tornando-se a religião oficial da Índia três séculos mais tarde, após a conversão do imperador Ashoka. Chegou à China, de acordo com a lenda, depois de um sonho do imperador Mingdi, da dinastia Han, no século I d.C., porém com certeza infiltrou-se na China pela rota da seda ou pelo mar. Um emissário enviado à Índia retornou com textos sagrados budistas e pinturas, mas também com alguns sacerdotes indianos que explicaram suas crenças ao imperador chinês. Eles introduziram um misticismo de todo diferente das maneiras de pensar confucianas, o que para muitos chineses era estranho e oferecia um guia prático restrito. Por outro lado, o budismo mahayana tinha seus aspectos caritativos e humanitários e podia oferecer conforto numa época de tumulto. Se, a princípio, o budismo não atraiu grandes massas, à medida que a turbulência do período pós-Han continuou e vários governantes o apoiaram, ele passou a ser muito mais difundido.

No entanto, na segunda metade do século VI, o conflito interno chinês tinha ido longe demais. Foi outro general severo e com punho de ferro que impôs a ordem, depois de usurpar o trono dos Zhou, um povo não chinês que vivia no norte, em 581.

3

Cultura Elevada e Colapso

Os Sui, os Tang e os Song,
581 a 1276

Ele adotou o nome Sui Wendi, restabeleceu o sistema centralizado dos Han e o ideal de unidade chinesa, além de iniciar a conquista do sul. Ao mesmo tempo, ele, seu regime e os estados sucessores demonstraram como o império era multiétnico e, em certa extensão, multicultural. Sui Wendi provinha de uma família parcialmente nômade e, por ser um antigo soldado, servira sob o povo turco tubo. Sua esposa principal vinha de uma família nobre que havia gerado diversos líderes tribais. Os Sui e os Tang casaram com famílias tribais que se achinesaram, enquanto os governantes nômades no norte da China também adotavam costumes chineses.

Assim, muitos dos estados sucessores dos Han também tinham governantes e funcionários de alto escalão que casaram com membros de grupos de nômades não chineses. Algumas dessas novas dinastias eram de origem bárbara, como a dinastia "Wei do Norte", que se estendeu de 386 a.C. a 534. Os Tang foram seguidos pela dinastia Liao, dos mongóis Khitan do nordeste da China, que reinou de 907 a 1127. Essas conexões foram úteis quando, ao longo dos séculos após a dinastia Han, as fronteiras chinesas precisaram de uma administração mais cuidadosa e os ataques repentinos das regiões mongóis persistiram. Eles ainda incutiram na burocracia chinesa, na pequena nobreza e nas classes eruditas que quaisquer que fossem as flutuações políticas do governo chinês, logo ou um pouco mais tarde, todos os "bárbaros" invasores se conscientizariam e adotariam hábitos chineses. Ao mesmo tempo, quanto mais os guerreiros do norte se integrassem à sociedade civil chinesa — uma sociedade cujos princípios confucianos, com sua ênfase em governar pela virtude e não pela força, deu origem ao desprezo pelas questões militares —, menos o império seria capaz de se defender com eficiência. Ao contrário, a presença dos cavaleiros, enquanto permanecessem cavaleiros, seria capaz de romper o ideal confuciano de uma ordem social estável.

Sui Wendi — seus retratos oficiais mostram uma figura corpulenta, bochechuda e com um bigode fino — era um homem de extrema energia. Ele simplificou a administração e impôs uma série de reformas legais de larga escala, entre outras medidas. Unificou a burocracia e exigiu de seus funcionários uma obediência à moda militar. Era econômico, beirando a avareza, embora tivesse de lidar com uma crise financeira herdada. Ordenou a redistribuição da terra e diminuiu os impostos dos fazendeiros e comerciantes, porém, a burocracia cada vez mais eficaz produziu rendimentos adequados. Havia controle de preços, em especial do grão. Ele também era indulgente com o budismo e o daoismo, e tinha um grupo de conselheiros budistas envolvidos em seu programa de unificação do país.

No entanto, alguns dissidentes da pequena nobreza instigaram o filho e sucessor de Wendi a rebelar-se. O imperador foi assassinado e o príncipe o sucedeu com o título de imperador Sui Yangdi. Ele reorganizou o sistema confuciano de exames e realizou projetos importantes, como a extensão do Grande Canal de Yangzi até Beijing. Isso alterou os padrões de suprimento de comida do sul para o norte da China, devido ao grande aperfeiçoamento dos recursos de transporte. Ele também fortaleceu o sistema de defesa no norte.

Nessa época, a força política dominante no norte da China eram os turcos, a quem os tubos persuadiram a reconquistar essa região. O império reagiu criando desavenças entre diversos grupos turcos e depois unindo-os contra os tubos. Houve também outras campanhas contra os tibetanos. Contudo, o imperador exagerou em suas ações e tornou-se muito impopular. Interferiu perigosamente na política das tribos do norte e lutou contra a Coreia, em parte para evitar uma aliança entre coreanos e turcos, e foi derrotado. O projeto do Grande Canal, apesar de trazer benefícios de longo prazo, causou muitas mortes. Além disso, e de modo algum menos importante, gastava dinheiro com sua extravagância ostensiva, levando o governo à falência. Rebeliões eclodiram em 613 e, quando o imperador se encontrava mais uma vez ausente, Lyuan, um general da província de Jiangsu, ocupou a capital. Cinco anos após Yangdi ter sido assassinado, Lyuan assumiu o trono com o nome imperial de Gaozu e criou a dinastia Tang. Assim, o trono foi de novo ocupado por um descendente de uma família não chinesa, desta vez de origem turca.

Os Tang governaram até 907 e foram uma das dinastias mais famosas em toda a história do império. A China dos Tang talvez tenha sido o Estado mais rico e sofisticado do mundo na época. A dinastia reinou durante um período de exuberância cultural e o brilho de sua poesia e sua cerâmica jamais foi superado. Vejamos, por exemplo, o poema "Ela Suspira com seu Alaúde de Jade", de Weng Tingyun:[1]

Uma cama fria de prata; mas sem sonhos...
Um céu noturno verde como água, sombreado de nuvens tênues,
Porém, mais distante nos rios ao sul, o grasnido de um ganso selvagem,
E aqui uma construção de doze andares sozinha sob a Lua.

A influência dos Tang se difundiu em muitas partes da Ásia e também na Europa e na África. No apogeu da dinastia, a capital imperial, Xi'an (Chang-an), era uma grande e esplêndida metrópole internacional, um ponto central do mundo eurasiano. Com cerca de 1 milhão de habitantes, foi provavelmente a cidade mais rica e populosa do mundo.

Os Tang começaram a expandir as fronteiras do império. Mantiveram a prática dos Sui de ter um exército profissional a postos. Com o apoio adicional de auxiliares provenientes de povos minoritários e fronteiriços, eles recomeçaram a expansão das áreas reivindicadas como chinesas e retomaram a influência da China, não só nas vastas terras ao oeste. Várias tribos do oeste ou do noroeste e principados cessaram as hostilidades para com a China, ou foram derrotados à medida que os

Tang absorviam a região da atual Xingjiang. Em determinado momento, existiam prefeituras chinesas em lugares tão distantes como Samarcanda. Eles derrotaram os coreanos e partiram de novo em direção ao sul, para a região do atual Vietnã. No auge de seu poder, a dinastia controlava consideráveis extensões da Ásia Central, indo até a Pérsia, assim como a Manchúria e grande parte da Coreia. Também se tornou exímia em provocar conflitos entre grupos de bárbaros.

Mas nem tudo, é claro, era realizado por meio da guerra, como no caso do povo tubo, ancestrais dos atuais tibetanos que viviam no planalto de Qinghai, no Tibete. No início do século VII, um homem enérgico, Songtsan Gampo, uniu as tribos tubos, proclamou-se rei e procurou fazer aliança com os Tang. Em 634 d.C., mandou duas vezes emissários à corte Tang, sugerindo que o imperador enviasse uma de suas filhas para casar com ele. Em 641, uma das princesas casou-se com Gampo. Um século mais tarde, outra princesa imperial se casou com um rei dos tubos. Depois firmaram tratados para definir fronteiras.[2] Outros povos também fizeram acordos com a China. Como uma tribo nômade que vivia nas montanhas Altai, os tujue, que constituíram um reino tujue e cujos exércitos atacavam e pilhavam com frequência as planícies centrais da China. O imperador Daizong (756-61) reuniu um exército e os derrotou. Eles então se tornaram um estado tributário dos Tang.

A região noroeste de Xinjiang, maior do que os atuais territórios de Alemanha, França e Itália juntos, foi submetida a um controle ambíguo no século I a.C., mas depois de 220 d.C., foi dominada pelos hunos e pelas tribos turcas que a controlaram por dez séculos. Em meados do século VIII, os ancestrais dos atuais uigures, os huihe, uniram-se para formar um reino poderoso que manteve relações amigáveis com os Tang e três princesas Tang se casaram com cãs huihe. Por duas vezes os huihe enviaram tropas para ajudar os Tang a subjugar rebeliões.

A China pressionou e até mesmo exerceu uma influência estatal sobre os povos espalhados ao redor de suas fronteiras, em regiões quase sempre bem além de seu poder político efetivo. Não existia nada que se assemelhasse à noção ocidental posterior de uma sociedade internacional de estados legalmente iguais, e o império continuou a aprimorar o "sistema tributário". Outras sociedades mantiveram a obediência formal ao imperador, e em retribuição ganharam status e receberam concessões e ajuda. Isso se estendeu à Coreia e partes do Vietnã. Emissários de regiões distantes, até mesmo do Japão, visitavam a China. Era sem dúvida um império multiétnico e cosmopolita.

O mundo ao redor da China também estava mudando. Uma das alterações mais importantes ocorreu logo depois que os Tang assumiram o trono, quando a onda do islamismo modificou os padrões políticos em toda a Ásia. Era uma religião militante, cujos exércitos carregavam sua missão com fogo e espada desde seus primórdios, expandindo-se da península arábica até o Oriente Médio e o norte da África, e também para locais remotos da Europa e da Ásia. A expansão islâmica começou no século VII. A Pérsia foi dominada pelo islamismo em 642 d.C., e os bizantinos foram duramente oprimidos pela investida islâmica. Houve também grandes repercussões na China. Os refugiados persas foram bem-vindos, e o filho do último rei persa foi nomeado general da guarda imperial chinesa. Ainda mais importante, embaixadores do califa muçulmano foram à corte Tang. Contudo, na década de 750, os planos expansionistas dos Tang se tornaram muito mais ambiciosos, sobretudo no Ocidente. Em 751, alguns estados da Ásia Central se aliaram a um exército árabe para derrotar as forças Tang em Talas, perto de Samarcanda, extinguindo assim o governo chinês no Turquestão, mas não as relações amigáveis com o califa. Em torno de 756, mercenários árabes dirigiram-se para o leste, a fim de ajudar o imperador. Alguns deles se estabeleceram na China, casaram com chinesas e constituíram o primeiro núcleo de maometanos a ir para a China.

O islamismo continuou a se disseminar quando os muçulmanos ocuparam o Afeganistão, o noroeste da Índia e regiões importantes da Ásia Central. Nos dois séculos após o ano 1000 d.C., os turcos alcançaram o domínio político nesse novo mundo islâmico e lideraram movimentos contra o cristianismo e o hinduísmo. A expansão muçulmana prolongou-se, produzindo um nível notável de civilização na poesia, nas artes e nas ciências.[3] No século XII, havia estados muçulmanos e influências islâmicas ao redor de toda a periferia da China. Existiram dinastias e estados muçulmanos na Índia e nas Índias Orientais, bem como na Ásia Central, indo até o Turquestão chinês (hoje Xinjiang).

Essa explosão islâmica teve efeitos múltiplos. Estimulou o comércio do Oriente com o Ocidente por mar ou por caravanas, ou através do Mediterrâneo. Mercadores cristãos, sobretudo os italianos, comercializavam com o Egito. Cidades como Nápoles, Amalfi e Veneza mantinham boas relações com os sarracenos, de quem importavam produtos como sedas chinesas. No entanto, o ataque ao mundo cristão também fomentou, como sempre, uma reação estratégica extremamente importante. Na Europa, os efeitos tiveram amplas consequências, não mais limitados às cruzadas para libertar a Terra Santa. Os esforços empreendidos para encontrar flancos vulneráveis no novo império muçulmano e aliados para combater o Islã foram de grande importância. Isso levou a pesquisas no leste da África, em busca da figura lendária do rei cristão Preste João. Em Jerusalém, onde peregrinos e viajantes se reuniam, havia muitos boatos sobre essa figura fabulosa. Os mesmos impulsos encorajaram aproximações com os príncipes persas ou mongóis, e junto com a procura por ouro e escravos viria um novo ímpeto de exploração e conquista que levaria os europeus ao litoral da China.

Para os estados, a atividade externa sempre dependia de uma situação interna equilibrada. No caso dos Tang, após alguns problemas iniciais com insurreições locais e dificuldades com governadores provinciais poderosos, eles logo implantaram um governo forte e unificado. Não só o sistema de exames para o serviço público ficou mais rígido como os funcionários começaram gradualmente a substituir a antiga aristocracia. Por volta de meados do século VII, a população toda, à época com cerca de 50 milhões de pessoas ou mais, era governada por não mais de 13.500 funcionários. O código legal dos Tang foi unificado em 642 e revelou-se influente muito além das fronteiras da China, como no Vietnã, no Japão e na Coreia. Os primeiros imperadores Tang se preocuparam com a alimentação e o bem-estar do povo. A agricultura foi estimulada e terras improdutivas foram cultivadas. Ao mesmo tempo, o centro de gravidade do império continuou a deslocar-se para o sul, onde a cultura de arroz começou a se organizar em colheitas duplas, enquanto no norte a colheita tripla de sorgo tornou-se habitual no vale do rio Amarelo. Os impostos foram regularizados para que todos os proprietários de terras pagassem três tipos de impostos: sobre os grãos, sobre materiais têxteis, e imposto na forma de trabalho ou serviço militar. As manufaturas também foram encorajadas, tais como fundição de ferro, tecelagem, cerâmica e outros produtos. A porcelana, em especial, alcançou uma excelência raras vezes igualada em outros lugares, como no caso dos utensílios verde-acinzentados fabricados onde hoje fica a província de Zhejiang. Produtos multicoloridos dos Tang, com seus azuis, marrons, brancos, amarelos e verdes tornaram-se famosos. A indústria têxtil também foi fomentada, com a seda de Henan e Anhui sendo particularmente apreciada por sua alta qualidade. O algodão foi cultivado em meia dúzia de províncias, mas a manufatura e o comércio precisavam de transporte. Então, o Grande Canal foi ampliado e as estradas melhoradas, e navios de todo o sudeste da Ásia e de lugares tão distantes como a África vieram à China com especiarias e joias para trocar por sedas e porcelanas.

O governo Tang foi notável pelos refinamentos no ensino e nas artes, sobretudo na poesia e na literatura. A sociedade passou a admirar o ideal Tang do homem universal, que podia ser um político, mas também um poeta ou um pintor. Essas ideias continuaram a ecoar; até mesmo Mao Zedong se via tanto como um poeta quanto como um político. A produção de textos de história foi fomentada. Houve grandes realizações na astronomia e na medicina, e a China publicou a primeira farmacopeia do mundo. A impressão xilográfica foi introduzida, a música e a dança foram requintadas. O mesmo aconteceu com a pintura e com a famosa arte chinesa da caligrafia.

Os Tang se destacaram pela tolerância e curiosidade intelectual. Eles enfatizaram o confucionismo, mas também acolheram o budismo, com consideráveis benefícios, apesar das dificuldades de linguagem.[4] Foram pioneiros nessa acolhida, como o monge Xuanzang, que no início do século VII fez uma peregrinação de 17 anos à Índia para trazer um grande volume de escritos budistas e depois passou outros 12 anos traduzindo-os. O interesse nos clássicos confucianos também foi revivido e o período Tang foi berço de alguns dos maiores eruditos confucianos, assim como ocorreu nos últimos anos da dinastia Song. O mais influente deles no período posterior foi Zhu Xi, que, no século XII, elaborou uma síntese do pensamento confuciano com ideias budistas e daoistas, que se tornou a ideologia do período tardio Song até o final do século XIX. Além de tudo, reforçou a obrigação de obediência do filho ao pai, da mulher ao marido e, é claro, do súdito ao governante.

A Tolerância Religiosa

Os nestorianos foram os primeiros de uma longa série de visitantes cristãos e missionários que foram à China. Em meados do primeiro milênio d.C., havia bispos cristãos nestorianos em Samarcanda. O imperador chinês Taizong concedeu a um missionário nestoriano a primeira permissão de pregação em 635; mas a tentativa inicial de conversão na China ocorreu quando Olopen construiu a primeira igreja nestoriana em Xi'an no ano 638. Mais tarde, o imperador Gaozhong lhe concedeu o título de "Padre Nacional". A iniciativa foi reforçada um século depois, quando o patriarca nestoriano designou o primeiro prelado metropolitano na China e novos missionários empreendedores chegaram do Ocidente. Os registros chineses relatam que havia pelo menos quatro embaixadas bizantinas entre 640 e 750; e por volta de 790, o prelado em Siangfu (no rio Wei, na atual Shaanxi) tinha seis bispos e nove monges. Embora a maioria das religiões estrangeiras tivesse sido banida da China no final da dinastia Tang, as crenças nestorianas e o sacerdócio sobreviveram, sobretudo na periferia do império, como em Kashgar. Nos anos 870, um viajante árabe mencionou que havia muitos nazarenos na China e o imperador parecia bem informado sobre o cristianismo. No século XI, havia ao menos quatro prelados metropolitanos na China e na Mongólia.

O maniqueísmo também se introduziu na China. Era um ramo do cristianismo originado na Pérsia no século III d.C. Sua corrente albigensiana foi ferozmente perseguida na Europa como uma heresia maléfica, mas encontrou refúgio na Ásia Central e na China, onde se estabeleceu durante as dinastias Sui e Tang.

Os Tang também cultivaram relações diplomáticas com os estados da região oeste da Ásia e acolheram visitas de padres e mercadores. O mundo dos Tang atraiu, assim como, depois deles, a dinastia Song, todos os tipos de estrangeiros, não só missões religiosas ou comerciais. A maioria dos imperadores era extraordinariamente receptiva, até mesmo hospitaleira, com os estrangeiros e as influências do exterior. Pessoas do Japão,[5] Coreia, Vietnã, Pérsia e do oeste da Ásia visitaram cidades chinesas e o império Tang recebeu comunidades de nestorianos, zoroastristas, indianos, judeus, árabes, persas, mongóis, entre outras. A corrente cristã nestoriana fundada pelo bispo Nestório de Constantinopla foi banida no Ocidente pelo Concílio de Éfeso em 432,[6] mas muitos seguidores fugiram para o leste, em direção ao atual Irã e para mais além.

Naturalmente, o islamismo também surgiu. Poucos anos após a morte do profeta Maomé, uma missão liderada por seu tio partiu de Bagdá a fim de levar o islamismo para a China, onde o imperador permitiu o estabelecimento da primeira mesquita, a "mesquita memorial" em Guangzhou. Um pequeno grupo de judeus também chegou vindo da Índia, prestou tributo e construiu uma sinagoga em Kaifeng. Todos esses grupos eram livres para seguir suas religiões, mesmo se contradissessem as verdades confucianas; e todas foram toleradas, exceto por breves surtos de opressão.

As ligações comerciais chinesas também floresceram no período Tang. A Marinha mercante permaneceu por muito tempo concentrada no tráfico comercial e no litoral, com a navegação oceânica ficando nas mãos dos bárbaros. Alguns dos navios chineses eram enormes, chegando a pesar, provavelmente com grande exagero, 700 toneladas, e possuíam mais de cinco conveses. Segundo dizem, podiam abrigar uma grande tripulação, com algumas centenas de pessoas. Muitos membros das tripulações nasciam, viviam, casavam e morriam a bordo. Esses navios eram usados para transportar cargas de grão do sul até as províncias do norte ameaçadas por nômades, ataques repentinos e coreanos. Mas entre os séculos V e VIII, vários mercadores árabes, persas e cingaleses começaram a estender as antigas rotas marítimas entre a Mesopotâmia e a Índia para o sul da Índia, usando navios de médio porte que pesavam 500 toneladas. Quando esses navios partiam para o mar, levavam pombos-correio a bordo para que, em caso de dificuldades, pudessem enviar mensagens.

Por meio dessas trocas, a influência externa da China foi de grande alcance e muito mais importante do que a influência dos estrangeiros na China. É verdade que a dança e a música japonesas tornaram-se populares entre os chineses, assim como frutas deliciosas, tais como tâmaras da Pérsia e as especiarias das Índias Orientais. Porém, era mais comum que outros povos, como os coreanos, adotassem costumes e exemplos chineses. Além disso, a Coreia tornou-se a maior parceira comercial da China, e muitos coreanos foram estudar na China. O Tibete sofreu influência ainda maior da China. O Japão, pouco unificado por volta do ano 300 d.C., foi profundamente marcado pela China, com a ida de monges japoneses ao país para estudar budismo e estudantes chineses viajando para o Japão. Na realidade, a palavra "Japão" pode derivar da pronúncia dos caracteres chineses "Niho" (Nipo).

Contudo, a dinastia Tang começou a se enfraquecer no início do século VIII. A política da corte tornou-se mais volátil e perigosa, os imperadores mais arbitrários, com frequência autoindulgentes, e também mais isolados e afastados dos assuntos cotidianos. O partidarismo da corte aumentou. A única monarca mulher, Wu Zetian (684-705), demonstrou ser uma política assassina e hábil, governando a China com um maquiavelismo implacável e mão de ferro. Com o rosto oval e a boca diminuta, tornou-se a concubina favorita do imperador Gaozhong (650-83), torturou e matou seus rivais, e começou a governar o país depois que Gaozhong teve um acidente vascular cerebral. (Ela, assim como Catarina a Grande da Rússia, teve vários amantes jovens quando já tinha bem mais de 60 anos.) Logo após, a casa imperial ficou menos impiedosa, porém mais ineficaz. Em meados do século, o imperador Xuanzong (712-55), que iniciara seu governo de modo criterioso, causou uma grande ofensa por suas extravagâncias. Ainda pior era a obsessão por sua concubina, a senhora Yang, a ponto de quase negligenciar seus deveres.

A senhora Yang era de uma beleza famosa e o imperador gostava de admirar seu corpo nu e as curvas generosas quando se banhava, satisfazendo-lhe todos os desejos e trazendo suas irmãs para o harém. Em um sistema no qual tudo dependia da pessoa do imperador, o governo imperial se deteriorou. Houve uma rebelião particularmente importante de 755 a 763, liderada por um filho adotivo da senhora Yang, e, por conseguinte, as tropas do imperador culparam a concubina pelo declínio imperial e pediram sua morte. O imperador, em lágrimas, foi obrigado a concordar. Mas a revolta militarizou a China, desestabilizou o governo imperial e a dinastia jamais se recobrou por completo. Depois disso, a supervisão e tributação do comércio desmoronaram, e o último imperador Tang deixou de controlar os assuntos econômicos. As circunstâncias se agravaram quando guerras eclodiram mais uma vez nas fronteiras, ao passo que a debilidade do centro acarretou um ressurgimento de poder nas mãos dos senhores locais e dos potentados. Ao longo do tempo, essas pessoas puderam ter suas próprias tropas e coletar impostos. Houve rebeliões entre os camponeses, ocasionadas por antigos problemas de impostos e terra. Em outras palavras, o império dissolveu-se em uma espécie de anarquia. A corrupção reinava. Os camponeses eram oprimidos. O banditismo aumentou. Os turcos e outros povos não chineses ocuparam grande parte do norte da China. Após muito tumulto, a derrocada final aconteceu em 906 d.C., com uma nova rebelião do exército, e o último imperador Tang teve de abdicar.

Concubinas, Famílias e Poder

A concubinagem é uma antiga prática que se estende muito além da China e por quase toda a Ásia. Isso se deve a ideias bem simples. Muitos homens, na maioria das sociedades, acham mais de uma mulher desejável na idade adulta. A posse de muitas mulheres sempre foi um símbolo de sucesso e status.

No passado, as famílias chinesas eram incentivadas a ser numerosas. Procriar significava ter a proteção divina, enquanto as famílias sem filhos haviam sido, é óbvio, punidas por forças sobrenaturais. Ter filhos tinha uma importância especial, pois eram eles que iriam cuidar da família e cumprir seus deveres para com seus ancestrais. Isso era uma realidade em todos os níveis da sociedade, com uma exceção importante: as leis de herança diziam que a propriedade, inclusive a terra, deveria ser dividida entre todos os filhos e não apenas herdada pelo mais velho. Se a terra do camponês fosse subdividida entre muitos filhos, nenhum deles teria o suficiente e todos seriam pobres. Esse fato foi uma limitação significativa para o tamanho das famílias.

Por outro lado, era natural para pessoas chinesas de alta posição social ou ricas terem concubinas, em especial o imperador, para quem ter muitos filhos — numa época em que nem todas as crianças chegavam à idade adulta — era essencial. Ter muitos filhos garantia a sucessão legítima e também proporcionava uma escolha de sucessores.

Por isso, os homens ricos e poderosos tinham várias concubinas. O imperador podia ter dúzias, até centenas. De tal forma que os conselheiros e protetores encorajavam com frequência os monarcas a manter práticas sexuais que envolvessem a preservação de energia por meio da retenção do sêmen. Com isso, o homem absorveria a força vital interna da mulher, melhorando sua saúde e expectativa de vida sem perder a força. Essa prática limitava a quantidade de esperma direcionada para uma só mulher ou concubina. E permitia ao chefe da casa relacionar-se com as diversas mulheres de seu lar. Algumas vezes, o número de mulheres era imenso. Dizia-se que um imperador da dinastia Tang teve 40 mil mulheres no palácio; e até o final do período Ming, por volta de 1640, ainda havia umas 9 mil.

Mulheres jovens tornavam-se concubinas por muitas razões. Em uma camada baixa da escala social, era uma enorme honra ter uma filha escolhida como concubina imperial. Em qualquer família, o fato de ser uma concubina poderia ser o início de anos de infelicidade sob a tirania da esposa principal. Mas poderia também ser um caminho para a segurança e a perspectiva de um grande poder político como consorte de um governador ou de um príncipe. Uma concubina imperial poderia até ter esperanças de ser mãe do próximo imperador. Poderia também ter uma influência considerável sobre o imperador e, portanto, sobre a corte e o império. Mesmo sendo de baixo nível social, por ser a mãe do chefe da família ela teria um grande poder sobre toda a casa.

Assim, seria um grande erro pensar que invariavelmente as concubinas eram atormentadas e oprimidas. Elas podiam ser repudiadas, mas enquanto fizessem parte da família, sua posição estava protegida por lei. Tinham o direito total de proteção e apoio do seu senhor, e seus filhos possuíam pleno direito a receber parte da fortuna familiar. O chefe da casa tinha de respeitar os direitos de suas concubinas e cumprir suas muitas obrigações para com elas. Isso não significava só suporte econômico, mas uma satisfação sexual regular. Também cabia ao marido estabelecer e manter o equilíbrio entre seus deveres e sua afeição por sua esposa ou esposas e a aceitação delas com relação às concubinas.

O chefe da família poderia ser alvo de sofrimentos se falhasse em suprir as preferências individuais de suas mulheres ou em manter uma boa relação entre elas. Se um homem falhasse em garantir a harmonia na casa, poderia ter um problema profissional ou arruinar-se financeiramente, porque as autoridades em geral tinham em mente a antiga regra de que um homem que não conseguia manter sua casa em ordem não estava apto a ter uma posição de responsabilidade. Os credores também sabiam muito bem que um mau administrador de uma família era quase sempre aquele que se envolvia em problemas financeiros.

Nos dias de hoje, a concubinagem foi supostamente banida. No entanto, existem muitas evidências de que ainda sobrevive, não em caráter oficial, em algumas regiões da China.

Houve um período de quase um século de caos e conflitos antes que a próxima dinastia assumisse o poder. Mais uma vez, foi um homem forte que terminou o distúrbio. Em 960, o comandante da guarda do palácio foi designado imperador quando seus homens o forçaram a assumir o trono. Tudo transcorreu em paz, fundando as dinastias Song, que perduraram até 1279. Os retratos imperiais do imperador que fundou a dinastia, Taizu, caso tenham sido fiéis, mostram um homem atarracado com um rosto bonito e arredondado. Começou o reinado com o amplo consenso de reunificar pacificamente um império imerso em turbulência. Além disso, os Song não apenas reunificaram grande parte do núcleo da China e tentaram governar em paz, mas renunciaram à expansão territorial. Os generais foram aposentados e substituídos por funcionários civis. As melhores tropas foram trazidas de volta para o centro e a burocracia fortaleceu-se com mais funcionários graduados. A região nordeste foi ocupada pelos khitans, que governavam a Manchúria. O noroeste ficou para os tibetanos. As estradas em direção ao oeste, que cortavam o Turquestão, foram abandonadas. Um equilíbrio diplomático delicado foi desenvolvido entre os Song e o império Jin, ao norte, para evitar que os Jin tentassem conquistar o resto da China. Os Song lhes pagavam tributo, com o pretexto que custaria menos do que criar um exército apto a lutar contra eles. Os Song logo absorveram alguns dos pequenos estados do Sul da China e começaram a estender sua influência a locais tão distantes como o Vietnã e a Indonésia. As artes militares foram muito negligenciadas. Havia, de qualquer forma, dificuldade para conciliá-las nesse novo período de criatividade civil e artística. Esses primeiros Song do "norte" governaram até 1126, comandando um período incomum de prosperidade e civilizador, quando a paz estimulou uma produção maior de comida para alimentar uma população em processo considerável de crescimento. Foi também uma época criativa, com invenções e grandes realizações nas artes, o que converteu o período dos Song em outro destaque na história cultural da China. Seus padrões tanto na literatura, no teatro ou, em especial, na cerâmica e na pintura raramente foram superados. Livros impressos surgiram e tiveram um impacto imediato na educação e na alfabetização. O sistema civil de exames tornou-se de novo mais rígido após a turbulência anterior. A capital, Kaifeng, na junção do rio Amarelo e do Grande Canal, passou a ser suprida por um transporte barato através de canais, transformando-se no centro brilhante da vida das cidades, e cuja população cresceu a cerca de 1 milhão de pessoas. Também abrigava alguma indústria, como a fabricação de ferro e a produção de armaduras e armas de ferro, a produção de aço, pólvora e as primeiras bombardas.

No entanto, a fragilidade militar tem um preço. Em 1126, a cavalaria nômade dos Jin dirigiu-se para o sul com o objetivo de capturar Kaifeng. Logo após, cruzou o Yangzi para saquear Hangzhou e Ningbo. Pouco depois, os Song foram forçados a abandonar o norte da China e se deslocar para o sul. Em 16 anos, esses agora Song do "sul" se viram obrigados a ser vassalos dos Jin. Nessa época, um número considerável de chineses no Norte da China era governado por povos não chineses. Assim, o governo dos Jin provocou uma espécie de dualidade política. Os novos governantes do que fora os Song do norte tinham de controlar os chineses por meio de métodos habituais chineses e confiar em funcionários chineses para executá-los. Contudo, em suas áreas mais ao norte o governo continuou a ser administrado por cavaleiros que chefiavam seu povo à maneira tribal antiga. Isso desgastou o antigo sentido de distinção clara entre chineses e bárbaros.

Em seus domínios, entretanto, os Song do norte e os últimos Song do sul construíram um governo centralizado eficiente. Mais uma vez, uma burocracia eficaz foi conduzida por funcionários civis eruditos. Os governadores civis regionais eram designados pelo centro. O poder nunca fora mais concentrado nas mãos do imperador e na burocracia do palácio. No século XII, a população dos Song do sul, cerca de 40 a 50 milhões de pessoas, ainda era administrada por apenas 13 mil funcionários, sendo que 8 mil trabalhavam na capital. Além disso, havia poucos funcionários que administravam cada um dos 170 distritos da China. Mas a impressão de livros e a educação continuaram a se expandir, e cada vez mais pessoas realizavam os exames, e desse modo a classe de letrados aumentou mais que o crescimento dos postos estatais capazes de absorvê-los. Por esse motivo, os eruditos que não entravam no serviço burocrático se convertiam em autoridades locais ou numa classe separada da pequena nobreza, aptos a lidar com problemas locais como enchentes ou carência de alimentos, e até mesmo com alguns casos criminais.[7]

A riqueza crescente originou uma nova classe mercantil de homens do povo. Ela promovia o comércio privado e, portanto, um posto no governo ou a posse de terra não mais eram as únicas formas de prestígio e fortuna. As cidades cresceram e, em 1200, por exemplo, a cidade de Hangzhou, ao sul, era o centro econômico do império e provavelmente a maior cidade do mundo, com uma área de cerca de 18 quilômetros quadrados e no mínimo 1 milhão de pessoas (talvez 2 milhões). Era pelo menos quarenta vezes maior que Londres, na época com 25 mil habitantes. O crescimento foi em parte estimulado pelo comércio, que importava mercadorias estrangeiras extremamente cobiçadas. Os comerciantes vinham de muitas partes da Eurásia e do Oriente Médio, e existiam mercadores e lojas persas e árabes em várias regiões do império. Concessões de impostos eram concedidas aos estrangeiros para fomentar o comércio, e lhes era permitido se estabelecer no império e casar com cidadãs chinesas. Alguns eram recrutados para a burocracia chinesa. Até mesmo alguns príncipes persas se fixaram lá.

O crescimento da população aumentou ainda mais a importância da família como o cerne da sociedade. Sobretudo nas classes mais altas, a família extensa ainda era a unidade social básica, com diversas gerações vivendo juntas. Tinha-se um respeito absoluto pelo código moral e legal da família em todas as questões. Além do mais, como uma linhagem familiar só podia ser perpetuada por meninos, o nascimento de filhos tinha grande importância, uma visão que continua no século XXI. Enquanto essas famílias e a nova classe média viviam em grandes casas, as classes trabalhadoras moravam em casas de cômodos. Se tivessem sorte, poderiam viver em prédios de oito ou mais andares, com aluguel pago ao proprietário ou ao Estado. Em vez de banheiros modernos, havia baldes esvaziados todos os dias para fertilizar os campos.[8] As classes mais baixas viviam em condições ainda mais precárias, caso de operários, mascates, prostitutas ou criminosos. No campo, a maioria das pessoas era arrendatária de fazendas ou agricultores, ou então servos que cultivavam as terras dos ricos às margens do Yangzi. Em um bom ano, os homens do povo poderiam ganhar o suficiente para prover as necessidades básicas. Em um ano ruim, haveria dívida e escassez de víveres, com pequenos fazendeiros sendo forçados a vender sua terra e às vezes seus filhos, sendo que muitas vezes se tornavam bandidos ou se suicidavam.

De qualquer modo, mais atividades comerciais demandavam uma maior abrangência. A diversidade de contatos em viagens e no comércio prosseguiu ao longo dos séculos. A China, é claro, continuou a comercializar por intermédio dos árabes, que, no século X, não só restauraram as antigas ligações comerciais entre o Mediterrâneo, o Oriente Médio e o oceano Índico como as expandiram num sistema comercial que ia de Alexandria às Índias Orientais e à costa da China. Isso foi extremamente valioso para as especiarias das Índias Orientais, como pimenta ou noz-moscada, cardamomo, bálsamo e mirra, algumas delas usadas para disfarçar o gosto das comidas antes dos dias de congelamento, porém todas elas eram um rico deleite não só para cozinhar como para fazer remédios, chás, perfumes e sabões. O comércio exterior tornou-se um grande negócio, em especial com os Song do sul e a troca de especiarias por sedas chinesas entre as Índias Orientais e o sul da China.

No século X, os juncos dos mercadores chineses comercializavam nos portos do Sudeste da Ásia, e o Ceilão, o Vietnã, as Índias Orientais e a Índia receberam visitantes chineses. Assim, enquanto os comerciantes muçulmanos vinham para o sul da China, os juncos comerciais chineses navegavam para as Índias Orientais e o sudeste da Ásia. Lá estabeleceram agentes locais e alguns chineses se fixaram nesses lugares. As especiarias eram tão valiosas que as exportações normais de sedas, porcelana e cobre não eram suficientes para pagá-las. Os chineses então recorreram a invenções como o papel-moeda e as notas promissórias. O governo controlava e taxava com cuidado esse comércio, que era basicamente centrado em locais onde, desde os Tang, os árabes podiam residir. O comércio trouxe informações importantes sobre lugares distantes, como África, Zanzibar, Egito e os países do Mediterrâneo, como a Sicília. O primeiro imperador Song visitava com regularidade os estaleiros. E os Song do sul criaram uma Marinha, no início para operar nos canais internos e proteger sua nova fronteira de rios contra os invasores do norte. Eles fabricaram navios fortificados movidos por um moinho girado por homens e rodas propulsoras, tripulados por besteiros que combatiam nos rios e canais. Com o passar do tempo, havia centenas desses navios, e talvez uns 50 mil homens tripulando-os.[9]

No final do século XII, no entanto, o Mandato do Céu começou mais uma vez a mudar. O império Song estava debilitado pela paz e prosperidade que criara e pelo crescimento populacional originado por essa mesma paz e prosperidade. No período dos Song, o crescimento demográfico atingiu 100 milhões em torno do século X d.C. e 120 milhões duzentos anos depois, muito mais que as populações da Europa. Esse crescimento gerou problemas burocráticos, como o aumento de poder de grupos de eunucos ao redor da corte. A iniciativa do governo de cunhar mais moedas para saldar as despesas públicas levou à inflação, que resultou em miséria, sobretudo para os pobres. E pior, nas grandes propriedades rurais do sul, a evasão de impostos tornou-se abundante, causando um déficit constante no orçamento do governo central.

O que mais se destacou na fragilidade dos Song foi o declínio do sentimento de peculiaridade étnica, patriotismo e lealdade ao Estado. Isso se aliou à noção, presente no cerne do Estado confuciano, de que o governo deveria governar pela virtude, e não pela força. O governo ainda era exercido por uma elite de funcionários graduados e eruditos que pensavam que a violência só geraria mais violência. Os Song, como outras dinastias, assumiram o trono por meio da força militar, mas uma vez seguros no poder, as ideias confucianas profundas logo dominaram. Em outras palavras, esse Estado confuciano, além de não respeitar as leis marciais, estava cronicamente disposto a moderar a audácia com discrição.

A perda do patriotismo também levou o povo a ser menos severo em relação à intrusão estrangeira. À medida que mais chineses se submeteram a governos não chineses, essa visão prevaleceu; se os invasores adotassem costumes chineses e prometessem governar a China ao modo chinês, por que se preocupar? A antiga concepção chinesa do mundo e do "sistema tributário" se baseava na premissa de que o civilizado "Reino do Meio" inevitavelmente dominaria a violência militar das tribos. Mas pressupostos confortadores e autoridade moral podem ser um trunfo para o poder político e a força. Na verdade, o pragmatismo confuciano preconizava que é possível acomodar e racionalizar o inevitável. Em 1165, o estado ao norte de Jurchen/Jins e os Song do sul concordaram que tinham direitos iguais como "irmãos", embora a China dos Song fosse o irmão mais velho. Eles poderiam ter conciliado suas controvérsias, mas por trás de Jurchen surgiu o crescente poder dos mongóis. Em 1233, os Song pensaram que seria mais astucioso fazer uma aliança com os mongóis para atacar Jurchen. Porém, a extinção do poder do estado Jurchen deixou os Song sozinhos para enfrentar a ameaça progressiva dos mongóis; em 1276, os mongóis capturaram a capital Song e logo depois a dinastia Song sucumbiu.

Em resumo, nem a crescente população da China, nem a riqueza e o conforto que suas grandes cidades propiciaram, poderiam ser conquistadas com facilidade, tampouco isoladas em virtude da necessidade de defender pela força o que fora construído.

E por fim, a China teria de lidar com um dos maiores conquistadores da história da humanidade. Seu nome era Gengis Khan.

4

A Chegada dos Mongóis

1210 a 1368

Ao nascer, provavelmente em 1167, recebeu o nome de Temudjin. Descendia de uma família da pequena aristocracia e teve um começo de vida difícil: seu pai foi assassinado quando ele era criança e a família ficou pobre. Ele precisou lutar no final da adolescência para conquistar uma posição de destaque e, depois, unir as tribos mongóis e criar uma nação armada. Desde o início, revelou-se ambicioso, cauteloso, perspicaz, disciplinado e vingativo; mas como um líder, adquiriu a reputação de ser justo e generoso, alguém que sabia recompensar a lealdade de seus seguidores.

Sua ascensão ao poder foi difícil — certa vez, após uma derrota, alguns de seus homens foram colocados em tonéis com água fervente e queimados vivos. Porém, tornou-se um cã em 1185 e em 1206 uma assembleia de líderes e príncipes lhe concedeu o título de Gengis Khan (Governante Universal). Mais tarde, transformou-se no líder incontestável das tribos turcas e mongóis. Ao morrer em 1227, deixou um reino enorme com um governo militar, que seus filhos continuaram a expandir até se tornar o maior império que o mundo jamais tinha visto. Em seu auge expansionista, sob o comando dos netos de Gengis, o império mongol organizou-se em quatro divisões.

O Grande Khan governava a Ásia Oriental. Havia também o canado da Pérsia, que incluía Bagdá, e o canado de Chagadai, que governava o Turquestão. Por fim, o canado de Kipchak, ou a Horda de Ouro, que, concentrado no Volga, dominou a Rússia por dois séculos. Embora o império não tenha sido unificado e nem todas as suas regiões tenham prosperado, os netos de Gengis governaram dois estados-impérios brilhantes e esplêndidos que se transformaram em duas grandes civilizações: Pérsia e China.

Gengis não foi o primeiro líder mongol a comandar, ou herdar, um povo militarizado, porém sua liderança militar foi um ato de força incomum. A guerra era o estado natural dos mongóis. Todos os homens com idade entre 14 e 60 anos eram soldados; mas ele também reformou a organização militar. O Exército era organizado em tropas de dez homens, companhias de cem, regimentos de mil e divisões de 10 mil (um padrão imitado pela maioria dos exércitos desde então). Membros de diferentes tribos lutavam juntos. A formação das tropas para combate era preparada e guiada por uma excelente rede de espiões.

Uma disciplina inquestionável era a norma, e a traição e a covardia eram pecados definitivos.[1] Embora só tivessem pequenos canhões para a operação de cerco, as unidades centrais criadas e aprimoradas sob a liderança de Gengis foram o ápice de um desenvolvimento de mil anos de arqueiros a cavalo, que combatiam com seus trajes de cores brilhantes, botas de cano alto e gorros de pele. Essas velozes colunas de cavalaria, equipadas com armaduras de lâminas de metal costuradas nas peças de couro, arcos compostos (multicamadas) e flechas que perfuravam armaduras, lutando com uma disciplina feroz para saquear e matar, tornaram-se o terror da Ásia e do Oriente Médio. Mesmo em tempos de paz, a caça, além de ser uma diversão, era um treinamento para a guerra. Os soldados mongóis formavam cordões de isolamento, algumas vezes com centenas de quilômetros de circunferência, ao redor de uma estepe ou de uma floresta e aos poucos reduziam o círculo, impelindo os animais perseguidos — ou, na batalha, inimigos —, para o centro, onde poderiam ser massacrados. No combate, a disciplina era férrea. Qualquer pessoa detida ou que desertasse morria. Se qualquer mongol fosse aprisionado e seus companheiros não o conseguissem salvar, esses companheiros também eram mortos. Para evitar baixas nas forças mongóis, os comandantes retiravam homens de regiões ou províncias que não estivessem atacando e os colocavam na linha de frente contra as vítimas de então. E quem não lutasse com bravura também poderia ser morto.

Monges ocidentais visitantes como William Rubruck ou John de Carpini deixaram descrições detalhadas desses exércitos mongóis e das regras de guerra. Os homens estavam quase sempre bêbados, o costume os proibia de lavarem suas roupas e eles exalavam o mau cheiro de seu alimento favorito, leite de égua. Os soldados eram acompanhados pela família nas campanhas. A poligamia, em princípio ilimitada, era-lhes permitida. Dizem que Gengis teve mais de quinhentas consortes de diversos tipos. Um filho mongol teve de casar com as viúvas do pai, exceto com a mãe, assim como com as viúvas dos irmãos.[2] Por pensarem que isso dava a todos amplo espaço de manobra, o adultério era frequentemente punido com a morte. Cada soldado tinha várias remontas e suprimento de comboios, algumas vezes casas inteiras, puxadas por carretas de bois, rodeadas por uma cacofonia de gado e camelos. Além do leite de égua, os soldados podiam comer quase tudo. Se um soldado ficasse com fome durante a marcha, fazia um corte no pescoço de seu cavalo e bebia o sangue. Se o cavalo se debilitasse, transformava-se no jantar. Um exército mongol sitiando uma cidade chinesa, relatou um monge, enfrentou uma escassez de víveres e então os soldados comeram um entre dez de seus companheiros. Por sua vez, a pilhagem era feita em conjunto.

As estimativas atuais sugerem que, entre 1211 e 1223, os exércitos mongóis dizimaram cerca de 18 milhões de pessoas na Ásia Central e ao redor. Uma explicação para a ferocidade dos mongóis era que os comandantes, a fim de evitar a perda de homens, tentavam amedrontar seus opositores para que se rendessem: venciam pelo terror. Se tivessem de lutar, eram impiedosos. Não havia heroísmo, só uma rápida e brutal determinação para vencer sem perdas desnecessárias. Se um grupo ou um exército se rendesse, muitos de seus soldados eram recrutados para as forças mongóis, que passaram a incorporar uma mistura de todos os tipos de homens de outras tribos e grupos étnicos. Do mesmo modo, se uma cidade fosse devastada, outras provavelmente se renderiam. A ordem de Gengis, que felizmente seus sucessores não seguiram, era que se qualquer cidade intimada a render-se atirasse uma única flecha ou pedra para se defender, ou se mais tarde tentasse capitular, todos os homens, mulheres e crianças seriam massacrados. Aliado a isso tudo, havia a astúcia. Uma crônica mongol do século XVII conta como Gengis reagiu diante de sua primeira cidade chinesa solidamente murada, que, é óbvio, era difícil de atacar com um exército de cavalaria. Ele disse que retiraria o cerco se lhe dessem mil gatos e 10 mil andorinhas. Quando os animais foram entregues, ordenou que amarrassem tiras de tecido em suas caudas e ateassem fogo. Os gatos e os pássaros fugiram para a cidade e incendiaram grande parte do vilarejo de madeira. Em meio à confusão, os mongóis atacaram a cidade com violência.[3] Gengis definiu seu ideal de felicidade da seguinte maneira: "A maior alegria é conquistar inimigos, persegui-los, apoderar-se de suas propriedades, ver suas famílias em lágrimas, cavalgar seus cavalos e possuir suas filhas e mulheres."[4] Ele e a família aparentemente praticavam o que pregavam. Gengis Khan teve centenas de consortes, seu filho mais velho teve quarenta filhos e seu neto Kublai, que criou a dinastia Yuan na China, teve 22 filhos legítimos e, dizem, acrescentava trinta virgens ao harém todos os anos.[5]

Gengis começou a guerrear logo após sua ascensão, adquirindo não só riquezas em ouro, prata e peças luxuosas, mas cativos engenheiros, copistas, médicos e tradutores. Seu serviço civil e de apoio recrutou persas, iraquianos, indianos, georgianos, coreanos, chineses e alguns europeus. Em 1207, o Tibete se rendeu ao império mongol e durante os vinte anos seguintes, até a morte de Gengis, pagou-lhe tributo. Bokhara e Samarcanda se renderam assim que os mongóis surgiram e Gengis fez um sermão na mesquita principal de Bokhara intitulado o "flagelo de Deus". No ano 1210, dirigiu-se para o norte da China, iniciando uma campanha de vinte anos para governar o império. Nessa época, o sistema militar chinês era ineficaz, sobrecarregado de soldados e com poucos cavalos. Havia também poucos auxiliares bárbaros, a quem não podiam pagar adequadamente. A antiga Beijing rendeu-se em 1215, a cidade foi queimada e a população dizimada. Gengis então se voltou para o oeste e destruiu outras potências do norte e da Ásia Central, como os khitans, ao norte, e o império Khwarezmian, no centro de

Samarcanda. Muitas dessas regiões nunca mais se recuperaram e tornaram-se áreas semidesérticas. A região que agora abrange Gansu e Shansi, parte da antiga área central da China, teve a população drasticamente reduzida, a irrigação não pôde ser mantida e a areia foi levada pelo vento para a terra e as cidades.

Um dos netos de Gengis, Batu Khan, guiou um grupo de mongóis conhecido como Horda de Ouro[6] em direção à Rússia e à Ucrânia para constituir o canado de Kipchak e atacou a Europa Oriental. No caminho, seu Exército e seu Estado absorveram os turcos kipchak. Em 1240, os mongóis haviam dominado o Volga, destruído Kiev e a maioria dos principados russos. Eles começaram devastando a Rússia: grande parte da terra ficou deserta, coberta de ossos de homens, mulheres e crianças. Entre 1237 e 1241, os exércitos mongóis atacaram a Polônia, a Hungria, a Boêmia e se encaminharam para a Áustria. Na época, esses exércitos tinham grandes contingentes de tártaros, uigures, turcos, entre outros, que se juntaram aos mongóis como auxiliares. O fato que interrompeu avanços posteriores não foi uma oposição armada, mas a morte do filho e herdeiro de Gengis, o Grande Khan Ogodai. Os príncipes mongóis e os líderes do império retornaram à capital, Karakorum, para a eleição do novo Grande Khan. Nesse ínterim, como um subproduto do rígido governo na maior parte da Eurásia, os mongóis também criaram estradas através da Ásia que possibilitaram o contato europeu com "Cathay", ou China.

Outros exércitos mongóis rumaram para a Pérsia e depois para a Mesopotâmia. Sob o comando de Gengis, começaram uma orgia de carnificina na Pérsia, em parte para aterrorizar as pessoas com a crueldade mongol, mas também por vingança pelo assassinato imperdoável de alguns embaixadores mongóis. Quando seu neto, Hulagu Khan, entrou no mundo muçulmano, a situação acalmou-se, com todos desejando estabilidade, e os governantes persas lhe pediram para assumir o trono. A chegada desse príncipe culto e talentoso causou um renascimento da Pérsia, sobretudo depois que ele eliminou a temida seita dos Ismaili — os assassinos.[7] O problema seguinte foi o califa muçulmano em Bagdá. Na época, Bagdá era uma civilização brilhante, com jardins, casas de banhos, bibliotecas, música, ciências florescentes como a matemática e a astronomia, uma cidade onde quase todos eram capazes de ler.[8] Em

1258, Hulagu chegou nos muros da cidade com um enorme exército, incluindo uma cavalaria cristã e outros aliados. O príncipe, cuja mãe era uma cristã nestoriana, assim como sua esposa favorita, uma princesa kerait chamada Dokuz Khatun, que antes fora esposa do filho mais novo de Gengis, intimou o 37º e último califa abássida, Al Mustasim, a se render. O califa se recusou mas, após o cerco, a cidade foi obrigada a se entregar. Al Mustasim disse que ordenaria que seus homens baixassem as armas se suas vidas fossem poupadas e só ele morresse. Contudo, assim que os soldados se desarmaram, os mongóis mataram todos eles e massacraram umas 80 mil pessoas ao destruírem essa joia de cidade. Al Mustasim foi assassinado alguns dias depois, provavelmente quando os mongóis, para evitar a ira do céu por derramarem sangue de príncipes na terra, puseram-no num saco e deixaram-no levar coices ou ser pisoteado por cavalos. Todos os homens de sua família o seguiram na morte.

Lá estava o primeiro alvo de Gengis, o império chinês. Grande parte da enorme fortuna do norte da China foi destruída nas campanhas iniciais, ou carregada como butim por exércitos que agora continham chineses. Outros chineses capitularam, como o rei da Coreia. Então os mongóis penetraram mais na China. Fizeram uma aliança com os Song do sul e, em 1233, Kaifeng, capital dos Jin, rendeu-se após uma defesa heroica contra o sucessor de Gengis, Ogodai, que, na ocasião, contava com o auxílio de cerca de 20 mil tropas Song. Kaifeng abrigou mais de 1 milhão de refugiados da zona rural que a circundava. Todas essas vidas foram condenadas à morte, mas um conselheiro chinês persuadiu Ogadai a poupar a maioria da população da cidade por causa de sua riqueza e dos serviços que poderia prestar aos vitoriosos. Todos os membros masculinos da dinastia Jin, no entanto, foram mortos, e as mulheres, enviadas para a corte mongol.

É claro que nada disso garantia a segurança dos Song. No início dos anos 1250, quando outro neto de Gengis, Mongke, tornou-se o Grande Khan, a campanha contra os Song do sul começou. Mongke era auxiliado pelo irmão mais novo, Kublai, que revelou ser o mais capaz e bem dotado dos netos de Gengis, e que recebera uma educação primorosa e liberal de sua mãe, Sorghaghtani Beki. Mongke designou-o vice-rei da China.

Mulheres Mongóis

A mãe de Kublai Khan, Sorghaghtani Beki, era uma mulher notável e de extraordinária influência. Era nora de Gengis Khan e todos os seus quatro filhos tornaram-se cãs de diversos níveis de precedência, dois deles Grandes Khans sucessivos. Seu nome é mencionado em muitas fontes como uma das grandes figuras do século XIII. Missionários europeus diziam que ela era a pessoa mais famosa de todos os mongóis. Os persas escreveram sobre ela. Um historiador sírio citou um poeta que disse: "Caso veja entre a raça feminina outra mulher tão notável como ela, diria que a raça feminina é superior à raça masculina."

Ela era analfabeta, mas sabia que os filhos, Mongke, Hulagu, Kublai e Arik Boka, para alcançarem a grandeza, teriam de ser educados. Providenciou que cada um deles aprendesse uma língua diferente das línguas do enorme império mongol. Por ser uma cristã nestoriana, sentiu que os mongóis precisavam manter boas relações com as igrejas das várias religiões do império. Então ela e seus filhos protegeram os adeptos de todas as religiões: muçulmanos, budistas, confucianos, cristãos nestorianos e outros. Por sua influência, seu filho Kublai tomou conhecimento das ideias dos eruditos confucianos para ajudá-lo a compreender a China. De maneira ainda mais surpreendente, ela percebeu que a exploração grosseira dos povos subjugados não fazia sentido do ponto de vista econômico e que a simples pilhagem constituía uma autodestruição. Observou também a necessidade de proteger o campesinato chinês e compreendeu que se a economia local tivesse apoio, haveria um aumento de produção e uma maior arrecadação de impostos. Todos os filhos, especialmente Kublai, absorveram essas lições sobre tolerância religiosa e bom-senso econômico, e aplicaram-nas com muito sucesso.

Sorghaghtani não era a única mulher mongol influente. Kublai também recebeu grande ajuda da esposa Chabi, cujo papel talvez tenha sido tão importante quanto o de sua mãe. Chabi protegeu os monges tibetanos que começaram a converter a elite mongol ao budismo tibetano. Quando Kublai conquistou o sul da China, ela o influenciou para que não houvesse represália e tomou medidas para cuidar dos remanescentes da família imperial Song, em vez de deixar que os matassem ou escravizassem.

A princesa kerait, Dokuz Khatun, casada com um primo de Kublai, Hulagu Khan, o Il-Khan da Pérsia, também foi influente e politicamente poderosa. Diziam que descendia de um dos sábios que visitara Jesus recém-nascido na manjedoura, e exerceu enorme influência sobre o marido, colocando-o numa direção anti-islâmica.

Nanjing foi devastada por Bayan, um dos maiores comandantes da época, e os cerca de 1 milhão de habitantes foram massacrados. Entretanto, Hangzhou rendeu-se a tempo. Em 1247, o Tibete se rendeu e um líder lama tornou-se o vice-regente mongol.[9] Kublai conquistou a atual Yunnan, dirigiu-se para o Vietnã e Hanói rendeu-se em 1257. A conquista do sul da China continuou até que, em 1279, o último príncipe Song foi encurralado com sua pequena frota na baía da costa de Guangdong e se atirou no mar junto com a família e seus ministros para evitar a captura.[10]

Nesse ínterim, Mongke morreu repentinamente de disenteria. Demorou mais dois anos para Kublai vencer uma guerra civil e se estabelecer como o Grande Khan. Ele governou o mundo chinês por quase 35 anos, de 1260 a 1294, e tornou-se o primeiro imperador da nova dinastia mongol da China, a dos Yuan. Sua administração durou até 1368: os mongóis foram os primeiros estrangeiros a governar a China inteira, e não só segmentos, mas não foram os últimos. Durante grande parte dos sete séculos seguintes, a China seria governada por povos não chineses.

Kublai passou alguns anos promovendo reformas administrativas e políticas. Percebeu que, para governar a China, precisaria fazer concessões aos chineses. Havia muitos milhões deles para serem geridos de forma eficaz por alguns poucos milhares de mongóis. Se quisesse ter o apoio dos chineses, teria de se comportar como um imperador chinês comum. Em geral, os mongóis achavam possível conquistar uma terra montados a cavalo, mas não governar uma sociedade grande e diversificada como a China desse modo. Isso não foi uma total surpresa. Há 11 séculos, o erudito chinês Lu dissera ao imperador Han Gaozu: "você conquistou o império a cavalo; porém pode governá-lo a cavalo?" Da mesma maneira, os mongóis também tiveram de governar por intermédio da maioria das instituições tradicionais.

Kublai abandonou o antigo e distante centro mongol de Karakorum e escolheu Beijing como sua capital, embora mantivesse uma residência de verão ao norte da Grande Muralha, em Shangdu, lugar da lendária Xanadu. Chamou a nova capital de Khanbaliq (Cidade do Khan) e começou a reconstruí-la a partir de suas fundações, um processo que a dinastia seguinte concluiu. Havia na época a tendência mongol de exibir suntuosidade, tanto no gosto por sedas requintadas, brocados e tecidos com fios de ouro quanto pela diretriz de Kublai de construir palácios e rodeá-los com lagos artificiais, colinas e lindos parques.

A mudança do centro político mongol para a China teve consequências imprevistas. Para os mongóis tradicionais, o deslocamento das estepes para o cenário urbano corrupto e decadente da China foi uma lamentável traição à herança mongol. Esse fato se reforçou com a concepção chinesa de que os invasores não chineses no final se adaptariam, como sempre acontecera, aos aspectos econômicos e culturais que o império desenvolvera ao longo de 15 séculos. Por outro lado, muitos postos importantes, no centro e localmente, eram monopolizados pelos mongóis. Primeiro, porque estes eram numerosos: somando os parasitas e aliados, como os turcos, havia cerca de 1 milhão de mongóis na China, muito mais do que quaisquer outros invasores. Além disso, evitavam a todo custo empregar chineses Han, preferindo povos não chineses de qualquer lugar: Ásia Central, Oriente Médio e até mesmo Europa. Essa política não era eficiente. Afinal, as pessoas com experiência administrativa e clerical na China, que liam e escreviam em chinês, eram em geral os Han. Para utilizá-los de uma forma simples e numa tentativa de manter a ordem entre eles, os mongóis restauraram os costumes governamentais confucianos e, mais tarde, os exames baseados nos clássicos.

Eles também, como os manchus séculos depois, tentaram manter a separação étnica e cultural entre os Han e os mongóis e seus aliados da Ásia Central e Ocidental. Os mongóis, com suas guarnições espalhadas pelas grandes cidades, eram sem dúvida a classe governante, com os chineses ocupando uma posição inferior. As relações dos chineses com as autoridades mongóis foram submissas, sem desafios abertos, mas com uma justa mescla de atuação furtiva e ardilosa, enquanto o persa permaneceu em grande parte como o idioma comum das classes governantes.

Apesar de suas ações cruéis no início, o poder mongol trouxe longas décadas de paz à China, especialmente após a ascensão de Kublai ao trono. Eles realizaram a unificação, principalmente a unificação do norte e do sul. Além disso, sob o domínio dos mongóis, Yunnan e o Tibete se juntaram ao império chinês. Kublai protegeu a pintura e os pintores de tradição chinesa e apoiou o teatro chinês. Este passou por uma extraordinária florescência cultural, em particular no teatro musical. No entanto, os desenvolvimentos econômicos foram estranhamente contraditórios. A reconstrução de Beijing causou uma série de dificuldades. A capital tinha de abrigar, alimentar e suprir uma gigantesca burocracia imperial. Isso significava trazer comida do sul, em especial arroz. Esse processo exigia um sistema de rios e canais, incluindo o Grande Canal, a ser reabastecido, o que envolvia não só fabricar e manter uma frota, mas exigir um trabalho árduo do campesinato. Foi preciso também instalar armazéns em todo o império para se prevenir contra a escassez de víveres.

Por sua vez, o comércio, em especial o comércio exterior, prosperou com os mercadores italianos e muçulmanos. A China se converteu no centro, embora não sendo a administradora, da maior rede comercial do mundo, que se estendia do Japão ao Oriente Médio. O poder dos mongóis também trouxe muita segurança para as rotas das caravanas na Ásia.[11] Os novos governantes geriam o comércio e concediam empréstimos aos comerciantes. Mercadores estrangeiros mais uma vez ficaram isentos do pagamento de impostos e podiam viajar livremente pelo império. Muitos enriqueceram e o crescimento comercial era supervisionado por financistas muçulmanos na corte mongol.

Quase inevitavelmente os mongóis tentaram expandir seus domínios em outras direções. Enviaram missões para o Sudeste da Ásia em busca de novos vassalos. Deslocaram-se para diversos pontos do Camboja, da Cochinchina e de Annan, assim como do atual Vietnã. Invadiram a Birmânia e tentaram conquistar Java. Mas aí foram longe demais. Nessas regiões tropicais, eles e, mais importante, seus cavalos foram derrotados pelo calor e as febres. Mais ao norte, tiveram menos dificuldades. Após dominarem o império do Tibete, tentaram conquistar o Japão. De 1268 a 1272, Kublai enviou três missões diplomáticas ao Japão. Os japoneses as ignoraram. Essa rejeição não podia ser tolerada e ele então começou a organizar uma expedição punitiva. Reuniu uma tropa de 15 mil soldados mongóis, jurchens e chineses, além de mais ou menos 8 mil soldados e 7 mil marinheiros da Coreia. Essas tropas conquistaram a ilha de Tsushima e chegaram à costa leste de Kyushu, mas quando começou uma tempestade forte, eles partiram para o mar e, depois de perderem 13 mil homens e algumas centenas de navios, retornaram ao império. Em 1275, Kublai enviou outra missão diplomática, porém os japoneses decapitaram sumariamente os emissários. Então, Kublai planejou outra invasão, desta vez com 100 mil soldados, 15 mil marinheiros coreanos e 900 barcos de diversos tipos. Lutaram dois meses no Japão, mas outro tufão avançou pela costa, a maior parte da frota foi destruída e mais da metade das forças de Kublai morreu, e os sobreviventes que alcançaram o litoral foram executados pelos guerreiros *samurai* japoneses. Os japoneses chamaram com reverência essa tempestade de "kamikaze" ou "vento divino", um nome que seria muito ouvido 600 anos depois, na Segunda Guerra Mundial. O desastre desonrou o império, não tanto pela perda dos homens, mas porque a derrota quebrou a aura de invencibilidade dos exércitos mongóis.

A religião continuou causando grandes problemas. A Mongólia e o Turquestão eram o local de encontro de diversas religiões mundiais, e em suas conquistas os mongóis, que praticavam a tolerância religiosa, conheceram o islamismo, o hinduísmo, o cristianismo e o maniqueísmo.

O budismo se disseminou e novos templos e monastérios foram fundados, sempre com isenção de impostos. Mas, na verdade, o imperador sentia-se confuso ao ter de satisfazer, a cada um e ao mesmo tempo, seu grupo de constituintes muçulmanos, ser um budista devoto para os tibetanos lamaístas e interessar-se pelos cristãos, entre outros.

Em torno de 1250, o poder do Islã se converteu numa séria ameaça aos mongóis, assim como para a Europa cristã e sua precária base de operações na Terra Santa. O islamismo e o fato de que tantas damas proeminentes mongóis e funcionários graduados fossem cristãos nestorianos[12] ocasionaram diversas missões e envios de emissários entre a Europa e os Grandes Khans mongóis, com os europeus em busca não só de cristãos convertidos, mas de uma ação conjunta contra os muçulmanos. Os mongóis procuravam apoio militar e político contra o Islã e, sobretudo, queriam cooperação para agir na Palestina e na Síria, onde as cruzadas cristãs já atuavam. A tolerância pagou outros dividendos: no século XIII, quando os principados cristãos ortodoxos da Rússia se viram confinados entre os mongóis, ao leste, e os reis alemães, a oeste, e preferiram se sujeitar aos mongóis. Pelo menos os mongóis, ao contrário dos reis intolerantes, concediam liberdade religiosa para os cristãos ortodoxos. Na década de 1330, o império Yuan tinha um grande número de tropas russas e ocidentais; e em 1332, um destacamento russo servia na corte mongol em Beijing.

Alguns mercadores esporádicos e aventureiros europeus (em geral italianos) viajaram para a China. O mesmo fizeram vários frades e missões papais, enquanto os mongóis enviaram diversas vezes emissários ao Ocidente. Uma missão diplomática cristã que percorreu a estrada ao norte através da Polônia e da Rússia foi confiada ao franciscano João de Plano Carpini, provincial de sua ordem em Colônia. Ele partiu em meados de abril de 1245, 18 anos depois da morte de Gengis Khan, levando uma carta do papa Inocente IV. Carpini, a quem devemos um relato detalhado da viagem, deve ter sido um homem muito corajoso. Tinha uns 60 anos, uma precária forma física, não conhecia as línguas asiáticas e nem tinha a menor ideia de como seria recebido. Talvez fosse decapitado pela primeira patrulha mongol que encontrasse? Prosseguiu seu caminho a cavalo pela Ásia até a mais completa exaustão, e chegou ao centro mongol de Karakorum a tempo de testemunhar a coroação do novo Grande Khan, Guyuk, outro neto de Gengis. Entregou a carta e voltou no final de 1247 com a resposta mongol. Guyuk apenas disse:

> [...] Tu que és o grande papa, junto com todos os príncipes, veio em pessoa nos servir. Nesse momento lhe direi todas as (nossas) ordens [...] Agora tu dirás com um coração sincero: "Eu me sujeitarei e o servirei." [...] Se não obedecer a ordem de Deus, e se ignorar meu comando, declararei que tu és meu inimigo. Do mesmo modo, farei que entenda [...].[13]

Não foi nada encorajador. Mas Carpini obedeceu e trouxe de volta bastante informação, inclusive alguns relatos detalhados das maneiras de guerrear dos mongóis. Um ano depois, foi nomeado arcebispo. Em seguida, o rei Luís IX da França soube que a mãe do Grande Khan era cristã e que os mongóis estavam ansiosos para fazer uma aliança contra o Islã. Não obteve resultados em sua primeira missão, porém enviou outro frade franciscano, William de Rubrouck (ou Rubruck), munido de uma carta credencial traduzida para o persa. William, que também viajou a cavalo sem revezar a montaria, chegou à corte mongol logo após o Natal de 1253,[14] mais uma vez procurando uma aliança para fazer uma cruzada contra os muçulmanos. Ao chegar, Rubruck encontrou alguns franceses e outros europeus que haviam sido capturados nas campanhas mongóis à Europa. Rubruck não conseguiu nada de proveitoso na China, porém fez anotações detalhadas em seu relatório particular ao rei Luís IX. Por casualidade, em duas décadas Kublai Khan, que gostava dos nestorianos por causa da mãe, permitiu que alguns frades franciscanos se tornassem bispos em Beijing e logo foi fundada a nova arquidiocese de Khanbaliq.

Alguns poucos ocidentais também chegaram até os mongóis, como o artesão de prata francês Guillaume Boucher[15] e um joalheiro parisiense. Sem dúvida havia outros, muitos deles capturados no Ocidente; afinal, os artesãos eram úteis. Havia também, bem no início do domínio mongol, uns comerciantes ocidentais cujos nomes não foram registrados.

No entanto, os viajantes mais famosos e os primeiros a chegar corretamente na China foram os da família Polo: os irmãos comerciantes Niccolo e Maffeo Polo, e o filho de Niccolo, Marco. Nicolo e Maffeo viajaram primeiro. Com um estoque de joias, pegaram um navio que atravessou o mar Negro até o porto de Sudak, na Crimeia, o principal centro de comércio com os mongóis. De lá, viajaram para o rio Volga e para a corte de Berkhe, o canado da Horda de Ouro, e, bem mais tarde, para Bokhara (agora Bukhara, no atual Uzbequistão), a capital do canado de Chagatai (Ásia Central). Nesse local, encontraram uma pessoa chamada Sandaq, um embaixador do novo Grande Khan, que contou aos irmãos Polo que Kublai sem dúvida ficaria encantado em conhecê-los, pois nunca encontrara pessoas latinas (isto é, ocidentais). Então, em vez de se dirigirem para o oeste, os irmãos rumaram para o leste. Cruzaram o deserto de Gobi e levaram um ano para chegar à corte de Kublai Khan em 1266.

Acharam o novo imperador um homem inteligente, liberal e com pontos de vista ecléticos. Extremamente hospitaleiro, Kublai acolheu esses estrangeiros do longínquo Ocidente, tratou-os com muita consideração e interrogou-os sobre a Europa, a Igreja Apostólica Romana e o papa. Pensara em atrair cristãos estrangeiros com suas aptidões para promover o progresso do império. Um ano mais tarde, quando eles iam fazer a viagem de retorno, entregou-lhes uma carta endereçada ao papa Clemente IV, pedindo que enviasse cem homens cultos para ensinar ciência ocidental e cristianismo aos mongóis. Também pediu ao papa que lhe mandasse um pouco de óleo da lamparina do Santo Sepulcro em Jerusalém. Para ter certeza de que os irmãos Polo chegariam à Itália com segurança, Kublai lhes deu um passaporte especial, uma tabuleta de ouro de uns 30 centímetros com a inscrição: "Pela força do Céu Eterno, sagrado seja o nome do Khan. Quem não o reverenciar, que seja morto." A tabuleta garantia ajuda em qualquer lugar do império mongol. Eles levaram três anos para chegar a Veneza.

Todos os três Polo, os dois irmãos e o jovem Marco, na época com 15 anos, ficaram dois anos em Veneza até partirem de novo para "Cathay" (China), a fim de encontrar o Grande Khan em 1271. Dessa vez, levaram cartas e presentes do papa Gregório X para Kublai, assim como o óleo do Santo Sepulcro. Seguiram o caminho em direção à foz do Golfo Pérsico, do Afeganistão e cruzaram o deserto de Gobi até a região do rio Amarelo. Em 1275, chegaram à capital, Khanbaliq. Quando

Kublai soube que tinham voltado, enviou uma escolta real para conduzi-los à sua presença. Os Polo ficaram extremamente impressionados com a magnificência da corte, a riqueza do país e a sofisticação da organização social; pelo sistema postal imperial, a proliferação de banheiros e casas de banho com água quente na cidade, o uso do carvão e sobretudo a utilização do papel-moeda. Os Polo permaneceram na corte de Kublai, com Niccolo e Maffeo comercializando em diversas partes da China e da Ásia Central, o que sem dúvida os enriqueceu muito. Mas quando o Grande Khan envelheceu e chegou aos 70 e muitos anos, eles ficaram ansiosos para partir com a fortuna que fizeram. Com imenso pesar, Kublai concordou, desde que escoltassem uma princesa de 17 anos, "uma dama chamada Kukachin, muito bela e encantadora" (como Marco escreveu mais tarde), a quem prometera em casamento a Arghun, o recém-destituído cã mongol da Pérsia. Os Polo, junto com a princesa e alguns embaixadores, navegaram para a costa de Fujian em uma frota de 14 navios. Quando chegaram à Pérsia, das 600 pessoas que haviam embarcado na esquadra (sem contar a tripulação), só os Polo, a princesa, e mais 14 pessoas haviam sobrevivido à viagem. Além disso, o noivo pretendente morrera e a princesa casou com o filho dele, Gaikhatu, que sucedera o pai e se tornara o Il-Khan da região. Nesse meio-tempo, os Polo voltaram para casa pelo litoral do mar Negro, atravessaram a Turquia e chegaram em Veneza em 1295. Marco escreveu seu livro de viagens e viveu até 1324/5.

Marco Polo

Na época em que Marco, o membro mais famoso da família Polo, partiu para a China com o pai e o tio, ele era um jovem bem-educado, interessado em pessoas diferentes, animais e plantas. Sabia francês e um pouco de latim, e mais tarde se tornaria fluente em quatro línguas.

Na China, transformou-se num protegido do Grande Khan. Aprendeu a língua da corte e o persa, a língua franca dos estrangeiros. Por sua própria conta, trabalhou para o Grande Khan de 1274 a 1291. Obteve postos elevados no séquito do cã e foi enviado em várias missões dentro do império, bem como à Birmânia (agora Mianmar), Índia e outros lugares. Em 1277, diz Marco, Kublai o nomeou governador de Yangzhou, no Grande Canal, ao norte do Yangzi, enquanto o pai e o tio projetaram máquinas para um ataque mongol a uma cidade chinesa. Marco, após o retorno à Europa, escreveu seu livro de viagens, *A descrição do mundo,* que ficou famoso, e, nos dois séculos seguintes, deteve toda a informação sobre a China na Europa. (Cabe lembrar que dois séculos depois, Cristóvão Colombo pensou, ao cruzar o Atlântico, ter alcançado os domínios do Grande Khan, sem saber que o governo mongol na China acabara 120 anos antes de iniciar sua viagem). O livro de Marco é entusiástico. O império, escreveu, era grande, muito urbanizado, rico, criativo e nada voltado para questões militares. Na verdade, "era o verdadeiro paraíso na terra". E também poderoso. "Se reunissem todos os cristãos do mundo, com seus imperadores e reis, o conjunto desses cristãos — e além deles os sarracenos — não teria esse poder ou seria capaz de tantas realizações como Kublai, que é o senhor dos tártaros [isto é, mongóis] no mundo. Infelizmente, a precisão do livro é controversa. Embora seja óbvio que muita coisa se baseie em fatos, também é uma mistura de exagero, boatos e, algumas vezes, pura invenção.* Por exemplo, em Yangzhou, Marco foi um funcionário de médio porte na expe-

*Desde o começo, muitos venezianos se recusaram a acreditar nas histórias de Marco e as dúvidas persistem desde então. Veja por exemplo Frances Wood, *Did Marco Polo Go to China?*, Secker & Warburg, 1995. Por outro lado, alguns de seus relatos parecem verossímeis. Por exemplo, a tabuleta de ouro com a inscrição "*laissez-passez*" que Kublai deu para os Polo parece ter estado na casa de Marco Polo até 1324.

riente administração, e não governador ou um inspetor fiscal graduado. Ele só viu cidades, Beijing em especial, além dos centros ricos e sofisticados da China. Não viu o volume da população em seus incontáveis vilarejos.

Mas, o que é muito interessante, os venezianos perceberam imediatamente a fraude e batizaram seu trabalho de "livro de milhões de mentiras".

Não muito depois da ida de Marco Polo a Beijing, a mais importante das primeiras missões orientais chegou à Europa. Não foi a primeira, mas pouco acontecera nos contatos anteriores. Isso ocorreu quando o trineto de Gengis Khan, Arghun, enviou uma missão importante a cargo de Rabban Sauma, um monge nestoriano. Sauma era de origem turca e mongol, nascido em Beijing e com excelentes ligações com a corte mongol. Em torno de 1280, Sauma e um companheiro, Rabban Marcos, que estavam a caminho de Jerusalém, chegaram ao canado mongol da Pérsia, porém lá se envolveram com questões religiosas e políticas. A planejada viagem a Jerusalém teve de ser adiada. Logo depois, Rabban Marcos foi designado patriarca da igreja nestoriana, com seu centro de atividades localizado numa Bagdá mais ou menos revitalizada. É claro que ele tinha muita influência na corte persa. Então, quando o governante persa precisou de um emissário para realizar uma missão diplomática na Europa ocidental, com o objetivo de reunir líderes europeus e bizantinos num esforço conjunto contra os muçulmanos na Terra Santa, Sauma foi o homem certo para empreendê-la. Era amigo íntimo do novo patriarca e um cristão culto, com experiência em diplomacia e viagens. Viajou pelo mar Morto até Constantinopla, e de lá para Roma. Chegou nesta cidade em 1287 e ficou na Europa por cerca de um ano. Durante esse tempo, encontrou o novo papa, Nicolau IV, e também Eduardo I da Inglaterra e o rei Felipe IV da França. Celebrou a liturgia síria na presença do papa, de quem Sauma recebeu a comunhão. Em Bordeaux, Sauma administrou a comunhão a Eduardo I.

Sauma voltou à Pérsia em 1288, levando com ele diversas relíquias sagradas, mas sem um compromisso concreto de empreender uma cruzada unificada para libertar Jerusalém dos herdeiros de Saladino. Ao retornar, Arghun nomeou Sauma capelão, batizou seu filho Nicolau e construiu uma capela para Sauma diretamente ligada à tenda real. Mas quando Arghun morreu, os mongóis, em vez de se tornarem aliados dos europeus, foram gradualmente absorvidos pelo islamismo. Sauma escreveu diários e relatos de viagens, na maioria em persa, com comentários sobre sua vida na China e as viagens pela Ásia e pela Europa.[16]

Os primeiros europeus a seguirem os Polo, pelo que sabemos, foram frades franciscanos e dominicanos; em particular o franciscano João de Montecorvino, com longa experiência no Oriente, a quem o papa encarregou de levar novas cartas para Kublai. Ele partiu de Roma em 1289, porém só chegou a Beijing depois da morte de Kublai. Permaneceu na cidade, trabalhou com os sucessores de Kublai, criou um pequeno centro católico e converteu uma ou duas pessoas importantes. Por fim, o papa tomou conhecimento de seu empenho e nomeou João arcebispo de Khanbaliq em 1307 e enviou algumas pessoas para ajudá-lo. Houve outros viajantes, como Odorico de Pordenone, que foi para a China em 1321 e, ao retornar no ano seguinte, relatou que havia uma catedral franciscana e duas casas franciscanas na grande cidade portuária de Zaytun (Quangzhou). Dez ou vinte anos depois, uma pequena comunidade comercial italiana se instalou no local. Em 1338, uma missão de um dos sucessores de Kublai como Grande Khan foi a Avignon, na França, a fim de visitar a corte do papa Benedito XII. Os emissários levavam cartas do Grande Khan e mensagens de alguns nobres cristãos a seu serviço. Eles queriam, entre outras coisas, um novo conselheiro espiritual. O papa indicou quatro núncios apostólicos para a corte do cã, um dos quais João (Marignolli) de Florença, que voltou a Avignon em 1353, levando uma carta do Grande Khan para o papa Inocêncio VI. Ele se tornou arcebispo de Bisignano, porém não deixou um relato muito preciso de suas viagens.

Esses contatos escassos e erráticos, assim como as influências embrionárias do Ocidente, não se prolongaram. Em 1362, o último bispo de Zaytun foi assassinado por chineses revoltados com os estrangeiros, e, sete anos depois, todos os cristãos foram expulsos de Beijing. Na segunda metade do século, outro grande conquistador, Timur Lang, devastou a Ásia Central e não só destruiu o que os mongóis haviam realizado como, mais uma vez, cortou quase toda a comunicação entre a China e a Europa.

De qualquer modo, nem na China nem no grande império que se estendeu para o oeste, até a fronteira do mundo latino, os mongóis governaram por muito tempo. Mesmo o império de Kublai no Leste Asiático declinou rapidamente após sua morte. Em quarenta anos, foram sete imperadores, alguns deles assassinados. Depois de oitenta anos da morte de Kublai, o império mongol na China se extinguiu, bem antes do último Grande Khan fugir.

Havia diversos problemas. Os mongóis se interessavam pelo poder e pensavam em termos militares. Não obstante, se deterioraram. Assim que uma das grandes guerras terminava, os soldados se instalavam nas guarnições das cidades sem nada para fazer. Existiam outros obstáculos. Alguns dos mais importantes não foram sempre tão óbvios quando vistos do centro. As estratégias de conquistas empregadas pelos mongóis, sobretudo os massacres, devastaram o império: a população da região dos Song foi reduzida à metade. Além disso, a natureza do novo governo parecia dúbia para os chineses. Eles se ressentiam profundamente por serem governados por estrangeiros. Esperavam hierarquia e sucessão hereditária, ao passo que os mongóis escolhiam líderes sucessivos em eleições realizadas em assembleias de chefes. As leis chinesas eram uniformes, mas os mongóis aplicavam a cada pessoa sua própria lei tribal. Os Yuan também não se adaptaram completamente à cultura chinesa, ou talvez fossem incapazes de fazê-lo, e seus códigos morais e legais eram incompatíveis com as tradições chinesas. Havia ainda o problema da pequena nobreza no país, entre a qual as lealdades pessoais e familiares da máfia moderna pareceriam bem naturais. De qualquer forma, os chineses desprezavam os incivilizados mongóis: costumavam dizer que os mongóis fediam tanto que se podia sentir o cheiro deles quando o vento soprava.

Dentro da corte, as intrigas e dissensões se tornaram frequentes. Governantes fracos falharam ao lidar com a inflação, enchentes e brigas entre os clãs. O campesinato ficou mais pobre devido à política de impostos. Em 1325, havia milhares de camponeses à míngua ou à beira da inanição, e as rebeliões contra "os ricos" começaram. Os mongóis, com seu exército severamente debilitado, não estavam à altura de enfrentá-las. Os diques do rio Amarelo explodiram em 1351 e a enorme quantidade de mão de obra necessária para consertá-los agravou a situação. Ocorreram mais revoltas, algumas vezes sectárias.

Em 1368, um líder rebelde capturou Beijing e o último Grande Khan fugiu sem lutar, retornando às estepes ancestrais. Seus sucessores foram os Ming, que deram início à dinastia com um ex-camponês violento e enérgico, Zhu Yuanzhang, que se tornou o primeiro imperador Ming.

5

Os Ming, os Bárbaros do Mar Meridional e os Missionários

1368 a 1644

O homem que se transformou no imperador Hongwu (que significa "extenso poder militar") vinha de uma família camponesa muito pobre, ficou órfão aos 16 anos e foi mendigo, monge budista e rebelde. Até 1340, foi um personagem insignificante de um pequeno bando insubordinado num vilarejo assolado pela peste. Mas encontrara sua verdadeira vocação como bandido e rebelde. Sua posição e reputação cresceram rapidamente e logo passou a comandar um bando grande e independente. Agora ele revelava sua visão estratégica. Outros chefes de grupos de bandidos concentravam-se em saquear cidades e juntar butim, ao passo que Zhu começou a conquistar locais de real importância estratégica. Em 1356, tomou Nanjing, que se tornou sua capital, e também a da China na dinastia Ming. Além disso, em vez de lutar com os mongóis, Zhu eliminou primeiro seus rivais na região sudeste. Em dez anos, destruiu-os e transformou-se no único líder rebelde proeminente. Em 1368, seu exército, depois de conquistar de Shandong até Guandong, avançou para Beijing, o último imperador mongol fugiu, Beijing se rendeu e Zhu fundou sua nova dinastia.

O novo imperador era corpulento, com uma estrutura física forte, o rosto muito marcado pela varíola, queixo determinado e uma energia feroz. Aliava a paixão pelos preceitos e as prescrições das leis tradicionais chinesas à assistência aos pobres, com quem se identificava, e ao firme propósito de impor reformas, não só na administração central. Assim que assumiu o trono, o poder foi mais uma vez exercido pela pessoa do governante, ou por uma delegação direta. O governo era uma resposta à determinação de um só homem. A autoridade e o poder funcionavam por decisão imperial e o empenho para tê-los significava um esforço para conquistar favoritismo e confiança. Promoções e honrarias, ou então punições, eram também decisões tomadas a seu bel-prazer. A oposição, ou fracasso em realizar uma ordem, ocasionava desgraça ou morte. No governo de Hongwu e de sua dinastia, que duraria 276 anos, o império cresceu e enriqueceu, com longos períodos de profunda e ampla paz interna. Mais uma vez ocorreram feitos notáveis na arte e na literatura, no teatro, nos trabalhos em laca e cerâmica. É possível que os trabalhos em porcelana tenham sido também insuperáveis. Algumas tribos da Ásia Interior chegaram a pensar que a porcelana chinesa tinha poderes sobrenaturais. No entanto, ao observar o período Ming em conjunto, é difícil evitar duas impressões surpreendentes. Primeiro, que, num resumo geral e por todas as diferenças de detalhe, os principais fatores da ascensão e depois do declínio e queda da dinastia Ming são extremamente similares aos que afetaram os Tang e mais tarde atingiriam os sucessores dos Ming, os manchus. Segundo, em cada caso, o ciclo relacionou-se às três dificuldades sobrepostas que esses impérios nunca resolveram de fato e que por fim levaram as dinastias ao colapso. Eram conflitos com fronteiras voláteis e seus povos, sobretudo no norte, com o crescimento populacional e os problemas inerentes de controle econômico e político e as inadequações do núcleo imperial, centrado na pessoa do imperador e em seu séquito.

Os primeiros Ming continuaram a marcha de Zhu pelo poder. Precisavam defender o império dos mongóis que queriam recuperar seu domínio. A política militar e tudo que se referisse aos mongóis constituíram a preocupação principal de Hongwu durante seu reinado. Depois de tê-los expulsado de Beijing e estabelecido seu governo, os exércitos do campo continuaram a marcha em direção ao norte, incendiaram a antiga capital de Gengis Khan, Karakorum, e se dirigiram para a Sibéria. Sob o comando dos sucessores de Hongwu, os Ming continuaram obcecados pelo perigo mongol, em particular por volta de 1400, com o ressurgimento do poderio mongol. Uma enorme ameaça semelhante, que felizmente nunca se concretizou, surgiu com o reinado de Timur Lang — Timur o Coxo —, que nasceu em 1336 ao sul de Samarcanda e emergiu como um grande general vinte anos depois. Em 1369, assumiu o trono de Samarcanda e enviou expedições ao Volga, à Pérsia, Bagdá e Índia. Mais tarde, planejou uma invasão à China, mas morreu em 1405 quando seguia para lá. Salvo campanhas específicas, Hongwu copiou o sistema militar dos Yuan, colocando guarnições de soldados profissionais no país inteiro. Os homens podiam cultivar a terra para sua subsistência, não precisando contar com um comissariado central, enquanto os comandantes poderiam se organizar como uma aristocracia militar.

Tamerlão

Tamerlão — ou o Amir Temur — foi um dos grandes conquistadores cujo nome tornou-se exemplo de morte e destruição. Nascido em 1336, tinha 33 anos quando assumiu o trono de Samarcanda. À medida que seu poder crescia, intitulou-se "Senhor da Conjunção Afortunada e Conquistador do Mundo". A escala de suas conquistas rivaliza com a de Napoleão. Derrotou o exército do Império Otomano, capturou o sultão Bayazid I e, em 1398, invadiu a Índia, entrando de forma triunfal em Déli e massacrando seus habitantes. Conquistou também os persas, e, em 1401, seus exércitos saquearam Damasco, onde seus soldados, procurando butim, fizeram crueldades inomináveis com os habitantes. As cidades que resistissem e eram esmagadas sumariamente: fala-se de pilhas de 70 mil ou mais caveiras. Ele também se transformou em um símbolo nacional do atual Uzbequistão.

Sua palavra era lei, e seu poder, absoluto. Era implacável, extremamente inteligente e enérgico, e um grande construtor de estruturas monumentais. Como disse: "Deixemos quem duvida de nosso poder olhar nossos prédios." Mas também foi responsável por parques e palácios, mesquitas e *madrassahs* (escolas), e estimulou habilidades artísticas. Seguindo o costume de outros imperadores de sua época, tinha "um apetite voraz por esposas e concubinas", mesmo aos 70 anos.

Seu exército era minuciosamente organizado. Cada soldado de cavalaria tinha de carregar um escudo, cereal suficiente para alimentar um cavalo durante um ano, um arco e uma aljava com trinta setas. O soldado de infantaria também carregava um arco, uma machadinha, uma espada ou um sabre, uma adaga e um pequeno escudo de madeira.

Por ser um soldado, compreendia o valor da inteligência e da astúcia. Empregou um exército de espiões, contando inclusive professores e dervixes andarilhos, para obter informações. Um historiador persa relata que, em uma batalha com os mongóis, Tamerlão ordenou que os soldados acendessem centenas de fogueiras nas colinas ao redor do inimigo, para convencê-lo de que estava cercado. O inimigo fugiu.

Não há dúvida de que o primeiro império Ming teve muita sorte por Tamerlão não ter vivido o suficiente para realizar a campanha contra a China.

Os mongóis não eram o único problema. Outras forças Ming reafirmaram o poder chinês na Ásia Central, mas em geral não tentaram criar um governo abrangente. Em vez disso, mesmo no Turquestão (Xinjiang), contentaram-se em dominar as cidades maiores. No sudoeste, os Ming empreenderam uma política de achinesamento de grupos minoritários, enquanto estabeleciam relações tributárias com o Tibete. No século XVI, a China se envolveu em questões políticas com as seitas de lamas tibetanos (monges) que competiam entre si e diversos grupos mongóis. Os Ming também precisaram manter soldados no sul, onde as primeiras invasões mongóis na Tailândia e na Birmânia causaram conflitos com as tribos locais. Lá os soldados permaneceram em colônias militares que, ao longo do tempo, tenderam a reforçar o poder chinês nessas áreas. É evidente que, com essas iniciativas militares, os Ming não só expandiram o império como militarizaram a China e criaram uma classe militar hereditária.

O filho de Hongwu, Yongle,[1] um soldado hábil e experiente com muitos serviços prestados contra os mongóis, continuou as campanhas antimongóis com seus aliados mongóis não muito confiáveis; contudo, também aproveitou a dependência mongol de produtos chineses para promover os mercados nos quais o império pudesse comprar as manadas de cavalos que nunca conseguiram criar no país. Yongle transferiu a capital de volta para Beijing. Enviou muitas expedições à Mongólia e mais além, nem sempre para guerrear. Por exemplo, mandou uma expedição à Ásia Central em 1413, assim como Wudi enviara Zhang Qian 15 séculos antes. O chefe da expedição, Chen Cheng, ofereceu sacrifícios aos deuses da região ocidental e iniciou, no começo de fevereiro de 1414, uma longa e difícil marcha de 6 mil quilômetros até Herat, no atual Afeganistão. Herat era a capital de Sharuk Bahadur, filho do grande Timur Lang. A expedição levou presentes para governantes de 17 estados, cujas terras teria de atravessar. Naquele momento, a Rota da Seda era uma cadeia de pontos de resistência chinesa, que se comunicava com rapidez utilizando fumaça, bandeiras e excelentes estações imperiais de troca de cavalos. A expedição cruzou parte do deserto de Gobi, desviou-se do ainda mais temível Taklamakan e, viajando na neve, bebeu gelo derretido e construiu pontes sobre riachos. Passou por Tashkent e pelo rico centro de Samarcanda, agora governado pelo neto de Timur Lang, e chegaram a Herat aproximadamente dez meses após a partida.

Missões também foram enviadas à Sibéria. O sistema tributário renascera em muitas regiões do norte, nos rios Amur e Ussuri, onde chefes tribais foram convidados a ir a Beijing. Em 1412, o imperador ordenou a um eunuco da corte que realizasse outra expedição a Amur. Ele viajou com 25 navios e mil homens, entre soldados, arquitetos, pedreiros e marceneiros. Distribuiu tecido e estatuetas aos chefes locais e construiu templos, com inscrições em tibetano, mongol e chinês celebrando a benevolência dos Ming. O imperador mantinha boas relações nessas regiões e deixou claro que estava disposto a esquecer tudo a respeito da invasão planejada de Timur Lang à China em 1404-5. Cinco anos depois da viagem de Chen Cheng, em novembro de 1419, Sharuk Bahadur enviou uma missão diplomática que permaneceu em Beijing, aprendendo mais uma vez o que era o grande "Reino do Meio".

Empreendimentos ainda mais interessantes eram realizados no sul e no mar. No início do século XV, a China era a civilização mais avançada em diversas habilidades industriais e sua arquitetura naval havia alcançado um ponto em que podia construir centenas de embarcações de vários tamanhos. Os navios chineses tinham chegado à Índia no século V d.C., e na década de 750 existiam grandes grupos de comerciantes árabes em Guangzhou. Os estaleiros de Nanjing construíram 2 mil navios de alto-mar em 15 anos, até 1419. A história diz que, entre essas embarcações, havia quase cem "navios de tesouro", maiores e mais confortáveis do que qualquer embarcação disponível na Europa. Alguns navios de tesouros transportavam até 3 mil toneladas de carga e mediam mais de 122 metros, o tamanho de um campo de futebol. Podiam ter quatro conveses e uma dúzia de velas, mastros de até 27 metros de altura e umas cinquenta cabines. Esses navios usavam lemes de popa, bússolas, cartas náuticas e tinham capacidade de carregar até quinhentas pessoas. Contudo, os engenheiros navais modernos têm sérias dúvidas se, com as madeiras e os demais materiais disponíveis na época, navios desse tamanho poderiam ter sido construídos com sucesso, ainda mais navegando em mar aberto. Como, mais tarde, as autoridades chinesas destruíram os registros e desenhos, presumivelmente como parte do esforço de suprimir a navegação em alto-mar, essa questão nunca será esclarecida.

De qualquer modo, os chineses atingiram uma breve hegemonia em centros comerciais vitais do oceano Índico, do Ceilão (Sri-Lanka), de Calicute e sobretudo no estreito de Malaca. Essas ligações marítimas ajudaram a impulsionar o antigo sistema tributário ao seu auge: os registros Ming mencionam mais de cem diferentes estados tributários. Esses esforços culminaram na ordem do imperador Yongle ao maior almirante chinês, o Grande Eunuco Zheng He: ele deveria liderar as grandes expedições navais oficiais às rotas comerciais marítimas chinesas. Zheng He, que era muçulmano, fizera sete viagens como essas entre 1405 e

1433. Na primeira delas, de 1405 a 1407, havia 62 enormes navios de tesouros numa esquadra de mais de trezentas embarcações. Ele visitou Sumatra, Colombo, a foz do Ganges e navegou até a foz do Golfo Pérsico e o leste da África, que há muito tempo comprava porcelana e moedas chinesas nas rotas das caravanas. Como era de se esperar, com o sistema em seu ápice, as missões diplomáticas chegavam regularmente do sul e do sudeste da Ásia e de locais tão distantes como Ormuz, na cabeceira do Golfo Pérsico. Um rei de Malaca fez nada menos do que quatro visitas à corte chinesa. Algumas missões diplomáticas vindas do distante leste da África traziam presentes como zebras e girafas de Malindi, na costa do atual Quênia.[2] Em 1411, Zheng He capturou um governante recalcitrante do Ceilão e levou-o para a China para que a corte se encarregasse dele.

Após 1433, essas iniciativas, e com elas todas as habilidades navais e de construção de navios, terminaram abruptamente. Foram muitas as razões. Em uma corte sempre cheia de intriga, houve muitos complôs contra Zheng He, que não estava presente para se defender. Como diz o ditado francês: "*Les absents ont toujours tort.*"[3] Talvez os pontos de vista dos funcionários confucianos que não gostavam de contatos e influências com o exterior tenham tido um grande peso. Além disso, expedições como a de 1407 ao Vietnã, por exemplo, realizada pela Marinha, causaram, vinte anos mais tarde, uma série de retrocessos, que só reforçaram a visão de que assuntos da China diziam respeito apenas à China. No entanto, o que mais pesou na balança foi o custo.

O custo do poderio naval era muito alto e as expedições de Zheng He não tinham objetivos que justificassem tanta despesa. Ele não explorou os locais visitados, apenas seguiu as rotas comerciais já existentes, em especial as dos árabes. A China não tentou colonizar nenhum lugar. As incursões nem mesmo tinham um propósito comercial relevante. As viagens eram só diplomáticas e oficiais, em áreas em que o império chinês não tinha interesses políticos e estratégicos sérios e onde não se pressentia ameaças. Além do mais, o governo passava por uma crise fiscal e orçamentária depois das tentativas dispendiosas e fracassadas de conquistar o Vietnã. E os recursos disponíveis seriam necessários para enfrentar novos e graves perigos no norte, sobretudo o fato incontestável do restabelecimento do poder e do moral dos mongóis. O governo chinês enviara diversas campanhas expedicionárias à Mongólia para evitar a formação de uma nova confederação mongol. E mais grave ainda, no final de 1449, o então imperador empreendeu uma campanha muito mal administrada contra as forças mongóis. Seu enorme exército foi destruído e o jovem imperador foi capturado. O irmão mais novo dele assumiu o trono em Beijing, para continuar o mandato da dinastia e manter o moral público. A fim de apoiar a dinastia, o imperador aprisionado renunciou às reivindicações ao trono; só voltou após o irmão ser assassinado em 1457. Não causa surpresa que os Ming tenham se concentrado no perigo mongol.

Por conseguinte, os Ming desistiram de campanhas posteriores no norte e começaram a fortalecer, reconstruir e concluir os trabalhos defensivos do império. Em particular, terminaram o mais notável sistema de defesa do mundo: a versão completa, final e fantasticamente cara da Grande Muralha da China. Foi um empreendimento que se prolongou até o fim da dinastia e seu custo foi astronômico, tanto em vidas como em dinheiro. Felizmente para a China, havia um comércio lucrativo com a hispânica Manila, que trouxe grandes quantidades de prata para o país. O comércio era feito por mercadores japoneses e filipinos, assim como por comerciantes ocidentais que compravam sedas chinesas, chá e porcelana. A prata pode ter vindo do Japão ou, mais tarde, do México e do Peru, na América espanhola. De qualquer modo, quantidades expressivas ficaram disponíveis para o tesouro imperial e para construir a Grande Muralha.

As lembranças da China das conquistas mais admiráveis em alto-mar foram suprimidas. Em 1480, o ministro da Guerra, com uma lógica burocrática implacável, destruiu os registros das viagens de Zheng He. Bem antes de 1500, o imperador baniu a construção de navios de alto-mar e proibiu seus súditos, sob pena de morte, de navegarem. A ordem foi parcialmente cumprida, porém o comércio marítimo chinês permaneceu bastante restrito até por volta de 1560, e os estrangeiros eram confinados a poucos portos controlados pela burocracia, para impedir a contaminação da ordem pacífica interna da China.

Essas decisões causaram despesas exorbitantes. O litoral há muito tempo era vulnerável aos japoneses, que saqueavam as costas coreanas e chinesas. Ao assumirem o trono, os Ming perceberam que dificilmente poderiam pôr forças militares em todo o litoral sudeste. Quando os japoneses estabeleceram relações oficiais, Beijing pediu que criassem uma guarda costeira contra piratas. Mas, em vez disso, o Japão começou a fazer ataques de pirataria, enquanto a costa chinesa permanecia sem defesa e aberta a piratas de qualquer lugar. Isso sem contar com as frotas de ladrões da própria China. A extinção oficial do conhecimento chinês de navegação em alto-mar só agravou a situação, com os piratas prosperando, matando, saqueando e capturando reféns para obter resgate. Havia centenas de grupos de piratas, além de uma grande quantidade de rufiões: fugitivos chineses, japoneses e escravos negros que tinham fugido da colônia portuguesa de Macau. Contudo, a costa continuou a ser uma preocupação menor de Beijing, que, voltada para o norte, ainda não via uma ameaça estratégica séria vinda do sul. A negligência, no entanto, teve implicações de longo prazo para a defesa marítima, sendo o calcanhar de Aquiles estratégico da China até o século XXI.

Em meio a esses piratas surgiram uns marinheiros estrangeiros fanfarrões, desta vez da Europa. No início pouco notados pelo governo imperial, e com certeza sem importância, foram os precursores de uma revolução europeia cujos efeitos abalariam as bases da Ásia e do império chinês. A Europa ocidental encontrava-se em um período de turbulência religiosa, intelectual, artística e científica jamais vivenciado nos últimos 2 mil anos: a Renascença, logo depois seguida pelo terremoto político e religioso da Reforma. Entre as preocupações europeias nessa época, a China pouco representava. A Renascença significou uma renovação do aprendizado clássico, uma tendência ao Naturalismo na escultura e na pintura, e o laicismo na poesia, um enfoque nas línguas vernáculas e algumas ideias sobre nacionalismo. Do ponto de vista artístico, o período vangloria-se de seus grandes escultores, poetas e artistas que se destacaram na história mundial. Foi a era de Leonardo da Vinci e Michelangelo, de Rafael, Ticiano, Corregio, da *Divina Comédia* de Dante, da poesia de Petrarca e Ariosto. Houve progressos científicos, com a substituição da astronomia de Ptolomeu pelas percepções de Copérnico, e uma reação generalizada contra o despotismo teológico da Idade Média. Ao mesmo tempo, Constantinopla foi conquistada pelos turcos em 1453, quando Maomé o Conquistador usou artilheiros cristãos como atiradores para demolir suas muralhas. Houve também um tumulto no cerne do antigo sistema europeu com o saque de Roma em 1527 e a pacificação da Itália sob domínio da Espanha. Depois veio a Reforma, com a emancipação da razão e da consciência humana na interpretação da Bíblia, e filósofos como Nicolau Maquiavel. Universidades como a de Bolonha e a de Pádua floresceram. O período representou, portanto, uma fragmentação social que facilitou a transição de status para contrato, de talentos para mercado, de milagres para ciência e, não de menos importância, de um mundo rural de vizinhos familiares para um mundo em movimento e especialmente, devido ao crescimento urbano das cidades, povoado de estranhos.

Aliado a isso, surgiu o crescimento do comércio e da riqueza, sobretudo nas cidades: os novos humanistas e artistas eram pessoas urbanas, e seus patronos eram burgueses ricos das cidades italianas e alemãs. Suas iniciativas e curiosidades promoveram a pesquisa e a exploração. Isso foi compatível com as necessidades de defesa e segurança da Europa e de estratégias para enfrentar a nova ameaça do Império Otomano, que, após conquistar Bizâncio, agora ameaçava o sul e o leste da Europa.

A expansão marítima da Europa, que teria efeitos profundos de longo prazo em todos os lugares, inclusive na China, originou-se de uma combinação de necessidade estratégica, fervor religioso, busca de riqueza e sentimento de aventura. A expulsão dos mouros na Espanha em 1492[4] e a ascensão de uma monarquia espanhola destinada a dominar a Europa aconteceram no mesmo ano em que o monarca enviou Cristóvão Colombo para o Novo Mundo. Na outra extremidade da Europa, os turcos foram derrotados nas portas de Viena, pelo menos temporariamente, em 1529; e em 7 de outubro de 1571, na grande batalha naval de Lepanto, uma esquadra cristã da Santa Liga, sob o comando de João da Áustria, destruiu o domínio turco no Mediterrâneo.

Mas a defesa da cristandade também envolveu o início da expansão cristã ao redor dos flancos muçulmanos, à procura de possíveis aliados.

Além da questão estratégica, que foi, é claro, motivada pela religião e pela necessidade de especiarias, transpor ou atravessar as novas regiões islâmicas e os principados turcos do Oriente Médio ficava cada vez mais difícil. Mesmo antes do começo do século XVI, a devoção religiosa aliou-se a um impulso para a defesa, a riqueza e a conquista. Nenhum desses objetivos poderia ser alcançado por via terrestre, pelas estradas transaarianas que os primeiros exploradores usaram para ir à Cathay, pois à medida que os impérios mongóis se enfraqueciam, o governo estável mongol na Ásia Central também se desagregava. Com a desintegração dessa Pax Tartarica, a viagem e o comércio por terra mais uma vez ficaram perigosos. Felizmente para os portugueses e espanhóis, inovações tecnológicas lhes propiciaram navios novos e bem mais adequados para a navegação no alto-mar do que os antigos galeões: caravelas longas e polidas e carracas maiores. Eram muito mais velozes, resistentes, mais fáceis de manobrar e melhor armadas do que os navios árabes. Poderiam até transportar artilharia. Esses navegadores tinham quadrantes, astrolábios e bússolas magnéticas. Além disso, o rei Henrique de Portugal (mais tarde denominado o Navegador), não só promoveu viagens de exploração como empregou astrônomos árabes e judeus, organizou muitos outros aspectos da navegação e financiou enormes progressos na cartografia.

Assim mesmo, a exploração precisava de mais: necessitava do que o século XXI chamaria de um esforço multinacional. Os reinos de Castela e Portugal foram os primeiros a enviar homens em embarcações minúsculas para longas e perigosas viagens, nas quais a doença, a fome e o escorbuto se propagavam. No entanto, nenhum deles possuía o capital nem o conhecimento organizacional que as novas viagens exigiam. Por isso, foi preciso recorrer a Gênova, aos florentinos e às grandes casas comerciais alemãs, como a dos Fugger.

O resultado foi uma série de viagens e conquistas no norte e no oeste da África. Em 1471, os portugueses ocuparam Tânger. Nove anos depois, construíram fortes na Costa do Ouro e passaram a mandar 700 quilos de ouro e 10 mil escravos todos os anos para Lisboa. O primeiro indício de uma abordagem litorânea de europeus ocidentais no leste da Ásia ocorreu quando Bartolomeu Dias circundou a África e transpôs um cabo que seu rei chamou de Cabo da Boa Esperança, chegando ao oceano Índico. Poucos anos mais tarde, em 1492, Cristóvão Colombo fez a viagem para "as Índias", o fabuloso Oriente, por uma rota a oeste que o conduziu ao novo mundo das Américas. Ao partir, levou uma carta dos soberanos espanhóis, Fernando e Isabel, para o "Grande Khan de Cathay". Com a finalidade de impedir uma competição excessiva entre a Espanha e Portugal, o papa Alexandre VI usou sua autoridade para estabelecer as regras de exploração na bula papal de 1493, cujos detalhes foram acordados pelos dois reinos um ano depois no Tratado de Tordesilhas. O tratado dividia o mundo inexplorado entre eles, cabendo a Portugal o Brasil e a maior parte do mundo não cristão do Oriente, e a Espanha exploraria as Américas, o Pacífico, as Filipinas e as Molucas. Em 1498, Vasco da Gama, seguindo Dias, chegou à Índia pelo cabo da Boa Esperança.[5] Outros portugueses descobriram uma rota diferente pelo Ocidente, circundando a América do Sul e chegando ao oceano Pacífico. O caminho para a Ásia agora estava aberto, não só para portugueses e espanhóis, mas também para holandeses e ingleses.

Nesse período, a distinção entre comércio, roubo e império era quase sempre indefinida. Afonso de Albuquerque conquistou Goa para Portugal em 1510, e Malaca um ano depois. O sultão de Malaca, um vassalo leal aos chineses, pediu ajuda ao imperador, porém nada recebeu. Malaca deu a Albuquerque o controle da passagem para as ilhas das especiarias e também pôs os portugueses em contato com os comerciantes chineses que há muito tempo tinham o hábito de levar para lá sedas, cetins, pérolas e porcelanas para trocar por especiarias, incenso e filamentos de ouro. Assim, Albuquerque criou a base do império português no Oriente e a primeira rede comercial mundial, que se estendia de Portugal ao Japão.

Em 1513, o primeiro navio português aportou em solo chinês. Ainda impulsionados por uma combinação de evangelismo e comércio, os portugueses chegaram à foz do rio Pérola, próximo da atual Macau. Três anos depois, Rafael Perestrello viajou para a China num navio europeu e obteve um ótimo lucro em seus negócios. Esta foi a primeira de muitas visitas esporádicas aos portos do sul da China por pessoas a quem os chineses consideravam apenas um grupo de "Bárbaros do mar Meridional".

A Cerâmica Ming

A produção de cerâmica em geral, e da porcelana em especial, foi um feito artístico espetacular da China bem antes da dinastia Ming assumir o trono. A cerâmica era imprescindível não só para uso diário na casa imperial, mas para a realização de rituais, inclusive os sagrados, que eram essenciais para a coesão social e a estabilidade. Os vasos também eram necessários depois da morte, para que o defunto tivesse comida, assim como casas e criados na vida após a morte. Vasos com inscrições foram ofertados a templos budistas e confucianos, além de terem sido muito usados como presentes diplomáticos.

O brilhantismo da cerâmica chinesa, em geral, e da porcelana, em particular, começou (exceto por um breve período de excelência na dinastia Tang) com a dinastia Song, que se caracterizou pelo refinamento nas artes e no artesanato. Durante essa dinastia, fabricou-se uma bela porcelana branca com formas elegantes. Essas realizações artísticas progrediram na dinastia mongol Yuan, quando a província de Jiangxi tornou-se o centro da produção de porcelana para todo o império. Quando os Ming sucederam os Yuan, suas realizações artísticas inevitavelmente se basearam nas habilidades e tradições de seus predecessores. O governo mongol, por exemplo, reunira estilos de regiões diferentes que haviam sido separadas política e socialmente. Não apenas isso, a arte chinesa começou a sentir a influência de outras partes do enorme império mongol, trazida para a China pelas rotas comerciais e pelo movimento de pessoas e religiões. Isso com certeza incluía o assentamento de grupos de comerciantes muçulmanos na costa sul e no outro extremo do império, no noroeste da China. De uma forma ou de outra, motivos decorativos pintados e a pintura em esmalte tornaram-se uma notável característica da porcelana chinesa no período mongol (Yuan), com as peças mais refinadas sendo fabricadas em Jiangxi. A produção de porcelana nessa província ficava próxima às fontes dos materiais brutos, e ocasionava um excedente de trabalho e boas opções de transporte. Foi também em Jiangxi que importantes inovações técnicas na manufatura da porcelana foram desenvolvidas. Isso incluiu a introdução do esmalte azul e vermelho.

No início do período Ming, criou-se uma fábrica imperial de porcelana e sucessivos imperadores dedicaram um cuidado especial na indicação de funcionários para supervisioná-la. Nos primórdios da dinastia Ming, os utensílios de porcelana mais valorizados eram brancos, os preferidos pela casa imperial. Mas depois, várias inovações ocorreram, como a porcelana branca e preta, um desenvolvimento posterior de azuis e vermelhos, e uma novidade que alcançou uma fama especial — a cor verde-clara. Em seguida, houve o crescimento do trabalho multicolorido. Porém, a maior inovação do período Ming, que se tornou famosa e amplamente difundida, foi a produção da porcelana azul e branca, muito imitada mais tarde pelos holandeses. No início, foi fabricada para o mercado externo, especialmente para o Oriente Médio, onde o trabalho decorativo persa na cor azul era conhecido há alguns séculos. A porcelana não foi o único tipo de cerâmica ou trabalho esculpido produzido. No período Ming tardio, por exemplo, chifres de rinocerontes importados do leste da África eram com frequência transformados em canecas ou objetos similares.

De qualquer modo, a porcelana Ming ficou famosa na Eurásia inteira. Também foi muito valorizada na Europa. Antes do século XVI, quando havia poucas trocas entre a China e a Europa, surgiram apenas algumas peças de porcelana, em geral ofertadas a governantes ou aristocratas do Oriente Médio. Mas, no século XVI, o rei Filipe da Espanha criou a maior coleção de porcelana da Europa, com umas 3 mil peças. Calcula-se que, em 1600, cerca de um terço da prata extraída das minas do Peru e do México foi para o leste da Ásia a fim de pagar por especiarias, sedas e cerâmicas.

O comércio era tão atraente que, em 1517, o rei Manuel I de Portugal enviou Tomé Pires para ser o primeiro embaixador português na corte Ming enquanto Fernão de Andrade, prefeito de Goa, realizou uma missão exploratória ao longo da costa chinesa. Os dois chegaram a Guangzhou em setembro de 1517 com uma esquadra de oito navios. Na chegada, deram uma salva de tiros, o que assustou os chineses locais. Pires levava uma carta do rei, mas os mandarins de Guangzhou, por desconhecerem a Europa, acharam que era outro grupo de piratas e o governador pediu permissão para expulsá-los. Funcionários em Beijing igualmente ignorantes também se recusaram a receber a missão diplomática de Pires. Contudo, alguém subornou a burocracia em Guangzhou e a permissão para que a missão se dirigisse à capital foi por fim concedida. Pires chegou a Beijing, mas sua missão foi mantida à distância. Um emissário do poderoso sultão de Bantam, em Java, chegara com notícias de raptos e escravizações por parte dos portugueses. Havia também notícias de Guangzhou que diziam que outros navios comandados por Andrade estavam construindo fortificações e raptando mulheres, e talvez até agredindo funcionários chineses na costa, verbal e fisicamente. O imperador mandou imediatamente os portugueses de volta para Guangzhou, onde não só foram proibidos de comercializar como foram aprisionados e torturados. Os chineses trataram os prisioneiros como piratas e executaram alguns deles, enquanto outros portugueses só escaparam da execução por causa de intrigas da corte contra o novo governador chinês no sul.

Por algum tempo, existiu um contrabando clandestino português na costa de Fujian, mas isso provocou represálias oficiais dos chineses em 1549, inclusive a captura de dois juncos portugueses. Em 1553, um dos portugueses capturados, Galeote Pereira, subornou alguém e escapou da prisão. O relato de sua experiência, que também falava do governo e dos costumes dos chineses, chegou ao Colégio Jesuíta em Goa em 1561. Foi transcrito em um seminário realizado lá e logo depois o traduziram para o inglês e o italiano. Era o primeiro relato desde Marco Polo feito por um ocidental que não era clérigo. Apesar da experiência desastrosa de Pereira, era um relato admirável. Seus comentários favoráveis estenderam-se até mesmo ao sistema de justiça chinês.

Os portugueses esperavam criar uma base comercial permanente em Macau, mas os chineses não se entusiasmaram com a ideia. Só em 1535, os portugueses, por meio de suborno, conseguiram a permissão oficial para morar e comercializar no local. Concordaram em pagar um aluguel e impostos alfandegários sobre navios e mercadorias, mantendo a soberania da China inalterada. Os portugueses só conseguiram arrendar a península de Macau, com a condição de livrar a área dos piratas, em 1557. Em vinte anos, os chineses passaram a aceitar tacitamente a presença portuguesa e o crescente monopólio português no comércio exterior da área. Na ocasião, os chineses tinham suspendido as antigas proibições de Zheng He com relação ao comércio marítimo, que nunca haviam sido muito efetivas, e designaram um porto perto da atual Amoy como centro comercial.

Essas abordagens à China faziam, é claro, parte do esforço mais amplo dos portugueses de catequizar os pagãos e enriquecer com o comércio. Em 1592, chegaram ao Japão. Na década de 1570, o conquistador do norte da Índia, o imperador mongol Akbar, encontrou os portugueses na costa e ficou muito impressionado com seus navios, sua artilharia e suas mercadorias. Um homem notável apaixonado por teologia, o imperador acolheu os jesuítas em sua corte e até mesmo assistia às missas.

Outros europeus logo desafiaram os portugueses. Os espanhóis, em especial, olhavam com uma inveja crescente a riqueza deles obtida com o comércio de especiarias. As descobertas de Colombo revelaram que de fato se podia chegar ao Oriente navegando pelo Ocidente. Em 1519, Fernão de Magalhães, um português a serviço de Carlos V da Espanha, conduziu uma expedição com cinco navios ao redor da América do Sul e, pelo cabo Horn, entrou no Pacífico. Demorou mais de dois anos e meio para chegar à ilha Luzon. Embora ele e muitos de seus tripulantes tenham sido assassinados pelos nativos, os sobreviventes retornaram à Espanha em 1522, contornando o cabo da Boa Esperança. O espanhol Balboa cruzou o continente sul-americano e reivindicou os Mares do Sul e todas as suas terras para o rei de Castela.

Havia outros caminhos mais curtos para a China. Assim que Hernán Cortés conquistou o império asteca no México, a Espanha passou a dominar a costa oeste da América. Em 1526, Cortés começou a construir navios no Pacífico e a encontrar portos, sobretudo a agradável baía de Acapulco. No ano de 1564, Miguel Lopez de Legazpi partiu do México para a ilha Luzon, que ele renomeou de Filipinas em homenagem ao rei Filipe II, e escolheu Manila como capital. Um ano depois, Legazpi enviou o marinheiro e padre Andrés de Urdaneta para procurar uma rota melhor. Urdaneta partiu em julho de 1565 e percebeu que teria de navegar em direção ao norte, indo até o paralelo 36, para conseguir ventos capazes de impulsioná-lo para o leste do Pacífico, até a Califórnia. Dezesseis de seus 44 tripulantes morreram, a maioria de escorbuto, e quando chegou a Acapulco, só ele e o sobrinho de Legazpi tiveram força para jogar a âncora. Ninguém tinha feito a travessia do Pacífico em direção ao leste antes e as anotações e mapas de Urdaneta permaneceram um padrão entre navegadores até o surgimento do capitão James Cook, dois séculos depois.

Quando os espanhóis chegaram às Filipinas, os mercadores chineses há muito comercializavam no local. Assim como na costa da China, o problema da pirataria era muito grave. Em 1574, um líder pirata chinês, Lin Feng, chegou a Manila com uma frota de 62 navios e 2 mil homens e mulheres, além de armas e utensílios, com a intenção de se estabelecer lá. Eles construíram um forte, mas em março de 1575 os espanhóis incendiaram a frota pirata. Isso mereceu os agradecimentos do comandante de uma esquadra imperial de Fukien (Fujian) que fora enviado para negociar com os piratas. Os espanhóis aproveitaram a oportunidade para estabelecer relações com a China e acolheram o comandante chinês em Manila. Ele concordou em levar para a China uma missão composta por dois frades agostinianos, sendo o mais velho o padre Martín de Rada, que queria uma abertura com a China para o comércio e missões cristãs. Levaram-no então para a China, onde teve uma recepção amistosa. No entanto, nesse ínterim, Lin Feng conseguiu escapar com uns trinta navios e voltou para o estreito de Taiwan, o que diminuiu o entusiasmo dos chineses pelos espanhóis e Rada partiu.[6] Porém, mais chineses chegaram em Manila e, com o tempo, um comércio razoavelmente intenso se desenvolveu entre a Espanha, o México e o assentamento espanhol em Manila e alguns portos chineses como Amoy e Foochow (Fuzhou).

Outros europeus estavam impacientes para entrar no mercado. À medida que mais portugueses e espanhóis enriqueciam, mais povos quiseram uma parte nesse monopólio. A primeira iniciativa partiu dos holandeses, motivados por dinheiro, pelos sentimentos da Reforma protestante, pela questão estratégica e as novas paixões nacionalistas suscitadas pelo sucesso de sua revolta contra a Espanha em 1581. Precisavam também protestar contra a pressão econômica de Filipe II da Espanha, que, em punição pela revolta, impediu a entrada deles no porto de Lisboa, que era o centro do comércio oriental de especiarias.

Alguns grupos de mercadores holandeses reagiram criando, em 1595, a Companhia das Índias Orientais em Amsterdã, e, no ano seguinte, Cornelius Houtman comandou a primeira viagem holandesa à Índia. A Companhia Holandesa das Índias Orientais foi oficialmente criada em 1602, com a autorização do governo holandês para manter tropas, colonizar territórios, guerrear e firmar acordos com países no Oriente. A companhia capturou as Molucas, Java e Sumatra dos portugueses e conseguiu o direito de comercializar com o Japão. Em 1604, os holandeses chegaram à China.

Outros europeus, como os franceses, os russos e alguns comerciantes hanseáticos e prussianos, também visitaram a China. As especiarias da Índia eram um produto muito importante e os ingleses seguiram avidamente os passos dos holandeses. Em 1596, a rainha Elizabeth I da Inglaterra, uma excelente latinista, escreveu uma carta em latim para o imperador chinês. Caso tenha sido entregue, não houve resposta. Quatro anos depois, ela concedeu uma carta patente de 15 anos para "O Governador e os mercadores que comercializam com as Índias Orientais", uma organização em expansão no âmbito da Companhia das Índias Orientais. James Lancaster e John Davis foram os primeiros a partir, levando cinco navios para Java e Sumatra. Entretanto, depois que essas iniciativas foram rechaçadas pelos holandeses em Java, os ingleses concentraram suas atividades na Índia.

Os franceses eram ainda mais ineficazes na época. Em 1604, quatro anos após a carta patente da rainha Elizabeth, o rei Henrique IV da França concedeu à primeira companhia comercial, formada por mercadores que operavam na costa francesa do Atlântico, um monopólio de

15 anos para comercializar com as Índias. Nada resultou dessa concessão e o primeiro grande empreendimento só se realizou em 1664, quando Jean-Baptiste Colbert, ministro das Finanças de Luís XIV, criou a Companhia Francesa das Índias Orientais. O capital era de 15 milhões de libras, em cotas de mil libras. O rei subscreveu os primeiros 3 milhões. A companhia recebeu a concessão de monopólio por cinquenta anos para comercializar nos oceanos Índico e Pacífico, do cabo da Boa Esperança ao estreito de Magalhães. Isso também não teve grandes resultados. A companhia lutou para sobreviver até ser formalmente extinta em 1719. Os alemães foram igualmente malsucedidos. Os portos alemães comercializavam com Amsterdã, Bruges, Antuérpia e Londres desde o século XII e eram membros fundadores da Liga Hanseática, que começou a atuar no comércio do Oriente bem no início. Mas só em 1670, a casa real da Prússia endossou a fundação da Brandenburgische-Preussen ostindische Handelskompanie, um empreendimento conjunto de um grupo de comerciantes de origem não alemã e o rei da Prússia. Embora essa iniciativa também tenha fracassado, não interrompeu por completo as atividades comerciais da Prússia no Oriente.

No entanto, os primeiros contatos europeus mais significativos e aqueles que tiveram o maior impacto de longo prazo no império chinês foram mais uma vez feitos não por comerciantes, mas por missionários cristãos. A China continuava a ser indulgente em relação às diferentes crenças religiosas. Porém, o movimento no Ocidente para abrir as portas da China ao cristianismo se expandiu. Era especialmente impulsionado pela ordem dos jesuítas fundada em 1540 pelo ex-militar santo Inácio de Loyola. A ordem tornou-se imediatamente muito mais importante na China do que os primeiros e raros visitantes dos mongóis. Os jesuítas demonstravam um zelo missionário ardoroso, e são Francisco Xavier, que acabara de catequizar o Japão, foi para a China, mas morreu em 1552, antes de chegar ao império. Em 1575, Alessandro Valignano foi para a China por indicação de um superior de todas as missões jesuítas nas Índias Orientais. Partiu de navio com 41 jesuítas e chegou a Macau em 1577. Ele foi esperto o suficiente para adequar a missão à China, em vez de tentar adaptar os chineses às práticas católicas. Pediu aos seus missionários que se adaptassem à cultura chinesa. Ao mesmo tempo, esses jesuítas extremamente educados e cultos foram capazes de conviver de igual para igual com os funcionários eruditos. A ordem de Valignano foi seguida à risca por Michele Ruggieri e Matteo Ricci, que fundaram uma pequena igreja a oeste de Guangzhou. Ambos passaram a vestir-se com trajes chineses, aprenderam a língua e os costumes chineses e estudaram o confucionismo. Estavam ansiosos para exercer influência por meio de suas habilidades em matemática, astronomia e geografia, e assim fazer amizade com funcionários e letrados.

Ricci se destacou particularmente e ficou famoso por seu trabalho científico. Também escreveu dois grandes manuscritos, um sobre a cultura e a sociedade chinesas, outro contando a história das missões jesuítas na China, ambos encontrados após sua morte e publicados na Europa em 1616. Como outros observadores, era um grande admirador da China, um reino enorme e unificado, bem organizado e com uma ortodoxia centralizada, graças ao confucionismo. A vida social era regulada por rituais e costumes que fomentavam uma harmonia passível de ser perturbada apenas por estrangeiros. A administração era realizada por burocratas profissionais selecionados por mérito. Tudo isso era um total contraste com o Estado fragmentado e conflituoso da Europa pós-Reforma.

Os jesuítas contribuíram muito para o progresso da China em matemática, astronomia, cartografia e geografia, assim como em outras técnicas e campos científicos. Ricci demonstrou que o calendário existente era antiquado e incorreto, um fato de extrema importância nos rituais e negócios chineses, e portanto para a posição do imperador. Em 1611, o imperador Ming pediu a Sabatin de Ursis que corrigisse o calendário oficial. Logo depois, em 1622, chegou o mais famoso de todos os jesuítas que foram para a China no século XVII, o padre alemão Adam Schall von Bell. Os jesuítas não só demonstraram que sua maneira de calcular era muito mais precisa do que a dos chineses como fabricaram novos instrumentos de astronomia. Ricci e seus sucessores foram os primeiros especialistas técnicos do império; e apesar do progresso inicial dos chineses em invenções técnicas, eles foram estranhamente vagarosos em explorá-las e desenvolvê-las mais tarde. Os missionários publicaram, em chinês clássico, introduções a grande parte do aprendizado e da ciência ocidentais. Também compreenderam que os chineses, para quem o imperador era o vínculo com o divino, dificilmente se preocupariam muito com o dogma cristão. Então, apresentaram o cristianismo como um sistema de sabedoria e ética aceitável pelo confucionismo. Essa atitude talvez tenha sido sábia numa sociedade em que o medo da punição era quase sempre maior do que a perspectiva de recompensa por inovar. Como outro missionário jesuíta, Louis Le Conte, escreveu com certa irritação, os chineses "gostam mais da peça de antiguidade bem defeituosa do que da peça mais perfeita moderna".[7] Em nenhum lugar esse fato era mais verdadeiro em relação às várias decisões de rejeitar a tecnologia e a modernização.

Por exemplo, a pólvora foi inventada na China, mas os Ming mostraram pouco interesse em suas aplicações militares. Afinal, as bestas usadas atrás das muralhas eram bastante eficientes para atacar a cavalaria nômade. Os mongóis haviam usado canhões em seus cercos, mas só quando os invasores japoneses na Coreia utilizaram com sucesso canhões na década de 1590, os chineses decidiram aprender algo sobre eles. Em 1621, os portugueses ofereceram quatro canhões ao imperador e por precaução enviaram soldados de artilharia junto com eles. No ano seguinte, a corte pediu que os jesuítas de Macau mandassem canhões para a China e vinte anos mais tarde Adam Schall pediu novos canhões e ensinou os chineses a fabricá-los. Alguns dos canhões dos jesuítas ainda eram usados no século XIX.

Jesuítas na China

Os jesuítas na China constituíram, de modo geral, um grupo extraordinário: cultos, sofisticados, enérgicos. Os dois mais famosos foram Matteo Ricci e o alemão Adam Schall von Bell.

Ricci era um homem de grande paciência e magnetismo, nascido na Itália em 1552 e educado no Colégio Jesuíta de Roma. Após ingressar na ordem, serviu em Goa e foi mandado para Macau em 1582. Aprendeu chinês e chegou à China em 1583, estabelecendo-se perto de Guangzhou. Só foi para Beijing em 1598, mas em 1601 obteve permissão para permanecer na cidade, além de ter recebido um estipêndio imperial até a morte em 1610.

Sua disposição de vestir-se, comer e viver como um chinês, a vontade de aprender, aliadas ao conhecimento científico e ao cristianismo comedido, tornou-o muito aceitável entre a elite chinesa. Ficou famoso e recebia diversas visitas todos os dias. No entanto, percebeu que tinha de mostrar algo sobre a cultura ocidental e sobre ciência. Fez um mapa-múndi para as pessoas que ainda pensavam que o mundo era plano. Traduziu capítulos da obra *Geometria*, de Euclides. Atraiu o interesse dos eruditos chineses com seu conhecimento de astronomia e acerca do mecanismo dos relógios europeus.

Sua teologia era esclarecida o suficiente para permitir que ele aceitasse desde o início (e não mais tarde) o confucionismo como um antigo sistema de ética, e a adoração dos ancestrais de seus convertidos como apenas outro rito civil.

O alemão Adam Schall von Bell nasceu quarenta anos depois de Ricci, em 1591, e chegou a Macau em 1619, mas não pôde entrar na China devido ao sentimento de xenofobia generalizado e, sobretudo, em razão de um decreto contra professores estrangeiros. Alguns anos mais tarde, ele e outros jesuítas ajudaram os soldados portugueses a lutar contra um ataque holandês a Macau. Os jesuítas empunharam armas nas muralhas e por um acaso feliz um tiro atingiu um depósito provisório de munições holandês. Os holandeses então se retiraram.

Quando o imperador soube da história pediu aos portugueses de Macau e em particular aos jesuítas para ajudá-lo a rechaçar os tártaros (manchus) no norte. Alguns jesuítas, inclusive Adam Schall, viajaram para Beijing.

Assim como Ricci, Shall era um homem encantador, enérgico e inteligente, e logo ficou amigo de cientistas chineses. O conhecimento de astronomia que ele e outros jesuítas revelavam era crucial para fortalecer a influência deles na corte; ainda mais importante, era fundamental assegurar que o calendário fosse precisamente calculado porque era de extrema importância para a cultura confuciana, além de ser um campo em que os jesuítas tinham uma mestria especial. Depois que Schall previu, com mais exatidão do que os chineses, o eclipse do Sol em 1629, ele foi encarregado do gabinete imperial de astronomia. Schall também orientou a reforma do calendário. Além disso, os jesuítas foram capazes de produzir instrumentos científicos e mapas, a ponto de serem convidados a montar um observatório no palácio real. Em janeiro de 1639, um cortejo de nobres da corte foi à residência jesuíta e deu a Schall, como presente e recompensa do imperador, uma tabuleta registrando o elogio imperial.

Quando a turbulência dos últimos anos do período Ming aumentou, o imperador mais uma vez pediu ajuda aos jesuítas. No final, Schall supervisionou a fabricação de alguns canhões pequenos, mas depois voltou para seu trabalho missionário.

A dinastia Ming caiu, porém, os jesuítas continuaram a se distinguir entre os novos governantes Qing. Schall foi nomeado para o "Conselho de Astrônomos" imperial e, apesar da inveja dos cientistas chineses, tinha um bom relacionamento com a corte.

Quando o novo imperador, o regente do sobrinho, subiu ao trono como o imperador Shunzhi aos 13 anos, deu o título de mandarim a Schall. Na época a posição dos jesuítas na corte estava sendo corroída por rumores e insinuações por parte dos cientistas da corte. Por fim, Schall, alguns irmãos jesuítas e seus seguidores foram condenados à morte. Mas no dia da execução caiu uma grande tempestade, seguida por um incêndio, dois fatos que foram vistos como presságios. As sentenças foram suspensas e os acusados foram soltos. Logo depois, em agosto de 1666, o padre Schall morreu depois de passar 47 anos na China. Não muito tempo após sua morte, o imperador designou o padre Verbiest como sucessor de Schall, e para prestar homenagens póstumas a ele, ergueu um monumento em seu túmulo com a inscrição: "Você deixa para nós a fama e a glória perpétuas de seu nome."

No final do século XX, depois da Revolução Cultural na China comunista, os túmulos de Schall, Ricci e Verbiest foram restaurados e transferidos de local para que visitantes possam vê-los.

Nesse momento, os perigos no norte e no noroeste eram controláveis e era mais barato subornar alguns mongóis do que lutar contra eles. No sul, entretanto, ainda não havia perigos sérios. Porém, os dois grandes problemas que afligiam o império persistiam: o crescimento populacional e os fracassos administrativos. O primeiro tinha muitas causas, como em todos os casos de crescimento demográfico. Por outro lado, como se fosse uma bênção, devido à paz houve progresso interno e prosperidade. Isso se deveu em parte à abundância sem precedentes do principal alimento da China, o arroz. Essa grande produção de arroz resultou da atenção renovada dada à irrigação e à maquinaria de Hongwu, mas também graças às novas variedades de arroz. Essas novas espécies de arroz chegaram ao império alguns séculos antes, já no tempo dos Song, trazidas da Indochina. Eram mais resistentes à seca, mais produtivas e podiam ser semeadas mais cedo que as antigas variedades. Cresciam tão depressa que os camponeses tinham duas colheitas em vez de uma, duplicando sua produção. Ao mesmo tempo, eles começaram a colocar peixes nos arrozais, porque eram bons para comer e fertilizavam os grãos de arroz. Havia uma vantagem adicional, embora ninguém entendesse as relações de causa e efeito. O peixe comia a larva do mosquito da água depositada nos campos de arroz, o que reduzia a incidência de malária, que infestava os arrozais ao sul.

As razões do crescimento populacional, que gerou problemas que os Ming não conseguiram solucionar, tinham uma estreita relação com as deficiências da administração imperial. Hongwu insistiu em consolidar um controle altamente pessoal do Estado. Sua política não era ruim. Quanto às questões internas, ele reduziu o imposto sobre a terra para ajudar os pobres, preocupou-se com a erosão e com a prevenção de enchentes, e ainda buscou refrear o banditismo e assegurar o suprimento de grãos. Mas a centralização administrativa nas mãos de um único homem produziu concentração de forças e esclerose. Isso se acentuou, como previsível, quando imperadores posteriores não demonstraram a sede de Hongwu pelo trabalho duro. A administração Ming ficou enorme e centrada na pessoa do imperador, que se apoiava em uma grande equipe de funcionários imperiais e em seis ministérios centrais. Eruditos confucianos foram mais uma vez indicados como funcionários seniores e o uso de eunucos em postos graduados se expandiu com os sucessores de Hongwu. Contudo, os eunucos e os confucianos tenderam a discordar ao longo do período Ming. O terceiro imperador, Yongle, fez questão de ceder grande parte dos negócios do governo aos eunucos. Ele também insistiu em transferir a capital para Beijing, apesar de o local ser estrategicamente vulnerável e distante dos principais centros populacionais e industriais, agora concentrados no sul.

Os primeiros imperadores foram impiedosos com relação a qualquer vestígio de dissidência, o que agravou os problemas. Hongwu tinha um temperamento violento, era de uma paranoia doentia e se comportava com uma crueldade especial com as pessoas de posição social mais elevada. Em 1380, suspeitou que seu ministro-chefe estava conspirando contra ele. Não apenas mandou decapitá-lo como ordenou que decapitassem a família inteira e algumas pessoas que tinham vagas conexões com ele. Dizem que as badaladas dos sinos ecoaram para 40 mil pessoas. Houve outros expurgos e ele continuou a mandar decapitar funcionários graduados.[8] Não que seus sucessores fossem mais tolerantes. Por volta de 1520, um imperador mandou açoitar 130 homens só porque o haviam aconselhado a permanecer no sul em vez de retornar à capital. Onze morreram.

Os registros dos Ming são bem menos importantes em questões financeiras e econômicas. Hongwu opunha-se ao comércio, pensava que era uma atividade ignóbil e que a fonte de riqueza do país devia ser a agricultura. Essa concepção perdurou tanto em seu governo como quando o confucionismo tornou-se mais absolutista, porém governantes posteriores mantiveram a visão de que o lucro era maléfico e que os empreendimentos comerciais discordavam inerentemente dos interesses da sociedade e do Estado. Na realidade, o princípio era uma questão, a prática era outra. Os Ming podiam desprezar oficialmente o comércio, mas ao mesmo tempo estimulavam o comércio de chá para comprar os cavalos do norte e o comércio que trazia prata. No entanto, manter os impostos baixos significou uma redução da receita do governo central. Ainda pior, o sistema de rendimentos era confuso, com esquemas de arrecadação ineficazes e uma equipe enorme de funcionários encarregada da coleta, dando origens a brechas para a corrupção. O governo tentou novamente solucionar alguns desses problemas imprimindo papel-moeda, mas isso causou inflação, houve falta de moedas e, com o tempo, muita falsificação. Nem Hongwu nem seus sucessores criaram qualquer espécie de sistema monetário de controle ou uma prestação de contas única. Em alguns lugares, havia taxas de câmbio diferentes entre moedas de cobre e de prata dentro da mesma cidade. Do ponto de vista do imperador, o sistema fiscal existia com o objetivo de controle político, e não de gestão da riqueza.

Contudo, essa não é a história completa. Hongwu compreendia os camponeses e por isso reduziu o imposto sobre a terra, deu atenção aos diques, reprimiu o banditismo e estimulou a pequena nobreza local a ajudar os pobres. O império também introduziu a rotação da colheita, a fim de que os campos não ficassem sem cultivo. Os camponeses começaram a receber dinheiro com as colheitas e foram encorajados a plantar árvores frutíferas. As relações entre proprietários de terras e arrendatários eram quase sempre baseadas em contratos. Com Hongwu, a China iniciou um programa maciço de reflorestamento, com grandes efeitos no suprimento de madeira. Ao mesmo tempo, os primeiros Ming se ocuparam intensamente com os consertos de estradas e canais. Pontes, santuários, cidades muradas e, é claro, fortificações receberam uma atenção similar. É evidente que esses aperfeiçoamentos fomentaram o crescimento populacional. Estimativas atuais calculam que a população da China em torno de 1400 fosse de uns 80 milhões. Em 1600 ou pouco depois, tinha quase duplicado para cerca de 150 milhões.

Além disso, após 1500, as restrições ao comércio diminuíram e houve uma espécie de crescimento repentino, especialmente nos pequenos negócios de fabricação de papel, seda e algodão. O comércio atravessou fronteiras quando os estrangeiros ficaram mais interessados em comprar sedas e porcelanas chinesas. Mas os chineses acharam que não valia a pena importar mercadorias, exceto especiarias do sudeste asiático. Por essa razão, procuraram obter pagamento para suas mercadorias em prata. Isso promoveu fluxos substanciais de prata originária da América hispânica e do Japão para a China.

No final dos anos 1500, o império Ming estava no auge de seu poder e de sua glória. Era grande e rico. Tinha realizações notáveis na educação e na cultura. Dera à China longos períodos de paz interna. Expandira e defendera as fronteiras chinesas, tinha feitos extraordinários nas artes, em especial na cerâmica e na poesia de Gao Qi, cujos poemas satirizando a corte dos Ming lhe custou a vida. Porém, apesar de todo seu poder, o império demonstrava sinais de fraqueza e tensão; e em duas ou três décadas a dinastia deparou-se com uma crise terminal. O império crescera demais, tanto territorialmente como em termos populacionais, era muito diversificado, ingovernável pelas estruturas administrativas existentes. Então, quando precisou enfrentar uma nova ameaça do norte, desta vez de um grupo manchu extremamente bem organizado e com liderança forte, o perigo por fim destruiu a dinastia. E os manchus conseguiram assumir o comando porque os Ming haviam fracassado ao se defrontar com o declínio e a ruptura internos.

Algumas dificuldades fundamentais resultaram do sucesso dos Ming ao produzir paz e bem-estar. O crescimento populacional ajudara a tornar a vida do camponês, sempre precária, ainda mais dura. Os perigos da seca e das enchentes não eram novos. Mas com o crescimento demográfico, as perspectivas de trabalho pioraram. Muitos homens perderam suas casas, venderam esposas e filhos, e passaram a perambular desesperados. Os impostos aumentaram num período em que uma maior fatia de renda era desviada corruptamente para bolsos privados. E aumentaram ainda mais com a guerra, a exemplo da Coreia nos anos 1950. Nas duas décadas até 1636, os impostos sobre a terra dos camponeses duplicaram. Em 1601, houve revoltas na província de Jiangxi e no delta do Yangzi, com casas incendiadas e tiranos locais linchados. Havia fome, banditismo e rebelião em diversas regiões. Em meados da década de 1630, a seca, a escassez de víveres e os distúrbios dominaram o norte e a região central da China, onde condições deploráveis propiciaram aos líderes rebeldes um fluxo regular de recrutas.

Os custos de defesa, não só da Grande Muralha, mas das lutas esporádicas com os mongóis, as guerras na Indochina, Tailândia, Birmânia, além dos conflitos com os rebeldes, agravaram a inflação e os problemas orçamentários. Esses custos excessivos causaram uma ruptura no sistema comercial interno da China e nas organizações bancárias básicas. Entre 1639 e 1644, a situação piorou, com enchentes e gafanhotos que ajudaram a produzir mais hordas de mendigos. Regiões da China foram devastadas por epidemias e, em alguns locais, a população foi reduzida à metade. À medida que o influxo de prata diminuía, em grande parte devido aos novos regulamentos comerciais japoneses, seu preço interno aumentou, provocando deflação e reduções na disponibilidade de prata para as despesas do governo.

A situação se agravou ainda mais em razão da pusilanimidade dos últimos imperadores, nem todos famosos pela inteligência. A administração centralizada nas mãos de um só homem em um grande império com meios de comunicação precários causou, como usual, um dilema impossível. Por um lado, os problemas de tempo e distância para controlar províncias longínquas e dispersas dava muito poder aos funcionários locais e à pequena nobreza. Por outro, as iniciativas centrais de supervisão e controle fortaleceram a esclerose burocrática. Wanli, que assumiu o trono em 1572, sentiu-se incapaz de enfrentar os problemas e se afastou dos assuntos públicos. Ele e seus sucessores deixaram essas questões nas mãos da corte de eunucos,[9] e o mais importante destes tornou-se prepotente e tirânico. A corte continuou a se dividir em complôs e contraintrigas entre várias facções, além de permanecer imersa na corrupção. As últimas décadas da dinastia foram praticamente uma narrativa de facções, suicídios e execuções de pessoas caídas em desgraça, ou simplesmente poderosas demais.

Os problemas das rebeliões pioraram quando as dificuldades em todo o país se acentuaram. Um líder rebelde chamado Li Zicheng, originário da província de Shaanxi, no noroeste da China, e que mais tarde denominou-se o "Rei Arrojado", emergiu como um líder natural dos rebeldes desenraizados e infelizes, sendo um homem com instintos táticos sólidos. Em 1635, chefiou um grande grupo na província de Henan e planejou ataques à região de Beijing. Nos anos seguintes, Li e outro líder rebelde, Zhang Xianzhong, perambularam pela região central da China, competindo entre si por terra e recrutas, enquanto o imperador, na ocasião o neto de Wanli, Chongzhen, revelou-se um incapaz. No início de 1640, os rebeldes haviam se fixado nas regiões centrais da China. Nessa época, embora muitos generais permanecessem leais à dinastia Ming, algumas pessoas ricas começaram a recrutar suas próprias milícias para se protegerem.

Enquanto isso, os problemas externos aumentaram. Mais uma vez surgiram conflitos nas fronteiras ao sul, piratas na costa, dificuldades nas fronteiras da Ásia Central e ataques de tribos. Houve alguns poucos contatos de navios mercantis europeus, mas foram insignificantes. Os cavaleiros mongóis ameaçaram de novo as regiões a oeste e ao norte do império.

Agora, o problema consistia na ineficácia da reação militar dos Ming contra as tribos do norte, assim como contra os rebeldes poderosos no país. Como a dinastia precisava não só proteger as fronteiras, mas ter capacidade de combater a rebelião interna, era necessário buscar cooperação com as diversas tribos não chinesas da Ásia Interior. Isso ocasionou relações ambíguas e complicadas nas fronteiras. Parte do problema residia na ausência de força militar competente. Além disso, as tropas chinesas ainda eram frequentemente comandadas por administradores territoriais com formação confuciana, ou por eruditos que haviam estudado assuntos militares. As tropas imperiais também ficavam insubmissas quando não recebiam o soldo por longos períodos e muitos soldados desertavam.

Nessas condições, nem a Grande Muralha mantinha a China isolada, sobretudo de opositores organizados na fronteira com a Manchúria. Os perigos que ameaçavam a China aumentaram ainda mais em consequência das campanhas contra os japoneses na Coreia na década de 1590. O alto custo das campanhas fora muito prejudicial, porém mais grave foi a crise com a Manchúria. As tribos jurchen que viviam lá formavam um grupo nômade heterogêneo, a maioria descendente das tribos seminômades que haviam fundado o império Jin no norte. Os jurchen há muito tempo tinham relações tributárias conflituosas com o império chinês, embora tivessem adotado tecnologias e estilo de vida chineses. Contudo, em meados do século XVI, eles começaram a se aliar e, nos anos 1590, surgiu um líder notável entre eles.

Seu nome era Nurhaci. Nascido em 1559, começou a carreira como um chefe insignificante com alguns poucos seguidores e, segundo ele, 13 conjuntos de armadura herdados. No início, viveu na casa de um general Ming, onde aprendeu a ler chinês e alguma coisa sobre a história e as estratégias da China. Depois, começou a criar uma organização para unir os jurchen. Fundou uma liga tribal de manchus, reunindo os quatro maiores grupos tribais jurchen. Trocou mulheres e concubinas com diversos grupos mongóis vizinhos e recebeu o título de cã. Enriqueceu com o monopólio de peles e ginseng, e em troca de seu "tributo" aos Ming obteve sedas e prata. Organizou seus grupos tribais como uma nação armada, que em 1635 passou a se chamar "manchu". Ele também estabeleceu um bom relacionamento com os Ming. Em 1589, o imperador concedeu-lhe um título e um cargo, e no ano seguinte Nurhaci chefiou uma missão para prestar homenagem a Beijing. Em 1595, o governo de Beijing nomeou-o "General do Dragão e do Tigre".

Também criou um sistema militar e administrativo muito eficiente, organizando suas forças de uma maneira que mais tarde se tornou o padrão das tropas "tártaras" em todo o império manchu. Em uma ideia copiada de Gengis Khan, os homens se dividiam em companhias, com grupos de companhias formando quatro "bandeiras". Cada bandeira tinha uma cor diferente: azul, vermelha, amarela e branca. Depois acrescentou mais quatro. No início, a organização das bandeiras baseava-se nas divisões tribais tradicionais e nos clãs, porém mais tarde, quando as unidades de "bandeiras" disciplinadas ficaram muito heterogêneas e não tribais, os antigos líderes tribais passaram a ser recrutados só em situações *ad hoc*. Até 1619, Nurhaci realizou campanhas bem-sucedidas contra outras tribos no interior e ao redor da Manchúria. Ele também oferecia postos para chineses letrados que quisessem trabalhar para ele. Em 1616, proclamou-se imperador de uma nova dinastia. Ajudado por vários mongóis, fez uma marcha com uma grande tropa chinesa dois anos depois, e, nos anos seguintes, conquistou toda a região sul da Manchúria e transferiu sua capital para Mukden (atual Shenyang). Lá criou estruturas governamentais e administrativas inspirando-se na prática chinesa. Por fim, após vinte anos de relacionamento tributário com os Ming, Nurhaci proclamou sua independência e, em 1619, declarou guerra ao imperador e obteve uma série de vitórias brilhantes.

Após sua morte em 1626, seu oitavo filho e sucessor, Abahai, fez novas alianças com as tribos da Mongólia Interior, subjugou a Coreia em aliança com os mongóis e derrotou mais tropas Ming e passou a dominar toda a região do rio Amur. Entre 1629 e 1630, os manchus penetraram a Grande Muralha, marcharam para a China e ameaçaram Beijing antes de voltar a Mukden, carregados de butim. Línguas maledicentes acusaram o general Ming mais competente de conluio com os manchus e ele foi condenado a uma morte humilhante e dolorosa: ser cortado em pedaços no mercado de Beijing. Nesse ínterim, Abahai fundou seu novo estado, instituiu a dinastia Qing (que significa "pura"), e se preparou para derrubar os Ming. Como um presságio funesto, as tropas Ming começaram, assim que receberam ordem de marchar contra os manchus, a encenar motins. Em meados de 1642, Abahai enviou novas tropas à China, desencadeando um período de sete meses de violência, que resultou em centenas de milhares de prisioneiros e mais butim. Nesse momento, alguns generais Ming se renderam aos manchus ou se aliaram aos invasores, enquanto funcionários chineses locais eram assassinados ou cometiam suicídio. A desordem do império era de tal ordem que o exército não recebia pagamento há muito tempo, os celeiros imperiais estavam vazios e o moral, arrasado. Mas Abahai morreu em 1643. Como seu filho e sucessor só tinha 5 anos, seu tio, o príncipe Dorgon, tornou-se o primeiro regente manchu.

O colapso militar e político dos Ming, assim como da resistência chinesa, prosseguiu. Dentro do império, a situação se agravou. Dos diversos movimentos rebeldes surgiram líderes extremamente competentes, sobretudo do noroeste, mas também de outros lugares. Li, o "Rei Arrojado", agora o mais importante dos senhores rebeldes chineses, expurgou possíveis rivais e começou a nomear funcionários como uma alternativa para a burocracia Ming. Ele devastou mais áreas a oeste e chegou até o vale Yangzi, enquanto outros comandantes rebeldes se uniam a ele. Preparou um ataque a Beijing no momento em que a capacidade de resistência dos Ming estava seriamente abalada pela necessidade de desviar tropas para enfrentar os manchus no norte. Em 1644, Li anunciou a criação de sua dinastia, "Shun", e deslocou-se para Beijing com centenas de milhares de tropas, prometendo paz e prosperidade em substituição às crueldades dos Ming. No dia 24 de abril de 1644, chegou à periferia da capital. No dia seguinte, o imperador, que não conseguira fugir, deu permissão para seus conselheiros se suicidarem e 13 deles se mataram. Então ele matou sua concubina e a imperatriz, aterrorizada, também cometeu suicídio. Depois, acompanhado só por um eunuco leal, o último imperador Ming caminhou até uma pequena colina no jardim do palácio e se enforcou.

Os soldados de Li ocuparam Beijing. No início o clima foi comedido. Não houve violência contra cidadãos, alguns saqueadores foram executados e funcionários que se uniram a Li começaram a organizar uma transição pacífica. Milhões de pessoas foram convocadas para exercerem suas habilidades. Mas após uma semana os problemas surgiram. O tesouro imperial estava vazio, como então os soldados de Li seriam pagos? Os soldados começaram a torturar pessoas suspeitas de esconder dinheiro. Logo começou a haver roubos e até mesmo assassinatos à luz do dia. A disciplina ruiu. Li poderia ter contado com a ajuda das tropas Ming remanescentes, mas os comandantes imperiais que enfrentavam no norte as impressionantes forças manchus do lado externo da Grande Muralha estavam totalmente desencantados com o funcionalismo imperial. O general Ming mais graduado, Wu Sangui, ficou profundamente ofendido quando Li se apossou da concubina mais bela dele e recusou-se a devolvê-la. Então Wu juntou-se aos manchus, repeliu o exército de Li e convidou os manchus a se unirem a ele para reconquistar Beijing. Em retaliação, Li matou o pai de Wu e pôs sua cabeça nas muralhas de Beijing. Houve uma onda de roubos antes de Li fugir da cidade e partir para lugares mais seguros a oeste. Nesse meio-tempo, os manchus se precipitaram para Beijing e, dois dias depois da partida de Li, o príncipe Dorgon chegou ao palácio imperial.

6

Manchus e Russos

1644 a 1727

Por todas as suas peculiaridades, o período Ming foi um mero intervalo, com um governo chinês separando longos períodos de domínio de estrangeiros: primeiro os mongóis, depois os manchus, que se depararam com os mesmos três problemas fundamentais que afligiram os Ming, os quais, apesar de muitos sucessos, eles também foram incapazes de solucionar. A primeira tarefa era estabelecer e manter a supremacia da nova dinastia em todo o reino. A segunda seria intervir nas consequências sociais, econômicas e de segurança externa resultantes da alarmante fertilidade do povo chinês. O terceiro ponto se referia à segurança externa das fronteiras de regiões sem limites definidos habitadas não por estados estáveis, mas por tribos fragmentadas ou dedicadas à pilhagem que tinham rancor do povo chinês e invejavam a riqueza da China. O resultado foi a conquista frequente dessas regiões pelos Qing, em guerras que também tinham o objetivo de preservar a segurança. Assim, por exemplo, o Tibete precisou ser controlado para que Xinjiang e a Mongólia ficassem mais seguros; e também para garantir que qualquer agressor vindo do oeste ou do norte teria de atravessar regiões vastas e improdutivas, gerando enormes dificuldades de suprimento.[1] Ao mesmo tempo, isso significava uma expansão do poder imperial que, embora expressiva, agravou os problemas da administração central.

O exército conquistador manchu era bem pequeno, com talvez não mais de 150 mil homens, e muito menor do que a força rebelde chinesa de Li, mas Beijing recebeu essas tropas disciplinadas como libertadores; e seus comandantes reivindicaram formalmente o Mandato do Céu para a nova dinastia Qing. Eles perceberam que a consolidação de seu poder não seria rápida nem fácil. Em primeiro lugar, como governantes não chineses, teriam de se adaptar aos costumes chineses dos Han. Embora tivessem subjugado o povo chinês, tiveram muitas dificuldades para serem aceitos pela sociedade chinesa.[2] Seus líderes homenagearam o falecido imperador, a imperatriz e os funcionários mortos, enterrando-os com um cerimonial adequado. Mantiveram os rituais, realizaram cerimônias apropriadas, promoveram os clássicos, continuaram com o costume de venerar os ancestrais e, de modo geral, perceberam que uma conduta respeitável refletiria valores respeitáveis. É claro que, quando conquistaram Beijing, os manchus tinham bastante familiaridade com os métodos de governo confucianos. Não era difícil aceitar a ordem confuciana tradicional, ou usá-la para seus próprios fins.

Conquistar Beijing representou só o começo. Os Qing poderiam destruir os rebeldes ao norte, porém precisavam consolidar seu domínio no reino. Então, dirigiram-se para o sul logo após capturar Nanjing, o antigo centro cultural e econômico da China. O comportamento dos generais Ming e das tropas não era previsível. Em maio de 1646, cerca de 138 mil soldados Ming se renderam e se aliaram às forças manchus em sua marcha para Yangzhou. As forças de defesa da cidade lutaram com bravura e os manchus massacraram os Ming remanescentes durante dez dias, provavelmente, como diz a frase, *pour encourager les autres* (para encorajar os outros).[3] Depois deixaram as novas tropas chinesas no local para concluir o programa de assassinato, estupro e pilhagem.[4] O exemplo causou um efeito expressivo: no mês seguinte, Nanjing se entregou, assim como 100 mil tropas Ming. Assim que a nova dinastia conquistou Nanjing e o centro econômico, a situação dos Ming ficou desesperadora. Além disso, quando os manchus deixaram claro que não iriam interferir na posse de terras, a pequena nobreza os aceitou. No entanto, considerando todos os acontecimentos, a pacificação do vale e do delta do Yangzi foi extremamente violenta.

Houve, naturalmente, resistências. Um dos mais ardorosos defensores dos Ming, o chefe pirata Coxinga, permaneceu anos na costa sul, em Amoy. Em 1658, ele conduziu um exército em direção ao norte, até o vale do Yangzi para ameaçar Nanjing. Mais tarde tomou Taiwan dos holandeses, mas morreu lá em 1662. A ilha foi dominada pelos Qing 21 anos depois. O último grande desafio dos manchus ocorreu em 1673, quando alguns nobres do sul e do sudoeste se rebelaram. Entre eles estava o general Wu, que permitira a entrada dos manchus na China trinta anos antes; o grande imperador Qing, Kangxi, levou oito anos para retomar o controle. Os manchus também eliminaram o apoio estrangeiro a esses remanescentes Ming. Isso foi a derrota final étnica do governo chinês na China, após todas as tentativas fracassadas dos Ming de reafirmar seu poder.

Havia outras formas pessoais de resistência. Durante e depois das campanhas militares, centenas de homens e suas famílias se suicidaram, por pensar que era vergonhoso apoiar os novos governantes estrangeiros. Antigos funcionários imperiais se defrontaram com uma escolha inflexível: lealdade aos novos governantes ou a morte. Não só a deles, mas com frequência a de suas esposas, filhos e concubinas.

Entretanto, em geral, os Qing acolheram funcionários Ming experientes que aceitaram servir o novo regime. Afinal, o mandarinato chinês habitualmente permitia aos povos não chineses ocuparem o trono, ao passo que nos assuntos do dia a dia o império continuava a ser administrado por burocratas chineses, segundo seus velhos costumes. No aspecto militar, o controle dos manchus foi fortalecido com o alistamento de um número crescente de chineses nas unidades de bandeiras que constituíam a força de ataque. Em anos posteriores, a maioria desses soldados profissionais mantidos com estipêndios imperiais era composta de chineses, enquanto as guarnições manchus ficavam em pontos estratégicos importantes. Junto com eles havia o exército do Estandarte Verde, organizado em pequenas unidades, como uma espécie de força policial para manter a ordem local nas guarnições. Essas forças locais e genuinamente chinesas se limitavam, havia muito tempo, a unidades provinciais usadas no policiamento e em ações contra bandidos.

Os Qing governavam o império em grande parte de acordo com princípios tradicionais, inclusive com o sistema de exames para nomeação de funcionários. Foi um alívio para muitas pessoas ter um governo bem conceituado, livre das camarilhas da corte e de centenas, até mesmo milhares, de eunucos ao redor do imperador. Algumas características menos favoráveis da antiga ordem persistiram, como o desagrado das classes governantes com relação à economia e ao comércio, além da estrutura fiscal inadequada. Não obstante, os novos governantes tentaram fortalecer as lealdades imperiais disseminando o crescimento da riqueza. O lema imperial era: "A riqueza deve ser acumulada nas mãos do povo."[5] Com o tempo os camponeses foram liberados, na prática e na lei, para comprar ou vender suas terras. Mas os Qing preservaram a separação racial, banindo o casamento entre manchus e chineses e proibindo a migração chinesa para a terra natal dos manchus. Eles queriam evitar a contaminação das virtudes marciais dos manchus com os hábitos mais decadentes dos Han, e também para proteger as diferenças de costumes, enquanto mantinham cuidadosamente a autoridade nas mãos dos manchus. Ao longo do tempo, chineses competentes passaram a realizar trabalhos administrativos com manchus leais controlando-os. Porém, essa organização não solucionava todos os problemas. Em 1650, os manchus, tal como alguns de seus predecessores, acharam necessário eliminar a corrupção endêmica dos sistemas governamentais e judiciários.

Eunucos

Um eunuco é um homem que teve parte da genitália, ou toda ela, extirpada à força ou por escolha, e que, portanto, é incapaz de se reproduzir. A prática é muito antiga, registrada desde o século XXI a.C. na Suméria. Foi difundida depois na Assíria, no Egito durante o período dos faraós e na Pérsia.

Na antiga China, a castração podia ser um castigo, mas também podia ser um meio de obter emprego no serviço imperial. Os reis chineses começaram a ter eunucos a seu serviço o mais tardar no século VIII a.C. No final da dinastia Ming, havia dezenas de milhares de eunucos servindo o imperador. Embora fossem quase sempre serviçais para tarefas domésticas e funções pessoais, como dar banho ou cortar o cabelo do governante, esses serviços pessoais conferiam ao eunuco acesso direto ao imperador, a fonte de toda autoridade. Por isso, alguns obtinham posições oficiais, algumas vezes de imenso poder, maior que o dos ministros do imperador. O favorito do imperador Qin Shi Huangdi, Zhao Gao, o grande almirante do século XV, Zheng He, e, no final do século XIX, o favorito da imperatriz viúva Cixi, An Dehai, eram eunucos. É óbvio que havia com frequência uma guerra burocrática entre os eunucos do palácio e o mandarinato.

Os eunucos eram mais indicados para cuidar das mulheres do harém real. Se as rainhas dos imperadores não dessem à luz um herdeiro, os filhos das concubinas de posição mais elevada poderiam sucedê-los no trono. A castidade rígida das mulheres tinha, portanto, uma enorme importância, pois, a paternidade inquestionável era essencial para o governante e sua dinastia. A adoração dos ancestrais determinava que o governante deveria realizar sacrifícios oficiais para seus ancestrais não só em benefício próprio, mas para manter o equilíbrio harmonioso entre o céu e o povo chinês. É evidente que os ancestrais não gostariam que um intruso aparecesse.

Por conseguinte, hordas de eunucos se encarregavam do harém, cujas mulheres dificilmente conseguiam se mover sem serem observadas. Por outro lado, alguns eunucos eram bem recebidos como amantes. Se um homem tivesse seu testículo removido após a puberdade, ele era capaz, em muitos casos, de ter ereções e mantê-las sem o perigo de uma ejaculação que engravidaria a mulher.

Existiram ainda eunucos em épocas modernas. Nos séculos XVIII e XIX, alguns eunucos conhecidos como *castrati* eram muito apreciados, sobretudo na Itália, mas também em outros lugares, por suas vozes infantis. No início do século XXI, ainda havia alguns milhões de eunucos em várias partes do mundo, e não só no subcontinente indiano.

O segundo imperador manchu, Kangxi, reinou por sessenta anos, de 1662 a 1722. Foi um governante notável. Os 133 anos de governo de Kangxi, de seu filho Yongzheng e do neto, Qianlong, foram o auge da civilização Qing. Kangxi, retratado como um homem de rosto fino e olhos vivos e observadores, era frugal, prático e muitíssimo ativo. Teve um interesse pessoal por várias coisas, como o controle de enchentes, a conservação e o conserto de canais. Partilhava interesses científicos com os jesuítas, sentia-se profundamente atraído pela cultura e o aprendizado, praticava caligrafia, encomendou mapas, coleções acadêmicas, um grande dicionário, uma antologia de poesia e uma enorme enciclopédia. Mas também foi líder militar em muitas campanhas.

Não houve uma grande mudança nas diretrizes dos assuntos externos. O império continuou a se considerar o centro do mundo civilizado, ao qual os estrangeiros deviam pagar tributo. As audiências que constituíam o cerne da diplomacia chinesa, em que todas as pessoas se ajoelhavam e tocavam a testa no chão na presença do imperador, permaneceram quase inalteradas até meados do século XIX. Porém, quem eram os estrangeiros no império? Sobretudo os jesuítas. Eles continuaram sua missão na China durante a turbulência, o declínio e a queda dos Ming, e os manchus aproveitaram suas habilidades, principalmente na ciência e na matemática. Kangxi protegia Adam Schall e lhe concedeu o título de mandarim. Outros jesuítas competentes foram para a China. Um deles, que também ficou famoso e importante, foi Ferdinand Verbiest. Inevitavelmente, a influência jesuíta oscilava. Entretanto, Kangxi não hesitou em usar os jesuítas como conselheiros em cartografia e engenharia, e incumbiu-os do gabinete de astronomia. Em 1687, cinco padres franceses chegaram à China e um deles curou Kangxi de malária utilizando quinina. Em 1692, foi publicado um edito de tolerância dando permissão aos jesuítas para construir igrejas. Dois anos depois, um dos padres franceses voltou à França para buscar novos recrutas e, em 1697, Joachim Bouvet escreveu um relatório ao rei Luís XIV com referências entusiásticas às realizações morais e militares de Kangxi.

Os jesuítas discordavam de outros missionários cristãos, mas não dos chineses. Eles apresentaram à Europa um relatório muito elogioso da ética chinesa, argumentando que o confucionismo era uma moralidade cívica e que os princípios da civilização chinesa se harmonizavam com o cristianismo. O padre Louis Le Conte, por exemplo, alegava que era inteiramente justificável que missionários na China adotassem qualquer adaptação prudente dos costumes chineses para difundir a fé.[6] Isso suscitou uma forte oposição de dominicanos e franciscanos, assim como de grupos na França. Quando os frades franciscanos começaram a pregar para as pessoas do povo, eles reclamaram que os jesuítas só se dirigiam às elites chinesas e se envolviam na política palaciana. Ainda mais importante, os dominicanos e franciscanos se preocupavam com a permissividade dos jesuítas em relação aos costumes chineses, à ética e à moral confucianas. Os jesuítas, diziam, estavam muito equivocados quando declaravam que o sistema de ritos da China era quase secular e que os princípios da civilização chinesa se harmonizavam com o cristianismo. Com o foco centrado nas elites chinesas, os jesuítas estavam se afastando dos dogmas essenciais cristãos.

Isso gerou um problema grave porque o imperador insistia, como era sua obrigação moral, no respeito à homenagem tradicional chinesa a Confúcio e aos ritos da adoração aos ancestrais. Pediu que os missionários considerassem essas cerimônias como atos civis, e não religiosos, e que os convertidos cristãos continuassem a praticá-los. Os jesuítas estavam dispostos a aceitar esse pedido, porém os dominicanos e franciscanos não concordaram. A controvérsia foi reportada a Roma. O papa Clemente XI enviou o bispo Maillard de Tournon para investigar o assunto. Ele chegou em 1705 e teve diversos encontros com Kangxi, todos terminaram em total desacordo. A questão, segundo a Igreja, concernia à supremacia papal em assuntos religiosos. Desse ponto de vista, a aceitação das opiniões de Kangxi pelos jesuítas representou um enfraquecimento vital das alegações fundamentais do cristianismo católico. Em 1715, foi promulgada uma bula papal banindo a estratégia de acomodação, e Maillard proibiu os missionários católicos, sob pena de excomunhão, de obedecer ao imperador nesse assunto específico. Mas não havia possibilidade de o imperador tolerar isso. Afinal, os missionários que procuravam converter pessoas estavam claramente se opondo às reivindicações de superioridade moral da China; e a reclamação papal de suprema autoridade religiosa, caso aceita, iria corroer os elementos centrais da posição do imperador. Então, Kangxi declarou que quem não assinasse um documento aceitando sua opinião seria expulso. O imperador prendeu Maillard em Macau, onde ele morreu em 1707.[7] A maioria dos jesuítas assinou. Alguns franciscanos, dominicanos e outros se recusaram e foram expulsos. Toda a base da atividade missionária ocidental na China ficou seriamente abalada.

No entanto, Kangxi queria reabrir a China à ciência ocidental e restaurar o comércio. Essa posição significava receber caravanas estrangeiras no norte e navios estrangeiros, sobretudo europeus, no sul e no leste. E, é claro, também os mercadores portugueses que haviam chegado à China bem antes dos Qing assumirem o poder. Os espanhóis foram para Taiwan em 1626 e criaram uma base comercial e missionária. Os holandeses fracassaram em tomar Macau dos portugueses, mas conseguiram se estabelecer em Taiwan. Navios britânicos surgiram na costa em torno de 1635 e dois anos depois havia uma pequena frota mercantil inglesa em Macau. Mais tarde, e informalmente, os ingleses foram autorizados a comercializar em Amoy (Xiamen) e depois em Guangzhou. A Companhia Inglesa das Índias Orientais foi estabelecida em Bombaim e inaugurou um centro comercial em Calcutá em 1690. Nove anos mais tarde, foi para Guangzhou, onde o comércio britânico logo se tornou um monopólio sob a égide da Companhia. Os ingleses usaram esse monopólio para comprar porcelanas, sedas e chá, a fim de suprir a crescente demanda na Inglaterra.

Havia também o centro comercial holandês em Taiwan, que Coxinga conquistara. A sede da Companhia Holandesa das Índias Orientais, na Batávia, enviou uma frota para ajudar as forças imperiais a recapturar a ilha. Como recompensa, Beijing permitiu que os holandeses comercializassem em Fujian e Chekiang (Zhejiang), e, a partir de então, os navios holandeses fizeram uma escala regular nos portos do sul da China. Outros europeus também vieram para a China. O primeiro navio francês chegou a Guangzhou em 1660. Para o império Qing, esse comércio europeu, embora lucrativo, teve pouca importância política até o século XVIII; e os comerciantes eram quase sempre um estorvo, mesmo sendo de pouca relevância.

No entanto, quando as pressões do Ocidente aumentaram, os Qing, ao contrário de seus predecessores Ming, permitiram que algumas missões diplomáticas estrangeiras visitassem Beijing. Houve vários emissários holandeses entre 1656 e 1687 e dois portugueses de 1667 a 1678. Todos aceitaram a maneira de agir chinesa, inclusive as formalidades tributárias, e os emissários traziam presentes, ajoelhavam-se e tocavam a testa no chão diante do imperador. Nenhum deles conseguiu muita coisa, exceto confirmar o indescritível sentimento chinês de superioridade. Os comerciantes ocidentais aceitaram a maneira de agir chinesa, mas, para os grupos oficiais, o conflito entre a cultura chinesa e a ocidental começou a se exacerbar.

Contudo, lidar com essas missões requeria mais cautela do que o trato com meros comerciantes. Isso ocasionava, às vezes, uma mudança sutil nos mecanismos diplomáticos chineses. Os mandarins de posição mais elevada passaram a notar que os europeus não eram apenas portadores de tributos, mas representantes de grandes culturas. O que o imperador não conseguia perceber era que os europeus não queriam vir a Beijing só para impressionar com suas maravilhas e partir. Desejavam fazer negócios, em termos mais ou menos iguais, no comércio e nas relações pessoais. Mas se os europeus eram cegos com relação à visão dos chineses, os chineses não eram menos cegos quanto à irritação que suas formalidades diplomáticas, rotinas burocráticas e adiamentos causavam nos europeus. Além do mais, as missões oficiais europeias não gostavam de, nas categorias burocráticas chinesas, serem colocadas no mesmo patamar das tribos asiáticas tributárias.

No início ou em meados do século XVII, os chineses e os europeus tinham uma impressão extremamente diferente de si mesmos. Os ocidentais se interessavam mais pela China do que os chineses pelo Ocidente. Eles também inspiravam mais respeito. A Europa admirava a China. Isso não era só resultado dos escritos de Marco Polo, dos jesuítas e de outros viajantes, mas também da impressão causada pelo tamanho e a riqueza da China. Ricci traduzira Confúcio, e o papa recebera traduções feitas pelos jesuítas de umas quatrocentas obras chinesas. Essa literatura causou uma agitação intelectual e religiosa na Europa. Algumas pessoas diziam que os chineses eram sobreviventes de um período anterior a Adão e Eva, ou que a língua chinesa tinha se originado no final do dilúvio de Noé. Aliada a essas concepções, havia a visão jesuíta de que a China poderia facilmente se conformar às perspectivas cristãs de história, Universo e Deus.[8] Essa visão era muito inquietante numa época em que a concepção de Galileu de que o mundo se movia ao redor do Sol, e não na direção contrária, ou as descobertas dos exploradores, estavam minando as concepções do mundo e do ensinamento cristão.

O ponto de vista chinês era bem distinto. É verdade que os missionários jesuítas eram profundamente cultos e podiam se relacionar com os funcionários eruditos no mesmo nível intelectual. Também é verdade que o conhecimento deles de matemática, cartografia e astronomia interessava aos letrados chineses e que dezenas de milhares de chineses haviam sido convertidos ao cristianismo. Porém, não há indícios de que o pensamento ou os costumes europeus tenham influenciado as crenças das classes governantes e cultas chinesas. Quanto aos comerciantes europeus do litoral da China, eles eram aventureiros, desordeiros e rudes, e muitos deles, sobretudo os holandeses, violentos. De qualquer modo, os chineses tinham dificuldade em distingui-los porque eram todos "bárbaros ruivos". O império tentou manter a política imperial de amabilidade para com os estrangeiros e de tolerar seus empreendimentos comerciais. Alfândegas oficiais foram criadas em quatro portos. Guangzhou, no rio Pérola, logo se tornou o mais importante deles.

A convivência com os europeus ocidentais era bem menos relevante quando comparada aos eternos problemas do império no oeste e no norte. Os Qing preocupavam-se, talvez mais do que seus antecessores, com os ataques nas fronteiras, sobretudo dos mongóis, e com o Tibete.

Convidaram o Dalai Lama para visitar Beijing. Ao chegar, na década de 1650, foi recebido com especial respeito e cortesia. Mas todos os problemas com o Tibete, os mongóis e as tribos do Turquestão e da Manchúria se agravaram com o aparecimento de outro grupo de estrangeiros muito mais ameaçador nas fronteiras ao norte e a noroeste da China. Eles representavam, potencialmente, um perigo tão grande quanto os mongóis no passado. Eram os russos.

As origens do movimento dos russos em direção ao leste da China advêm do lento colapso do grande império mongol, que começou na década de 1300. Os governantes mongóis das terras que seriam ocupadas pela Rússia não pensaram em colonizá-las ou administrá-las, só visavam dinheiro e pilhagem. Queriam impostos, mas ficaram satisfeitos por tê-los arrecadados por intermédio de príncipes russos. Em 1325, Ivan I fez um acordo com os mongóis: ele seria o agente fiscal de todos os principados russos. Isso atraiu a atenção de colonizadores e comerciantes para Moscou, que se tornou um centro regional importante. Em 1478, Ivan III conseguiu dominar quase toda a Rússia. Assumiu o título de czar — do latim *caesar* — e alegou ser o verdadeiro sucessor dos imperadores romanos e bizantinos. Essa concepção da Rússia como a "Terceira Roma" tem permeado a história russa desde então. Essa noção, aliada às necessidades das guerras, resultou no absolutismo que se tornou uma característica permanente da Rússia.

O projeto de unir a Moscóvia em um único Estado baseou-se muito em desenvolvimentos técnicos, sobretudo armamentos. Ivan sabia que Constantinopla fora conquistada em 1452 não tanto porque Maomé o Conquistador prometera a suas tropas o uso livre das "mulheres e meninos da cidade", mas pela utilização de canhões manejados por artilheiros cristãos para derrubar as muralhas. Então Ivan comprou canhões e usou-os para conquistar outros principados russos, cujas muralhas de repente se tornaram inúteis, e começou a expandir seu domínio nas planícies orientais. Ninguém possuía canhões nesses locais e não havia montanhas para bloquear seu caminho. Ao contrário, havia rios navegáveis que poderiam transportar chatas com tropas e armas. Assim, o Estado czarista começou a expandir-se rápido pelas vastas planícies orientais.

Existiam poucas fronteiras naturais entre Moscou e os Urais, e ainda menos planícies mais além.

A expansão foi fomentada pelo sucessor de Ivan, Ivan IV, conhecido na história como "o Terrível". Desconfiado, profundamente depravado e cruel, ele era também um religioso devoto e um dos governantes russos mais cultos. Enfrentou problemas no leste e também no sul, com os ataques dos tártaros que supriam os mercados de escravos de Constantinopla com camponeses russos. Na década de 1550, Ivan reagiu conquistando os principados tártaros ao longo do rio Volga. No entanto, esses perigos só foram eliminados no século XVII, quando os russos começaram a construir defesas sofisticadas nas fronteiras. Ivan dominou a área entre Moscou e os Urais, que eram o centro do comércio russo de peles. Um de seus agentes foi a família de comerciantes Stroganov, que recebeu terras e concessão de sal em 1575, além da autorização de colonizá-las. Pequenos fortes foram construídos nos Urais e as explorações prosseguiram. Poloneses, alemães e veteranos de guerra suecos foram recrutados, homens que estavam dispostos a fazer expedições de pilhagem com um grupo de cossacos. Seu líder, um antigo pirata fluvial chamado Timofeyevich Yermak, foi incumbido de expulsar o cã mongol de Sibir das colinas ao leste dos Urais. Esses cossacos — a palavra origina-se do turco "kazak" — eram cavaleiros selvagens, descendentes dos antigos citas, que agora reuniam turcos, gregos, tártaros, caçadores, camponeses, exilados, entre outros. Originalmente da Ucrânia, eles formavam grupos democráticos de soldados-fazendeiros, aventureiros, camponeses fugitivos e condenados. Yermak iniciou sua campanha em 1579 com 550 cossacos, trezentos recrutas Stroganov e três canhões. Um ano depois, atravessou os montes Urais e capturou Sibir. Ele relatou seu sucesso a um czar encantado. Yermak continuou a atacar em direção ao leste, porém muitos homens morreram de inanição no inverno de 1583/4, Yermak afogou-se e Sibir foi abandonado.

Isso foi só o início da marcha para o leste, pois não havia outro estado no caminho da Rússia. Os estados das estepes nunca se recuperaram da devastação infligida por Tamerlão nos anos 1390. Uma vez cruzados os Urais, os russos entraram na Sibéria quase sem resistência. A expansão foi de uma rapidez surpreendente. Famílias chegaram, soldados fizeram assentamentos. No final da década de 1580, a cidade de Tobolsk foi fundada. Os novos assentamentos eram frequentemente constituídos por ex-soldados ou camponeses procurando novas terras. Reuniram-se a eles grupos heterogêneos de tártaros, piratas fluviais, desertores de vários exércitos, poloneses, ucranianos, alemães, escravos fugitivos das galés do império turco, saqueadores e rufiões de todos os tipos. O governo usou até mesmo condenados e prisioneiros de guerra como colonizadores. Quaisquer que fossem suas origens, esses novos siberianos enfrentaram uma vida cruel que os endureceu com relação ao sofrimento humano. A Sibéria, sobretudo a região nordeste, era uma terra esquecida por Deus. O frio era mais intenso lá do que em qualquer outro lugar; muitos viajantes e colonizadores morreram congelados. A agricultura era inviável. Trezentos anos depois, os mosquitos de Yakutia ainda eram conhecidos localmente como "fascistas" e dizia-se que podiam sufocar uma rena voando em suas narinas. Os russos, em meio a tempestades de neve e avalanches, podiam ser obrigados a comer apenas grama ou raízes, e às vezes comiam uns aos outros. Eles se dedicavam impiedosamente à pilhagem. Em toda parte, a expansão deles foi mais auxiliada pelos germes do que por armas: os recém-chegados espalhavam doenças que os grupos isolados de nativos não conheciam, como a varíola, do mesmo modo que os europeus faziam na América.

Quando Ivan, o Terrível morreu em 1584, seu domínio se estendia das montanhas dos Urais ao mar Cáspio. Os mecanismos da expansão siberiana estavam agora bem estabelecidos. A Sibéria foi dividida em distritos administrativos, cada um deles centrado em um grande forte (*ostrog*) e comandados por um militar graduado. Alguns pequenos proprietários de terras russos que obtiveram um favorecimento real tornaram-se *voevoda* (governadores) no leste, e chefes nativos tinham permissão para ocupar postos oficiais russos. Era um regime rude e brutal, duro e perigoso, e conflitos civis na Rússia impeliram mais pessoas a cruzar os Urais. Mais soldados chegaram e novos *ostrogi* foram construídos. Esses e outros fortes em geral ficavam nas junções de rios, que constituíam o caminho para o leste. Os fortes eram uma paliçada de madeira que servia de posto militar e comercial, de celeiro e alfândega para avaliar e taxar todas as mercadorias. Em 1590, Moscou havia assentado umas 3 mil famílias de camponeses na Sibéria ocidental. Vinte anos depois, em 1613, Mikhail Romanov, um parente distante da mulher do czar Ivan IV, fundou a dinastia Romanov, que se prolongou até 1918, quando os bolcheviques mataram o czar Nicolau II e sua família inteira.

O século XVII, portanto, assistiu ao desdobramento de um grande drama imperial causado por minúsculos grupos de homens. Podiam ser desordeiros e rufiões, mas realizaram feitos extraordinários. Sua marcha dos Urais ao Pacífico pelo norte da Ásia, talvez a terra mais árdua e inóspita do mundo, durou só setenta anos. Em 1619, chegaram ao rio Yenisei, na fronteira da China com a Sibéria, em 1632, Vassili Poyarkov fundou Yakutsk e, em 1639, um grupo de cossacos sob o comando de Ivan Moskvitin alcançou o Pacífico. Okhotsk foi fundada e, dez anos mais tarde, os russos chegaram a Kamchatka e ao estreito de Bhering. No final da década de 1650, havia cerca de 50 mil russos na Sibéria, e o número provavelmente duplicou em 1700.

Os motivos dessa expansão em direção ao leste são simples. Os camponeses sentiam-se atraídos por terras novas. Para o Estado russo, assim como para colonizadores e caçadores, existiam os relatos de vastas reservas de ouro, prata e outros minerais da Sibéria. Havia também a riqueza das peles de animais, conhecidas como "ouro macio". A fauna das florestas da Rússia foi dizimada pela caça incessante. Então, os caçadores deslocaram-se para o leste à procura de mais caça, fustigados por *voevodas* implacáveis. Os russos consideravam a terra colonizada e seu povo como súditos do czar e adotaram a prática mongol de receber tributo, pago em peles, das tribos siberianas. A recusa de pagar tributo significava aldeias incendiadas. Entre 1638 e 1642, o *voevoda* de Yakutsk, Pyotr Golovin, reuniu mais de 100 mil peles de zibelina depois que começou a pendurar russos recalcitrantes em ganchos de carne. Comportou-se com uma violência quase igual com seus homens, usando alicates, carvão quente, chicoteando-os e também a suas mulheres. Quando as tribos se rebelavam, os russos reagiam espalhando o terror de tal forma que, em alguns lugares, os nativos, por serem massacrados sempre que se revoltavam, começaram a se matar, e Moscou ordenou aos funcionários locais que impedissem que os nativos cometessem suicídio.

Em 1585, o czar recebeu um total de 200 mil peles de zibelina da Sibéria, e, em 1660, as peles representavam um terço da receita total do tesouro russo. As peles vindas da Sibéria começaram a exercer um papel-chave em Moscou, semelhante ao do ouro e da prata da América em Portugal e na Espanha um pouco antes. A consequência foi uma procura ainda mais frenética por mais e mais peles. À medida que a fauna ia sendo dizimada, os caçadores se deslocavam para o leste. Enquanto isso, as expectativas de obtenção de terra e peles continuaram a atrair cada vez mais camponeses e pessoas que buscavam uma vida nova, como os imigrantes ingleses e escoceses que iniciaram uma nova vida na América do Norte mais ou menos na mesma época.

O Estado russo tinha motivos mais abrangentes. Havia a pressão estratégica de procurar fronteiras defensivas. Existia o desejo de ter relações diretas com a China, em razão dos relatos de riquezas fantásticas difundidos há muito tempo por comerciantes mongóis e jesuítas. Além disso, os mongóis tinham introduzido mercadorias chinesas na Rússia. Havia também o ouro e a prata da Sibéria, essenciais para a Rússia pagar as guerras na Polônia, na Suécia e na Crimeia. Sem mencionar o impulso modernizador de Pedro o Grande. Ele governou de 1689 a 1725, viajou pela Europa ocidental e, surpreendentemente, trabalhou lá como construtor de navios e, disfarçado, como marinheiro, barbeiro e dentista. Seu impulso de modernização militar permitiu à Rússia atingir os níveis da Europa ocidental em termos de equipamento militar e organização, além de criar uma nova Marinha. O resultado, entre outras realizações, foi o aumento pronunciado do poder da Rússia em relação aos Estados europeus.

De qualquer forma, os novos assentamentos na Sibéria criaram grandes controvérsias tanto na Rússia como na China. Em alguns aspectos, as posições do imperador e do czar não eram diferentes. Os dois monarcas eram tratados por seus súditos com uma reverência quase religiosa. Ambos restringiam as missões estrangeiras e procuravam controlar o comércio com a Ásia Central. Nenhum dos dois tinha qualquer informação correta sobre o outro. Para a China, o fato central era que russos armados se encontravam na fronteira norte do país. Havia ainda pouca percepção de que eles eram representantes de uma Europa que vivenciava um crescimento rápido de poder, curiosidade e ambição. Quanto aos russos, eles não tinham nem mesmo um mapa exato da China. Porém, existia a simples e irresistível demanda por comida. A Sibéria era fria, gelada, árida e improdutiva. A escassez de legumes e frutas provocou um surto de escorbuto e beribéri. A fome e a inanição se disseminavam. As pessoas eram forçadas a comer grama e raízes, e praticavam o canibalismo. Era evidente que o lugar para encontrar comida estava no sul: na China.

A primeira região a ser explorada foi a bacia do rio Amur. Em 1643, o *voevoda* de Yakutsk enviou Vassili Poyarkov, acompanhado por 150 homens, para observar a área, arrecadar tributos das pessoas locais e obter informação sobre a China. Ele acampou em Amur por dois invernos. Seus homens saquearam os vilarejos à procura de suprimentos e mulheres, matando alguns homens. As pessoas fugiram ou se recusaram a dar suprimento. No inverno rigoroso de 1643/4, os russos morreram de fome, ou comeram uns aos outros. Metade da tropa de Poyarkov morreu antes que o restante pudesse se deslocar. Por fim, ele e uns vinte homens voltaram para Yakutsk. Porém, Poyarkov foi a primeira testemunha ocular da região do Amur. Era, relatou, um lugar ideal para ser colonizado. Ficara entusiasmado com o clima moderado, a terra fértil, um potencial produtor de cereais, com um rio enorme, o Amur, repleto de peixes. É claro que, enquanto sua expedição se indispunha com a população local, sua presença alertou a China da aproximação da Rússia.

Em 1650, o *voevoda* enviou Yerofei Khabarov e outro grupo de cossacos numa campanha ainda mais agressiva para apoderar-se das riquezas da região do Amur. Foi o início das tentativas de colonização. Khabarov passou três anos assassinando as pessoas locais e arrecadando tributos, e contou que em Yakutsk havia mais peixe do que no Volga. A região poderia ser cultivada com facilidade. Acrescentou que a conquista da região do Amur seria difícil, mas que muitos comerciantes russos, camponeses, desertores e vagabundos estavam indo para o sul. Um ano após sua primeira inspeção, Khabarov fez um esforço ainda maior para forçar o povo a sujeitar-se. Com seus 150 homens, destruiu um vilarejo estratégico e seu pequeno forte, guardado por uns cinquenta manchus, instalou sua guarnição e o renomeou de Albazin. Passou três anos arrecadando tributos, semeando os campos, construindo dois fortes *ostrogi* e atacando as áreas adjacentes em busca de mercadorias e mulheres. Depois, massacrou, incendiou e saqueou tudo que estava em seu caminho até a junção dos rios Amur e Assuri, e em 1654, construiu a cidade de Khabarov.

Como o povo local era tributário dos chineses, funcionários Qing, sem interferir junto a Poyarkov ou Khabarov, relataram a Beijing que um "homem devorador de demônios" aparecera no norte. No entanto, a barbárie russa e a avidez pelo lucro assustaram as tribos daur da região, que pediram ajuda ao imperador chinês. Os manchus achavam que as terras em ambas as margens do Amur faziam parte do império chinês, que os nativos eram súditos imperiais e que os russos não passavam de intrusos e saqueadores. Desde o início, a dinastia Qing estendera seu domínio à região do Amur, em parte para ajudar a preservar a pureza cultural e tribal da Manchúria. Agora, toda a posição da China ao norte, talvez até na Manchúria, estava ameaçada. As tropas imperiais partiram para o local e houve escaramuças. No princípio, o general manchu tentou capturar os bárbaros vivos, mas foi derrotado e perdeu muitas centenas de homens. As notícias da vitória russa se espalharam com rapidez e outros caçadores de fortuna e rufiões vieram da Sibéria para o Amur. Os manchus adotaram técnicas mais duras. Começaram a estimular as pessoas a saírem de suas casas para que os suprimentos de grãos e forragens dos russos secassem. Depois, em 1658, e após mais escaramuças, sobreveio uma investida militar terrestre e naval em larga escala da Rússia. Seu líder, o sucessor de Khabarov, Onofri Stepanov, foi morto junto com metade de suas tropas e os chineses destruíram o forte de Albazin. Essa vitória chinesa expulsou os russos do Amur.

Mas o imperador Kangxi retirou suas tropas de lá. Em primeiro lugar, elas eram necessárias em outros locais para enfrentar rebeliões. Além do mais, Beijing ainda tinha só uma vaga ideia do que iria enfrentar no norte; ainda pensava que seria apenas outro grupo de bárbaros agressores. Afinal, a China não enviara embaixadores ao exterior nem os mercadores chineses tinham viajado para os mercados do norte. Tampouco os russos estavam mais bem informados. O primeiro russo a chegar a Beijing foi

Ivan Petlin, que fora enviado para a capital em 1617, a fim de obter informações. Embora ele não tivesse um cargo oficial, os chineses trataram-no como outro portador de tributos. Não trouxera presentes do czar, mas mesmo assim lhe permitiram voltar para casa com uma carta dos chineses convidando os russos a enviar uma missão e comercializar com eles. Só após 35 anos o czar enviou Fiódor Baikov como embaixador para encontrar os governantes manchus. Sua tarefa era descobrir estradas, distâncias e sobretudo possibilidades comerciais e informações sobre o poderio militar chinês. Também lhe disseram que não deveria se ajoelhar e tocar a testa no chão. Baikov chegou a Beijing e sua missão foi inútil. Do ponto de vista chinês, agora havia uma convivência com os russos e os mongóis estavam calmos; por que criar precedentes que poderiam afetar outras relações externas? Como Baikov se recusou a ajoelhar e tocar a testa no chão, mandaram-no embora alguns meses depois como se fosse um ser sem a menor importância; porém, ele partiu com lucros comerciais consideráveis. Ficara evidente que a China, e particularmente Beijing, era um mercado extremamente rentável para as peles da Sibéria. Os russos também reconheceram que a região do Amur fazia parte do império Qing. Isso, entretanto, não interrompeu alguns anos de missões diplomáticas fracassadas e massacres ocasionais no Amur.

Assim que Kangxi retirou suas tropas do Amur, os russos voltaram. Em 1665, cossacos fugitivos foram para Albazin, desafiando as autoridades russas. No mesmo ano, exilados poloneses mataram seus guardas e fugiram para a bacia do Amur. No final da década, outros grupos de cossacos e alguns delinquentes se estabeleceram em Albazin. Mais uma vez, o povo local foi atacado, criando tanta hostilidade que, para se protegerem, selaram a paz com Moscou e começaram a cultivar a terra. Quarenta homens da tribo daur, liderados pelo príncipe Gantimur, dirigiram-se para o *ostrog* de Nerchinsk, pagaram tributo ao czar e foram batizados. Nesse momento, o governo de Beijing ficou seriamente alarmado. Esse comportamento não poderia ser tolerado porque seria um exemplo muito perigoso para outros povos fronteiriços, ameaçando todo o sistema de relações chinesas nessas regiões. Então, a China protestou com veemência e tentou retomar a sujeição de Gantimur, mas não obteve êxito. O *voevoda* local agravou a situação ao enviar uma mensagem dizendo que o imperador da China deveria jurar obediência ao czar. Felizmente para os russos, seus delegados em Beijing tiveram o bom senso de não apresentar esse tipo de solicitação a Kangxi.

Por volta de 1660, um novo e carismático líder dos mongóis zunghar, o príncipe Galdan, tentou fundar um Estado mongol independente. Ele queria unir os mongóis e estimular a manufatura e a agricultura. Com o apoio do Dalai Lama, conseguiu reunir muitas tribos da China Interior na fronteira da Ásia, transformando-as numa máquina de combate que varreu a Ásia Central muçulmana. Na década de 1670, ele conquistou Xinjiang e entrou na Mongólia.

Seus sucessos resultaram em várias ameaças estratégicas ao império chinês. Esses mongóis ameaçaram a área central manchu na vizinha Manchúria, onde Beijing tinha problemas por manter a pureza étnica manchu e afastar os chineses Han. O avanço de Galdan para a fronteira entre a Rússia e a região mongol, e as vitórias sobre outros mongóis, levaram dezenas de milhares desses povos para o Estado chinês, causando sérios problemas administrativos na fronteira, entre outras dificuldades. Porém, a questão mais importante de todas era: e se o novo Estado mongol de Galdan fizesse uma aliança com os russos e ameaçasse as regiões norte e noroeste da China? Beijing agora tinha diversas metas. Persuadiu os mongóis khalka a fazer um acordo com o império Qing prometendo-lhes paz e comida. Os manchus tentaram trazer vários desses grupos para a China e achinesá-los do ponto de vista administrativo, assim como nos hábitos, na linguagem e na cultura. Alguns mongóis foram induzidos a se tornar auxiliares militares dos chineses. O império também desejava evitar uma guerra com Galdan e preservar as fronteiras imperiais, além de impedir que Galdan fizesse uma aliança com os russos. Os Qing queriam que os russos se retirassem da bacia do Amur, e que permanecessem neutros nas regiões da Ásia Central, fontes de grandes preocupações estratégicas da China. Os chineses também queriam proteger a Manchúria e estimular o comércio. Mas Galdan desejava ter um comércio irrestrito ao longo da fronteira da China, o que foi recusado, porém os chineses tentaram uma conciliação. Diversas missões diplomáticas viajaram de um lado para outro e, aparentemente, os dois lados mantiveram boas relações.

Galdan Khan e os Zunghars

Galdan Khan foi o último dos grandes imperadores guerreiros mongóis e conduziu exércitos pelas pastagens do noroeste que por anos significaram a maior ameaça estrangeira ao império chinês. Caso sua tentativa de criar um Estado mongol unificado baseado nos mongóis zunghar tivesse sido bem-sucedida, ele teria criado o poder mais forte da Ásia Central. Em vez disso, ele trilhou o caminho do extermínio de seu povo.

Os mongóis, que foram quase sempre um grupo de várias tribos desunidas, começaram a pensar em formar uma confederação na década de 1640, mas esse plano fracassou e, em 1653, um dos grandes líderes mongóis tribais, Batur, morreu e foi sucedido por um de seus nove filhos, Sengge. Contudo, em 1670, os irmãos assassinaram Sengge, e um outro irmão, Galdan, que na época tinha 26 anos, voltou de uma lamaseria tibetana (monastério) e assumiu o poder. Os mongóis diziam que ele era "violento, mau e viciado em vinho e sexo", e os chineses concordavam falando que ele era "rude, astucioso e gostava de lutar". Mas ele conseguiu reunir os mongóis zunghar e tornou-se um grande príncipe. O imperador manchu Kangxi achou que precisava da ajuda de Galdan para solucionar problemas relativos a fronteiras e, em 1677, aceitou a oferta de Galdan para pagar tributos. Dois anos depois, ele enviou presentes para Kangxi e anunciou que assumira o título de cã.

Por algum tempo, ambos os lados, mongol e manchu, mantiveram boas relações; em determinado momento, os manchus até quiseram que Galdan tivesse mais controle sobre outros mongóis, para assegurar a calma nas fronteiras. Mas houve uma grande cisão entre eles. O imperador enviou uma mensagem: "Vocês são todos descendentes dos mesmos ancestrais. Se continuarem a lutar, serão eliminados. Para mim, só há lucro na paz. Não existe ganho na guerra." Então, em 1686, diversos príncipes mongóis juraram manter a paz.

Porém, não funcionou. Houve novas disputas entre os mongóis, como no tocante a costumes e legislação. De qualquer modo, milhares de grupos heterogêneos fugiram do domínio de Galdan e foram para a China, onde as autoridades tiveram de alimentar cerca de 20 mil refugiados que estavam à míngua. Era demais. Não só Galdan não mantinha a paz como suas manobras estavam causando mais problemas. Havia também outras questões. Suas missões a Beijing foram grandes demais e seus integrantes cometeram crimes no caminho. Então, em 1690, Kangxi empreendeu pessoalmente uma campanha militar, que incluía canhões carregados por camelos, para derrubar Galdan. No entanto, a campanha fracassou. Galdan pediu perdão por seus crimes e Kangxi aceitou seu juramento de se retirar das fronteiras do império.

Foi um mero intervalo. Um ano depois que os chineses e os russos assinaram o Tratado de Nerchinski, em 1690, Galdan enviou emissários até Pyotr Golovin, buscando uma aliança com os russos para atacar os mongóis rivais; mas Golovin perdera o interesse em uma aliança com os zunghar. Kangxi isolou Galdan e insistiu que o líder tibetano, o dalai-lama, não o apoiasse. O imperador também conseguiu enganar Galdan, que não suspeitou de nada até ser muito tarde para enfrentar a determinação de Kangxi para eliminá-lo.

Na guerra que se seguiu, Galdan foi derrotado em 1696 por um dos generais de Kangxi cujas tropas, em razão das marchas forçadas, ficaram privadas de suprimentos. Começaram a lutar confiantes de que venceriam e capturariam os grandes rebanhos de Galdan ou morreriam de fome. Nesse momento, os seguidores de Galdan Khan começaram a desertar, enquanto Kangxi oferecia a Galdan riqueza e honrarias em recompensa por sua submissão. Mas Galdan continuou a recuar e mais seguidores o abandonaram. Em abril de 1697, ele se suicidou ou, o que é mais provável, foi envenenado.

Kangxi comemorou. Seus oficiais foram promovidos e outros cãs ficaram impressionados com o "mistério divino" do imperador e, talvez ainda mais, com seus canhões. Quanto a Galdan, Kangxi determinou que seu corpo e o do filho dele capturado pelos Qing deveriam, depois da execução do menino, ser queimados. Os ossos seriam exibidos no terreno da execução em Beijing e esmagados até virar pó. O pó seria jogado nas ruas, enquanto as cabeças seriam colocadas nas muralhas da cidade. Era um castigo e um nível de obliteração muito além de qualquer prescrição promulgada no código penal imperial. Significava não só a certeza de que o corpo e a alma da vítima não sobreviveriam, mas que a vida inteira no além seria também eliminada.

No entanto, quando os desejos de Kangxi foram divulgados, os mongóis já tinham queimado o corpo, guardando a cabeça e as cinzas. Em 1698, em uma grande cerimônia em Beijing, manchus, chineses e mongóis viram os ossos de Galdan serem esmagados e o pó espalhado. Mas a mulher e os filhos foram perdoados. Seu filho, Sebteng, obteve uma alta posição na guarda pessoal imperial, assim como uma esposa na corte, ao passo que as tropas zunghar que se renderam foram recrutadas nas unidades de bandeiras manchus.

A diplomacia russa era cautelosa. Moscou queria proteger a Sibéria e evitar qualquer interferência, mas também desejava estabelecer boas relações com a China. No início da década de 1660, os russos enviaram missões diplomáticas a Beijing com interesses comerciais, adaptadas ao sistema Qing de tratamento de estrangeiros. Eles recusaram as propostas de Galdan para uma ação conjunta contra os Qing, e estes perceberam que os russos estavam, na verdade, interessados no comércio e não em conquistar partes da China. A corte dos Qing também notou que eles não eram um grupo de saqueadores, mas europeus com apoio governamental que tinham se dirigido à corte chinesa, percorrendo as terras da Ásia. Então, nos anos 1670, os chineses enviaram presentes para o czar. Pediram que o grande governante russo observasse que seus súditos tinham o mau hábito de atacar pessoas nas fronteiras. Havia também indícios de que os chineses concederiam privilégios comerciais à Rússia em recompensa pelo esvaziamento dos assentamentos dos cossacos, inclusive Albazin.

Em resposta, o czar enviou como seu novo emissário um famoso erudito moldávio, Nicolai Gavrilovich Milescu. Apelidado "spathary" (nessa época um funcionário do governante da Moldávia; hoje esse nome é empregado na Albânia e em áreas da antiga Iugoslávia, indo até a Moldávia), viajara bastante pela Europa, tinha muitas conexões e uma grande reputação. Ingressara no serviço civil russo após ser apresentado ao czar pelo patriarca grego ortodoxo de Jerusalém, e foi escolhido em 1674 para fazer sua primeira missão a Beijing. Estava encarregado de regularizar as ligações comerciais e estabelecer relações diplomáticas segundo as diretrizes europeias, inclusive o envio de um emissário chinês a Moscou. Infelizmente, o conhecimento dos russos sobre a China era tão rudimentar que a carta endereçada ao imperador se referia a ele dizendo apenas o seguinte: "Para o mais nobre Bogdykhan da cidade de Kanbulak e Governante de todos os chineses do Reino." Além disso, Milescu era demasiado arrogante e desdenhoso com relação aos chineses para ser estimado em Beijing. Como um de seus biógrafos observou, ele era "ao mesmo tempo arrogante e astucioso, com um gosto pela intriga e sem escrúpulos".

Apesar de sua missão ter sido muito bem preparada, um fato incomum, e de o czar ter enviado presentes generosos para o imperador e dinheiro para subornos, as informações confidenciais que Milescu recebeu no caminho convenceram-no que os chineses tinham medo dos cossacos, além de sérios problemas internos. Estavam, portanto, enfraquecidos. Então, ao chegar a Beijing, embora seu objetivo fosse estabelecer relações diplomáticas, decidiu não ceder nem no conteúdo nem em questões de protocolo. Mala, um burocrata Qing manchu de boa família e reconhecido como um competente "especialista em bárbaros", recebeu-o. Ele queria que Milescu se comportasse não como um erudito representando um monarca cristão, mas apenas como um visitante bárbaro. Em razão dessas expectativas contraditórias, Milescu esperou umas sete semanas para obter permissão para entrar em Beijing. Houve discussões, para estabelecer se os presentes que trouxera eram doações ou tributo. Do ponto de vista de Milescu, Mala tergiversava o tempo inteiro. Os russos procuravam um acordo comercial e Mala queixava-se de fatos irrelevantes, como os ataques dos cossacos e a questão de Gantimur.

Alguns jesuítas da corte Qing, sobretudo Ferdinand Verbiest, tentaram explicar a Milescu que os chineses estavam furiosos com os ataques, em particular com a ameaça que a questão de Gantimur implicava para a lealdade das tribos do norte e, por conseguinte, para o Estado chinês. Milescu o ignorou e reiterou suas demandas comerciais. Os chineses responderam pedindo a paz em Amur, o retorno de Gantimur à China e a substituição de Milescu por alguém mais flexível. Isso também significou, uma vez que Milescu se recusara a ajoelhar e tocar a testa no chão diante do imperador, o envio de uma pessoa disposta a seguir os costumes chineses. Concluiu-se que nenhum dos lados cederia em questões essenciais de protocolo e relações comerciais, assim como nas disputas de fronteiras, no retorno de desertores e, é claro, no controle da região do Amur.

Devido a muitas preocupações, só na década de 1680 Kangxi pôde iniciar novos preparativos para retirar os russos de Albazin. Assim que os russos perceberam as intenções dos chineses, e depois de investidas insignificantes da China nos destacamentos dos cossacos, eles começaram a fortalecer sua posição; mas perceberam que havia poucos homens para realizar uma defesa eficaz, além das dificuldades de comando, comunicação e suprimento nas enormes distâncias até o leste da Sibéria serem quase insuperáveis. Em outubro de 1683, o imperador escreveu para o czar relatando que os russos haviam invadido as fronteiras da China, "perturbando e ferindo nossos caçadores, envolvendo-se insolentemente em pilhagens e dando refúgio aos nossos fugitivos". Várias outras cartas foram enviadas pedindo que os russos saíssem de Amur e parassem de incomodar os manchus da fronteira. Ao mesmo tempo, os

Qing deram proteção aos russos rebeldes e trataram bem os prisioneiros russos. Tampouco o comércio foi interrompido. O comércio de chá, sedas, porcelana e de peles continuou entre a Rússia e a China pelas antigas estradas da Ásia Central.

Por fim, como os russos não davam sinal de partir, o imperador decidiu atacar Albazin. Desta vez os chineses estavam bem preparados. Recrutaram tropas da fronteira manchu, criaram colônias militares na Manchúria e estabeleceram pontos estratégicos fortes, bases de suprimento e outras instalações nas estradas para Amur. Aperfeiçoaram o transporte e o suprimento e construíram navios de guerra para uso no rio Amur. Em 1685, 3 milhões de soldados chineses cercaram o forte Albazin e, quando estavam prestes a atacar, os russos se renderam. Os chineses permitiram que a maioria dos russos partisse para a cidade de Nerchinsk. O assentamento foi incendiado e alguns russos foram levados para Beijing, onde ficaram sob a "proteção" dos Qing.

Contudo, em setembro de 1686, o *voevoda* de Nerchinsk consentiu que 669 homens retornassem a Albazin, recuperassem o forte e colhessem os grãos que haviam semeado. Deu-lhes também armas e suprimentos, mas eles mataram integrantes de patrulhas chinesas. Desta vez os chineses reagiram imediatamente. Kangxi ordenou outro ataque. O comandante foi orientado a aceitar uma rendição pacífica dos russos, fazer o possível para capturar Albazin e ir para Nerchinski, a fim de terminar de uma vez por todas com esse conflito no norte. O cerco chinês a Albazin durou seis meses, mas foi suspenso quando os russos anunciaram a chegada de um embaixador para negociar um acordo.

Na verdade, os russos haviam decidido desistir do plano de ocupar Amur. Primeiro, houve a queda de Albazin em 1685 e a demonstração de poder dos Qing. Segundo, os novos ataques chineses confirmaram as preocupações da Rússia quanto a controlar regiões tão grandes e distantes. Existiam também em ambos os lados preocupações estratégicas mais importantes. Os russos pensavam que, se a China fizesse uma aliança com os mongóis e com as tribos, toda a posição russa no leste estaria ameaçada. Os chineses também não queriam uma guerra de larga escala porque tinham uma preocupação oposta: uma guerra poderia induzir os russos a fazer uma aliança com os mongóis de Galdan, que resultaria em grandes perigos para a China. De qualquer modo, os dois lados estavam muito interessados no comércio. Então, depois que Moscou recebeu as cartas de Kangxi solicitando a retirada dos russos de Albazin, os russos decidiram enviar um emissário para discutir uma solução pacífica.

Fiódor Alekseyevich Golovin, o filho de 35 anos do *voevoda* de Tobolsk, foi escolhido para realizar a missão. Mais tarde recebeu o título de conde, foi promovido a almirante e nomeado primeiro-ministro, sendo encarregado de todas as relações internacionais do czar. Agora suas instruções eram para obter um acordo comercial, mesmo que isso significasse sacrificar território. Quando chegou a Amur escoltado por 1.500 soldados, constatou a realidade militar e política local e concluiu que a Rússia não poderia defender essas terras longínquas. Assim, as delegações russas e chinesas se encontraram na cidade fronteiriça rebelde de Nerchinski, enquanto milhares de soldados chineses acamparam do lado de fora. Foi a primeira vez na história moderna em que houve negociações oficiais entre a China e uma grande potência estrangeira. A delegação chinesa era composta pelo tio de Kangxi e por dois jesuítas, o francês Jean-François Gerbillon e o português Tomás Pereira (ambos com o posto temporário de coronel), com a função de intérpretes. Embora as delegações russas e manchus pudessem se comunicar em mongol, o latim dos intérpretes jesuítas foi escolhido como língua oficial das negociações e do tratado. Isso consumiu tempo e, em algumas ocasiões, teve resultados divertidos. Cada etapa das conversas precisou ser traduzida do mongol para o chinês e para o russo, falado pelos que acompanhavam Golovin.[9] O resultado foi o Tratado de Nerchinsk, firmado em 27 de agosto de 1689, que regulamentou com grande abrangência as relações entre os russos e os chineses nos 150 anos seguintes, e cujas assinaturas de ambos os lados implicava um reconhecimento sem precedentes por parte dos Qing, que admitiram que um outro Estado poderia ser igualmente soberano. Foram feitas versões em russo, chinês, manchu e mongol do documento, mas decidiu-se que a versão em latim seria a oficial.[10]

Quando as duas delegações se encontraram, Golovin propôs o rio Amur como fronteira. O negociador-chefe manchu, o príncipe Songota, sugeriu o lago Baikal, localizado 170 quilômetros a oeste. Os dois jesuítas por fim sugeriram uma solução conciliatória: um limite entre Albazin e Nerchinsk. O acordo final determinou o local da fronteira. Golovin ocuparia a periferia da bacia do Amur, exceto Nerchinsk, que a partir de então seria um mero entreposto comercial. Albazin e outros fortes no vale seriam destruídos. Moradores russos voltariam para o território de seu país, e não seria permitida a entrada de viajantes e caçadores russos no vale. Para prevenir qualquer recorrência do assunto Gantimur, foi acordado que todos os atuais fugitivos permaneceriam onde estavam, mas futuros desertores retornariam aos seus locais de origem. Na verdade, todos os futuros desertores e fugitivos retornariam, e quem tivesse, nesse ínterim, roubado ou matado seria punido.

O tratado teve uma influência considerável. Ele e o posterior Tratado de Kiakhta definiram os limites e determinaram que todas as pessoas, fossem colonizadores, refugiados ou comerciantes, tinham de ser súditos de um lado ou de outro. Do ponto de vista da China, esse acordo, com suas cláusulas comerciais, preenchia dois objetivos estratégicos. Confirmava a posição hegemônica da China no Amur e tornava menos provável uma aliança entre os russos e os mongóis. Além disso, ambos os lados aceitaram uma espécie de mercado livre e os chineses concordaram que as caravanas comerciais viriam com regularidade a Beijing. Esses arranjos comerciais satisfizeram os dois lados e outra missão russa liderada por um mercador dinamarquês chamado Eberhard Isbrand Ides foi à China para acertar os detalhes. Entre outras questões, os novos acordos especificavam centros comerciais controlados que se tornariam um modelo para os futuros acordos comerciais chineses com o Ocidente, ao negociar com europeus e americanos nas costas sul e leste.

Kangxi agora estava em uma posição muito melhor para lidar com Galdan e os mongóis. Reprimiu uma rebelião no sudoeste em 1678, conquistou Taiwan em 1683 e fez um acordo com os russos que, entre outras coisas, isolou Galdan. Galdan enviou seguidas missões infrutíferas à Rússia procurando apoio. Tentou, também sem sucesso, desunir os mongóis que haviam feito a paz com a China. Kangxi garantiu também que Galdan não obteria apoio do Tibete e começou a trabalhar em um sistema logístico mais aperfeiçoado para envio de um exército às regiões mongóis. A batalha final ocorreu em 1696, e, um ano depois, Galdan morreu.

Mas as controvérsias comerciais entre a China e a Rússia ainda persistiam, a exemplo do escopo do Tratado de Nerchinsk. Havia sempre dificuldades e detalhes que tinham de ser resolvidos, e nesse aspecto o Tratado de Nerchinsk não foi suficiente para solucioná-los. De 1698 a 1718, dez caravanas russas oficiais foram para a China, e embora os chineses agora tivessem uma relação mais amigável com os russos, até mesmo mencionando que "o povo da Rússia era leal e respeitoso", havia atritos. Os russos queriam aumentar o número de pessoas com permissão para viajar em cada caravana. Queriam preços mais elevados para suas mercadorias e cônsules permanentes em Beijing. Algumas caravanas não oficiais viajaram com documentos forjados. O contrabando e a venda ilegal reduziram o preço dos comércios oficiais. Tudo isso privou o governo russo de receita e impostos. Os chineses também ficaram descontentes com o comércio das caravanas. Havia caravanas em demasia e muitos russos permaneciam por longos períodos em Beijing.

Mais dificuldades surgiram. No início da década de 1700, outro período de grande aumento populacional, o império começou de novo a lutar contra minorias no sudoeste e, logo após, com mongóis, kasakhs e kalmuks nas fronteiras. Em 1718, os mongóis invadiram o Tibete e os chineses os expulsaram e instalaram tropas na capital, Lhasa. Ocorreram também novos conflitos com os zunghars. Quanto ao comércio entre a China e a Rússia, em 1719 o czar enviou Liev Izmailov à China para, mais uma vez, tentar solucionar os problemas. Moscou queria que os mercadores russos pudessem viajar livremente pela China sem obrigações alfandegárias. Havia ainda a questão dos cônsules russos com jurisdição sobre assuntos russos. (Isso prenunciou as dificuldades chinesas com as potências ocidentais, sobretudo com a Inglaterra, um século mais tarde.) A missão de Lev foi bem recebida, mas Izmailov conseguiu muito pouco, salvo o fato de descobrir que agora Kangxi estava muito bem informado sobre a Rússia. Os dois lados conversaram sem chegar a um acordo. Os russos queriam concessões comerciais, construção de mais igrejas ortodoxas russas em Beijing e a criação de uma escola de língua chinesa para alunos russos. Mas os chineses queriam resolver a questão territorial acima de tudo.

Esses assuntos tiveram de esperar a mudança dos monarcas de ambos os lados: a morte de Kangxi em 1722 e a de Pedro o Grande três anos depois. Os dois lados percebiam que a "normalização" era necessária e, em 1725, Moscou decidiu enviar outra missão. Desta vez, incluía diversas pessoas, entre as quais geógrafos e oficiais militares que tinham alguma experiência na China e na Ásia Central. A missão de 1.500 homens chegou a Beijing trazendo presentes generosos para o imperador chinês. Um acordo para cobrir lacunas do Tratado de Nerchinski foi concluído em 1727. O Tratado de Kiakhta regularizou os acordos de fronteira anteriores e aceitou o domínio chinês nas regiões nômades. O sistema de caravanas foi preservado e controlado com mais rigor. Isso representou novos acordos de mercados na fronteira da China e da Rússia. A China concordou em criar centros comerciais em duas cidades, inclusive em Kiakhta.

Estabelecia também novos acordos para os russos que viviam em Beijing. Isso não foi uma inovação significativa; durante séculos missões bárbaras foram acolhidas em Beijing, enquanto esperavam para serem recebidas pelo imperador. A permissão era com frequência concedida a emissários que queriam trazer alguns mercadores. Décadas antes de Kiakhta, os prisioneiros russos capturados pelos chineses em Amur podiam manter sua igreja ortodoxa russa. Quatro estudantes russos poderiam ir a qualquer momento para Beijing a fim de aprender a ler e a escrever chinês, ao passo que estudantes chineses seriam escolhidos para estudar russo.

Por um lado, a corte chinesa não considerava a Rússia um outro estado tributário. A Rússia obteve reconhecimento do sistema chinês, assim como bens e fundos chineses, mais de um século antes que outras potências recebessem algo similar. Kangxi observou que seria excelente receber tributo dos russos, "mas temo que, se isso prosseguir em gerações futuras, poderá se tornar uma fonte de problemas". Chegou a referir-se a Pedro o Grande como seu "igual". Logo após o Tratado de Kiakhta, a primeira missão diplomática chinesa a uma grande potência ocidental foi enviada a Moscou. E os emissários obedeceram ao costume chinês de se ajoelhar e tocar a testa no chão na presença da czarina. Por outro lado, só no século XVIII os russos tiveram uma visão mais abrangente da China.

Mas esses acordos foram suficientes? A longo prazo, os russos ficaram menos satisfeitos com o reconhecimento e com o comércio. Um século depois de Nerchinski, os russos ignoraram a região do Amur e se concentraram na costa do Pacífico, em Kamtchatka e nas ilhas Curilas. Foram muitos avanços até o Alasca e mais além, assim como na cartografia. Mas a motivação básica russa consistia no interesse imperial de controlar a Sibéria até o oceano Pacífico. Isso provavelmente continuaria, dependendo do suprimento de comida e das tribos locais: ou ficariam leais à Rússia ou seriam exterminadas.

7

Europeus, Missões e Comércio

1719 a 1816

Novas dificuldades surgiram para a China ao redor da periferia do império. De todas as pressões estrangeiras, as mais importantes e longas vieram de novo da Europa. Assim como a chegada discreta de portugueses e espanhóis no litoral da China na dinastia Ming originou-se das profundas mudanças políticas e econômicas na Europa, as demandas europeias no período Qing se enfraqueceram ao longo do tempo e, com ainda mais intensidade, também o desejo de manter a estabilidade social por meio do isolamento. Havia semelhanças lúgubres entre os incidentes nas fronteiras e os problemas populacionais e o controle central que haviam destruído os Ming e que iriam ter o mesmo efeito na dinastia Qing (1644-1911).

Mais uma vez, as revoluções europeias provocaram uma grande mudança, em particular os reflexos do Iluminismo, nos séculos XVII e XVIII, no pensamento e da Revolução Industrial no poder e na riqueza. Problemas estruturais também interferiram. Por exemplo: ao mesmo tempo em que os Qing assumiram o poder do império chinês, o Tratado de Vestfália foi firmado na Europa em 1648. Ele não só encerrou a Guerra dos Trinta Anos como definiu novos padrões nas relações entre Estados e estabeleceu a igualdade com relação à soberania dos governantes. Logo após, em 1683, a ameaça do Império Otomano à Europa cristã desapareceu, quando os lanceiros de John Sobiesky, com seus estandartes de couro preto, peles de tigre sobre as couraças e flâmulas de seda nas lanças, lutaram para retirar o último cerco turco a Viena. Nessa época, a mesma de Kangxi, o rei Luís XIV da França iniciou uma era de predomínio militar, político e sobretudo cultural francês que teve extensas repercussões na Europa e nas questões mundiais, transformando o francês a língua da sociedade bem-educada europeia. O poder financeiro e naval holandês atingiu o auge na década de 1660, enquanto a Inglaterra começava a emergir dos longos traumas da dinastia Stuart e iniciava as revoluções comerciais e industriais que logo a alçaria a uma posição de destaque entre as potências mundiais.

O mesmo século que levou a dinastia Qing ao poder assistiu, em meados da década de 1600, os primórdios da revolução científica moderna, logo depois seguida pelo Iluminismo, que alterou a linguagem política. Com sua ênfase na excelência social por meio da razão, fomentou ideias políticas que, entre outras coisas, estimularam a independência da América do Norte. O advento do vapor no século XVIII, que revolucionou o transporte e a manufatura, gerou sistemas fabris, mercados em expansão, maior produtividade, um enorme crescimento de capital e crédito, e uma grande miséria social.

A produção crescente e as inovações técnicas aumentaram de maneira expressiva o alcance e as ambições dos grandes Estados europeus. Aliados a esse fato havia duas noções que, em conjunto, se revelariam extremamente poderosas. Uma ainda se referia à conversão dos pagãos; a outra, ao livre comércio: não apenas aos benefícios comerciais, por mais importantes que fossem, mas à sua contribuição para a liberdade política e espiritual. O comércio seria o precursor da civilização e do cristianismo, assim como dos lucros. Houve um fluxo mais livre, do Oriente para a Europa, de especiarias, sedas ou algodões agradáveis ao tato. Em determinados períodos do século XVII, o algodão transparente foi chamado romanticamente de "a teia do vento trançado" e era muito apreciado por esposas e concubinas. Londres e Paris se encantaram com chintz indiano. E, é claro, havia sempre as sedas chinesas, a porcelana e o chá.

Chá

Existe uma lenda sobre a descoberta do chá pelos chineses. A história se passa em torno do século 2737 a.C., quando um imperador, Shen Nung, que além de governante notável era erudito e cientista, apegou-se à ideia de que para ser mais saudável a água devia ser fervida antes de se beber. Durante uma viagem às províncias, o imperador e seu séquito pararam para descansar e os criados começaram a ferver água. Algumas folhas secas de um arbusto caíram por acaso na água e tingiram-na de marrom. Era, é evidente, uma árvore selvagem de chá. O imperador ficou intrigado, decidiu experimentar o líquido e ficou encantado. Logo o chá tornou-se famoso por suas qualidades saudáveis e refrescantes, e o uso do chá se difundiu na sociedade chinesa. No século III d.C., sua fama continuou a se disseminar por comentários e escritos.

O chá e o hábito de beber chá se propagaram pelo Japão quando sacerdotes budistas passaram a se locomover entre as ilhas chinesas e japonesas.

Na Índia, a lenda é diferente. Diz que o Buda passou sete anos sem dormir, concentrado em meditar. No quinto ano, começou a sentir-se sonolento e então pegou umas folhas secas de um arbusto próximo e as mastigou para ficar acordado e as achou muito refrescantes. Era, é claro, novamente uma árvore selvagem de chá.

É provável que tenham sido os comerciantes árabes que navegaram pela primeira vez no oceano Índico, comercializando com as longínquas Indonésia e China atuais, que levaram o chá para o Oriente Médio, e de lá os italianos, talvez os venezianos, levaram-no para a Europa. Mas foram os holandeses e os portugueses que fizeram um comércio regular. O hábito de beber chá e o comércio do chá chegou a Portugal no século XVI e em 1600 havia carregamentos regulares para a Holanda, a França e a costa do Báltico, e logo depois para a Inglaterra, assim que foi criada a Companhia Inglesa das Índias Orientais. Primeiro foi vendido em lojas de café em Londres, e, em 1660, foi anunciado como detentor de propriedades para "tornar o corpo ativo e robusto" e "conservar a saúde perfeita até uma idade bem avançada". Porém, era muito caro, e o comércio contrabandista se desenvolveu com navios da Holanda e do Báltico que levavam chá para a costa inglesa.

Neste momento e até antes de meados da década de 1700, os europeus eram um estorvo insignificante para as autoridades chinesas. É óbvio, havia os jesuítas. Ou o núncio apostólico Carlo Ambrogio Mezzabarba, que veio seguindo as pegadas de Maillard de Tournon em 1719 e que partiu também de mãos vazias. Depois chegaram novas missões dos Estados. O rei de Portugal enviou outra missão diplomática chefiada por Alexandre Metello de Sousa e Menezes para persuadir o imperador a modificar sua política anticristã. Nesse momento, os chineses perceberam que havia um grupo de Estados não só de grande brilho cultural, mas de crescente poder econômico, técnico e político. De qualquer forma, Metello foi muito mais bem recebido do que seus predecessores e lhe foi permitido levar uma comitiva de mais de quarenta pessoas, além de receber dos Qing um adiantamento de 1.000 taéis para despesas de viagem. Apresentou suas credenciais ao imperador e não teve dificuldade em ajoelhar-se e tocar o chão com a testa quando necessário. Entretanto, seguiu o conselho dos jesuítas que viviam em Beijing e não questionou o problema da admissão de missionários diretamente com o imperador. Em 1753, chegou outro embaixador português, Francisco de Assis Pacheco de Sampaio, que apresentou suas cartas ao imperador e até mesmo foi convidado para ir ao palácio de verão.

Depois houve uma pausa. Só trinta anos mais tarde outro fluxo de missões diplomáticas chegou à China. Então, nas décadas de 1770 e 1800, três acontecimentos surgiram ao mesmo tempo. Primeiro, as mudanças radicais nas relações políticas e de poder na Europa. O segundo dizia respeito às alterações no controle dos acordos da China com comerciantes em Guangzhou. E o terceiro, às novas iniciativas europeias, sobretudo inglesas, para estabelecer relações formais entre Estados com a China a fim de evitar as imposições do funcionalismo de Guangzhou e levar ideias sobre o livre comércio e o pensamento econômico e científico ocidental direto à corte em Beijing.

As mudanças políticas se originaram na Guerra dos Sete Anos, entre a França e a Inglaterra, que confirmou a primazia britânica na Índia e no Oriente e que foi, em grande parte, travada no mar. Então vieram as vitórias franco-americanas na guerra da independência americana e, depois, a Revolução Francesa e as guerras napoleônicas, que ratificaram o poderio industrial e a hegemonia da Inglaterra em alto-mar.

Ao longo desse período, como os contatos europeus com a China prosseguiram, eles trouxeram informações novas e mais detalhadas sobre esse império ao Ocidente. Alguns missionários jesuítas continuaram a escrever sobre o que tinham visto de forma muito simpática, até mesmo admirativa. As missões russas e holandesas pensavam o mesmo. Mas as reações chinesas e europeias ao crescente fluxo de informações foram, mais uma vez, totalmente diferentes. Não que a atitude dos chineses com relação aos europeus fosse sempre de rejeição. O problema eram as lições dos jesuítas sobre ciência e astronomia. No início da década de 1770, Qianlong, querendo celebrar sua conquista do Turquestão chinês, enviou 16 desenhos de missionários católicos para Paris, a fim de gravá-los em placas de cobre. Os missionários também levaram os primeiros visitantes chineses para a Europa ocidental, alguns dos quais voltaram à China convertidos em padres. Contudo, mesmo agora, dificilmente ocorria às classes governantes chinesas, exceto por essas ninharias, que os europeus pudessem ter algo a dizer de grande interesse, muito menos alguma coisa que causasse uma alteração em seus hábitos políticos ou diplomáticos. No entanto, alguns visitantes eram intelectualmente brilhantes e todos eles tinham um considerável poder político nos governos de seus países.

Na Europa a reação foi oposta: discutiu-se o que a Europa poderia aprender com a China. Alguns dos expoentes do Iluminismo europeu ficaram bastante atraídos pela riqueza da cultura chinesa e viam a China, com seu sistema rigoroso de exames para o funcionalismo, como uma perfeita meritocrata, um império onde as distinções hereditárias eram ignoradas. Um dos tutores de Luís XIV escreveu um livro intitulado *On Confucius — the Socrates of China* [Sobre Confúcio — o Sócrates da China]. No final do século XVII, Gottfried Wilhelm von Leibniz (1646-1716), filósofo alemão e coinventor do cálculo, pensou que a moralidade cívica chinesa tinha grandes lições a dar à Europa e que, junto com a invenção mecânica ocidental, poderia ajudar a fundar uma civilização mundial. O maior poeta alemão, Joahann Wolfgang von Goethe (1749-1832) era outro admirador, assim como Voltaire (1694-1778), que achava que a China era muito mais civilizada do que os bárbaros europeus; de fato, a Europa estava se aprimorando em algumas coisas que a China conhecia havia muito tempo, como o racionalismo e o governo estável. Ele admirava em particular a sabedoria prática confuciana da China e o reconhecimento da conexão estreita entre a capacidade de governar e o caráter moral do governante.[1] Na China, a religião e a moralidade eram "sábias, augustas, livres de qualquer superstição e de qualquer barbárie". Muitas dessas concepções também foram absorvidas pela Rússia. Pedro o Grande se correspondia com Leibniz sobre a China, e Catarina a Grande mantinha contato com Voltaire e outros para tratar do tema. Em meados do século XVIII, a arte e os desenhos chineses de tapetes, porcelana e jardins ficaram muito em moda em Viena, Paris e Londres, causando uma onda de entusiasmo por artefatos de estilo chinês e do design que ficou conhecido como *chinoiserie*. Na década de 1600, a manufatura imperial chinesa de porcelana empregou cerca de 100 mil pessoas e milhares de peças eram enviadas para a Europa todos os anos. Os europeus bebiam chá em taças chinesas ou decoravam suas casas e palácios com papel de parede com motivos chineses. (Até hoje, a loja de visitantes no palácio de Buckingham, em Londres, tem gravatas masculinas com temas chineses.) O Royal Botanical Gardens, em Kew, possui estilos chineses, inclusive um pagode. Em São Petersburgo, o palácio de Catarina a Grande tem aposentos em estilo chinês e existe um "palácio chinês" construído em seu palácio de Oranienburg. Ela também mandou construir um modelo de um vilarejo chinês e iniciou a construção de um teatro chinês.

O entusiasmo não durou. As razões mais relevantes diziam respeito aos crescentes relatos locais, não só de comerciantes ocidentais, mas também de resenhas das primeiras visitas navais e diplomáticas à China. As dúvidas já pairavam no ar. Montesquieu achava que a China era um Estado despótico "cujo princípio é o medo", e, no final dos anos 1600, os visitantes russos, embora impressionados com alguns aspectos da vida chinesa, também notaram as baixas qualidades morais dos chineses com os quais conviveram no dia a dia. Eles os acharam astuciosos e não confiáveis em negócios. A missão ortodoxa russa em Beijing, responsável pela tradução de documentos estrangeiros e por ensinar a língua russa a 24 estudantes, enviou relatórios à Rússia em torno de 1715. Essas missões ocidentais oficiais e semioficiais foram as precursoras de problemas muito mais importantes e de natureza prática. Os ocidentais queriam fazer acordos comerciais e ter algum tipo de representação oficial, porém nada estava mais distante do pensamento dos funcionários chineses do que ter diplomatas estrangeiros morando na China, muito menos em Beijing, reivindicando alguma espécie de igualdade diplomática.

Enquanto isso, os incidentes nas fronteiras continuavam e imperadores poderosos queriam criar estabilidade nessas regiões. Para isso, era preciso impor controle. Os imperadores estavam convencidos de que muitas dessas áreas, com suas tribos e pequenos estados, faziam parte do império do Filho do Céu. Esse fato fez com que alguns príncipes muçulmanos do Turquestão fossem tratados como meros "rebeldes".

Qianlong iniciou, na década de 1740, uma série de dez campanhas contra os povos da Ásia Central e do sudeste asiático que durou 45 anos. No sul, houve três campanhas dos Qing contra a Birmânia nos anos de 1760, relacionadas à questão do controle das tribos fronteiriças, que ocasionaram pesadas perdas de forças chinesas, pois a cavalaria manchu não era adequada para as florestas tropicais da Birmânia. De 1788 a 1789, uma invasão ao Vietnã também fracassou e gerou grandes custos. Os problemas se complicaram quando imigrantes Han começaram a se deslocar para o sudeste da Ásia. No outro extremo do império, os chineses das regiões atingidas pela seca migraram para os rios ao norte ou para a Manchúria, que os governantes manchus tiveram tanto cuidado para não poluir étnica e culturalmente. Os chineses também criaram pontos militares fortes no Amur, e os funcionários que iam recolher as peles levavam presentes para o povo local. Em 1720, os Qing casaram jovens manchus com chefes tribais do Amur. Logo depois, chefes locais de lugares tão distantes como Sakhalin começaram a visitar Beijing para receber noivas e confirmar seus postos chineses.

As maiores dificuldades, no entanto, concerniam ao Tibete e aos mongóis, sobretudo os zunghar. Mesmo com as cinzas de Galdan espalhadas pelo vento, os atritos com os zunghar não terminaram. Do ponto de vista dos Qing, a dificuldade era que qualquer solução militar para o problema com os mongóis implicava, como Kangxi descobriu, uma logística enorme e complexa. Afinal, eram os mongóis com suas estepes que forneciam os cavalos que os exércitos precisavam e que a China não conseguia criar. Além disso, o suprimento de comida para os soldados manchus tinha de ser transportado para o noroeste por animais de carga que também precisavam ser alimentados e beber água. Esses eram os problemas que os alojamentos militares chineses nunca foram capazes de solucionar adequadamente. Assim, os Qing passaram as duas primeiras décadas do século XVIII expandindo e fortalecendo as bases no norte e no noroeste e organizando o transporte dos suprimentos.

Líderes rivais mongóis no Tibete se confrontaram e tropas zunghar ocuparam a capital tibetana, Lhasa. Kangxi reagiu enviando tropas e estabelecendo uma guarnição no local. Os zunghar se rebelaram de novo na década de 1730 e infligiram uma grave derrota aos chineses. Eles deram uma trégua nas hostilidades em 1738, mas se enfraqueceram à medida que os impérios Qing e russo se expandiram na Ásia Central. O problema terminou quando Qianlong, impaciente com esses conflitos, enviou um exército que obteve uma vitória decisiva para os Qing em 1756. Seguindo suas ordens explícitas, os chineses assassinaram dezenas de milhares, talvez meio milhão, de mongóis zunghar para encerrar o confronto definitivamente. Qianlong ficou encantado com seu esquema de limpeza étnica, anunciou o término das campanhas contra os zunghar em 1759 e tentou, nem sempre com sucesso, promover a recuperação econômica das terras devastadas pelas guerras contra os zunghar. Ele também anunciou, em retrospecto, que todas as antigas terras mongóis pertenciam ao império. Mas a repressão chinesa e a corrupção acirraram o ressentimento dos muçulmanos em outras áreas, como em Kokand, e, em 1815, houve uma revolta em Kirghiz.

No final dos anos 1700, essas diversas iniciativas estenderam o domínio dos Qing ao norte da Manchúria, à Mongólia inteira, ao Turquestão chinês (Xinjiang), às regiões das tribos do noroeste, até o lago Balkhash, e às pastagens ao norte das montanhas Tian Shan. Eles também exerceram grande influência em estados tributários como o Nepal, partes da Indochina e a Coreia. Havia comunidades comerciais chinesas ativas nos portos do Sudeste Asiático, que apesar de não estarem sob controle administrativo ou político de Beijing contribuíam bastante para a riqueza do império. Em outras palavras, em poucas décadas após Kiakhta, o império alcançara sua maior extensão, superior à de sua sucessora, a República Popular da China, em seu apogeu nas décadas de 1960 e 1970.

No entanto, tamanho não é tudo nem significa necessariamente força. Em meados do século XVIII, o império Qing estava no auge de seu poder e riqueza, mas começara a mostrar sinais de fraqueza. O poder e a riqueza vinham da época da grande paz interna manchu no início e em meados do século. As artes floresceram, a produção cresceu e a excelência do governo central atingiu uma perfeição ainda maior quando o quarto filho de Kangxi e seu sucessor imediato, Yongzheng, enfatizaram a uniformidade e a centralização e lidaram com problemas como recuperação de terras, enquanto mantinham a renda imperial alta, mas os impostos baixos. Estradas foram construídas ou consertadas, assim como o transporte fluvial em direção às regiões ao sul e ao norte. A economia prosperou e os bancos começaram a se desenvolver. O imperador seguinte, Qianlong, era um colecionador de arte que reuniu uma enorme coleção de pinturas, cerâmicas, antiguidades e caligrafia.

Como sempre, era a terra que determinava o destino da China. A sociedade e a economia ainda dependiam dela, e nesse aspecto, as condições mudavam com os aumentos da área cultivada, com o aperfeiçoamento da irrigação, as colheitas múltiplas e o uso de fertilizantes, aliadas a melhores variedades de arroz. Ainda mais importante foi o aumento da produção de comida,[2] ocasionado pela produtividade crescente, do uso da terra e de novas variedades de produção. Isso, mais uma vez, estimulou a expectativa de vida e o crescimento populacional; esses movimentos amplos e excessivos demonstraram de novo que a demografia era um fato determinante. Na década de 1780, havia densidades populacionais muito elevadas, em especial nas regiões com excedente de grãos. A população da China aumentou de 150 a 180 milhões em 1644, na época da tomada de poder dos Qing,[3] para cerca de 300 milhões em 1790, comparados aos 180 milhões de habitantes da Índia, aos 36 milhões da Rússia, aos 28 milhões da França e aos meros 15 milhões da Grã-Bretanha (incluindo a Irlanda).[4]

No entanto, o crescimento trouxe problemas. Mais gente significava uma proporção pior de terra por pessoa. Tornou mais cidadãos vulneráveis à escassez de alimentos. Esse fato, aliado ao custo das guerras externas, representou um empobrecimento generalizado, embora a conspicuidade do fausto imperial continuasse. Ao mesmo tempo, a estrutura imperial, confrontada com as crescentes complexidades e tensões internas e com um grande império para governar, ficou menos eficaz.

O governo começou a ter dificuldade com as enchentes e a escassez de víveres, e também com a necessidade de aumentar a renda dos impostos. Novos territórios requeriam um alto custo para serem administrados e defendidos, o que era quase sempre problemático devido às hostilidades criadas pelos regulamentos restritivos chineses, ou então por povos locais enganados por mercadores chineses ou pelas demandas exorbitantes de impostos. A dominação da Mongólia era controversa. Os exércitos imperiais enfraqueceram-se em razão do declínio da qualidade das tropas manchus e por causa de sistemas corruptos de suprimento, assim como pela liderança medíocre. Mais uma vez, o poder foi devolvido à pequena nobreza. Nas últimas décadas do século XVIII, a miséria provocou de novo uma série de rebeliões. A mais importante foi a do Lótus Branco, fomentada por uma combinação de religião e pobreza, além de revolta contra impostos, impaciência com a incompetência administrativa e a corrupção, e um desejo de se livrar dos Qing e restaurar os Ming.

Os interesses ocidentais ainda se concentravam nas relações entre Estados e no aumento do comércio do supostamente enorme e rico mercado chinês. Apesar do bom desempenho da economia chinesa durante o período de paz manchu, do crescimento do comércio interno e do poder da classe mercantil, o sistema comercial da China se baseava em grande parte no comércio praticado entre as províncias. A China como um todo era bastante autossuficiente, e os comerciantes chineses permaneciam sujeitos a impostos incertos e a imposições arbitrárias do funcionalismo.

Não obstante, a partir de meados do século XVII, o comércio na costa cresceu com regularidade, sobretudo em regiões como Guangdong. Entre 1720 e 1806, o volume de comércio entre Guangzhou e a Europa duplicou a cada 16 anos. Mesmo assim, existiam grandes obstáculos para estabelecer o tipo de relação comercial que o Ocidente queria. Na hierarquia confuciana de valores, e em particular nos valores do funcionalismo chinês, o comércio ainda era uma atividade inferior. O crescimento comercial permanecia confinado à estrutura vigente da autocracia imperial. A palavra oficial agia muito acima do mundo do comércio, sem mencionar a vida das miríades de vilarejos da China que ainda eram geridas pelos costumes, a opinião local e os moradores mais idosos.

Os governantes da China não confiavam nos comerciantes estrangeiros, principalmente nos ocidentais, passíveis de perturbar a paz interna do império, embora a China precisasse muito do fluxo de rendimentos estrangeiros. Kangxi pressentiu esses perigos bem no início. Em 1717, sem dúvida advertido pelas experiências na Rússia, observou que "há motivos para apreensão de que nos séculos ou milênios futuros a China venha a ser ameaçada por conflitos com as nações do Ocidente".[5] Contudo, as preocupações imperiais de longo prazo não significaram uma hostilidade imediata em relação aos estrangeiros. Afinal, o imperador era o monarca universal. A primeira carta patente da colônia de Guangzhou, datada de 1720, começava assim: "Estrangeiros e chineses são membros da mesma família [...] e devem estar no mesmo pé de igualdade."[6] A opinião popular era mais intransigente. À medida que a presença da Europa se tornou mais visível, a população quase sempre demonstrava uma hostilidade taciturna para com os demônios bárbaros.[7]

De qualquer modo, o comércio externo requeria uma regulamentação detalhada. Portanto, o império criou um sistema de controle, normativo e com seus próprios rituais. Em meados do século XVIII, Amoy (Xiamen), em Fujian, era o maior porto para o comércio da China ao longo do litoral e com o Sudeste da Ásia. Depois, o comércio externo concentrou-se em Guangzhou, que se transformou no filtro que protegia a população em geral, e o mundo do funcionalismo em especial, do transtorno estrangeiro. O contato era feito por meio de um grupo selecionado de mercadores chineses conhecido como Cohong, que funcionava tanto como agentes quanto como superintendentes dos comerciantes estrangeiros. Uma ou outra firma chinesa se responsabilizava pelos navios estrangeiros. Esses mercadores, por sua vez, respondiam ao superintendente imperial do comércio da região, conhecido como Hoppo. Esse funcionário, normalmente um manchu do departamento da casa imperial em Beijing, e o Cohong taxavam as importações e exportações estrangeiras, em particular sedas e chá. Além disso, o Hoppo sobrecarregava com frequência os mercadores chineses, que por conseguinte poderiam se endividar com os estrangeiros. Havia um processo de exportação em que a China ganhava muito dinheiro com a prata, e que, entre outros fatores, tinha consequências inflacionárias. Estimativas atuais calculam que as importações da China tinham o valor médio de US$10 milhões em prata por ano no século XVII.

Tampouco era permitido que os comerciantes estrangeiros vivessem em Guangzhou. Podiam morar nas "feitorias", uma combinação de moradia, escritórios e depósitos, à beira das margens em Guangzhou, só na estação comercial de outubro a março e depois partiam, em geral para Macau. Não lhes era permitido levar mulheres ou filhos para Guangzhou,[8] ou se comunicar diretamente com funcionários imperiais. As comunicações eram feitas por intermédio do Cohong. Os estrangeiros tinham de emitir "petições", e a maioria era encaminhada para o Hoppo, que escolhia ou não tratar dos assuntos abordados. Os mínimos detalhes da vida dos estrangeiros e das mercadorias eram sujeitos a regulamentação. Na prática, o sistema funcionava muito bem. Contudo, Beijing não possuía um sistema estatal coerente de controle ou taxação do comércio externo. Os funcionários locais decidiam quase tudo, até mesmo por capricho. Em consequência, as pessoas que se beneficiavam dos empreendimentos incontroláveis das regiões costeiras eram os funcionários locais, que acumulavam fortunas com o licenciamento e as formas habituais de suborno.

O sistema de Guangzhou era dissociado do esquema operacional de Beijing no tocante às relações internacionais, que se ocupava, sobretudo, de assuntos como a obtenção de informação confiável sobre a Rússia e a Ásia Central e do acompanhamento de seus emissários durante as longas visitas à capital imperial. A principal agência foi fundada em 1638, uma espécie de precursora do escritório de assuntos exteriores de Tsungli Yamen, criado em 1861. Empregava especialistas, organizava audiências com o imperador e se encarregava do fornecimento de suprimentos e alimentos aos emissários residentes em Beijing segundo a posição deles. Tanto Kangxi como, após ele, Qianlong dedicaram uma atenção pessoal aos assuntos internacionais.

Havia outras dificuldades para os comerciantes, em particular referentes ao sistema judiciário chinês, que causavam problemas cruciais para os ocidentais. Na China, a justiça se apoiava não só nos códigos das leis, mas em normas sociais e nos princípios universais da moral confuciana. Estes seriam aplicados por uma corte em qualquer caso, num processo que invariavelmente se inclinava na direção dos interesses do Estado. O código imperial se voltava, acima de tudo, para a ordem social, e a lei era — e assim permanece em grande parte da China atual — um instrumento de administração, sem referência a qualquer noção "elevada" de lei natural ou a um sistema semelhante à lei comum romana ou anglo-saxã. Isso criava, é evidente, incertezas para o acusado e também para o juiz. Não havia uma lei comercial no sentido moderno ocidental, embora contratos escritos ou acordos verbais pudessem ser reforçados por magistrados. Os ocidentais podiam resolver disputas por meio de canais como as guildas comerciais ou a rede de amizade, mas encontravam dificuldade diante da falta de um "processo adequado". Como as firmas chinesas eram essencialmente negócios familiares, não havia nenhum sentido em existir firmas individuais legais. Tampouco havia equivalentes chineses às noções de inviolabilidade de um contrato escrito e assinado. Na prática, o comércio e, em especial, os grandes empreendimentos precisavam de proteção oficial. Isso gerava ligações importantes entre o funcionalismo e os grupos de mercadores, e fortes pressões para preservar o *status quo*. Para os comerciantes e marinheiros que tentavam operar na China, a regulamentação geral era adequada, mas não os procedimentos legais chineses. No início do século XIX, isso causou sérios problemas.

Mesmo assim, em meados do século XVIII muitos estrangeiros comercializavam em Guangzhou: holandeses, alemães, franceses, portugueses, espanhóis, suecos e, mais tarde, americanos. Em 1750, o rei Frederico II da Prússia tentou, de novo, estabelecer uma companhia comercial real no porto de Emden com carta patente para quatro navios.[9] Embora não tenha conseguido vender a lã prussiana na China, importou chá, porcelana e remédios chineses. Porém, o grupo mais importante de comerciantes estrangeiros em Guangzhou no século XVIII, e nas três primeiras décadas do século XIX, foram os ingleses e os escoceses, e a Companhia Inglesa das Índias Orientais foi a organização estrangeira de maior relevância.

A companhia percebeu que, apesar de ser fácil comprar chá e seda, a venda de mercadorias para a China era mais complicada. Havia pouca demanda por lãs ou outros produtos manufaturados ingleses, mas existia uma demanda insaciável por prata e uma necessidade crescente de ópio. Há séculos o ópio era usado dos Bálcãs ao sul e ao sudeste da Ásia, e na China com objetivos médicos legais. No entanto, a conquista de Bengala pela Grã-Bretanha no século XVIII mudou a situação em Guangzhou. A Companhia Inglesa das Índias Orientais obteve o monopólio bengalês de ópio e vendeu o produto legalmente num leilão em Calcutá. O que os compradores fariam com o ópio depois concerne apenas a eles. Quando os chineses tentaram proibir as importações de ópio, a companhia parou de comercializá-lo em Guangzhou, mas continuou a tratá-lo como um produto comercial normal na Índia.

Os ingleses também pensaram que acordos informais ou privados de qualquer tipo com os chineses não seriam suficientes. Por ser uma potência naval líder, a Grã-Bretanha era muito sensível às dificuldades de embarque e percebeu que, sem negociações formais, um ocasional mensageiro britânico, ou um navio procurando abrigo num porto chinês depois de uma tempestade, provavelmente seriam tratados com grande grosseria pelos funcionários Qing provinciais ou dos portos. Um exemplo ímpar foi a visita do comodoro George Anson em 1743.

Talvez os funcionários estivessem há muito tempo habituados a lidar com "classes inferiores sem lei", os bárbaros, e não compreenderam quem era Anson e, ainda mais importante, a quem e o que ele representava. De fato, ele era um personagem muito diferente dos missionários ou dos comerciantes que foram para a China antes dele. Vinha de uma família poderosa, era um navegador de competência indiscutível e um oficial de alto escalão da maior Marinha do mundo, que mais tarde iria comandar. Navegara ao redor do cabo Horn no comando de seis navios, perdendo três na viagem. Só 335 homens de uma tripulação original de 961 pessoas ainda estavam vivos quando, no comando de um HMS *Centurion* destruído e em mau estado de navegabilidade, aportou em Guangzhou rebocando um prêmio: o anual "galeão de Manila" espanhol que transportava uma fortuna em metal precioso, especiarias, seda e tecido do centro comercial de Manila para Acapulco,[10] no atual México. Quando o navio e o carregamento foram vendidos, a cota de sua comissão foi de cerca de 1 milhão de libras.[11] Agora, devido ao seu posto, ele concluiu que, por não ser um comerciante, não precisaria pagar os tributos da baía de Guangzhou, que os suprimentos necessários estariam disponíveis e que ele e sua tripulação seriam, é claro, recebidos pelo vice-rei.

Nada disso aconteceu. Não conseguiu ajuda, foi ludibriado o tempo inteiro por comerciantes ou intérpretes, e um de seus oficiais foi assaltado quando passeava na praia. Segundo ele, "pelo artifício, a hipocrisia e o apego a todos os tipos de lucros, muitos chineses dificilmente encontram paralelo em algum outro povo". Rejeitou com desdém os preparativos e as defesas militares dos chineses. O relato feito por Anson de sua viagem, publicado em 1748, popularizou-se e exerceu bastante influência, até em filósofos como Montesquieu, na França. Seu comentário ferino sobre a China e a descrição da desonestidade e cupidez dos chineses causou surpresa e choque. Sua indignação com o tratamento recebido na China foi amplamente compartilhada. Como mais tarde um escritor americano observou:

> Era contrário ao espírito da época que um navio em situação difícil ou precisando de ajuda fosse tratado como um intruso nos portos de qualquer povo [...] a postura da China de resistir ao progresso do

> mundo na navegação e no comércio estava destinada a um fracasso precoce e humilhante [...] era evidente que uma mudança radical só se realizaria pela força [...].[12]

Experiências como as de Anson não encerraram a história. O comércio em Guangzhou se expandiu, sobretudo com o crescimento rápido do consumo de chá na Inglaterra depois que a tarifa do produto diminuiu consideravelmente a partir de meados dos anos 1700. Além disso, como na década de 1740 a Companhia Inglesa das Índias Orientais constatou que os holandeses tinham uma base na Batávia, os portugueses em Macau e os espanhóis em Manila, os ingleses concluíram que ter uma base própria seria uma boa ideia. Em 1763, na Índia, lorde Clive, aparentemente deslumbrado com suas vitórias contra os chineses e os mongóis, sugeriu que o governo britânico o enviasse para conquistar a China. O primeiro-ministro William Pitt (o Velho) teve o bom senso de adverti-lo que essa tentativa seria uma loucura total. Mas, para regularizar a situação, em 1788 os ingleses decidiram enviar um embaixador à China, embora os funcionários da companhia em Guangzhou tivessem dito que "O governo chinês despreza todas as nações estrangeiras. Sua ignorância sobre o poderio delas lhe dá confiança em sua própria força. Para os chineses, as embaixadas são apenas uma confirmação da inferioridade delas". Ainda assim, o tenente-coronel Cathcart foi enviado, porém, morreu na viagem marítima antes de chegar à China.

Três anos mais tarde, o projeto de uma delegação diplomática surgiu de novo, e desta vez ocasionou uma missão que pressagiou grandes acontecimentos futuros. Foi enviada por uma Grã-Bretanha que não era apenas a maior potência marítima, mas, por sua posição na Índia, a influência europeia mais importante no Oriente. Também na mesma época, os primórdios da Revolução Industrial convulsionavam sua sociedade e organização política. (Como os inventores da máquina a vapor, Matthew Boulton e James Watt, disseram ao rei Jorge III em 1775: "Sir, vendemos o que o mundo deseja: poder.") A missão foi enviada, como as outras anteriores, para obter mais aberturas comerciais. A Companhia Inglesa das Índias Orientais a financiou generosamente, sem ingerência do governo. Por trás de tudo isso havia, entretanto, uma ideia de mais longo alcance, pois também pedia permissão para instalar um embaixador britânico em caráter permanente em Beijing. Embora Londres não tivesse percebido, para o imperador chinês e uma autocracia culturalmente conservadora, era quase certo que seria um pedido inaceitável e revolucionário. Significava que esse reino estranho do outro lado do mundo reivindicava uma espécie de igualdade com relação ao Império Celestial. Isso implicaria, e de uma forma intolerável, que o imperador não mais fosse um monarca universal. Portanto, a missão estava destinada ao fracasso.

Foi liderada por lorde George Macartney, que partiu sem ilusões. Muito antes, um amigo russo lhe contara que, na China, a superioridade chinesa em todos os assuntos era axiomática. Todas as pessoas ou eram civilizadas ou bárbaras. Entre os mandarins chineses, um bárbaro que prometesse fidelidade à China era conhecido como "cozido", e o que não fizesse o mesmo, como "cru". Os bárbaros crus eram relutantes ou incapazes de exercer um papel na ordem celestial da China. Nos arquivos imperiais, todas as missões continuavam a ser arroladas simplesmente como "delegações de vassalos". Assim, Macartney muniu-se de um exemplar do livro de Anson e foi instruído cuidadosamente pela Companhia Inglesa das Índias Orientais. Recebeu um documento explicando a xenofobia da China e o medo que sentia dos comerciantes estrangeiros, a paixão pela estabilidade e a rejeição de mudança social. Suas instruções também indicavam que os comerciantes ingleses na China não tinham apoio de seu país e eram "mantidos a uma distância tão remota que causava uma distorção do caráter e da importância nacionais, além de sua ocupação não ser valorizada para conquistar segurança e respeito".[13] Não obstante, a missão principal de Macartney consistia em obter o acordo chinês para abrir novos portos, a fim de que a Grã-Bretanha (e outros) pudesse comercializar com o supostamente vasto e rico interior da China. Além disso, devido aos problemas da jurisdição chinesa, precisaria comprar um pedaço de terra, ou uma ilha, perto das áreas de produção de seda e chá. Nesse local, os mercadores ingleses viveriam sob as leis britânicas e permaneceriam o ano inteiro, em vez de, como em Guangzhou, só na estação comercial. Não havia segredo sobre os planos. Como o explorador francês Jean-Antoine d'Entrecasteaux mencionou numa carta em 1787 para missionários em Beijing, a Inglaterra só queria criar alguns assentamentos livres e independentes na costa da China.[14]

Os chineses não ficaram impressionados. O que, apesar de tudo, a China aprenderia com meros estrangeiros? O imperador Qianlong exprimiu seus pensamentos num poema, satisfeito com sua gentileza e generosidade para com os "homens que vieram de longe" para lhe prestar homenagem. Também era evidente que, como sinal de "dignidade", os chineses insistiriam na homenagem ao imperador segundo o costume normal da cerimônia de ajoelhar e tocar o chão com a testa, que era muito importante para eles. Os funcionários mais graduados da China, e até mesmo os príncipes, faziam a reverência. Em 1655, a missão holandesa ajoelhara-se e tocara o chão com a testa não só diante do imperador, mas perante o trono vazio e documentos com o selo imperial. Outras missões estrangeiras desde então não tiveram dificuldade para cumprir essas formas cerimoniais chinesas vigentes. Macartney era diferente. Antes de ser recebido pelo imperador em Jehol, a residência de verão imperial ao norte de Beijing, passou diversas semanas negociando cuidadosamente com os funcionários da corte para explicar sua recusa em ajoelhar-se e tocar o chão com a testa. Só dobraria o joelho e inclinaria a cabeça, a honra que prestava ao seu próprio rei. Foi recebido com cortesia em Jehol para conversas informais e nessas ocasiões privadas a questão da homenagem tradicional ao imperador não foi mencionada.

MACARTNEY

A missão diplomática de Macartney foi preparada e seus membros escolhidos com um cuidado especial. Programaram-na para coincidir com o aniversário de 83 anos de Qianlong. Em 1791, o primeiro-ministro William Pitt nomeou seu amigo Henry Dundas, que conhecia os problemas do mercado de Guangzhou e a maciça corrupção oficial, para o posto de ministro do Interior. Uma missão em nome do rei Jorge III poderia ajudar. Então Dundas escolheu Macartney, um amigo antigo, para chefiá-la. Um irlandês urbano e experiente, Macartney era membro da Royal Society, amigo de Voltaire e de Edmund

Burke e conhecido de Rousseau. Era extremamente experiente, tinha uma memória excelente, talento para escrever, domínio de francês, italiano e latim, e uma grande energia. Casara com uma filha do ex-primeiro-ministro lorde Bute e fora secretário de Estado em Dublin. Foi nomeado cavaleiro em 1764 e serviu como enviado na corte de Catarina a Grande da Rússia, onde houve boatos de um pequeno escândalo envolvendo uma camareira. Também foi governador de Madras, na Índia, onde teve a ideia de que o comércio com a China ajudaria a custear a Índia britânica e definir o futuro da Grã-Bretanha no subcontinente. Ele aceitou a missão à China com a condição de receber o título de conde em seu retorno. E recebeu.

Viajou para a China com grande pompa, chefiando um grupo de quase cem pessoas, entre funcionários, artistas, cientistas, eruditos, soldados, músicos, aristocratas e criados. A maioria dos membros era inteligente e muito culta. Mesmo seu pajem, Thomas, um garoto de 12 anos, filho de seu adjunto, Sir George Staunton, era um linguista notável. O menino já era fluente em francês, alemão, grego e latim, e no caminho para a China aprendeu chinês tão bem que copiava documentos para o imperador. O grupo era acompanhado por dois monges chineses, Li e Zhou, escolhidos no Collegium Sinicum, em Nápoles, como intérpretes, pois não havia ninguém disponível na Inglaterra. Sua missão levava uma grande variedade de presentes para o imperador, incluindo telescópios, relógios, espadas de excelente qualidade e uma carruagem, tudo para impressionar a corte chinesa.

No entanto, os chineses tinham suas maneiras de responder à presunção do embaixador. A missão recebeu promessas verbais intermináveis e bajulações. O imperador ficou especialmente encantado com Thomas Staunton e aproveitou muito seu talento. Não obstante, Macartney descobriu que, por trás da hipocrisia, havia uma suspeita bem perceptível.

Apesar da frieza delicada e cortês e das trocas de presentes, o modo com que a missão foi tratada deixou todos exaustos e cautelosos. No final, as respostas do imperador a Macartney limitaram-se a um desprezo monumental. O edito definitivo do imperador dirigido ao rei Jorge III fora escrito antes da chegada de Macartney. E foi-lhe entregue ao partir.[15] O texto começava colocando os ingleses em seu lugar no esquema universal da concepção chinesa: "Senhor, Oh Rei [...] impelido por seu humilde desejo de compartilhar os benefícios de nossa civilização, enviou uma missão trazendo respeitosamente sua petição [...]." Nas duas solicitações principais, Qianlong foi categórico. Na questão do embaixador residente, afirmou: "esse pedido se opõe ao costume de minha dinastia e não pode ser atendido." E quanto ao comércio:

> A virtude majestosa de nossa dinastia penetrou em todos os países sob o Céu e Reis de todas as nações têm oferecido seu tributo valioso por terra e por mar [...]. Não vejo valor em objetos estranhos ou engenhosos, e nem utilidade nas manufaturas de seu país [...]. Compete ao senhor, Oh Rei, que respeite meus sentimentos e demonstre maior devoção e lealdade no futuro [...].

Os registros da corte chinesa também expressam rejeição e mencionam uma sugestão bastante improvável de Macartney propondo uma aliança da Inglaterra e da China contra a França. Não existe outro registro dessa proposta de Macartney aos chineses.

A missão de Macartney foi um fracasso total. Recebeu ordem de partir após 47 dias em Beijing. Seu pajem observou mais tarde, talvez de forma um pouco injusta, que "entramos em Beijing como indigentes, lá permanecemos como prisioneiros e partimos como vagabundos". De uma perspectiva mais ampla, a missão serviu a objetivos importantes. Trouxe relatórios em primeira mão sobre a grandiosidade da cultura chinesa, de seus palácios, do esplendor sofisticado de seus jardins. Obteve novas informações sobre as rotas fluviais das costas leste e norte da China. E ainda mais importante, trouxe a primeira informação oficial acerca da estrutura do governo da China, e de seus pontos de vista, caráter e preconceitos. Assinalou a falta de interesse e ignorância de Beijing pelo mundo não chinês, pelo papel da indústria ocidental ou as mudanças do equilíbrio de poder e das condições do comércio. Mesmo em questões de menor importância os ingleses se depararam com a incredulidade. Por exemplo, os chineses recusavam-se a acreditar que na Europa as armas de fogo há muito tempo tinham superado o arco e flecha.[16] Não menos relevante, a missão retornou com opiniões sólidas sobre a miséria disseminada da China e a barbárie de muitos de seus costumes. Também constatou a xenofobia subjacente à polidez oficial e a indiferença popular. Macartney observou que a elite chinesa "é mais propensa a admirar nossa curiosidade do que a apreciar nossa sabedoria", e pensa que "o interesse britânico em compreender a China é impertinente em relação a ela e inútil para nós". Seu secretário, George Staunton, ressaltou que "neste país eles pensam que tudo é excelente e que propostas de melhoria são supérfluas, ou mesmo censuráveis". Outros viajantes foram extremamente críticos quanto aos contrastes entre os princípios e as práticas chineses, ou quanto aos códigos legais e ao desprezo por qualquer coisa nova e estrangeira; assim como à tendência chinesa generalizada de arrogância, autoritarismo e xenofobia. Macartney também foi bastante perspicaz para notar que, embora o império parecesse enorme e poderoso, estava ameaçado por uma grande debilidade interna.[17] Apesar de sua admiração por muitos aspectos da cultura chinesa, ele detectou fissuras sociais importantes, como as contínuas e subjacentes tensões entre os Han e os manchus. Observou que a estrutura imperial inteira se baseava na "tirania de um punhado de tártaros sobre mais de 300 milhões de chineses" e disse que

> O Império da China é um antigo, decrépito e excelente Homem de Guerra, que uma afortunada sucessão de funcionários vigilantes e competentes conseguiu manter na superfície por esses 150 anos e aterrorizar seus vizinhos apenas por seu tamanho e aparência. Mas quando um homem incompetente assumir o comando no convés, *adieu* à disciplina e à segurança do navio. Ele talvez não afunde imediatamente, pode ficar à deriva por algum tempo como um náufrago e depois se despedaçar na costa; porém, nunca poderá ser reconstruído sobre seu antigo alicerce.

Os americanos também aderiram ao sistema comercial de Guangzhou sob sua nova bandeira. Antes da Guerra de Independência, quase todo o comércio americano com a China fora feito por intermédio da Companhia Inglesa das Índias Orientais, com produtos embarcados pela Inglaterra. O comércio direto começou em 1784. O primeiro navio comercial americano a chegar à China provavelmente foi um antigo navio pirata, o *Empress of China*. Chegou a Guangzhou com mercadorias que valiam a enorme soma, para a época, de US$120,00, e que variavam de chumbo a ginseng, um suposto afrodisíaco muito apreciado na China, colhido nas florestas da Nova Inglaterra. O *Empress* voltou para Nova York com um lucro considerável. Os mercadores do *Harriet* e do *Hope* também alegam ter sido os primeiros ou os segundos irem à China. Amasa Delano, bisavô do presidente Franklin Delano Roosevelt, foi um dos primeiros comandantes dessa rota. Quando chegou a Guangzhou, ficou muito impressionado. "A China tem a primazia entre todos os países que conheço, por sua magnificência, riqueza e grandeza." Junto com o filho, fez a fortuna da família com o comércio no litoral da China. Depois, Warren associou-se à House of Russell, a principal companhia comercial norte-americana na China, vendendo pele de foca e de lontra e comprando artigos chineses de luxo.[18] Os americanos também descobriram que podiam comprar ópio turco em Esmirna, na costa do Mediterrâneo, e vendê-lo com muito lucro na China, embora o ópio indiano fosse de melhor qualidade. Na década de 1830, a companhia Russel e Co. era a terceira maior negociante de ópio na costa da China (a escocesa Jardine and Matheson era a primeira) e veleiros velozes construídos na Nova Inglaterra eram muito bem-sucedidos ao transportá-lo. É desnecessário dizer que depois de 1794 os americanos continuaram a censurar o império britânico, mas usavam, satisfeitos, seu sistema bancário transcontinental para promover seus negócios.

Após cinco anos da viagem do *Empress of China*, cerca de 15 navios norte-americanos comercializavam com a China e estabeleceram relações amistosas com ingleses, franceses e suecos. Os primeiros foram navios de pequeno porte, de 100 ou 200 toneladas, e com frequência bem menores. Eles tinham instrumentos de navegação rudimentares e precisavam transportar armamentos pesados para se protegerem dos piratas na costa da China. (Duzentos e cinquenta anos mais tarde, no início do século XXI, gangues de piratas implacáveis continuam fazendo com que o mar da China Meridional seja um dos lugares mais perigosos do mundo.)[19] Mesmo assim, os proprietários podiam calcular um lucro de 100% a 200% nas viagens à China, o que constituiu a base de muitas fortunas na Nova Inglaterra. No entanto, não havia uma intenção dos Estados Unidos de estenderem os contatos comerciais às relações diplomáticas. O comércio privado era suficiente. O primeiro "cônsul" norte-americano, Samuel Shaw, ele próprio um comerciante, disse que os mercadores chineses Hong eram "um grupo respeitável de homens, como encontramos comumente em outros lugares do mundo [...] inteligentes, contabilistas precisos, pontuais em seus compromissos". Porém, respeito não significava entendimento. Os americanos comercializaram em Guangzhou durante 45 anos sem entender, falar e escrever chinês. De qualquer modo, o respeito não tinha muito retorno, pelo menos no nível dos funcionários. Um edito chinês mencionava "estrangeiros [...] depravados pela educação e pelos hábitos de países além dos limites da civilização", e também falava da "obstinação petulante" deles.

Mas as conclusões de Macartney foram perspicazes. Na última década do século XVIII, o império chinês estava imerso em problemas. Em Londres, suas pretensões passaram a ser um motivo de irritação, sobretudo depois que a missão de Macartney trouxe os relatórios pouco elogiosos sobre a debilidade e corrupção do império, abordando ainda a miséria e ignorância das massas. Apesar da erudição dos letrados da China e da pompa da corte, o povo comum, como foi constatado, não tinha direitos nem educação, e estava submerso na mais profunda pobreza e na superstição. As guerras napoleônicas revolucionárias revelaram que a Europa, em particular a Inglaterra e a França, demonstrou pouco interesse e energia para desperdiçar com a China durante quase todo o reinado do sucessor de Qianlong, o imperador Jiaqing (Chia-ching). A rivalidade franco-britânica só afetou a China em duas ocasiões. Em 1802 e 1808 os ingleses ocuparam Macau, com medo que os franceses a conquistassem e assim conseguissem dominar o comércio do leste e sudeste da Ásia. Em 1802, eles se retiraram após uma paz (temporária) na Europa. Porém, na segunda ocasião, o almirante inglês se recusou a partir. Os chineses reagiram interrompendo o comércio. O almirante enviou navios para o rio Pérola, em direção a Guangzhou, houve conflitos entre ingleses e chineses e a Inglaterra só se retirou de Macau depois que os portugueses concordaram em pagar um resgate. Houve outro incidente alguns anos mais tarde, quando os ingleses, durante a guerra de 1814 contra os EUA, capturaram o navio a vapor *Hunter* em Guangzhou e se negaram a devolvê-lo, apesar dos protestos chineses.

Os ingleses não foram os únicos a mudar de opinião com relação à China. Em quase toda a Europa, se é que os europeus pensavam na China, em meados do século XVIII, o entusiasmo pela cultura e costumes chineses continuou a se desgastar. Os relatos de Macartney e de outros membros de sua equipe não só geraram como reforçaram a crescente convicção, em muitas partes da Europa, na corrupção e no atraso da China. Anson mostrou que não estava sozinho ao argumentar que a moral chinesa era um embuste. Jansenistas protestantes no continente e o bispo Berkeley na Irlanda pensavam que o confucionismo não passava de regras da experiência, sem princípios. Ainda mais importante, havia um ceticismo crescente de pensadores ocidentais proeminentes a respeito de muitos aspectos da vida chinesa: com relação à falta de liberdade, o que o século XXI chamaria de "direitos humanos", ou qualquer noção de progresso e à rigidez retrógrada da educação e cultura chinesas. Montesquieu, na França, já havia rejeitado a ideia de que os sistemas morais chineses se baseavam em princípios. Na Alemanha, os dois grandes filósofos que propunham novas perspectivas históricas, Fichte e Hegel, eram críticos, e Hegel foi particularmente mordaz: "O império [...] chinês é o reino do despotismo teocrático [...]. As pessoas não têm individualidade."[20] Na Escócia, Adam Smith refletiu sobre a pobreza abissal das massas da população chinesa, o infanticídio e o isolamento da economia da China. Outros economistas, como David Ricardo e Thomas Malthus, fizeram críticas de vários tipos. John Stuart Mill escreveu acerca do "despotismo oriental". Marx e Engels criticaram o "modo asiático de produção". Talvez não se deva enfatizar tanto essas opiniões. Como Catarina a Grande da Rússia certa vez escreveu para Diderot, a perspectiva acadêmica existe "*seulement sur le papier, qui souffre tout*".[21] Mas essas concepções surtiram efeito.

Mesmo os missionários protestantes que chegavam naquele momento estavam longe de se deslumbrar. Robert Morrison, por exemplo, que publicou seu dicionário da língua chinesa após muitos anos na China, observou que "os chineses são em geral egoístas, frios e inumanos". Outra evidência do início do século XIX causou um desdém ainda maior na Europa, não só em relação às concepções e costumes chineses, mas no tocante à estagnação, pobreza e subdesenvolvimento dessas regiões.

A irritação cresceu também nos níveis políticos. Depois de Macartney, a arrogância e o dogmatismo dos chineses (ou seria uma atitude defensiva?) aumentaram, enquanto o alcance, o poder e a autoconfiança do Ocidente, sobretudo da Grã-Bretanha, expandiram-se. Macartney acreditava que seriam necessárias medidas mais duras para lidar com os chineses, e visitas posteriores receberam um tratamento ainda pior. De 1803 a 1806, o almirante Adam von Krusenstern comandou a primeira expedição russa para explorar o Pacífico e, entre outras coisas, tentou avaliar o comércio com a China. Seu relato menciona o governo "totalmente tirânico" da China.[22] A missão diplomática seguinte veio dos Países Baixos, liderada por Isaak Titsing, um antigo chefe da Companhia Holandesa das Índias Orientais em Bengala e no Japão. Ele e seu grupo fizeram, uma viagem por terra longa e extremamente desconfortável, com um frio terrível, de Guangzhou a Beijing. Os membros do grupo se ajoelharam e tocaram o chão com a testa diante de um grande peixe que lhes fora enviado como "presente" do imperador. Ficaram expostos a um frio extremo e um enorme desconforto, foram tratados com desrespeito e outra reverência foi solicitada em uma sessão final perante o imperador, desta vez reforçada por chicotadas se os primeiros movimentos não fossem respeitosos o suficiente. Uma década mais tarde, em 1805, os russos enviaram outra missão conduzida pelo conde Golovkin. Antes que se aproximasse de Beijing, o governador local lhe pediu, como uma honra especial, para participar de uma cerimônia que incluía ajoelhar-se e tocar o chão com a testa diante de um par de velas perfumadas. Golovkin se recusou a acreditar que as velas tinham, por uma espécie de transubstanciação, se transformado no imperador. As discussões continuaram quanto aos ritos que os chineses queriam que os russos seguissem. Por fim, quando pediram a Golovkin para comprometer-se três vezes por escrito a ajoelhar-se e tocar o chão com a testa em Beijing, como era de praxe, ele recusou, argumentando que um compromisso por escrito bastava. Os chineses o mandaram de volta para seu país.

O Ritual de Ajoelhar e Tocar o Chão com a Testa (Kowtow)

Na corte imperial chinesa, cada pequeno detalhe de procedimento era pautado por rituais e precedentes. O ritual de ajoelhar e tocar o chão com a testa era essencial, uma afirmação visível da posição única, especial e superior do imperador.

O costume remonta ao período em torno de 200 a.C., quando não havia bancos e cadeiras na China, e as pessoas costumavam se sentar em esteiras de junco ou bambu durante as conversas ou as refeições. As esteiras eram de uma crescente riqueza e qualidade de acordo com a posição social. As pessoas sentavam-se nessas esteiras ajoelhando-se e apoiando o corpo nos tornozelos. Isso deu origem à posterior cerimônia imperial.

Assim que os bancos e as cadeiras surgiram, os costumes da postura original mudaram aos poucos. As maneiras de sentar-se e inclinar o corpo tornaram-se um símbolo de diferenças de classe e um sinal de reverência e respeito quando funcionários de posição inferior encontravam os mais graduados, ou quando os criados se apresentavam a seus senhores. O hábito se difundiu entre o povo comum durante aniversários e outras comemorações para os mais idosos.

O caminho preciso traçado por esse costume até o elaborado ritual das épocas imperiais não é claro. Mas no momento em que Macartney chegou em Beijing, a cerimônia tinha se tornado um elemento importante para mostrar e enfatizar a autoridade do imperador, e o profundo respeito e devoção prestados a ele por todos os chineses, mesmo os de alta posição. E essa autoridade não se limitava à sociedade chinesa, reiterava, o que talvez fosse ainda mais importante, a relação com o mundo externo dos estados tributários e dos "bárbaros", para quem a China era o "reino do Meio" com o imperador sendo o vínculo central entre o céu e a terra. Nesse contexto, o ritual evoluiu para o padrão completo de três inclinações, com a testa tocando o chão três vezes em cada uma delas.

Embora o ritual de ajoelhar e tocar o chão com a testa fosse peculiar à China, existiram várias formas de ajoelhar e inclinar o corpo, com propósitos semelhantes, em outras épocas e sociedades. Por exemplo: quando Alexandre, o Grande chegou à Pérsia dois milênios antes de Macartney visitar Beijing, viu que os príncipes da alta nobreza e os nobres elegantemente fizeram a cerimônia de inclinar-se diante do imperador, o rei dos reis. Ao assumir o império, Alexandre tentou persuadir seus comandantes macedônios a seguir a mesma prática, mas eles se recusaram por razões muito similares às de Macartney 2 mil anos depois: a inclinação do corpo (o ritual de ajoelhar e tocar o chão com a testa) seria humilhante e incompatível com o orgulho dos macedônios e, mais tarde, dos ingleses. Para os príncipes e nobres da Pérsia e para a China imperial, a recusa dos recém-chegados de fazer as cortesias habituais era uma demonstração da incivilidade deles.

Uma década mais tarde, em 1816, os ingleses enviaram uma missão, conduzida pelo lorde Amherst, que foi outro teste de resistência diplomática. O imperador Jiaqing, ao saber da chegada de Amherst, fez um comentário desencorajador: "Não estou nada contente com este acontecimento." Amherst trazia uma carta do príncipe regente inglês que foi devolvida às pressas quando os chineses viram como ela começava: "Sir, meu Irmão [...]". No caminho, os ingleses, como os russos antes deles, foram levados a uma mesa com velas perfumadas. Os chineses se ajoelharam e tocaram o chão com a testa diante dela. Amherst recusou-se.

Em Beijing, foi recebido por funcionários importantes do lado de fora da cidade, com os quais discutiu uns dez dias sobre o ritual e por fim Amherst recusou-se de novo a fazê-lo. Só se ajoelharia três vezes perante o imperador. Ao longo da viagem, os membros da missão sofreram com fortes chuvas, acomodações inadequadas e uma hostilidade incessante e explícita. Mas isso não foi suficiente. "Como só há um Sol", disse um importante mandarim a Amherst, "só existe um imperador Jiaqing; ele é o soberano universal e todos têm de lhe prestar homenagem". O grupo de Amherst chegou a Beijing por volta de meia-noite, exausto e precisando com urgência de banho. Os funcionários presentes vestiam trajes cerimoniais. De repente, ele e mais outras três pessoas foram convocados para uma audiência com o imperador. Quando ele se esquivou, uma multidão de funcionários furiosos e aos gritos tentou forçá-lo a ir para a sala de audiência empurrando-o. Amherst resistiu alegando estar exausto, sujo e também por causa da hora. Reiterou sua recusa de ajoelhar e tocar o chão com a testa. O imperador, zangado, ordenou sua expulsão imediata de Beijing e declarou: "A China é o Senhor e o Soberano do mundo; seria possível para Nós aceitarmos passivamente essa demonstração de arrogância insolente?"[23] O retorno de Amherst foi ainda mais difícil, com uma escolta francamente hostil, mendigos inoportunos, mau cheiro e sujeira. Contudo, em níveis locais os chineses foram prudentes em promulgar decretos favoráveis ao comércio europeu.

Esse não foi o tipo de tratamento que a vencedora de Trafalgar e Waterloo, a principal potência industrial, financeira e naval da Europa, estava habituada a receber. A Grã-Bretanha não aceitaria ser tratada como inferior por um império longínquo, arrogante e prestes a desmoronar, uma sociedade que fechava os olhos para todas as inovações, que não tinha instituições para promover o progresso e o avanço científico. Ficou claro em Londres que só havia três maneiras de proceder: ou a Grã-Bretanha acataria as regras chinesas, ou abandonaria o comércio de Guangzhou, ou agiria por meio da força. Abandonar o comércio com a China não era uma boa opção. Usar a força parecia excessivo, sem mencionar o custo elevado. Então, por mais de duas décadas, a Inglaterra seguiu as regras chinesas. Apesar das recusas grosseiras e desagradáveis do imperador, as demandas práticas do comércio continuaram. O comércio internacional, ainda restrito a Guangzhou, mais do que duplicou nas duas décadas até 1800, o chá tornou-se essencial na Inglaterra e os chineses detiveram seu monopólio.[24] Os ingleses, que haviam comprado 900 gramas de chá na década de 1660, compraram 7 mil toneladas na década de 1780 e, na década de 1830, essa quantidade passou a ser de 14 mil toneladas.

Ao mesmo tempo, Guangzhou estava se transformando no centro financeiro de todo o comércio britânico no Oriente. Como os chineses não queriam comprar mercadorias inglesas, pediam que o pagamento da seda e do chá fosse feito em prata. O pagamento aos chineses em prata por quantidades crescentes de chá e de outras mercadorias significava buscá-la cada vez mais no mercado internacional. Porém, encontrar mais prata, sobretudo as moedas de prata espanholas tão apreciadas pelos chineses, ficou gradualmente mais difícil. No entanto, havia algo que os chineses queriam comprar em maior quantidade: o ópio da Índia. Isso causava problemas para o governo, não só por causa dos efeitos sociais, mas porque provocava um escoadouro da prata necessária para comprá-lo. Esses problemas superpostos do comércio de Guangzhou, as operações financeiras, o contrabando de ópio, a corrupção oficial e as relações externas atingiram o auge na época do sucessor de Jiaqing, o imperador Daoguang, que reinou de 1821 a 1850.

8

O Mandato do Céu se Dissolve

1816 a 1860

Daoguang assumiu o trono num período em que, mais uma vez, o cenário mundial mudou drasticamente. Em 1815, as principais preocupações das potências europeias se concentravam na harmonia entre elas e na agitação febril em diversas partes do continente. O período napoleônico fora um terremoto político, e, em 1830, houve revoluções na Bélgica, em regiões da Alemanha, na Itália, Suíça, Polônia e de novo na França. Os franceses estavam ocupados com a conquista da Argélia e com as crescentes inquietações causadas pela ascensão da Prússia e da Alemanha. Nesses países e na Itália, os movimentos nacionalistas fervilhavam. Em 1834, 17 estados alemães, com 26 milhões de habitantes, formaram uma União aduaneira. A Bélgica estava prestes a separar-se dos Países Baixos, que enfrentavam uma revolta nas Índias Orientais. Outras mudanças mais importantes surgiriam com o progresso da industrialização: a Europa estava no início da era ferroviária, que mais uma vez transformaria seus padrões sociais e políticos.

A Grã-Bretanha liderava essa industrialização e era hegemônica na indústria pesada, nas tecnologias modernas, no poderio marítimo e no sistema bancário e financeiro mais sofisticado. Vinte anos depois, a Inglaterra produzia 57 milhões de toneladas de carvão, enquanto a Alemanha produzia só 6 milhões e a França, a única rival industrial de peso da Inglaterra, 4,5 milhões. A Grã-Bretanha comandava metade da navegação oceânica mundial. Estava implementando uma estatística oficial mais confiável, ampliara a base de impostos, desenvolvera sistemas fiscais centralizados e ainda conseguiu arcar com os custos de defesa, em grande parte por meio de empréstimos. Sua atenção política se focava em extinguir o comércio escravo no Atlântico, nos assuntos da Igreja, como sempre na Irlanda, e, acima de tudo, nas questões urgentes e cada vez mais extensas da reforma social e parlamentar. Em 1832, essas questões resultariam no grande projeto de lei de reforma parlamentar, a respeito do qual o duque de Wellington mostrou-se cético. "O começo da reforma", disse a um amigo, "é o início da Revolução." Os EUA tinham começado sua expansão no continente norte-americano porque a ideia de Thomas Jefferson ainda persistia: uma "rota norte-americana para a Índia" pelo Pacífico, desviando todo o comércio da Europa com o leste da Ásia para os Estados Unidos.

Para as grandes potências, portanto, o fato mais importante acerca da China era sua relativa falta de importância; na perspectiva do equilíbrio de poder político, a China era um assunto secundário. Vista de Londres, Paris, São Petersburgo ou Washington, a China era um império longínquo e fraco que exibia uma estranha mistura de esplendor e barbárie; enorme, mas insignificante do ponto de vista militar; orgulhosa, porém decadente e exótica. A maioria das obras do século XIX sobre a política externa da Grã-Bretanha, França ou Holanda, ou biografias de grandes estadistas como Palmerston e Wellington na Inglaterra, ou Talleyrand e Thiers na França, pouco menciona a China.

Ao mesmo tempo, três princípios políticos e filosóficos do início do século XIX dominaram as relações entre as potências. Se cada um deles foi importante sob seu ângulo, foram ainda mais relevantes quando aliados. O primeiro dizia respeito à soberania do Estado e à igualdade. Foi a base do equilíbrio após 1815, incontestável mesmo a partir dos pontos de vista inusitados da China. O segundo enfatizava a primazia da civilização europeia e seu dever de difundir o cristianismo e os valores ocidentais pelo mundo. O terceiro, muito vinculado aos dois primeiros, referia-se à importância do comércio, que, como só um francês poderia dizer, "beneficia o vendedor e o comprador, que [são] como amantes, cada um dependendo do outro para obter a satisfação que nenhum dos dois poderia obter sozinho".[1] O comércio também refletiu o crescente predomínio das visões de Adam Smith e, mais tarde, de David Ricardo sobre o livre comércio. A crença na capacidade do comércio para beneficiar e transformar as sociedades tornou-se uma espécie de imperativo moral. Era uma igreja para além da qual não havia salvação: como John Maynard Keynes escreveu um século depois, em 1933: "Fui educado, como a maioria dos ingleses, para respeitar o livre comércio, não só como uma doutrina econômica, da qual uma pessoa racional e instruída não pode duvidar, mas como parte da lei moral."

O livre comércio não era apenas um princípio moral e correto, era necessário para que a Grã-Bretanha pudesse comprar os produtos de que precisava; importações chinesas que incluíam o chá e a seda. Além disso, era claro para todos os interessados na atividade mercantilista em Londres que, como Macartney previra, o comércio da China era extremamente importante para a Índia britânica. Outros países logo seguiram o caminho da Inglaterra. As expedições navais e científicas russas no Pacífico surgiram ao mesmo tempo em que a tentativa de funcionários siberianos de promover uma abertura comercial com o Japão, os Estados Unidos, com colônias americanas como as Filipinas e a Califórnia, e com a China. Ou com os marinheiros americanos que, em pequenos navios, foram para a China assim que a Guerra da Independência norte-americana terminou e lá foram ajudados pelos franceses.[2] Até as cidades hanseáticas alemãs começaram a comercializar de novo com a China, onde havia mercadores privados da França, Dinamarca e Suécia.

O interesse pela China não se limitava aos comerciantes. Os missionários, sobretudo os protestantes, tinham uma participação especial na China. A London Missionary Society foi fundada em 1795. O *Missionary Herald* de Boston começou a ser publicado em 1805. As missões norte-americanas à China se iniciaram com Robert Morrison em 1807. O American Board of Commissioners for Foreign Missions foi criado em 1810 e logo depois começou, de sua base no Havaí, a traduzir a Bíblia para as línguas locais. Por volta de 1830, havia um grupo de missionários protestantes em Guangzhou composto por personalidades bem-conhecidas, como Elijah C. Bridgman e S. Wells Williams. Em 1834, uma pessoa ainda mais importante, o jovem Peter Parker, graduado em teologia e medicina por Yale, juntou-se a eles.[3] Ao sair de Yale, ele estava imbuído de um grande fervor religioso. "É para o bem de Cristo", escreveu à irmã, "que você se separa de seu único irmão; ele pode transmitir o amor do Salvador aos milhões da China"[4]. Em 1840, o número de missionários protestantes chegou a 44 americanos, 19 ingleses e mais quatro alemães e suíços. Mas isso era apenas uma parte de um cenário muito mais amplo da exploração europeia em terras novas e até então desconhecidas — para a religião, a aventura, a curiosidade, o interesse científico, o país, o rei ou o czar.[5]

No entanto, para as autoridades chinesas, Guangzhou e Macau eram locais só de comércio, que operavam segundo regulamentos complexos, mas que em 1830 funcionavam muito bem. Um funcionário graduado inglês comentou que "talvez não haja um lugar com um grau tão alto de boa-fé mútua como em Guangzhou, ou um lugar com maior necessidade de que esse sentimento seja cuidadosamente fomentado". Os comerciantes estrangeiros trabalhavam em três locais. Em suas "feitorias" fora das muralhas da cidade de Guangzhou. Em Macau, a antiga base portuguesa, que era um lugar de comércio regular e também de operações de contrabando organizadas por muitos mercadores estrangeiros. Também era em Macau que as famílias dos comerciantes e a maioria dos missionários moravam. Por fim, havia o ancoradouro de Whampoa, a uns 19 quilômetros de Guangzhou seguindo rio abaixo, onde os navios estrangeiros ancoravam porque o rio entre esse porto e Guangzhou só era navegável em pequenos barcos. Os navios tinham que ir para Macau obter a permissão chinesa para seguir até Whampoa. Uma vez lá, o comércio externo ficava inteiramente nas mãos dos mercadores chineses que se responsabilizavam por ele, mesmo pagando os impostos sobre suas importações e exportações. Um navio estrangeiro não podia partir até que fosse emitido um selo oficial certificando que todos os impostos haviam sido devidamente pagos. Os estrangeiros também ficavam nas mãos dos chineses em outras circunstâncias. Não existia uma tabela oficial de impostos, exceto para os pagamentos semioficiais dos funcionários. Tudo era administrado pelos mercadores Hong, e, portanto, os comerciantes estrangeiros nunca sabiam ao certo que impostos pagavam ou quem recebia os subornos. Por outro lado, os mercadores Hong, embora tolerassem as demandas casuais e imprevisíveis de seus funcionários, podiam fazer seu próprio comércio com a Europa ou a América do Norte por intermédio desses mesmos comerciantes estrangeiros.

Para os mandarins imperiais, a situação era ideal. Em Guangzhou ou em Macau, os estrangeiros tinham liberdade de ação, segundo o hábito tradicional chinês, e só se sujeitavam à autoridade predominante do império. Os funcionários não se comunicavam diretamente com os estrangeiros, nem tomavam conhecimento formal de sua existência. Contudo, o controle prático dos comerciantes por meio dos mercadores Hong era total, uma vez que eles tinham o poder de interromper as comunicações, até mesmo o comércio.

A maioria desses acordos em Guangzhou não constituía uma exceção. Fatos bem semelhantes aconteciam nas fronteiras do noroeste da China. O Turquestão chinês (Xinjiang), por exemplo, há muito tempo era mais importante para o comércio e a defesa do que Guangzhou. Como um importante funcionário público chinês observou mais tarde, "Xinjiang era a linha de frente da defesa do noroeste. Protegia a Mongólia, que por sua vez protegia Beijing [...]. Se perdêssemos Xinjiang, a Mongólia ficaria indefesa e Beijing ameaçada."[6] Era uma região em que a autoridade do governo também era frequentemente abalada pela maneira com que os funcionários e mercadores Han violavam os regulamentos e ludibriavam o povo local. Antes do governo dos Qing, quando o Turquestão estava sob domínio muçulmano, houve ataques ocasionais de cavaleiros na região de Kashgar (controlada pela China). Mais tarde, Kokand, do outro lado da fronteira, pediu privilégios especiais no mercado de Kashgar. As autoridades chinesas recusaram e Kokand indicou um de seus jovens líderes muçulmanos, Jehangir, para chefiá-los. Ele iniciou uma guerra santa contra os manchus e invadiu Xinjiang em 1826. Os Qing reconquistaram Kashgar, Jehangir foi traído e enviado para Beijing, onde o imperador mandou esquartejá-lo.

Mas como os Qing poderiam pacificar a fronteira e organizar o comércio? Assim que Jehangir morreu, um acordo foi firmado em 1835.

Determinava que Kokand podia ter uma representação política e funcionários comerciais em Kashgar. Eles teriam poderes de polícia e jurisdição sobre os estrangeiros. Poderiam arrecadar impostos alfandegários com as mercadorias estrangeiras. Do ponto de vista chinês, era uma forma muito satisfatória de controlar os bárbaros. Esse acordo se assemelhava aos assinados com os russos depois do Tratado de Kiakhta, de 1727, e criava paralelos com outros acordos de fronteiras, inclusive aqueles com os ingleses em Guangzhou.

Não obstante, as tensões aumentaram porque havia, além do comércio, mais um ponto de atrito com os ingleses. Os mercadores privados ou "do país" — que não pertenciam à Companhia Inglesa das Índias Orientais — ficaram impacientes com duas coisas: as restrições impostas de má-fé pelos chineses e o monopólio da Companhia Inglesa das Índias Orientais. Em 1834, o Parlamento de Londres aboliu o monopólio, abrindo o comércio de Guangzhou a todos os comerciantes. Os resultados foram fatídicos. Até então, os mercadores tinham sido supervisionados por um funcionário da Companhia das Índias Orientais, mas agora Londres indicava um funcionário do governo. Isso, como logo a China percebeu, significava uma situação comercial muito diferente e indesejável. O primeiro funcionário "superintendente" foi William John, lorde Napier. Descendente de uma antiga família escocesa, ele era capitão da Marinha Real e amigo pessoal do rei, Guilherme IV, que fora seu colega de bordo e o ajudara a conseguir o trabalho em Guangzhou. Na China, Napier descobriu que ninguém usava simbolismos ou assumia uma postura superior para obtenção de privilégios e status de modo mais ardiloso do que os chineses. Ele foi imediatamente confrontado pelos detalhes delicados e o protocolo oficial. Isso incluía a abordagem dos chineses apenas por missivas que eram chamadas de "petições" e encaminhadas pelos mercadores Hong. Napier achou um absurdo que um representante da coroa britânica tivesse de se comportar dessa forma.[7] Londres e o ministro de Negócios Estrangeiros, lorde Palmerston, concordaram. Então, Napier não aceitou a declaração bombástica do governador de Guangzhou dizendo que "os grandes ministros do Império Celestial não podem ter uma comunicação particular por carta com bárbaros forasteiros", e insistiu em ter uma comunicação oficial direta. Ameaçou até usar a força. Os chineses responderam com uma série de pressões, tanto no comércio como sobre as pessoas. Napier ficou seriamente doente e teve de retirar-se em condições humilhantes para Macau, onde morreu e foi enterrado no cemitério local em meio aos jasmins.

O episódio de Napier deixou claro que havia duas questões subjacentes. A mais fundamental se referia à posição da nação e às relações entre Estados soberanos. A figura-chave em Londres foi o ministro de Negócios Estrangeiros, Henry John Temple, visconde de Palmerston. Um dos maiores ministros de Negócios Estrangeiros da Grã-Bretanha no século XIX, ele se recusou sem rodeios a permitir que representantes oficiais britânicos e funcionários da Coroa adotassem o sistema de "petições" dos chineses ou a acatar as presunções da China. Nenhum homem estava mais consciente do poder e da hegemonia da Inglaterra sobre as outras nações, ou imbuído das concepções e atitudes dos ingleses naquele momento. Diversos observadores argutos acharam que sua postura era demasiadamente antidiplomática. Charles Greville, por exemplo, escreveu que

> os eventos têm favorecido tanto Palmerston que agora ele está com razão e convenceu seus colegas; mas ele está e sempre esteve errado devido à sua negligência nos procedimentos formais; quanto mais *fortiter* ele é *in re*, mais *suaviter* deveria ser *in modo* [...] esse é motivo de ser tão detestado por todo o *Corps Diplomatique* e por ter feito tantos inimigos na Europa inteira.[8]

François Guizot, o historiador francês conservador que foi primeiro-ministro em 1847, tinha a mesma opinião: "*l'orgueil ambitieux, la préoccupation constante et passionée de soi-même, le besoin ardent et exclusif de se faire partout sa part et sa place, la plus grande place possible, n'importe aux dépense de quoi et de qui*"[9] (um orgulho ambicioso, a preocupação constante e apaixonada por si mesmo, a necessidade intensa e exclusiva de se fazer presente em qualquer circunstância, de ocupar maior espaço possível, sem se importar a custo de que ou de quem).

Os chineses demoraram algum tempo para perceber o motivo da discórdia. Do ponto de vista deles, os ingleses eram mais um grupo de estrangeiros que comercializava nas fronteiras, sob regulamentos que funcionavam bem. Quando os problemas se esclareceram aos poucos, eles constataram que os ingleses queriam manter as concepções ocidentais de Estado soberano que poderiam contestar fundamentalmente a posição do império. Ao longo de 3 mil anos, a China nunca, exceto no incidente de menores proporções com a Rússia, confrontara um Estado moderno tão poderoso. Os mongóis e os manchus tinham ameaçado o império, mas eram bárbaros incivilizados que foram incorporados com o tempo. Outros vieram à China para aprender, admirá-la e pagar tributo. Porém, não para negociar como iguais. Os ingleses, assim como os franceses e os americanos, eram um fenômeno totalmente novo para a tradição chinesa de convivência com estrangeiros — as inovações nas ideias, o poder, a tecnologia, os armamentos e as demandas políticas —; e ainda não haviam sido assimilados pela China.

Conflito de Leis

Os conceitos de lei e o código imperial divergiam da lei ocidental. Os padrões e as instituições legais não eram inferiores aos dos estados ocidentais, mas eram estranhos, incompreensíveis e inaceitáveis para muitos estrangeiros. Havia um código administrativo e penal, um instrumento essencialmente do governo, destinado a preservar a ordem social e o sistema imperial. Não existia a noção de uma lei "mais elevada" proveniente da vontade divina ou dos "direitos humanos" universais. Confúcio não racionalizou a partir de princípios sistemáticos e básicos, muito menos segundo qualquer ideia de direitos e liberdades individuais, e sim a partir da vida cotidiana e perceptível, pensando em como se poderia manter a ordem social e a harmonia. Os funcionários chineses eram, acima de tudo, confucianos preocupados com o papel da virtude, ao passo que os ocidentais, em particular os funcionários britânicos, poderiam ser advogados preocupados apenas com a norma da lei.

Grande parte da lei chinesa dizia respeito a procedimentos, lei de herança e assuntos similares, e a infração dessas leis era tratada como uma questão de ordem prática, não de princípios filosóficos. Portanto, ofensas contra a ordem social eram abordadas com uma severidade especial. A desobediência de uma criança ao pai, por exemplo, era um crime terrível: um filho que batesse no pai poderia ser decapitado. Não acatar uma ordem imperial era uma pena capital, independentemente das circunstâncias.

Além disso, não havia direitos legalmente efetivos sobre a propriedade privada, nem proteção contra um Estado que não tinha interesse na propriedade privada e no investimento, tampouco algo que se assemelhasse ao comércio e à sociedade ocidentais modernos e suas redes de normas legais e sanções.

Não havia uma profissão legal nem qualquer noção do que eram advogados particulares. Assim como nada similar às noções de proteção para indivíduos por meio de um "processo justo", ou "direito legal" de defesa, muito menos qualquer noção de "inocente até que se prove o contrário". Nas cortes dos magistrados a suposição era sempre de culpa, em vez de inocência, do acusado. Havia confissões forçadas. O autor da queixa-crime, assim como os defensores, poderia ser torturado durante a confissão, cujas formas eram meticulosamente prescritas. As detenções podiam ser arbitrárias e o aprisionamento indefinido. O sistema era severo, organizado e administrado em minúcias. Os casos eram sujeitos a revisão e apelação. E, por causa do sistema de responsabilidade coletiva da China, alguém inocente poderia ser executado como representante de um grupo, como bode expiatório. A solidariedade familiar constituía um elemento tão poderoso na sociedade chinesa que a culpa por associação era quase sempre presumida e a punição de parentes era uma prática regular.

Os europeus olhavam esses princípios com aversão. Isso fez com que a questão da jurisdição sobre estrangeiros na

China, ou nas águas chinesas, se tornasse um ponto de tensão muito sensível e cada vez mais acentuado ao longo do tempo. Em 1773, os portugueses absolveram em Macau um inglês que matara um chinês, mas os chineses insistiram em julgá-lo de novo e executá-lo. Uma salva de tiros de um navio inglês, em 1784, matou por acidente um espectador chinês. Um marinheiro que provavelmente não tinha nada a ver com o assunto foi entregue às autoridades e sumariamente estrangulado.

Fatos similares aconteceram de novo em 1807. Em 1821, ocorreu o incidente "Terranova", que se transformou em um marco dessas questões. Uma mulher chinesa morreu supostamente atingida por entulhos jogados da coberta de um navio americano, o *Emily*. Os chineses pediram que o culpado, um marinheiro italiano chamado Terranova, fosse entregue. Quando os americanos recusaram, os chineses ameaçaram interromper o comércio com os EUA. A fim de preservar o comércio, os americanos acataram o pedido e Terranova se rendeu. Ele foi julgado em segredo, sem a presença americana, e foi imediatamente estrangulado. Os chineses insultaram os americanos em Guangzhou ao elogiar o comportamento submisso deles, bem adequado à atitude arbitrária e desdenhosa dos funcionários chineses com relação aos comerciantes estrangeiros. Não houve um protesto oficial norte-americano, porém o assunto teve graves repercussões, e não só com os americanos. Isso fortaleceu a determinação do Ocidente de não permitir que cidadãos ocidentais fossem submetidos à polícia chinesa, "arbitrária e corrupta", e ao sistema judiciário; e reforçou a resolução de encontrar algum lugar, talvez uma pequena ilha na costa, que, por fim, foi Hong Kong, onde os ocidentais pudessem operar com leis ocidentais, e não com as chinesas.

Outra questão importante em Guangzhou foi o comércio de ópio, que ficou cada vez mais difícil a partir da década de 1830. Em 1800, ele passou a fazer parte do sistema de comércio externo da China. As razões de sua comercialização perduraram por um século. As demandas ocidentais por produtos chineses, sobretudo chá, aumentaram. O pagamento das mercadorias ficou mais complicado. A China queria comprar algo em troca, como algodão cru, mas nada passível de contrabalançar as exportações chinesas de chá e porcelana. A solução, mais urgente do que nunca, foi o ópio da Índia. Não só os ingleses e também os americanos e outros estrangeiros o estavam vendendo.

Na China, o ópio era usado há séculos, não apenas para usos medicinais, mas como uma importação reconhecida: afinal, era o melhor anestésico antes da invenção dos sintéticos modernos. À medida que a população da China cresceu e os problemas internos se agravaram, o consumo de ópio também aumentou, em parte por causa da tensão social. Por fim, o imperador proibiu sua importação e a Companhia Inglesa das Índias Orientais parou de comercializá-lo na China,[10] embora comerciantes privados pudessem comprá-lo na Índia e, junto com centenas de chineses e funcionários desonestos, contrabandeá-lo para a China. Os lucros e a corrupção aumentaram. No final da década de 1820, a frota de patrulha criada para interromper o contrabando permitia rotineiramente que contrabandistas passassem mediante um pagamento de 36 mil taéis por mês,[11] ou cerca de 12 mil libras (o equivalente, segundo o Banco da Inglaterra, a meio milhão em 2002/3). O almirante que comandava a frota transportava o ópio em troca de uma parte dos lucros.

Estrangeiros e mercadores chineses vendiam ópio na China recebendo o pagamento em prata, que podia ser depositado em Guangzhou (em troca, dizem, de ordens de pagamento em Londres). Essa prata então pagava o chá legalmente. Mesmo os ingleses na Índia podiam enviar remessas para a Inglaterra comprando ópio lá, embarcando-o para Guangzhou e vendendo-o por prata que era usada para comprar chá e enviá-lo para Londres, lucrando em cada etapa dessas transações. Os mercadores do litoral da China também podiam saldar suas contas fazendo saques em Londres no complexo sistema de comissão, graças aos acordos bancários desenvolvidos em Guangzhou e, mais tarde, em

Hong Kong. Mercadores chineses ricos comercializavam por conta própria ou investiam dinheiro em lugares como a América. Essas intrincadas operações monetárias e de crédito, e o estoque de sedas e outras mercadorias em Guangzhou e nas proximidades estimularam ainda mais a corrupção oficial. Isso tornou o comércio bem mais complicado, financeira e administrativamente. Os comerciantes de Guangzhou se transformaram em agentes comerciais de firmas em Calcutá e Londres, ou faziam operações de câmbio e de crédito complexas com Londres e Nova York. Em 1830, as finanças da Índia britânica dependiam crucialmente de todas essas operações monetárias do ópio.

Para as autoridades chinesas, o aumento do consumo de ópio gerou problemas sociais e de saúde, assim como um escoamento crescente de prata da economia chinesa. Em parte era para pagar pelo ópio, mas também porque os chineses a estavam guardando e escondendo nessa época de turbulência. De qualquer modo, isso elevou o preço interno da prata, enquanto deixava inalteradas as moedas de cobre usadas no dia a dia. Esse fato teve enormes efeitos deflacionários e, em razão dos impostos imperiais serem pagos em prata, houve uma alta nos impostos cobrados do povo chinês.

À medida que o contrabando crescia, os ingleses fizeram três comentários. Primeiro, que o comércio de ópio era um problema exclusivo da China. Segundo, era uma tarefa da China, e não da Inglaterra, controlar a região costeira e o comércio do modo que desejasse. Nenhum superintendente britânico em Guangzhou aprovava o contrabando de ópio. Mas o desestímulo era tudo que tinham a oferecer, pois ao longo da década de 1830, Londres não lhes deu poderes legais para disciplinar os comerciantes ingleses, muito menos os não ingleses. O terceiro comentário se referia à questão mais óbvia das prioridades chinesas. As proibições contra o ópio deveriam ser reforçadas com mais rigidez ou, ao contrário, deveriam ser legalizadas, regulamentadas e taxadas? A Grã-Bretanha aconselhou os chineses, visto que não conseguiam parar o contrabando e o uso do ópio, a desistirem de tentar interrompê-lo. Isso foi um precursor dos argumentos das "guerras contra as drogas" do século XXI no mundo ocidental. Mas os mandarins chineses não eram receptivos a qualquer conselho externo. Em 1837, por exemplo, o superintendente britânico de Guangzhou, Charles

Elliot, numa nota ao governador, mencionou sua esperança na amizade entre as duas nações. Ele foi severamente repreendido. O governador explicou que os estrangeiros só tinham permissão para comercializar devido à magnanimidade do imperador. "Como esse superintendente bárbaro é tão impertinente a ponto de mencionar 'os laços de paz e amizade' entre o ocupante do trono do Dragão e os empregados dos países a quem distribui sua generosidade?"[12]

No entanto, o imperador decidiu enfrentar as leis de suprimento e demanda. O encarregado imperial Lin Zexu foi enviado a Guangzhou para tratar do problema. Lin era um homem muito capaz, inteligente e culto, tendo se esforçado bastante para entender os ingleses. Porém, ele tinha a mesma dificuldade de qualquer outro estadista chinês, pois se apegava às ideias tradicionais sobre as relações internacionais. Chegou a Guangzhou não para negociar, e sim dar ordens de acordo com o sentido confuciano de retidão. Usou, progressivamente, formas de coerção psicológica, política e até mesmo física nos ingleses levando-os a renunciar aos enormes e valiosos estoques de ópio. Além disso, demonstrou pouco respeito pelo representante do pavilhão do Reino Unido e da rainha Vitória, o superintendente Elliot. Também ficou furioso com a morte de um chinês depois de uma briga com um marinheiro na praia, ainda mais por Elliot não ter sido capaz de identificar e entregar o verdadeiro ou suposto assassino. Então, começou a ameaçar não só os homens, mas as mulheres e crianças em Macau, forçando-os a procurar abrigo a bordo de navios britânicos. Por volta do ano-novo de 1840, toda a comunidade britânica foi embarcada em navios mercantes e enviada para Hong Kong, assim ficando fora do alcance da China, à espera de tropas de proteção da Índia e instruções de Londres. Houve repetidas tentativas chinesas de enviar brulotes para destruir os navios mercantes. Em determinado momento, Lin impediu que os ingleses comprassem comida e água na costa e proibiu o comércio britânico na China.

Nada disso cessou o contrabando de ópio e os mercadores americanos, que não estavam sob a proibição chinesa, lucravam com o transporte marítimo de chá para os comerciantes ingleses. Para os funcionários britânicos, o ópio ainda não era um problema. O conflito foi gerado por outro motivo. Londres ficou indignada com os relatos da afronta da China à

Coroa britânica, da privação da qualidade de vida, do confisco de propriedade sem processo legal e, acima de tudo, do perigo infligido às mulheres e crianças inglesas. Quando Thomas Babington Macaulay, o brilhante ensaísta e ministro da Guerra, disse na Câmara dos Comuns que faria o "nome dos ingleses ser tão respeitado como fora o dos cidadãos romanos", consideraram que ele falara uma verdade básica. De qualquer forma, os navios ingleses pediram proteção armada e ajuda. A Marinha Real enviou navios e tiros foram trocados, em parte por acidente. A guerra começou.[13]

Nem todas as pessoas em Londres ficaram satisfeitas com esse desfecho. Por que tinham deixado que a situação chegasse a esse ponto? Os chineses não haviam convidado os ingleses a irem para lá; a China tinha o direito de estabelecer as condições de visita e comércio de outros povos? A Grã-Bretanha tinha o direito de usar a força? Como essa guerra poderia ser considerada justa? Em abril de 1840, um debate de três dias na Câmara dos Comuns confrontou os líderes políticos de Londres. Palmerston e o governo venceram por uma margem estreita. No ano seguinte, depois da queda do governo, a gestão de seu sucessor, Peel, deu continuidade aos planos de Palmerston para a China.

Em quatro ou cinco décadas, tornou-se quase uma crença universal que o conflito fora uma "Guerra do Ópio", travada pela Inglaterra para introduzir mais ópio na China, em busca de lucros sem consideração quanto às consequências para os chineses. Contudo, essa visão foi totalmente contestada pela evidência de que as decisões dos ingleses de lutar foram tomadas por razões muito diferentes.[14] Esse fato foi bem assimilado na época. Em maio de 1841, enquanto a guerra se prolongava, John Quincy Adams, sexto presidente dos Estados Unidos, um homem erudito, porém inconveniente, disse na Massachusetts Historical Society que o ópio fora

> um mero incidente na disputa, não mais a causa da guerra do que o lançamento ao mar de chá na baía de Boston, que teria provocado a revolução americana [...] o motivo da guerra foi a cerimônia de ajoelhar e tocar o chão com a testa — as pretensões arrogantes e insuportáveis da China de que teria relações comerciais com o resto da humanidade não em termos de igualdade recíproca, e sim por meio de formas insultuosas e degradantes de relação entre senhor e vassalo.[15]

Um ano mais tarde, ele mencionou de novo os princípios ocidentais de soberania e independência, que poderiam ter sido expressos pelo lorde Palmerston. A atitude da China para com os ingleses em 1839 fora um erro total. Violou o princípio de "ame seu vizinho", foi contrária ao comércio e imoral, "um enorme ultraje aos direitos do ser humano e aos princípios fundamentais do direito das nações".[16]

A guerra foi insólita. Na primeira metade, os ingleses passaram mais tempo conversando do que lutando com os chineses. O vice-rei chinês local e Charles Elliot tentaram fazer um acordo, porém Londres e o imperador chinês o rejeitaram de imediato. Então veio um intervalo; em parte devido à mudança de governo em Londres, mas sobretudo por causa da catástrofe militar britânica no Afeganistão. Em 1839, a Inglaterra enviou uma grande expedição para pôr seu candidato no trono afegão. As circunstâncias militares e políticas do assunto foram extremamente mal conduzidas e por fim o único sobrevivente, dr. William Bryden, da Unidade Médica Militar, entrou cambaleando com seu pônei exausto em Jellalabad (uma cidade que Londres iria ouvir falar ainda mais na "Guerra do Terror", em 2001). É claro, a primeira prioridade foi lidar com os efeitos desse desastre.

Em 1842, a guerra com a China recomeçou, com novos comandantes ingleses e um maior profissionalismo.[17] As forças chinesas, embora com uma atuação às vezes de uma coragem suicida, tinham várias deficiências graves. Elas não chegavam perto de ter a disciplina, o treinamento, a tática, os armamentos e equipamentos das forças britânicas. Eram os ingleses que dispunham das armas, o que o rei da França, Luís XIV, chamou de a *ultima ratio regis* (o argumento final dos reis). Além disso, muitos comandantes graduados chineses demonstraram uma propensão ao fracasso, e seus subordinados e sua organização de suprimentos e informações confidenciais eram inoperantes e, por vezes, absurdamente corruptos. Em meados de 1842, as forças chinesas sofreram uma derrota humilhante para tropas britânicas relativamente pequenas e cujos homens tinham muito pouco respeito pela maioria dos chineses. Nas etapas finais da campanha, quando as tropas britânicas aumentaram de 2 mil para 9 mil soldados, uma frota de 48 quilômetros de comprimento navegou devagar no ainda inexplorado rio Yangzi em direção à antiga capital imperial de Nanjing. Com a Grã-Bretanha na iminência de atacá-la, o império assinou em 1842 o Tratado de Nanjing.

O tratado não fazia menção ao ópio, mas acatava quase todas as reivindicações de Londres, inclusive a abertura de novos portos comerciais: Xangai, Fuzhou, Ningbo, Xiamen (Amoy). De 1842 a 1843, houve aditamentos no acordo. Por exemplo, prescreveu-se que os ingleses seriam julgados por seus funcionários consulares, segundo a lei ocidental. A ilha de Hong Kong foi cedida à Grã-Bretanha e logo se converteu num ímã para os ingleses e outros povos ocidentais, assim como para os chineses, de pescadores a comerciantes, que deram boas-vindas à segurança e à ordem da administração britânica. Em meados de 1843, Hong Kong, que fora em grande parte excluída e pouco povoada, tinha uma população de 25 mil pessoas. A ilha também se transformou numa base especial de missionários.

Logo em seguida vieram os franceses e, principalmente, os americanos. Até 1842, os interesses dos EUA na China se limitaram ao comércio privado. Os comerciantes agiam por conta própria. Na verdade, o envolvimento de Washington e as visitas da Marinha norte-americana não eram bem-vindos. As condições de comércio eram boas e lucrativas dentro da expectativa dos mercadores. O que o governo poderia fazer além do que eles tinham feito, senão perturbar uma situação extremamente satisfatória e pacífica? Mas a guerra anglo-chinesa alterou o cenário. Os americanos, sobretudo aqueles com conexões oficiais, criticavam os chineses. Os missionários pensavam com frequência que uma guerra bem-sucedida facilitaria o trabalho deles, ao romper o conservadorismo defensivo da China. No entanto, naquele momento o papel dos americanos no Pacífico ocidental era restrito; e na China fazia sentido navegar pelas águas da Inglaterra. Como disse um comentarista, os americanos atuavam com a "diplomacia de um chacal", obtendo, sob acordos de nação mais favorecida, concessões que já haviam sido dadas aos ingleses. Os funcionários chineses logo perceberam a manobra e disseram ao imperador que os americanos observavam os acordos firmados pelos ingleses e depois vinham partilhar os despojos.

Mas, na década de 1840, os americanos começaram a considerar o Pacífico uma extensão do "destino manifesto" do país. Como os ingleses estavam vencendo a guerra, ficou claro que as posições oficiais tinham de ser estabelecidas. Havia também o jovem dr. Parker em Guangzhou. Ele percebera rapidamente que suas habilidades médicas eram muito mais necessárias do que sua pregação. Em novembro de 1835, abriu uma clínica oftalmológica em uma das feitorias e nos primeiros três meses atendeu 900 pacientes. Passou a ser um médico respeitável e no final da década tratou uma hérnia no comissário Lin.[18] Quando os ingleses bloquearam Guangzhou, ele partiu para os EUA, encontrou-se com o presidente e o secretário de Estado, Daniel Webster, um parente por afinidade, e recomendou que fosse enviada uma missão diplomática à China. Ele se ofereceu para cooperar com o governo.

O governo escolheu um advogado da Nova Inglaterra, Caleb Cushing, para ser o primeiro-ministro plenipotenciário e Cushing indicou Parker como secretário e intérprete da missão, com o generoso salário de $1.500 mais despesas. Cushing foi para a China levando uma carta amistosa do presidente Tyler. Após o Tratado de Nanjing, sua tarefa seria negociar um tratado sino-americano à parte. Os chineses não iriam impor dificuldades. Em novembro de 1843, o imperador promulgou um edito que dizia: "Agora que os bárbaros ingleses receberam a permissão de comercializar, quaisquer outros países, os Estados Unidos e outros, também podem exercer o comércio sem discriminação, para mostrar nosso propósito tranquilizador."[19]

Porém, os pontos de vista dos chineses eram rígidos. Disseram ao imperador que os ingleses, americanos e franceses interpretavam os detalhes do tratamento recebido pela corte chinesa como uma medida de status nacional.[20] Isso reforçou sua determinação de não permitir a ida de Cushing para Beijing. Quando pediu conselho sobre a maneira de responder ao presidente Tyler, falaram apenas que, de todos os países ocidentais, os "Estados Unidos eram o mais remoto e o menos civilizado; solitário e ignorante". O imperador deveria, portanto, limitar-se a uma resposta simples, cujos significados seriam óbvios.

Então, Cushing ficou esperando na costa sul da China e lá negociou com os mandarins mais velhos. Porém, no dia 3 de julho de 1844 ele conseguiu seu acordo, o Tratado de Wanghia. Nele, os chineses concederam os mesmos privilégios conferidos aos ingleses, inclusive o acesso a portos de tratado e imunidade jurídica com relação à China. Esse tratado representou a concessão aos Estados Unidos de uma posição de igualdade inconcebível cinco anos antes. Pela primeira vez, funcionários chineses e americanos conviviam como iguais. Além disso, os acordos de nação mais favorecida significavam que, apesar de os americanos receberem benefícios, o encargo de ter criado um sistema que propiciou isso cabia aos ingleses. Os franceses firmaram um tratado muito semelhante logo depois.

No entanto, descobriu-se rapidamente que o fato de os chineses assinarem tratados divergia do cumprimento do que haviam dito. Eles logo insistiram, como sempre tinham feito, que eram "tratados desiguais", cujo nome por si só implicava que eram injustos e precisavam ser revistos. Porém, Beijing nem sempre conseguia impedir que as autoridades locais criassem dificuldades para os estrangeiros. A resistência ao cumprimento do tratado não se restringia ao funcionalismo, pois a guerra e suas consequências estimularam a xenofobia popular. Em dezembro de 1842, houve tumultos com multidões saqueando e incendiando algumas feitorias estrangeiras. A década de 1840 assistiu a atrocidades esporádicas, inclusive assassinatos. Os mandarins confucianos procuraram manter a ordem imperial e social para evitar novos ataques do Ocidente. Um procedimento tradicional consistia em manter os estrangeiros distantes da população. Os ingleses, quando obtiveram Hong Kong em 1842, ganharam outra concessão em Xangai três anos depois, que se transformou, em 1860, no principal assentamento internacional na China. A França conseguiu uma concessão similar em Xangai em 1849. No final da década, o imperador explicou por que as queixas dos estrangeiros não eram sua principal preocupação: "A única questão importante é acalmar as emoções do povo. Se não perdermos a lealdade do povo, então os bandidos estrangeiros podem ser controlados. De agora em diante, se houver quaisquer incidentes nas relações entre os chineses e os bárbaros, não seremos indulgentes [isto é, com os estrangeiros] por medo de cometer uma ofensa."[21] A conciliação dos chineses com as potências ocidentais permaneceu, na melhor das hipóteses, intermitente durante a década de 1840. Porém, em 1850, um novo imperador encerrou abruptamente esse relacionamento.

Os europeus ficaram indignados. Os países ocidentais, não só a Grã-Bretanha, estavam irritados com os repetidos fracassos dos chineses em cumprir os acordos principais, em particular, o acesso a Guangzhou ou o envio de missões diplomáticas a Beijing. Talvez nada tenha demonstrado de modo mais evidente a dissintonia da gestão das relações internacionais do que a incapacidade de lidar de modo apropriado com os europeus nas duas décadas após 1840.

Os tratados ingleses e americanos tiveram efeitos diversos. Os Estados Unidos obtiveram benefícios consideráveis no embarque: em torno de 1850, os clíperes americanos transportavam metade das mercadorias comercializadas em Xangai. Havia um comércio ativo, sobretudo em Amoy, e cules chineses para trabalho barato na Califórnia e na Austrália.[22] Os missionários americanos e ingleses começaram a pensar que o cristianismo e o livre comércio representavam um marco da civilização e que a manufatura, as ferrovias e o telégrafo eram seus instrumentos. Em razão da imunidade jurídica, marinheiros americanos adquiriram uma má reputação, especialmente em Xangai. Comentava-se que toda prostituta de olhos azuis no Oriente alegava ser americana. Na década de 1840, após diversos conflitos e atrocidades, Peter Parker transformou-se num grande defensor das tentativas britânicas de assegurar os direitos e a segurança dos estrangeiros na China.

Enquanto os atritos continuavam, no final dos anos 1840 a China e as potências ocidentais entraram num período de grande turbulência. Em 1848, uma nova onda de fervor revolucionário varreu a Europa. Na França, logo em seguida, o sobrinho de Napoleão Bonaparte tornou-se presidente e, quatro anos depois, assumiu o trono como imperador Napoleão III. Os Países Baixos adotaram um governo parlamentar. Houve uma revolução nacionalista e tumultos na Itália e em diversas partes da Alemanha. Até mesmo o império Austro-Húngaro foi ameaçado de colapso por uma rebelião na Hungria, que foi suprimida com a ajuda de tropas russas fornecidas por um czar aterrorizado com a perspectiva de uma revolução. O nacionalismo russo também se expandiu, subjacente a uma política oficial para preservar a antiga ordem e resistir à revolução europeia.

Até meados do século, isso ajudou a manter a atenção e a política externa da Rússia focada na Europa e no Oriente Médio. No entanto, na década de 1830 os russos também se desiludiram com a inércia, complacência e corrupção da China. Além disso, a guerra de 1839-42 atraiu a atenção para a fragilidade do noroeste da Ásia diante do poderio marítimo britânico. Essa preocupação se agravou quando as atividades navais inglesas, americanas e francesas aumentaram no Pacífico. Em 1843, o governo de São Petersburgo decidiu que as questões das fronteiras precisavam ser esclarecidas, embora o ministro das Relações Exteriores, o conde Nesselrode, não quisesse ocupações de terra pelos russos ou prejudicar as boas relações com os chineses; relações que, entre outras coisas, possibilitaram um comércio no qual a Rússia lucrava cada vez mais com a receita tributária de Kiakhta.

O nacionalismo também fomentou uma missão pan-eslávica. Esta se concentrou nos turcos dos Bálcãs e ao redor do mar Negro. Isso suscitou preocupações referentes à movimentação crescente da Inglaterra na Ásia Central, realizada em grande parte para evitar que a Rússia se deslocasse para o sul, em direção ao Himalaia e às fronteiras da Índia britânica. A mesma combinação de necessidade estratégica e sentimentos pan-eslavos fortaleceu o desejo de tirar a Sibéria de sua insondável pobreza e infortúnio. Os russos também perceberam que a derrota de 1842 e o Tratado de Nanjing diminuíram o controle da China até mesmo no norte. Suas tropas desmoralizadas fracassaram em deter uma nova onda migratória de camponeses chineses na Manchúria e na Sibéria. A necessidade de dinheiro para debelar rebeliões levou a China a vender terras não cultivadas na Manchúria para colonizadores Han. Em 1848, o czar Nicolau I nomeou um jovem de apenas 38 anos, Nicolai Nikolaevich Muraviev, governador-geral da Sibéria oriental e começou a reforçar a posição da Rússia no litoral do Pacífico, sobretudo na fronteira do Amur.

MURAVIEV

Muraviev era um soldado vibrante, com um bigode esplêndido e um recorde de bravura na Turquia, na Polônia e no Cáucaso, onde foi ferido. Nasceu em 1809 e, aos 32 anos, já era general, mas foi transferido para o governo civil e tornou-se o primeiro governador provincial a propor a abolição da escravidão ao czar. Era um autocrata liberal e expansionista, impaciente com a política da corte e com as intrigas nos negócios. Queria liberdade de imprensa, terra para os servos, recompensa pelo talento e fomento ao comércio, mas também tinha uma visão estratégica.

Aos 38 anos, foi nomeado governador-geral da Sibéria oriental, onde percebeu que o Amur poderia ser uma maneira de projetar o poder da Rússia para o Pacífico. Sua política se baseava muito no equilíbrio de poder. Percebeu diversos perigos potenciais para a Rússia provenientes da guerra anglo-chinesa de 1840-42. Os ingleses tinham certeza de que expandiriam sua influência. Talvez até tivessem planos para a foz do rio Amur. Os ingleses e os franceses poderiam também revitalizar a China com seu comércio e tecnologias, ou com seus postos navais no norte do Pacífico. Em 1849, escreveu para o czar argumentando que as incursões europeias na China levariam a Rússia a perder partes da Sibéria, assim como áreas de seu comércio com a China. A ordem foi fortalecer o domínio russo na foz do rio Amur, na época território chinês, naquela que se transformaria na base naval de Petropavlovsk. Na verdade, era preciso pensar numa rota de suprimento de água quente ao longo do Amur e através da península de Kamtchatka.

Em 1858, ele firmou o Tratado de Aigun com os chineses e, por conseguinte, recebeu do czar o título de conde Amursky. Dez anos depois, aposentou-se e foi viver em Paris, onde morreu.

Para Beijing, em 1850, esses problemas com fronteiras e com estrangeiros esmoreceram por causa do início de uma rebelião que custaria milhões de vidas e devastaria algumas das terras mais ricas da China. A rebelião Taiping, como foi denominada, misturou ressentimentos étnicos contra os manchus com protestos veementes contra os impostos e incorporou aspectos messiânicos do cristianismo. Foi iniciada por um membro obscuro da minoria hakka, do sul do país, cujo nome era Hong Xiuquan. Em 1843, ele falhou em seus exames pela quarta vez e desenvolveu uma raiva crescente pela dominação manchu da China Han. Aprendeu um pouco de cristianismo com um missionário americano, Issachar Roberts, e convenceu-se de que ele, Hong Xinquan, era o irmão mais novo de Jesus Cristo, e, em 1851, proclamou-se Rei Celeste de uma nova dinastia, o "Reino Celeste da Grande Paz" (Taiping Tian Gua). Ele aliciou hordas de seguidores com um movimento popular ferozmente militante que atraiu o interesse dos ocidentais por um curto espaço de tempo como uma alternativa eficaz e quase cristã ao enfraquecido regime Qing. Os exércitos Taiping ocuparam rapidamente grande parte da região central da China e o vale do Yangzi, transformando Nanjing em sua capital. No entanto, suas tentativas de expansão fracassaram e por fim ele foi derrotado, menos em razão das forças imperiais inadequadas e com frequência corruptas do que pela iniciativa dos governadores regionais de criar novos exércitos. A rebelião que causou dezenas de milhares de mortes foi esmagada em 1864.

Rebelião ou não, no início da década de 1850 os governos britânico, americano e francês estavam cada vez mais irritados com a intransigência dos chineses em cumprirem os antigos tratados e insistiram que os acordos de 1842-44 precisavam ser revistos. Nada aconteceu. Isso gerou demandas dos ingleses, seguidas de perto pelos franceses e, logo após, pelos russos, por reformas e concessões mais abrangentes. Não que os europeus fossem insensíveis à difícil situação da China. Em 1854, a Grã-Bretanha nomeou o novo governador de Hong Kong com plenos poderes. O novo governador, sir John Bowring, era um cristão devoto e com experiência comercial, fundador da Peace Society e amigo de radicais em Londres. Ele também acreditava fervorosamente nos vínculos entre moralidade e comércio. "Jesus Cristo é livre comércio", disse certa vez, "e livre comércio é Jesus Cristo". Palmerston, de volta ao seu posto, disse a Bowring para tentar ter acesso à costa da China e, sobretudo, fazer com que um embaixador fosse admitido em Beijing. No mesmo ano, os ingleses apoiaram com veemência a criação de uma inspetoria alfandegária chinesa, com um quadro de funcionários formado em sua maioria por estrangeiros e dirigida por um irlandês inteligente e incorruptível, (sir) Robert Hart, que exerceria um papel vital na manutenção das finanças imperiais solventes. Além disso, as potências ocidentais começaram a se preocupar com a coesão do império chinês.

Contudo, os chineses continuaram a tratar, ao longo das décadas de 1840 e 1850, Bowring e um novo ministro americano, Robert M. McLane, com um desprezo premeditado. Em 1856, no momento em que ingleses, franceses e americanos queriam um maior acesso ao mercado chinês, prenderam um missionário francês por pregar o evangelho. Ele foi encarcerado, decapitado e sua cabeça jogada aos cães. Os americanos, inclusive Peter Park, agora comissário dos EUA, começaram a pensar que a força deveria ser usada. Parker desejava uma tripla aliança dos EUA com a França e a Inglaterra para pressionar os chineses, além da cessão de Taiwan aos Estados Unidos, a fim de equilibrar o poder da possessão britânica de Hong Kong. Mas os chineses tinham passado a detestar a arrogância e teimosia dele, e o presidente Franklin Pierce teve de chamá-lo de volta em 1857.

Enquanto isso, as potências europeias estavam de novo em turbulência. Em 1853-54, a Grã-Bretanha, a França e a Rússia se envolveram na guerra da Crimeia. Enquanto a guerra durou, poucas pessoas em Paris, Londres e São Petersburgo tinham tempo ou recursos para dispensar à China. Porém, quando os esquadrões ingleses e franceses ameaçaram Sakhalin e Kamtchatka, o governador-geral Muraviev invadiu o território chinês em nome da segurança russo-chinesa.

Outros acontecimentos no Pacífico também tiveram grande importância a longo prazo. Por dois séculos, desde 1637, o Japão permanecera em isolamento deliberado sob o governo do xogunato Tokugawa. Mas em 1808 a presença dos poderosos navios ingleses no oceano Índico e os dos russos em Kamtchatka causou alarme. Em 1825, as autoridades ordenaram a destruição dos navios estrangeiros que entrassem em águas japonesas, porém as preocupações aumentaram com as fáceis vitórias britânicas sobre os chineses em 1840-42. Os japoneses constataram o poder crescente dos esquadrões ingleses e russos no Pacífico, contra os quais o Japão não tinha defesa. A reação imediata foi uma certa conciliação com os estrangeiros: em 1845, por exemplo, um navio da Marinha Real entrou em Nagasaki e obteve permissão de levar comida e água para bordo. O momento decisivo veio em 1853, quando o comodoro americano Matthew Galbraith Perry entrou com seus quatro navios, os "Navios Negros", na baía de Edo (perto da atual Tóquio) e pediu em nome do presidente Millard Fillmore que o Japão abrisse seis portos para os navios americanos e permitisse que os estrangeiros viajassem para o Japão. Os americanos pensaram que, assim que o Japão abrisse suas fronteiras, conseguiriam realizar o antigo sonho de uma rota direta da América do Norte para a Ásia. O Japão, disse o secretário de Estado Daniel Webster, era "o último elo dessa grande cadeia que unirá o mundo inteiro com a criação de uma linha de navios a vapor da Califórnia à China". Para os japoneses, o impacto do poderio americano era inevitável, mesmo que os "Navios Negros" de Perry consistissem em apenas uma chalupa de guerra, um navio de suprimento e dois navios a vapor com rodas propulsoras e movidos a carvão. Os japoneses se defrontaram com uma proposta sem alternativa, pois ou resistiriam aos bárbaros americanos e seriam derrotados ou aceitariam as demandas de Perry e arriscariam enfrentar uma rebelião interna. A história política japonesa entre 1853 e 1868 foi um debate torturante e intenso sobre como resolver esses dilemas. A solução dos problemas transformaria a estratégia e a política de todo o Pacífico ocidental e teria uma influência crítica no destino do império chinês.

No final de 1856, logo após a morte do missionário francês, veio a gota d'água que terminou com a paciência do Ocidente. Foi outro desses absurdos incidentes anglo-chineses: a questão *Arrow*. O *Arrow* era um barco construído e tripulado por chineses, mas navegava com uma bandeira inglesa a qual foi arriada por soldados chineses que abordaram o navio em busca de piratas. A impaciência dos ingleses com os chineses estava prestes a provocar outro conflito. A Marinha Real foi chamada e bombardeou partes de Guangzhou; e os americanos se envolveram no tumulto quando fortes chineses atiraram propositalmente na bandeira de uma corveta norte-americana. O comodoro James Armstrong, comandante do posto naval, usou três navios para capturar e destruir os fortes de onde partiram os tiros e apreendeu 167 canhões. Sete americanos morreram, contra 300 baixas chinesas.

Para os chineses, pareceu absurdo que algo tão trivial como a questão *Arrow* tivesse desencadeado um conflito, ao passo que para os ingleses não era menos absurdo que os chineses se recusassem a dar uma satisfação pelo insulto à bandeira inglesa. De qualquer modo, a discussão em Londres se concentrou de imediato numa questão mais ampla: o cumprimento de cláusulas contratuais e a obtenção de acordos diplomáticos e comerciais adequados. Quando o debate referente às ações britânicas chegou ao Parlamento, o governo perdeu por 18 votos. Palmerston renunciou, convocou uma eleição geral, concorreu, reiterando temas sobre patriotismo e a honra da bandeira, e ganhou com uma confortável maioria. Assim, a questão chinesa prosseguiu, apesar dos tumultos provocados pelo motim na Índia em 1857. O governo de Beijing seria forçado a fazer um acordo, e desta vez os ingleses e os franceses se uniram. Palmerston enviou o conde Elgin para se incumbir da tarefa. Elgin, corpulento e de cabelos brancos, com a aparência, como alguém dissera, de um "querubim com suíças", não ficou entusiasmado com a perspectiva de lutar contra os chineses. Acreditava que a questão *Arrow* era "um escândalo para nós" e que "nada podia ser mais desprezível do que a origem dessa briga". Recebeu instruções de assegurar o estrito cumprimento dos tratados existentes, do acesso de um enviado a Beijing, e da abertura de mais portos comerciais. Também lhe disseram que, tal como no Tratado de Nanjing, firmado 15 anos antes, a Grã-Bretanha não queria privilégios exclusivos, e sim maior liberdade de comércio para todos.[23]

A França nomeou um alto-comissário para acompanhar Elgin, enquanto Washington e São Petersburgo enviaram observadores simpáticos à causa. Guangzhou foi capturada após um bombardeio lento e limitado. Elgin, observando a situação, comentou: "Estou triste. Sinto que estou ganhando um lugar na ladainha, logo depois da Peste, da pestilência e da fome."[24] Nessa época os chineses dominavam a Ásia Central, bem como a região do rio Ussuri, mas também foram derrotados e substituídos pela influência russa. Muraviev começara, em 1854-55, a transportar as forças russas pelo Amur, para além de Nerchinsk, acompanhadas por colonos que queriam se estabelecer nas margens. Ele continuou, ao longo da década de 1850, transportando soldados e colonos pelo rio, até a confluência do Amur e do Ussuri, e fundou uma cidade que chamou de Khabarovsk. Entre 1857 e 1858, o almirante conde Poutiatine iniciou discussões com os Qing sobre a questão da fronteira do Amur, porém foi tratado com frieza. Em vez disso, em maio de 1858, o governador chinês da Manchúria começou a negociar com Muraviev, que criara novos postos avançados e os reforçara com milhares de homens de outras regiões da Sibéria. Agora, os russos reivindicavam direitos exclusivos na margem esquerda do rio e chamaram os chineses para discutir a transferência de ambas as margens do Amur para a Rússia. O resultado foi o Tratado de Aigun, que cedeu a margem esquerda do rio à Rússia e a margem direita, até Ussuri, à China. Isso conferiu aos russos o domínio de todas as terras ao norte do Amur e lhes garantiu uma navegação livre nos maiores rios da região. O império Qing cedeu cerca de 466 mil metros quadrados de território. Ainda mais importante, o tratado continha algumas ambiguidades das quais Muraviev tirou vantagem imediata, reivindicando o território entre o Ussuri e o mar, assim como trechos na fronteira coreana, e apropriando-se de milhares de quilômetros da costa chinesa. É evidente que, quando os termos do tratado foram divulgados na Europa, o amigo e colaborador de Karl Marx, Friedrich Engels, cumprimentou sarcasticamente os russos por "espoliar a China, um país do tamanho da França e da Alemanha juntas", sem derramar uma gota de sangue.

Enquanto isso, a campanha anglo-francesa continuou, ao passo que os chineses ainda enfrentavam os rebeldes Taiping com a ajuda do Ocidente. Em maio de 1858, os aliados dirigiram-se para o norte, até o rio Bei He, e depois para Tianjin. O imperador aceitou o Tratado de Tianjin, segundo o qual os embaixadores estrangeiros poderiam viver na capital, o comércio seria ampliado e haveria tolerância com os missionários cristãos e chineses convertidos. O tratado também legalizou, por fim e com discrição, o comércio do ópio. Em julho de 1858, o novo cônsul dos EUA, Towsend Harris, firmou um tratado comercial bem semelhante ao de Tianjin.

Logo após Tianjin, Poutiatine negociou um novo acordo russo-chinês, no qual os Qing retiraram muitas das antigas restrições ao comércio russo e abriram diversos portos para os russos. Mas Beijing usou, mais uma vez, de subterfúgios para discutir a ratificação dos tratados. Nesse momento, um experiente funcionário russo, o conde Nicolai Ignatiev, foi enviado para acelerar o ritmo da discussão. Ele notou que os chineses não percebiam os perigos representados pela Grã-Bretanha e a França. Então, instigou os ingleses a irem a Beijing, enquanto dizia aos chineses que se eles acatassem as demandas do czar no norte, os russos fariam com que os bárbaros alojados no mar partissem.

Os chineses também tentaram usar de rodeios na abordagem da ratificação de tratados com franceses e ingleses. Em 1859, um novo ministro britânico (irmão de Elgin, Frederick Bruce) chegou ao Bei He, a caminho de Beijing, escoltado por uma flotilha da Marinha Real. Os chineses não permitiram que os estrangeiros desembarcassem, então ingleses e franceses tentaram forçar a passagem e foram rechaçados, sofrendo perdas consideráveis.[25] Na realidade, o conflito foi causado por meras questões de prestígio. O novo ministro americano, John E. Ward, desembarcou calmamente em outro lugar da costa e foi recebido e escoltado até Beijing. Porém, não foi recebido pelo imperador por ter se recusado a ajoelhar e tocar o chão com a testa, explicando que, por ser um sulista da Geórgia, "só ajoelho para Deus e mulheres".

No entanto, para os ingleses ainda não havia um sinal de que Beijing tivesse gostado da mudança de sua posição no contexto internacional, ou da maneira pela qual as novas relações de poder tinham se difundido pelo mundo. Em 1860, Elgin retornou à China para ratificar o Tratado de Tianjin e obter uma desculpa dos chineses por terem atirado em navios britânicos. Os russos tentaram persuadir o exército franco-britânico a não forçar uma ocupação da capital imperial, pois resultaria na queda da dinastia, mergulhando o império na anarquia e no caos.[26] Então, disseram a Elgin para não pressionar as autoridades chinesas a ponto delas perderem o controle do país, cuja coesão já estava ameaçada pela rebelião Taiping. Os franceses tinham seus próprios planos. Como o ministro das Relações Exteriores mencionou, a França pediria uma indenização aos chineses e a restituição das propriedades da Igreja Católica.[27]

Os ingleses reuniram 10 mil soldados britânicos e indianos. A França enviou o barão Gros, junto com 5.800 soldados sob o comando do general Montauban. Mencionou-se o mérito do caráter e da coesão da sociedade chinesa, e que a força anglo-francesa que avançava em direção a Beijing era lealmente auxiliada, mesmo na batalha, por cules chineses do sul que pareciam muito felizes por verem seus primos do norte derrotados. Os franceses calcularam que os aliados tinham cerca de 5 mil cules e serviçais.

Os aliados ficaram profundamente irritados quando souberam que os chineses tinham capturado e torturado alguns enviados, funcionários e homens que tinham ido à China para negociar uma trégua. Alguns foram decapitados, outros morreram em decorrência da falta de circulação provocada pelas cordas amarradas demasiadamente apertadas, com os membros cheios de larvas de moscas. Quando os captores disseram aos enviados remanescentes para mandar mensagens a Elgin, eles incluíram observações em hindustâni dizendo que os chineses haviam ditado as mensagens. Elgin ficou determinado a vingar-se por esse tratamento.

Os franceses e os ingleses concordaram em se deslocar separados e se encontrar no palácio de verão imperial, do lado de fora de Beijing, que fora construído no início do século XVIII por projetistas jesuítas. Os franceses chegaram primeiro ao local e se maravilharam com os jardins, os lagos e os pavilhões cheios de joias e ornamentos magníficos e refinados. Pelos relatos, eles ficaram enlouquecidos com a perspectiva de saquear esse palácio deslumbrante e seus tesouros inigualáveis. Um jovem oficial francês escreveu para casa contando que nunca existira algo parecido desde o saque de Roma pelos bárbaros. Um intérprete inglês viu o comandante francês, general de Montauban, engatinhando pelo chão da sala do trono imperial segurando uma pilha de preciosidades, escolhendo o que seria enviado a Napoleão III e à rainha Vitória. Um dos jovens oficiais mais brilhantes do exército britânico mencionou que os oficiais franceses pareciam estar possuídos por uma insanidade temporária. Tinham chegado sem transporte e partiram com trezentos vagões repletos. Os ingleses se comportaram mais ou menos do mesmo modo ao chegarem. Além disso, Elgin queria se vingar pela morte dos enviados ingleses e franceses, de uma maneira que ferisse o imperador, e não o povo. Assim, as tropas incendiaram as ruínas saqueadas do palácio de verão. Um jovem oficial engenheiro inglês, Charles George Gordon, o homem que muito tempo depois morreu no Sudão, comandou o incêndio. Ele escreveu à mãe: "Dificilmente você imaginará a beleza e magnificência dos locais que incendiamos. Esses palácios eram tão grandes e estávamos com tanta pressa que não conseguimos saqueá-los com cuidado [...]. Foi terrivelmente desmoralizante para um exército. Todos ficaram loucos para pilhar mais."[28] Em Paris, Victor Hugo chamou os aliados de bandidos. Mas em Londres quase todas as pessoas aprovaram. Sem dúvida, nesse momento e mais tarde, Elgin sentia muita pena dos chineses e considerava-se um homem honrado, que procurava reduzir o sofrimento do povo chinês e agir o tempo inteiro como "um amigo da China".

No entanto, Elgin estava determinado a chegar a um acordo com relação ao comércio e à política, e decidido a impor termos de paz apropriados, inclusive o cumprimento das cláusulas que os chineses tinham se recusado a honrar. Ele realizou um tipo de cerimonial que os chineses prezavam muito. Foi carregado devagar numa cadeira fechada vermelha, cuidadosamente preservada desde o tempo de Kublai Khan há quase seiscentos anos, pela via central de Beijing. No Saguão de Audiência imperial, foi recebido pelo irmão do imperador, príncipe Gong. Lá, a nova Convenção de Beijing foi assinada no final de outubro e o antigo Tratado de Tianjin foi por fim ratificado. No dia seguinte, o barão Gros realizou a mesma cerimônia para os franceses. Além disso, os ingleses e os franceses receberam 8 milhões de taéis cada um. Isso encerrou as tentativas da China imperial de manter seu poder soberano perante o Ocidente pela força das armas. Um mês depois, Elgin partiu da China, não sem antes anexar a península de Kowloon a Hong Kong. Em Londres, teve uma recepção triunfal.

Nessas semanas e meses conclusivos, o príncipe Gong, que era o negociador mais graduado, procurou a ajuda dos russos para livrar Beijing do lorde Elgin e dos exércitos anglo-franceses. Assim que partiram, Ignatiev e os chineses firmaram um novo tratado para reforçar o que fora acordado nos tratados de Aigun e Tianjin, cedendo à Rússia todas as terras entre o Ussuri e o mar. A Rússia conseguiu, sem luta, obter não só centenas de quilômetros de território, mas o solo fértil de toda a bacia do Amur, o que deu condições à Rússia de manter uma população considerável em suas novas províncias marítimas. No verão de 1860, os subordinados de Muraviev começaram a construção de uma nova cidade no Pacífico: Vladivostok.

Quanto aos chineses, o resultado de mais longo alcance desses eventos talvez não tenha sido tanto a perda de territórios ou riquezas, mas a abertura de novos portos e a maior liberdade de viagem para estrangeiros. O ponto crítico não foi o comércio, apesar de sua importância, mas a perda de proteção da China contra povos, tecnologia e ideias do exterior. E grandes acontecimentos de fato estavam por vir. Os antigos imperadores não se enganaram ao se preocupar com o vínculo entre a influência estrangeira e a instabilidade interna.

9

Colapso e Revolução

1860 a 1911

As cerimônias de Beijing tiveram um efeito maior do que provocar a guerra: foram o arauto do declínio e do colapso do império. Os acontecimentos fatais para a dinastia não foram só a devastação da rebelião Taiping e suas incontáveis mortes, ou o prejuízo econômico, ou as derrotas humilhantes da China nas mãos das forças ocidentais. Foi também a gestão incerta e hesitante da crise de vinte anos, num momento em que as placas tectônicas da política global se deslocavam de novo, com desvantagem para a China.

Houve mudanças posteriores no equilíbrio da Europa quando a ideia de que "a unificação de um grande Estado representa o caminho para a grandeza histórica" se disseminou como uma labareda. A Itália estava unificada, em grande parte à custa do império Austro-Húngaro. Na Alemanha, as forças desencadeadas pelas guerras napoleônicas resultaram num acordo aduaneiro alemão e, após a guerra franco-prussiana de 1870, na criação do novo Reich alemão de Bismarck. A Alemanha tornou-se a principal potência industrial e militar da Europa e o cerne dos ajustes diplomáticos no continente, assim como a pátria de alguns dos maiores centros de filosofia, ciência e tecnologia. A ascensão da Alemanha, bem como dos Estados Unidos e da Rússia, alarmou os ingleses e os franceses. Todos pensavam (diante da forte dissensão interna) que a maneira de permanecer "na cabeceira da mesa" no cenário europeu e mundial seria unificar o império e o país em uma única entidade política poderosa. Ambos os propósitos fracassaram. Nos Estados Unidos, uma guerra civil eliminara o perigo de uma secessão e o presidente Abraham Lincoln conseguiu preservar a União. Essa guerra e suas amplas consequências industriais fortaleceram o impulso expansionista americano para o Pacífico. Poucos anos depois, em 1867, os EUA compraram o Alasca dos russos por US$7,2 milhões, e ninguém consultou os índios locais.

Após 1860, a mudança foi estimulada em toda parte pelo crescimento rápido e a difusão da indústria pesada, das ferrovias, do telégrafo e dos produtos químicos, e a expansão na Ásia foi impulsionada pela abertura do canal de Suez. Em 1870, a Grã-Bretanha detinha 32% da capacidade manufatureira mundial e era a maior potência industrial do mundo. No ano de 1910, embora a Grã-Bretanha ainda dominasse o sistema bancário e o de seguros, a cifra das manufaturas diminuíra para 14,7%, com a Alemanha detendo 15,9% e os Estados Unidos 35,3%. Em 1860, a produção de carvão era de 81 milhões de toneladas. A Alemanha produzia 12 milhões de toneladas e os Estados Unidos 3,4 milhões. Em 1914, essas cifras passaram a ser de 292.277 e 455 milhões de toneladas, respectivamente. A produção de aço britânica, em 1880, era de 1,3 milhão de toneladas, a da Alemanha de 700 mil e a dos Estados Unidos de 1,3 milhão de toneladas. Em 1914, os ingleses produziram só 6,5 milhões de toneladas, ao passo que a produção alemã aumentara para 14 milhões e a norte-americana para 32 milhões de toneladas.

As energias sociais e econômicas dessas grandes potências começaram a voltar-se cada vez mais para o mundo não europeu. Com a França e a Inglaterra na liderança, os europeus expandiram ou consolidaram as possessões imperiais, especialmente na África e na Ásia. Os holandeses se preocupavam com a pacificação e o desenvolvimento econômico de seus domínios rebeldes nas Índias Orientais, enquanto a Bélgica, que se tornara independente há pouco tempo, exercia um papel vital na "Disputa da África". Nesse processo, seu temível rei, Leopoldo II, exibiu uma rara combinação de ambição e crueldade.

O mundo que a China teria de enfrentar se transformava, portanto, em algo mais complexo, intrusivo e insensível a herdar os costumes chineses. A França começara a enviar missionários no século XVIII. O programa pós-colonial de 1815 teve início com a conquista da Argélia em 1830. Só duas décadas mais tarde, depois da revolução parisiense de 1848, os franceses começaram a se expandir para o sudeste da Ásia. Estabeleceram uma base colonial na fronteira da China e dominaram Annam e Tonkin (atual Vietnã), assim como o Camboja. Foram iniciativas para criar uma esfera de influência nas províncias adjacentes da China, como Guangdong e Yunnan; e talvez para estender a ferrovia de Tonkin para o Sudoeste da China. Isso fazia parte do amplo esforço da França para difundir sua civilização e influência política não apenas pelo sudeste da Ásia, mas também pela Síria, pelo México e por outros lugares. Os motivos econômicos eram bastante secundários. Os franceses, ao contrário dos ingleses, não precisavam de colônias para vender mercadorias ou investir capital. Antes de 1914, o dinheiro da França foi investido no sul e no leste da Europa e sobretudo na Rússia e em suas ferrovias, pois parecia mais seguro do que investir no Extremo Oriente. De qualquer modo, as estratégias de investimento apoiavam os objetivos mais críticos: fortalecer a Rússia, a Sérvia e o Império Otomano, que ajudariam a conter o poder ascendente do rival europeu mais perigoso da França, a Alemanha.

Na Grã-Bretanha, em 1857, as preocupações com o tráfico de escravos no Atlântico foram obscurecidas pelo episódio sangrento do motim indiano e pelas campanhas esporádicas à Birmânia. Os ingleses conquistaram bases de operações ao redor da África — postos de abastecimento para propiciar o acesso seguro da Marinha Real à Índia — e promoveram a construção do canal de Suez. Eles também se deslocaram para a Ásia Central, o Tibete e o Afeganistão, mais uma vez para proteger a Índia da suposta ameaça da Rússia. Estimularam os chineses a imigrar em direção ao oeste na Ásia Central. Ao mesmo tempo, continuaram a administrar o império com total confiança no autogoverno dos chefes locais.

A Alemanha também direcionou suas energias para buscar um "lugar ao Sol" fora da Europa. Em 1860, a Prússia propôs um acordo aduaneiro com os chineses e, um ano depois, firmou um tratado comercial com o Japão, enquanto o esquadrão expedicionário, com quatro navios de guerra da Prússia, comandado pelo conde Eulenburg, partia para percorrer o leste da Ásia. Em setembro do mesmo ano, a China concordou que o embaixador prussiano representasse os estados independentes da Alemanha, e que cônsules alemães fossem admitidos nos portos chineses, com controle legal dos comerciantes alemães. Na época, cientistas alemães, exploradores e, é claro, capitalistas se espalhavam pelo mundo, inclusive na China. Em 1863, o primeiro-ministro da Prússia viajou para o império chinês,[1] 14 anos antes de a China abrir uma delegação diplomática em Berlim. Após 1871, os alemães enviaram para a China armamentos e instrutores, e a percepção de que a Alemanha precisava de colônias aumentou. Por conseguinte, depois do Congresso de Berlim, realizado em 1878, as seis grandes potências — Áustria, Grã-Bretanha, França, Alemanha, Rússia e Turquia — envolveram-se num sistema delicado de alianças e numa série de rivalidades ultramarinas e coloniais.

No Japão, houve um enorme terremoto político que mudou a configuração estratégica e política do Oriente. Em 1853, o comodoro Perry pedira aos japoneses permissão para comercializar e fazer tratados, não para desembarcar, tal como lorde Palmerston fizera na China uma década atrás. Mas Perry, de maneira consciente ou não, desencadeou um processo fundamental. Os anos após sua visita foram de debates angustiantes e com frequência violentos sobre a forma de o Japão enfrentar os crescentes perigos externos; e acerca de quais reformas internas seriam necessárias. A reação imediata foi o isolacionismo. No início da década de 1860, os japoneses atiraram num esquadrão britânico em Kagoshima, que devolveu os tiros. Em 1864, um esquadrão internacional entrou no estreito de Shimonoseki. No Japão, a histeria chauvinista aumentou e alguns funcionários foram assassinados. Houve mais tumulto quando as mercadorias estrangeiras entraram no país após a visita de Perry, causando uma crise econômica entre os produtores locais; e, em 1863, o exército do xogunato foi esmagado pelos revolucionários, que capturaram o jovem imperador. No ano seguinte, o xógum Tokugawa abdicou e seu posto foi extinto.

A partir desses acontecimentos, começou uma transformação da sociedade e do Estado, quando o imperador, que assumiu com o nome de "Meiji", iniciou o período da "restauração Meiji". A burocracia foi centralizada. As antigas propriedades transformaram-se em prefeituras. Os samurais se converteram em oficiais do novo exército ou se aposentaram. As reformas resultaram de decretos imperiais. A Carta Juramento da era Meiji, datada de 1868, menciona a "busca de conhecimento no mundo para fortalecer as fundações do Trono". Centenas de especialistas estrangeiros foram convidados a dar conselhos nos campos da ciência, educação, engenharia, finanças, assim como nas questões militares e navais. Os japoneses aprenderam com a Prússia a formar um exército, a criar e organizar uma Marinha moderna com a Grã-Bretanha e, com a Suíça, a fabricar relógios. A partir de 1871, centenas de estudantes foram enviados para os Estados Unidos, Inglaterra, França e Alemanha a fim de estudar. O Japão logo se tornou a maior potência industrial e militar no Pacífico.

Depois de 1860, todas essas mudanças resultaram em demandas cada vez mais diversificadas com relação à China no mundo inteiro. As prioridades da Rússia se desviaram do Pacífico quando o Alasca foi vendido para os Estados Unidos e a maior parte das ilhas Curilas foi entregue ao Japão em troca da ilha de Sacalina. A Sibéria oriental, por sua vez, precisava ser fortalecida devido à sua vulnerabilidade diante do poderio naval britânico ou de uma incursão chinesa. Durante a guerra da Crimeia, por exemplo, alguns assentamentos russos na costa acolheram californianos que fugiam do bloqueio britânico para suprir suas forças. A Marinha russa se concentrava em Vladivostok, mas na década de 1870 Vladivostok teve de importar água potável do Japão e da Coreia. A frota russa comprava artilharia em São Francisco e fazia reparos em Nagasaki. Havia também a incursão estrangeira na nova zona de livre comércio na fronteira entre a China e a Rússia. Na década de 1870, quatro quintos da população da Rússia oriental haviam migrado para lá, não só da Rússia como de vários lugares do mundo. Em Vladivostok, 80% da população eram coreanos ou chineses; e logo se começou a falar sobre a hegemonia comercial externa e de ataques de ladrões da Manchúria na fronteira. A partir da década de

1880, as autoridades russas tentaram reverter esse "predomínio asiático". Milhares de chineses foram expulsos das áreas russas, ao passo que a migração dos russos para o Extremo Oriente foi muito incentivada. Entre 1859 e 1917, meio milhão de pessoas chegaram à chamada "Nova América". O comércio nas fronteiras dificultava a situação. O reformador social Alexander Herzen rejeitava a China por sua estagnação, mas, na década de 1880, colonizadores chineses transformaram a planície de Sungari, na Manchúria, em um rico celeiro e os agricultores de trigo russos no Amur queriam limitar a importação de grão da Manchúria. Outros fazendeiros chineses forneciam frutas e legumes para Vladivostok e Khabarovsk, e empreiteiros chineses arrendavam cules para as empresas russas. Em 1915, três quartos dos trabalhadores das jazidas de ouro no Amur eram chineses.

Os russos também começaram a reivindicar a Mongólia e a Ásia Central. Na Mongólia, os Qing tentaram manter os estrangeiros afastados, mas depois de 1860 houve uma migração crescente de russos para viver, comercializar e criar consulados na região. Nesse ínterim, na Ásia Central, os russos avançaram em direção a Samarcanda e Bokhara, numa competição com os ingleses que Rudyard Kipling batizou de o "Grande Jogo".

A China enfrentou outras demandas. Os ingleses queriam controlar o comércio no vale do Yangzi. As primeiras tentativas ocorreram em 1863, nas etapas finais da campanha contra a rebelião Taiping, na qual o agressivo cristão inglês Charles Gordon exerceu um papel pequeno porém célebre. Um grupo de firmas britânicas e norte-americanas em Xangai solicitou uma concessão ferroviária de Xangai a Suzhou, subindo o baixo Yangzi. O governador local disse, com razão, que a ferrovia só beneficiaria a China se fosse administrada por chineses. No entanto, isso não aconteceu e as autoridades foram ficando progressivamente mais preocupadas com a atividade estrangeira no império. Os americanos queriam o livre comércio (mais tarde, a "Porta Aberta"). A Rússia desejava dominar a Manchúria e ter acesso aos portos de clima temperado no Pacífico. Os alemães queriam ter relações comerciais e diplomáticas.

Todos esses fatos impunham problemas, mas como na Coreia a China ainda era a soberana titular, os ministros chineses não assumiram a responsabilidade. Na verdade, eles declararam que, embora a Coreia fosse subordinada à China, "ela é totalmente independente em tudo que se relacione ao seu governo [...] a China até agora não tem interferido".[2] Em 1866, nove padres franceses foram decapitados por coreanos. O esquadrão franco-asiático comandado pelo contra-almirante Pierre Gustave Roze desembarcou um grupo na costa e declarou um bloqueio à cidade de Seul. Os coreanos o ignoraram e não quiseram nem negociar. Os franceses, perplexos, retiraram-se para a China sem obter nenhum êxito. No mesmo ano, o navio americano *Surprise* naufragou na costa da Coreia e sua tripulação foi tratada com gentileza;[3] mas no mês seguinte, a tripulação de outro navio dos EUA foi atacada em razão da conduta de marinheiros na costa. Oito homens foram mortos e o restante aprisionado. Houve outros incidentes. Em 1869, um esquadrão naval norte-americano comandado pelo almirante John Rodgers chegou à Coreia levando o enviado dos EUA à China. As tentativas de negociar com os coreanos fracassaram e o esquadrão foi baleado. Os americanos reagiram, alguns grupos desembarcaram, destruíram cinco fortes coreanos e mataram cerca de 250 soldados coreanos, porém mesmo assim a Coreia não quis negociar e os americanos se retiraram. Na China, Robert Hart comentou, melancólico, que "se os Estados Unidos não avançarem nessa questão, a Coreia será cortada como uma pera e jogada nas mandíbulas da Rússia".

O novo Japão também tinha aspirações. Em setembro de 1871, Tóquio e Beijing assinaram seu primeiro tratado, que conferia o status de igualdade mútua e concordava em trocar informações caso existissem ameaças das potências externas. Três anos depois, 3 mil soldados japoneses desembarcaram em Taiwan para punir o assassinato de cinquenta náufragos de Okinawa. Os japoneses também reivindicaram o restante das ilhas Ryukyu, uma reivindicação que a China atenderia em 1881. Em 1876, uma demonstração da força naval japonesa no porto coreano de Pusan resultou num tratado de amizade e comércio com a Coreia. Mesmo assim, a posição da Coreia permaneceu ambígua. Quando alguns padres franceses foram presos na Coreia no final da década de 1870, os chineses conseguiram libertá-los. Contudo, os chineses também aconselharam os coreanos a lidar diretamente com as potências ocidentais e então, na década de 1880, a Coreia assinou diversos tratados com americanos, ingleses e franceses, além de Alemanha, Itália e Rússia. Os americanos e os japoneses enviaram emissários diplomáticos separados a Seul, ao passo que os demais ordenaram que seus enviados em Beijing ficassem também incumbidos de lidar com a Coreia. Durante esse período, a dinastia coreana Chosun entrou em decadência e, recusando-se a fazer reformas, isolou-se (como fizera o Japão), o que lhe rendeu o epíteto de "Reino Ermitão".

Crises costumam oferecer oportunidades. Pode ser desastroso desperdiçá-las, como a China fez nas crises das décadas de 1850 e 1860. Em Beijing, três forças estavam em jogo. Primeiro, e de forma mais óbvia, o enorme choque diante das arraigadas pretensoes de superioridade chinesa. Segundo, a comprovação das inadequações da China ao mundo moderno, que provocaram uma vontade urgente de realizar reformas e modernizar o império. Terceiro, a posição da corte Qing.

O incêndio do palácio de verão e o cortejo altivo de Elgin no Saguão de Audiência simbolizaram que os fracassos não eram apenas do governo, mas dos princípios confucianos que governavam a estrutura imperial. Um princípio básico dos assuntos chineses desde tempos imemoriais era o pressuposto da moralidade e da conduta correta dos governantes e dos funcionários. Qualquer que fosse o comportamento do imperador, a instituição imperial era sacrossanta, e a atitude moral dos funcionários, um fato esperado. O fracasso ou perda do cargo significava, *ipso facto*, que o homem envolvido devia ser culpado de falha moral; e a opinião moralista, é claro, alardeava a lei. No governo e na sociedade, a reputação de um homem era um fato consumado. Era tão importante como a vida e a perda de um posto poderia ser redimida pelo suicídio.

Nesse contexto, os fracassos do império eram, por definição, falhas morais tanto quanto fracassos políticos e militares. As guerras perdidas para a Grã-Bretanha e a França em 1842, e de novo na década de 1850, faziam parte da acusação. Havia também a legalização do ópio em 1858, que foi uma negação da postura anterior da proibição com base na moral. Houve rebeliões entre 1850 e 1870, das quais o movimento Taiping foi o mais grandioso. Depois de 1860, a situação se agravou, demonstrando uma profunda desarmonia com relação às convicções herdadas da centralização e à superioridade da China. O impacto ocidental foi um choque psicológico e político de grandes proporções, que criou tensões intoleráveis na sociedade chinesa e na estrutura política da China.

O segundo elemento foi o reconhecimento, de modo algum consensual, de que o Ocidente era muito mais adiantado e que a China precisava mudar, importar ciência, tecnologia e indústrias ocidentais, talvez até ideias e conselheiros, como parte do esforço interno de modernização. Esse fato deu origem a um movimento classicamente intitulado de "Autofortalecimento." Mas como e de que forma a China deveria se modernizar? Houve, caso alguém na China tenha se preocupado em observar, o exemplo impressionante da rápida e eficiente modernização promovida logo além da costa do país, no Japão. A China seguiria esse exemplo, mesmo que significasse abandonar uma concepção de mundo de 3 mil anos, assim como o lugar da China nesse processo?

E terceiro, esse seria o caminho certo a ser seguido, porém a pessoa no centro da tomada de decisão do império era a imperatriz viúva Cixi, que não queria fazer nada disso. Era uma mulher diminuta, arguta, implacável, uma assassina, e profundamente ignorante a respeito do mundo para além da política da corte, que ela exercia com maestria. Em vez de adaptar a China a um mundo em mutação, seu objetivo básico e final foi preservar e fortalecer o governo manchu e seu próprio poder. É difícil afirmar exatamente o que pensava e qual era sua avaliação. Sem dúvida, não tinha uma compreensão real nem qualquer interesse pelo mundo externo. Talvez, em sua mente, as fronteiras do império sempre tenham flutuado e sido permeáveis. O que importava não eram as periferias, mas o centro, o cerne, o âmago dos assuntos imperiais. Para protegê-los, adotou políticas geminadas. Beijing aceitou, em 1860, o sistema de tratado para apaziguar os estrangeiros. Também pôs mais chineses Han em postos locais e provinciais, a fim de diluir a pressão antimanchu na rebelião Taiping e em outros conflitos. Mas essas iniciativas eram meras defesas externas envolvendo o cerne da manutenção dos costumes imperiais. Ela não reduziu o nepotismo, a corrupção e a extravagância do império. A primeira e a última reação da corte em Beijing foi de manter o sistema imperial Qing.

Cixi, a Imperatriz Viúva

Seu nome era Yehonala e nascera em 29 de novembro de 1835. Seus pais ocupavam uma posição intermediária na sociedade manchu, mas, aos 17 anos, embora não fosse de uma beleza invulgar, tornou-se concubina do imperador Xianfeng. "Cixi", que significa gentil e virtuosa, transformou-se em seu nome na corte. Como as outras, tinha de aceitar os rituais humilhantes. Por exemplo, sempre que o imperador a chamava para ir ao quarto dele, ela era escoltada ou carregada por eunucos e posta nua ao pé da cama, um costume para assegurar que não trouxera armas para o quarto. O imperador, tal como os predecessores, tinha muitas mulheres e concubinas, porém foi Cixi que lhe deu um filho. Assim que a criança nasceu, ela assumiu uma posição na corte. Entretanto, suas relações com o imperador não eram fáceis. Ela era ávida por poder, ressentia-se do exercício exclusivo de poder do monarca e buscava uma maior influência. Quando o marido morreu em 1861, tornou-se a imperatriz viúva, com o título de Imperatriz do Palácio Ocidental.

O novo imperador era seu filho de cinco anos, Tongzhi; e ela era uma das oito regentes a quem o antigo imperador designara para governar durante a minoridade de Tongzhi. As outras sete podiam excluí-la do poder, mas Cixi tinha aliados poderosos. Com o apoio de comandantes militares e de alguns dos eunucos mais influentes da corte, Cixi assumiu o poder. Ela se tornou a única governante da China, embora o governo só pudesse ser exercido por intermédio do filho, e quando ele fez 17 anos, o reinado da mãe terminou. No entanto, escolheu a mulher dele e quatro concubinas, para mantê-lo tão ocupado que ela pudesse governar em seu lugar. Poucos anos depois, em 1875, o rapaz morreu de doença venérea. Sua jovem mulher, Alute, morreu envenenada logo depois em cir-

O fundador da dinastia Qin, imperador Shi Huangdi.

Vaso de vinho de bronze, *c.* 800 a.C.

Vaso de vinho de bronze, séculos XI-X a.C.

Iluminura do manuscrito de William Rubruck (1220-1293) sobre sua viagem a Karakorum.

Provável retrato de Marco Polo (1254-1324).

Kublai Khan, o primeiro imperador Yuan, a cavalo, 1280.

O fundador da dinastia Ming, imperador Hongwu (1328-1398).

Tigela com tampa e desenho de um dragão, início do século XV (dinastia Ming).

Prato com três imortais, *c.* 1600 (dinastia Ming).

Vaso com arabescos florais, reinado de Hongwu, 1368-1398 (dinastia Ming).

Vaso com motivos florais, reinado de Yongle, 1403-1424 (dinastia Ming).

O imperador Ming, Xiao Zong (1488-1505).

O primeiro mapa ocidental da China (com uma orientação Leste-Oeste) do atlas *Ortelius Theatrum* de 1584.

Um funcionário civil sênior coletando impostos, 1690.

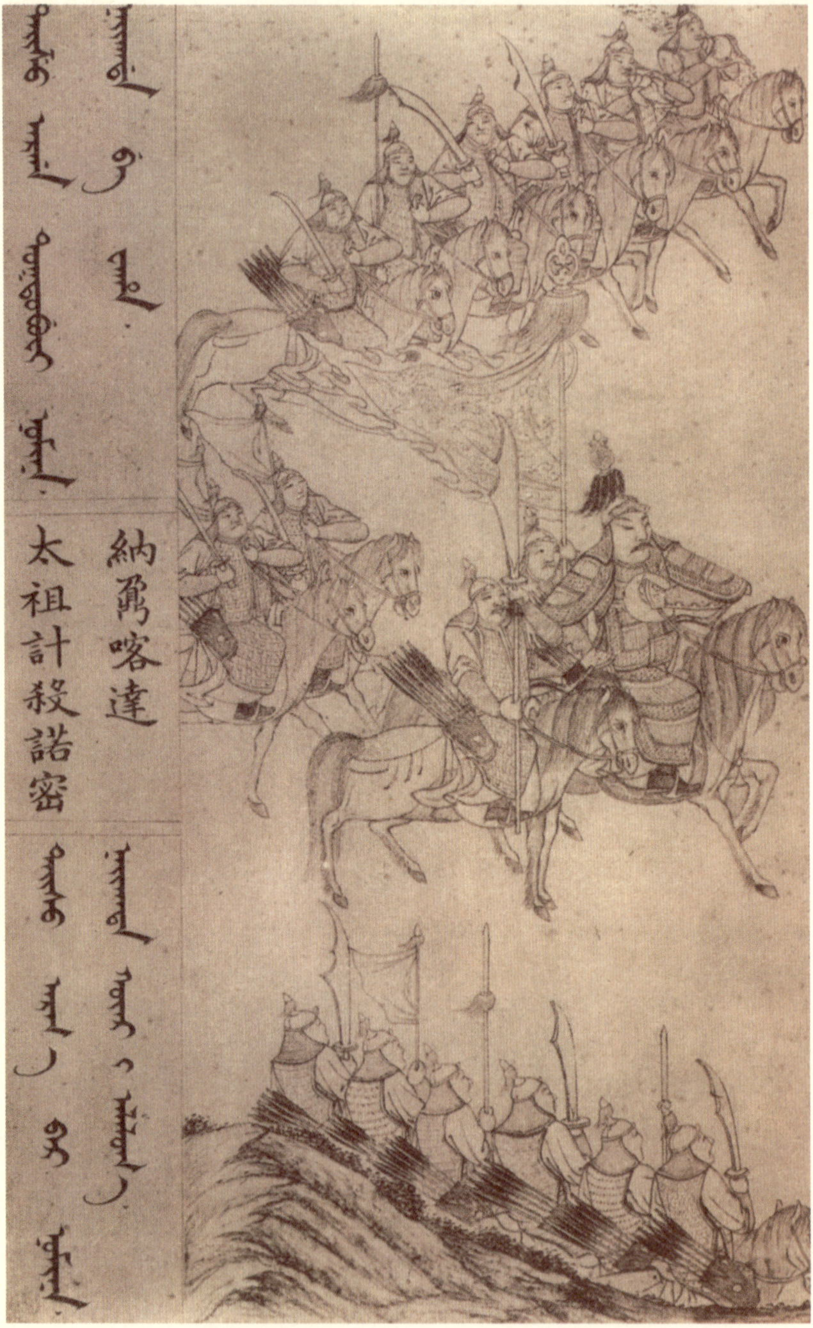

O primeiro grande líder dos manchus unidos, Nurhaci (1558-1626), observa dois líderes mongóis condenados à morte do lado de fora da muralha da cidade.

Retrato do primeiro jesuíta importante na China, Matteo Ricci (1552-1626).

Ferdinand Verbiest (1623-1688).

O jesuíta alemão Adam Schall von Bell (1591-1666).

O grande imperador Qing, Kangxi (1654-1722).

Passaporte da dinastia Qing.

Conde Fyodor Golovin (1650-1706), o negociador russo do Tratado de Nerchinsky firmado em 1689.

Vista do palácio de verão, Beijing
(artista chinês, data desconhecida).

Lorde George Macartney, primeiro embaixador britânico na China, ajoelhado diante do imperador (cartum de James Gillray), 1794.

A grande muralha da China, de William Simpson, 1886.

Guangzhou, *c.* 1850.

Cixi, a imperatriz viúva, última governante Qing (1835-1900).

Bombardeio de Guangzhou durante as Guerras do Ópio, 1856.

Cartum chinês dos diabólicos (cuspidores de fogo) europeus durante as Guerras do Ópio, 1857.

Henry John Temple, visconde de Palmerston, secretário de Relações Exteriores e futuro primeiro-ministro (1784-1865).

O conde de Elgin, comandante britânico na China em 1857 e de 1859 a 1860.

Anson Burlingame, diplomata norte-americano, na ocasião embaixador chinês no Ocidente (1820-1870).

John Hay, secretário de Estado dos EUA, 1900.

Um boxer empunhando uma bandeira, 1900.

Conde Nikolai Muraviev-Amursky, governador da Sibéria oriental, 1847-1861.

Conde Sergei Witte, negociador do término da guerra russo-japonesa (1849-1915).

Base naval japonesa nas ilhas Elliot durante a guerra russo-japonesa, 1905.

O presidente dos EUA, Theodore Roosevelt, preside a assinatura do Tratado de Portsmouth, que pôs fim à guerra russo-japonesa, 1905.

O massacre de Nanjing, 1937. Tropas japonesas usam baionetas em chineses.

Generalíssimo Chiang Kai-shek, da China, início da década de 1940.

Delegados na conferência do Cairo realizada em 1943 (da esquerda para a direita: Chiang, Roosevelt e Churchill).

General Marshall, enviado de Roosevelt à China em 1946-1947.

Presidente Mao e Stalin, 1949.

Fuzileiros navais norte-americanos dirigem-se para a praia de Incheon durante a Guerra da Coreia, 1950.

Os líderes da China e da União Soviética: Mao e Kruchev, 1958.

Guarda Vermelha chinesa grita slogans e acena o "pequeno livro vermelho" durante a comemoração do dia 1º de maio na Praça da Paz Celestial, Beijing, 1969.

Mao e o presidente norte-americano Richard Nixon, 1972.

Um manifestante corre com uma pedra na mão enquanto o Exército desocupa a Praça da Paz Celestial, 1989.

Xangai moderna, 2000.

cunstâncias misteriosas, e Cixi retomou o poder de forma exclusiva. Cixi transformara-se na "Senhora Dragão".

Esse não foi o final da trama. Em 1889, o sobrinho de Cixi, Guangxu, assumiu o trono como novo imperador. Na década seguinte, ele só teve um papel nominal, enquanto a tia exercia o real poder. Então, em 1898, ao saber que a China corria o sério perigo de ser dividida pelas potências estrangeiras, Guangxu reivindicou seus direitos e promulgou uma série de decretos regulando as reformas em muitos aspectos da administração governamental. Entretanto, não tinha uma base política sólida, e assim Cixi mandou prendê-lo e matar seus conselheiros. É quase certo que o tenha matado mais tarde, uma vez que ele morreu antes dela.

Cixi estimulou a Rebelião dos Boxers em 1900, que foi iniciada pela sociedade secreta dos "Punhos Harmoniosos e Justiceiros". Quando o grupo se organizou em 1898, foi secretamente apoiado pelo governo de Cixi, pois ela temia a crescente influência externa e pensava que, se os estrangeiros assumissem o controle de Beijing, ela seria destronada. Em 1901, após a derrota dos boxers, Cixi decidiu promover a modernização da China. A imperatriz também prometeu promulgar uma Constituição e instalar um governo representativo. Nada disso salvou sua amada dinastia. Nas quatro décadas de seu reinado, ela fora inteligente e despótica, mas era tacanha e ultraconservadora. Tentara manter o mundo externo afastado e a China mais estável, porém falhou por completo na tarefa de modernizar o império.

Em 1908, Cixi sofreu um acidente cardiovascular. Morreu em 15 de outubro de 1908, na hora da cabra. Seu catafalco foi mantido durante a maior parte do ano, à espera de que os astrólogos da corte decidissem o ano, o dia e a hora mais adequados para enterrá-la. Por fim, o cortejo do funeral, preparado com um requinte extraordinário, partiu, com eunucos, músicos, camelos, escoltas da cavalaria e até mesmo com o Dalai Lama. Levou quatro dias para chegar aos Túmulos Orientais e para que ela fosse encerrada na câmara mortuária onde o marido, o finado imperador, esperava por ela havia quatro décadas. Extravagante até o final, Cixi foi enterrada com esplendor, coberta de brilhantes.

Em 1928, revolucionários dinamitaram seu túmulo, saquearam-no e profanaram o corpo. Meio século mais tarde, um político britânico que provavelmente a desconhecia cunhou uma frase que poderia servir como seu epitáfio: "Todas as carreiras políticas terminam em fracasso."

Apesar do caráter difícil de Cixi, as pessoas que perceberam que o "autofortalecimento" era inevitável estavam prosperando, assim como as influências culturais e artísticas europeias. Uma das primeiras mudanças foi a organização de novos exércitos para combater os rebeldes Taiping. Diversas rebeliões de 1850 a 1870 — no norte em razão da escassez de víveres e no oeste provocadas por muçulmanos, entre outros — foram debeladas pelos exércitos provinciais, que usavam armas modernas e quase sempre eram liderados pela pequena nobreza. Esses líderes que suprimiam rebeliões ocupavam-se com a agricultura, a educação e a taxação, e dispunham-se a usar ferramentas modernas para construir navios a vapor, arsenais, fabricar armas modernas e tentar utilizar a tecnologia ocidental. Um funcionário perspicaz, o erudito Li Hongzhang, de Xangai, por exemplo, construiu um arsenal na cidade para fabricar canhoneiras e armas. Com os estrangeiros vivendo agora na capital, Beijing criou uma espécie de escritório de relações exteriores em 1861, o Tsungli Yamen, que começou a usar a legislação ocidental na defesa dos interesses da China. O missionário W.A.P Martin ajudou com a tradução dos escritos de Wheaton sobre legislação internacional,[4] e intérpretes nas faculdades preparavam pessoas para atividades diplomáticas, embora a autoridade política permanecesse sob a alçada do Grande Conselho.

Esses esforços reformistas se desvaneceram, por causa da falta de apoio do centro e em razão do conservadorismo predominante, incompatível com uma modernização efetiva. Havia uma oposição da classe letrada que pressentia ameaças à sua influência, que era baseada no aprendizado clássico. A doutrina clássica do "aprendizado chinês como uma estrutura fundamental e do aprendizado ocidental para uso prático" incorporava muitas contradições. Também ficou claro para os conservadores que se a China quisesse obter a indústria e as tecnologias ocidentais, o império necessitaria das ideias políticas, legais e técnicas que as acompanham. Isso significaria imitá-las e ter a ajuda do Ocidente, ou pelo menos de ocidentais. A industrialização era inerentemente perigosa. A indústria moderna teria de se basear não no confucionismo, e sim em suas próprias concepções e nas pessoas treinadas para utilizar e manter a maquinaria. Então, haveria uma ruptura social. Assim que as antigas habilidades desaparecessem, as pessoas perderiam seus empregos. As ferrovias, a mineração e o telégrafo não só perturbariam a harmonia do homem e da natureza como gerariam grupos de trabalhadores indóceis e dependência com relação à maquinaria e aos técnicos.

Além disso, as conexões entre os diferentes elementos da modernização não eram compreendidas. Em meados da década de 1870, por exemplo, um barco a vapor chinês foi subsidiado para ajudar no transporte de arroz no delta do Yangzi ao norte em Tianjin. Os barcos precisavam de carvão, e então, minas de carvão foram escavadas perto da cidade. Para transportar o carvão, a primeira ferrovia permanente da China foi aberta em 1881. Mas o esquema não funcionou. As minas, escavadas graças aos forasteiros, passaram para mãos estrangeiras em 1900, enquanto a empresa de navio a vapor, dilapidada por seus empregados, perdeu terreno para os ingleses. Quando o movimento de construção de ferrovias surgiu, no final do século, as estradas de ferro foram na maior parte construídas por estrangeiros em suas regiões de influência.

Essa turbulência perturbou os chineses sofisticados. Os dilemas são ilustrados pelo primeiro-ministro chinês a ser enviado para Londres, Kuo Seng-tao, designado em 1867. Um membro extremamente atraente dessa classe de eruditos e cavalheiros chineses, Gladstone dizia que Kuo Seng-tao era o homem mais urbano que jamais conhecera. Quando passou uma temporada na Inglaterra, escreveu em seu diário que lamentava a política isolacionista chinesa: "Os Estados ocidentais foram estabelecidos há 2 mil anos e seus princípios de governo são totalmente civilizados e racionais." Ao voltar para a China, comentou que "Confúcio e Mêncio nos decepcionaram", querendo dizer que agora sabia que havia mais de um modo de governar um país. Mais tarde, tentou publicar seu diário, mas este foi oficialmente proibido.[5]

A acolhida chinesa à indústria ocidental foi na melhor das hipóteses precavida e não resultou em reformas efetivas. Por exemplo: na década de 1880, o império tentou organizar uma Marinha moderna. Mas milhões de fundos públicos foram desviados para construir um novo palácio de verão para a imperatriz; e na guerra sino-japonesa de 1894-95, os cascos dos navios estavam cheios de areia em vez de pólvora. O problema ia além da incompetência do império ou da corrupção local; na verdade, existia uma real resistência a mudar. Alguns funcionários esclarecidos se empenharam para aumentar os negócios com o Ocidente, o envolvimento do governo no comércio e os investimentos. As atividades comerciais da Grã-Bretanha se expandiram. Outros ocidentais foram para a China. Após 1850, firmas alemãs abriram sucursais em Hong Kong. Empresas hanseáticas, sobretudo de Hamburgo e Bremen, chegaram em seguida. Muitos ocidentais trabalhavam arduamente em prol da China, como o americano Horatio Lay, que regulamentava os procedimentos do serviço alfandegário, uma das fontes de renda regulares mais importantes do governo; ou, depois dele, o irlandês Robert Hart, encarregado da alfândega chinesa e que se destacou como um conselheiro muito respeitado pelo governo chinês. Muitos desses funcionários, homens de negócios, missionários e soldados que lutaram na China desenvolveram sentimentos profundos de amor e respeito pela China e por seu povo.

No entanto, nem todos admiravam a China. Como Charles Gordon escreveu em outubro de 1863: "Estou bem consciente, após quase quatro anos de serviço neste país, que ambos os lados [isto é, Taiping e as tropas imperiais] são igualmente corrompidos." Karl Marx comentou com sarcasmo que o governo chinês funcionava só em três níveis: regulando o uso da água, exercendo uma política fiscal de espoliação interna e uma política externa de espoliação em outros países. Os estrangeiros, sobretudo os governos, não eram abnegados. Os Estados não eram organizações altruístas e homens de negócios nem sempre são governados com uma benevolência desinteressada. Apesar das potências tentarem não obter vantagens indevidas, as vantagens eram procuradas. Havia uma clara interferência da França no sul da China, um suborno sistemático de funcionários e com frequência a pequena burguesia local achava prudente acalmar os estrangeiros. Em 1871, o governo de Guangxi enviou memorandos para o trono dizendo que os residentes estrangeiros, em particular os franceses, "usavam suas missões como um pretexto para elevar os impostos, ocupar territórios, sublevar as tropas e escolher funcionários entre o povo".[6] Os ingleses e os americanos se instalaram e expandiram os povoamentos estrangeiros, principalmente em Xangai, e enquanto fomentavam o investimento, o crescimento e a modernização, também aumentavam seus ativos no império. Na virada do século, esses assentamentos eram muito similares. Todos tinham um setor estrangeiro municipal, na margem da cidade chinesa, instituições não chinesas e suas próprias leis. Possuíam um correio próprio, transporte e sistema de comunicações, que eram administrados por seus cônsules e protegidos por canhoneiras estrangeiras ao largo da área comercial repleta de armazéns e multidões de cules chineses.

Não obstante, as iniciativas estrangeiras ocasionaram uma ruptura na sociedade chinesa. O motivo para manter os estrangeiros afastados da população sempre fora o de protegê-la, em razão da suspeita constante dos chineses com relação aos forasteiros e a ataques eventuais. Com muita frequência, os estrangeiros eram o foco do ódio público e os responsáveis pela opressão, humilhação e pelas dificuldades. A penetração econômica gerou mais ressentimento, em particular devido à propriedade estrangeira de novas ferrovias, ou ao desemprego dos chineses causado pelas importações externas ou pela adoção de máquinas. Ao longo do tempo, esse ressentimento levou à censura contundente das atividades estrangeiras em geral e, ainda com mais vigor, fortaleceu o sentimento de a China ser uma vítima. Isso também ajudou a paralisar a modernização econômica. Além disso, a mistura confusa de patriotismo, ressentimento xenófobo e impaciência com a impotência da China começou a se manifestar com intensidade em movimentos nacionalistas e revolucionários, inclusive com o ressurgimento posterior da resistência dos chineses Han contra os manchus estrangeiros. Todos esses fatos criaram problemas para Beijing. Se a xenofobia popular não fosse abafada, ocasionaria uma intervenção estrangeira maior. Contudo, tomar o partido dos estrangeiros faria com que as autoridades se tornassem profundamente impopulares.

O Gordon "Chinês"

Charles Gordon foi um dos mais famosos heróis militares da Inglaterra vitoriana e teve uma morte lendária como mártir no Sudão em 1885. Nascido em 1833, foi comissionado na Royal Engineers, lutou na guerra da Crimeia e, entre outras coisas, tornou-se um cristão apaixonado. Era um daqueles homens corajosos e devotados cuja força moral, mais ainda do que a bravura física, edificou o império britânico.

Em 1860, logo após a rendição dos chineses, 3 mil soldados aliados ficaram em Tianjin para esperar o pagamento da indenização de guerra da China. Gordon, um oficial competente e dogmático, era um deles. Em 1862, foi enviado a Xangai, onde o comandante britânico, almirante James Hope, queria expulsar os rebeldes Taiping da área ao redor da cidade. Gordon ficou profundamente chocado com a devastação causada pela revolta: "palavras não podem descrever os horrores infligidos às pessoas pelos rebeldes ou descrever o deserto total em que se transformou essa rica província", escreveu.

Contudo, não ficou muito impressionado com o "Sempre Vitorioso Exército" que o comandante imperial da região, Li Hongzhang, pediu para ele chefiar. Era um grupo de mercenários ocidentais e alguns malandros chineses que haviam sido treinados por um americano, Frederick Townsend Ward, para lutar do lado imperial. Ward era um pirata com um talento militar intrínseco, que se tornou general do exército chinês e treinou tropas chinesas pela primeira vez para lutar nos moldes ocidentais. Isso o converteu num modelo para as forças imperiais. Gordon notou com pessimismo que "Você nunca vê essa turba tal como ela é", porém, ele logo levou as tropas à vitória, não menos pelo efeito moral de comandar na linha de frente carregando só uma bengala. Tinha outras peculiaridades. Recusou-se a permitir que seus homens saqueassem as cidades capturadas. Quando eles fizeram um motim, Gordon os subjugou em uma hora. Matou com um tiro um dos líderes e ameaçou atirar nos amotinados a cada uma hora até que o motim terminasse. A ordem foi logo restaurada. Ele decretou que a embriaguez na batalha era uma ofensa capital, encerrou o comércio de ópio e o tráfico de mulheres, e insistiu no exercício de recrutas e no treinamento. Também ficou satisfeito com o recrutamento de prisioneiros Taiping, que considerou melhores soldados. Desenvolveu um grande respeito pelos Taiping, cujos "mandarins são, sem exceção, homens corajosos e galantes", bem superiores aos funcionários imperiais.

Em dezembro de 1863, a cidade de Soochow (Suzhou), ocupada pelos Taiping, rendeu-se às forças imperiais com a ajuda dos homens de Gordon. Os líderes Taiping foram executados segundo o costume. Mas Gordon, que pensara que havia assegurado a proteção deles, sentiu-se extremamente desonrado. Suas explosões temperamentais irritavam cada vez mais os ingleses e os comandantes imperiais, de forma que, em 1864, Li concordou que o Exército Sempre Vitorioso deveria ser dispersado. Na época, embora as forças de Gordon tivessem feito só algumas contribuições para a campanha contra os Taiping, os comerciantes de Xangai e a imprensa inglesa transformaram-no em uma figura heroica: "O Gordon chinês", o homem que debelara a rebelião sozinho.

Para o público britânico e o meio político, ele se tornou um herói cristão e um ícone. Foi logo promovido a general. Ao morrer (desnecessariamente, como mencionado) no Sudão em 1885, quando as forças muçulmanas sob o comando de Mahdi devastaram a capital, Cartum, os ingleses culparam o primeiro-ministro, Gladstone, por não ter salvado Gordon. Gladstone passou a ser, na mente do povo, o Assassino de Gordon (AG), em vez de o Grande Homem (GH), e seu governo caiu. O público insistiu que fosse enviada uma expedição militar para vingar a morte de Gordon. Na intensa batalha de Omdurman, o exército de Mahdi foi destruído; e um oficial muito jovem e desconhecido participou daquela que provavelmente foi a última campanha da cavalaria britânica na história militar. Seu nome era Winston Spencer Churchill.

*Havia até mesmo uma cançoneta do teatro de variedades:

O GH, quando sua vida retroceder,
Conduzirá uma carruagem impetuosa
E se sentará com grande pompa
Entre Pilatos e Judas Iscariotes

Mesmo as iniciativas estrangeiras mais desinteressadas e benevolentes quase sempre agravavam a situação. A presença dos missionários prejudicou ainda mais a vida social e o bem-estar do povo; e a atividade missionária do Ocidente na China, em especial por parte dos Estados Unidos e da Grã-Bretanha, aumentou bastante. Nos quarenta anos entre 1860 a 1900, os postos missionários, escolas e clínicas se espalharam por todas as províncias da China com os novos tratados de direitos. Embora muitos missionários fossem queridos nas vizinhanças, a presença missionária com frequência aumentava o ressentimento geral e o ódio pelos estrangeiros. Os missionários e a pequena nobreza competiam naturalmente pela autoridade local. Para a população em geral, visto que as potências estrangeiras tinham forçado a China a aceitá-los, eles eram agentes estrangeiros tentando debilitar os costumes chineses. No entanto, não só o cristianismo era a religião dos agressores ingleses e franceses como sua versão bastarda, na forma do movimento Taiping, causara um sofrimento indescritível. Uma catedral católica foi construída em Tianjin, em 1869, no local de um antigo templo chinês. As cerimônias cristãs, como o batismo, tinham laivos de magia. A atenção dos missionários para com pessoas sem lar e órfãos gerou mais desconfiança, assim como a noção de funeral em terreno consagrado.

Nesse cenário, a situação piorou com as grotescas alegações a respeito dos ocidentais que surgiam de tempos em tempos. Na época da dinastia Ming, alguns documentos oficiais descreviam em detalhe o hábito português de ferver e comer crianças chinesas. Na década de 1830, até o comissário Lin concordou que os estrangeiros pareciam animais ou demônios. Nos anos de 1860 e 1870 as suspeitas aumentaram e houve boatos de que orfanatos missionários tinham comprado ou vendido crianças chinesas com propósitos imorais; ou fabricado remédios com seus olhos e corações. A *Beijing Gazette* e relatórios da corte apresentavam descrições pormenorizadas dessas supostas práticas. Havia uma literatura pornográfica barroca descrevendo as orgias de padres, freiras e convertidos. Não surpreende que as mães chinesas escondessem seus bebês dos olhares dos estrangeiros, que traziam má sorte, sobretudo do olho mágico das câmaras ocidentais. Não admira também que os missionários fossem perseguidos, atacados e algumas vezes assassinados no interior da China.

Um exemplo marcante aconteceu em Tianjin em 1870, onde havia um cemitério missionário de crianças. Alguns chineses julgados por raptar crianças foram executados, mas não antes que um deles dissesse sob tortura que vendera crianças para o orfanato dos missionários. Embora tenha sido comprovada a falsidade da afirmação, e também que o comissário local imperial tentou acalmar a situação, o cônsul francês precipitou-se para o escritório do comissário e atirou na multidão do lado de fora. O resultado foi que o cônsul, seu secretário, dez irmãs da Misericórdia e dois padres morreram, o consulado foi saqueado e incendiado e quatro capelas protestantes pilhadas. Os chineses pediram desculpas a Paris, pagaram indenizações e decapitaram vinte cules.[7]

O ópio não teve nenhuma influência, exceto como mais um exemplo da agressão estrangeira, nessas marés de opinião pública. Os liberais ocidentais e os missionários discutiram com um entusiasmo crescente a culpa do Ocidente pela corrupção da China. Os chineses disseram que o ópio trazido do Ocidente exercera um papel crucial no enfraquecimento e declínio da China. Nada disso era verdade. O que mantinha os chineses afastados do cristianismo era o próprio cristianismo, um profundo subvertedor da ordem social da China, e as pessoas que o pregavam eram, é claro, agentes estrangeiros. A verdade era que tanto os chineses como os estrangeiros não sabiam como persuadir o povo chinês a não cultivar ou usar ópio. Muito menos alguém poderia evitar que os mercadores estrangeiros o comercializassem em um mercado muito receptivo. De qualquer modo, a maior parte do suprimento de ópio da China foi, na década de 1860 e 1870, tinha origem interna. Estima-se que em 1900 havia cerca de 40 milhões de consumidores de ópio na China e que o número de viciados estava entre 13,5 e 15 milhões.[8]

Qual era a posição da China nesse grande equilíbrio internacional? Depois de 1860 houve um grande movimento na região norte do Pacífico. Os comércios britânico, alemão e americano prosperaram e o poder dos EUA se expandiu com a conquista da Califórnia em 1848 e das Filipinas em 1898. O Japão conquistou as ilhas Ryukyu em 1879, Taiwan em 1895 e a Coreia em 1910; e a retrógrada China logo se tornou um joguete nas manobras das grandes potências. Durante pelo menos uma década depois da estada de Elgin em Beijing, os ingleses apoiaram o império de diversas formas. Dominaram a maior parte do comércio externo da China devido à sua proeminência no mundo financeiro e obtiveram o controle econômico do interior do vale do Yangzi. Quando os Taiping invadiram o delta do Yangzi e ameaçaram Xangai em 1862, os ingleses e os franceses lideraram a defesa da cidade. Até 1910-13, o império britânico foi o principal parceiro comercial e investidor estrangeiro da China, sem demonstrar nenhum sinal de querer governar as massas chinesas ou de permitir que qualquer outro o fizesse, em particular os russos, que queriam dominar grande parte da

China. Como não havia boas estradas da Ásia à China, o poderio naval britânico podia controlar qualquer tentativa de ataques. Assim como os franceses e os americanos, os ingleses perceberam que uma pressão diplomática ou militar na China provocaria o colapso do império. Apoiar o império era a alternativa para o caos. A Grã-Bretanha também tentou ajudar a China de outras maneiras, inclusive fomentando a indústria e novas tecnologias.

Quando William Henry Seward tornou-se secretário de Estado, os Estados Unidos enviaram Anson Burlingame à China como representante, com instruções de cooperar com as outras potências. Alguns anos depois, o príncipe Gong, que fizera o acordo com o lorde Elgin, concordou em enviar um mandarim idoso à Europa; mas ele ficou tão horrorizado com os costumes europeus que logo voltou para a China. No entanto, os americanos continuaram determinados a exercer o papel de redentores da China, de livrá-la de seus hábitos fossilizados e modernizá-la. Em 1867, Burlingame se demitiu do serviço público americano e tornou-se um enviado da China nas potências ocidentais, realizando missões diplomáticas nos Estados Unidos e na Europa. Foi a primeira tentativa da China para criar um relacionamento moderno internacional. Em 1868, Burlingame negociou um tratado sino-americano em Washington. Seward assinou um acordo sobre direitos de imigração dos chineses para os Estados Unidos e houve promessas de um tratamento de nação mais favorecida. Na Europa, os enviados chineses foram recebidos pelo lorde Clarendon em Londres e pelo príncipe Bismarck em Berlim,[9] que lhes garantiram, o segundo de modo mais vago, que haveria políticas moderadas em relação à China.

Porém, mesmo esses acordos causaram problemas. Os chineses de classe média tinham, havia muito tempo, organizado o transporte de milhares de trabalhadores chineses para o exterior. Eles vinham do empobrecido delta do rio Pérola e sua chegada no exterior era muito valorizada. Rudyard Kipling, em suas viagens, surpreendeu-se ao ver como a administração de Cingapura era dominada pelos chineses. O comércio dos cules agora se estendera à Califórnia. Levados em grande parte para São Francisco, os chineses ligavam-se a um "corretor" que vendia o trabalho deles para a mineração e para empresas de construção. Mas não lhes era permitido se tornar cidadãos ou adquirir propriedades. Em 1852, os imigrantes chineses constituíam 10% da população da Califórnia. Quinze anos depois, havia mais de 100 mil chineses nos Estados Unidos e muitos americanos desejavam reduzir esse número. Nas décadas de 1870, e 1880 os protestos aumentaram. Houve conflitos antichineses na Califórnia, nos quais umas vinte pessoas foram mortas. Dezoito anos mais tarde, em 1888, Benjamin Harrison, ao aceitar a designação republicana para a presidência, mencionou seu "dever de defender nossa civilização excluindo raças estrangeiras cuja assimilação pelo nosso povo não é nem possível nem desejável".[10] Nessa época, os chineses foram expulsos dos Estados Unidos, do Canadá em 1885, do Havaí em 1898 e das Filipinas em 1902.

No império czarista, as últimas duas ou três décadas do século foram um período de tumulto. Os russos sabiam que estavam defasados nas áreas de tecnologia e indústria em relação à Alemanha, Estados Unidos, Grã-Bretanha e França. Contudo, à medida que o czar tentava modernizar o país, extinguir a corrupção e desenvolver os empreendimentos, a educação, a tecnologia, as ferrovias e, acima de tudo, a urbanização, mais ele enfraquecia a estabilidade social. Entretanto, essa foi uma era de grande florescimento cultural. O maior compositor romântico russo, Tchaikovsky, ficou famoso, assim como os dois maiores romancistas do século XIX, Dostoievski, cujo livro *Os irmãos Karamazov* foi lançado em 1879/80, e Liev Tolstoi, que publicou *Ana Karenina* em 1877. Foi também a época do fundador do anarquismo moderno, Mikhail Bakunin, e do crescimento das células revolucionárias marxistas.

Em 1881, o czar Alexandre II foi assassinado. Seis anos depois, as autoridades enforcaram um jovem obscuro, Alexander Ulyanov, por tramar a morte do novo czar. Foi um dobre de finados para a dinastia Romanov: o irmão mais novo de Alexander, Vladimir Ilyich, tornou-se o revolucionário implacável conhecido como Lenin. Nesse ínterim, Alexandre III foi atraído pela economia neomercantilista. O governo criou tarifas para proteger as indústrias e adotou uma postura mais empresarial, fomentando a construção naval e de ferrovias. Deu mais atenção ao nordeste da Ásia e estimulou a migração de russos para a Sibéria. Nas duas décadas a partir dos anos de 1880, 250 mil novos camponeses foram para a Sibéria. A Rússia construiu a primeira ferrovia em direção ao leste através dos Urais e a expandiu pela Ásia Central.

No entanto, nada disso interferiu na fragilidade naval na costa do Pacífico; a esquadra russa no Pacífico ainda dependia da importação de carvão e da ancoragem em Nagasaki durante o inverno. Quando os ingleses capturaram algumas ilhas da Coreia, os russos temeram que estivessem preparando operações contra Vladivostok. O projeto de construir uma linha ferroviária da Sibéria a Vladivostok, possivelmente até Beijing, difundiu-se. Em 1890, o imperador alemão, Guilherme II, no primeiro e talvez mais grave erro de seu reinado, não conseguiu renovar o antigo tratado de resseguro de Bismarck. O czar concordou em aliar-se à França republicana, apesar de ser obrigado a levantar-se ao ouvir seu hino revolucionário, a Marselhesa. Foi um acordo muito desejado por Paris. Guilherme II se esforçou para renovar as relações com o sucessor de Alexandre, Nicolau II, mas não teve êxito. O conde Sergei Yulyevich Witte, o grande ministro do Interior da Rússia, agora podia planejar a construção da ferrovia siberiana financiada por empréstimos franceses. Foi um dos projetos de engenharia mais ambiciosos do século XIX. Significou uma mudança drástica nos padrões estratégicos do nordeste da Ásia: os suprimentos e reforços para o extremo oriente da Rússia poderiam, no futuro, chegar por terra, imunes à interferência dos ingleses no mar. O prêmio seria a dominação estratégica da China.

Os Qing reagiram à ameaça dos russos estimulando mais a imigração chinesa na Mongólia e na Manchúria, para resistir por meios demográficos a qualquer tentativa russa de absorção. Também intensificaram o achinesamento de mongóis e manchus locais. No entanto, o momento decisivo de todas essas angústias para manter o império resultou de derrotas mais catastróficas na guerra. As invasões dos franceses no norte do Vietnã e no sul da China causaram um atrito crescente. De 1882 a 1883, os dois lados se enfrentaram e a China foi derrotada. Em junho de 1885, a China teve de aceitar um tratado reconhecendo a soberania francesa em Tonkin. Fatos ainda mais graves estavam por vir.

No Japão, o novo sistema Meiji se consolidou. Em 1881, o imperador prometeu promulgar uma nova Constituição e criar uma representação popular. No ano seguinte, o príncipe Hirobumi Ito foi ao exterior para assimilar as ideias constitucionais. Ficou especialmente atraído pela Alemanha, que se industrializara, porém mantivera seu império e suas elites. Em 1889, foi promulgada a nova Constituição. Mas os japoneses também precisavam proteger suas fontes estratégicas de matéria-prima diante do crescimento do poderio russo. Instituíram a Coreia como um Estado-tampão independente do império chinês, que ainda a reivindicava como Estado tributário. Em 1894, o Japão decidiu que, em razão de a Coreia ser agora uma área de interesse primário, a influência chinesa não seria mais tolerada. O rei da Coreia tentara por algum tempo assegurar sua independência e apoiar-se em alguma potência estrangeira, a Rússia ou o Japão. Ou talvez os EUA. Mas surgiu um impasse em 1894, quando, ameaçado por uma rebelião local, o governo coreano pediu ajuda a Beijing e as tropas chinesas entraram no país. Os japoneses também enviaram tropas. Os chineses disseram ao Japão que suas tropas tinham sido enviadas apenas para agir "em harmonia com nossa prática constante de proteger nosso estado tributário". Porém, como o príncipe Ito esclareceu, o "Japão manterá a Coreia sempre independente e sob nenhuma influência estrangeira".

Um diplomata japonês na Europa comentou: "Estamos lutando na Coreia em prol de nosso futuro, e também diria que pela nossa independência. Assim que a Coreia cair nas mãos de uma potência europeia, nossa independência estará ameaçada."[11] As Forças Armadas concordaram. O general Aritomo Yamagata, comandante-chefe do Exército, argumentou que o primeiro princípio da estratégia japonesa deveria ser o controle de uma "linha de vantagem" além da costa japonesa, uma linha em que a Coreia seria o elemento principal. O controle da Coreia transformaria o mar do Japão num lago japonês, um ponto de ataque e uma maneira de manter as ameaças à distância. A Coreia em mãos hostis seria uma "adaga" apontada para o Japão. Os russos estavam construindo a ferrovia Transiberiana: se o Japão não controlasse a Coreia, os russos poderiam conquistá-la.

As hostilidades sino-japonesas se iniciaram nos últimos dias de julho de 1894 e a China começou a pagar o preço de sua negligência quanto ao poder militar moderno e ao desvio de fundos da imperatriz Cixi. Os japoneses avançaram para a Coreia. Os ingleses fracassaram em organizar um apoio das potências europeias à China. Para a surpresa universal, o Japão, recém-reestruturado, destruiu a frota e os exércitos da China.[12] O general Yamagata recebeu ordem de marchar contra os chineses em Pyongyang e a Marinha japonesa destruiu seus opositores chineses no mar Amarelo. Em outubro de 1894, Yamagata cruzou o rio Yalu em direção à Manchúria (como o general norte-americano Douglas MacArthur quis fazer quase sessenta anos depois) e conquistou Porto Arthur. Em janeiro de 1895, os japoneses desembarcaram na costa de Shandong e capturaram os fortes e as armas que protegiam a frota chinesa. A esquadra chinesa se rendeu.

Li Hongzhang, na ocasião o homem mais importante da China, pediu que as potências europeias interviessem. Os russos, assustados com o avanço japonês, pressionaram Tóquio a aceitar uma retirada mútua. Os ingleses, por sua vez, ficavam cada vez mais preocupados com a coesão da China. O Japão por fim aceitou um cessar-fogo, mas o príncipe Ito insistiu que só negociaria se os chineses reconhecessem sua derrota total. Em abril de 1895, pelo Tratado de Shimonoseki, a China cedeu Taiwan, as ilhas Pescadores, a península de Liaodong, inclusive Porto Arthur, os principais pontos estratégicos do norte da China. Os chineses também reconheceram a independência da Coreia e concordaram em pagar uma indenização ao Japão que lhe daria direitos extraterritoriais.

O Japão se transformara numa grande potência. Os russos começaram a ficar profundamente preocupados porque as conquistas japonesas ameaçavam os planos da Rússia de unir as províncias marítimas e Vladivostok à Sibéria de maneira mais segura. Porto Arthur não era apenas a primeira saída da Manchúria para o mar, mas o controle de acesso a Beijing. Se o Japão o conquistasse, disse Witte, o imperador japonês poderia vir a ser o governante da China e ameaçar o extremo oriente da Rússia. Então, os russos se uniram à Alemanha e à França para conter as ambições do Japão. Os alemães não tinham interesse na Manchúria, mas limitar a Rússia ajudaria a proteger as fronteiras da Alemanha com o Leste Europeu. Os franceses também tinham pouco interesse na Manchúria, porém queriam demonstrar a eficácia da aliança franco-russa e obtiveram concessões no Sul da China. Por conseguinte, a China concordou em reconhecer a independência da Coreia e o Japão aceitou devolver os territórios conquistados para a China. A indenização pós-guerra da China ao Japão foi financiada em grande parte por empréstimos franceses.[13]

No Japão, a opinião pública ficou indignada perante o não reconhecimento europeu das conquistas do Japão obtidas à custa de tanto sangue e dinheiro. O brilho de suas vitórias agravou a humilhação. Esse ressentimento latente causou, dez anos depois, uma vitória ainda mais espetacular do Japão sobre a Rússia. Poucos anos mais tarde, o imperador decidiu que seus ministros da Marinha e da Guerra seriam almirantes e generais da ativa. Essa mudança concedeu ao Exército e à Marinha poder de voto na política nacional: o comandante-chefe de ambos os ministérios poderia derrubar um Gabinete simplesmente ordenando que um ministro renunciasse. Esse fato teria amplas consequências. Nesse ínterim, os russos, mais uma vez sob o comando de Sergei Witte, elaboraram um plano para diminuir a distância da ferrovia Transiberiana, construindo uma linha férrea de Vladivostok à Manchúria. O projeto foi financiado por um banco russo-chinês criado com o aval de Li e dinheiro francês, e apoiado por uma aliança russo-chinesa. Os russos, diante da insistência dos militares, conseguiram que os chineses lhes arrendassem a península de Liaodong, que fora negada ao Japão. Isso significava ter uma base naval em Porto Arthur, o ponto-chave do mar Amarelo.

Houve outras mudanças devido às reivindicações de Japão, Rússia, Grã-Bretanha, França e Alemanha por esferas de influência ou bases navais na China, além de ferrovias para o interior. Os ingleses, instigados pela obtenção de Porto Arthur pelos russos, aceitaram a oferta da China de instalar uma base em Weihaiwaei, na costa Norte de Shandong.[14] Também arrendaram Kowloon e firmaram um acordo russo-britânico de não interferência da Inglaterra nos assuntos ao norte da Grande Muralha e à desocupação da bacia do Yangzi pelos russos.

Na Alemanha, existia algum entusiasmo pelo papel da China como nação amiga, que se harmonizava à ideia de mostrar à Rússia que a Alemanha poderia ser um melhor parceiro no Extremo Oriente do que a

França. Isso ajudaria a desviar a atenção russa dos Balcãs e do atrito com o aliado da Alemanha, o império Austro-Húngaro. Ao mesmo tempo, os alemães perceberam a importância estratégica da península de Shandong e decidiram instalar uma base naval na costa sul, na baía de Kiaochow (Jiaozhou). Em 1897, o assassinato de alguns missionários forneceu o pretexto para a ocupação de Qingdao,[15] da mesma forma que o comportamento agressivo dos alemães com relação aos direitos sobre as ferrovias e os minerais na província de Shandong. Tudo isso fazia parte do desejo da Alemanha de ter um "lugar ao Sol",[16] em outras palavras, de assegurar o crescente poder do país e conquistar um império ultramarino, como as demais potências.

Nessa época, a área dos antigos povoamentos ingleses e americanos em Xangai, que tinham se fundido num assentamento internacional autogovernado, foi multiplicada por quatro sob pressão da França. Os ingleses buscaram uma aliança com o Japão em 1902 para refrear a expansão da influência russa, mas também para contrabalançar a nova Esquadra Alemã do Leste Asiático na baía de Kiaochow. Os alemães tinham dois encouraçados e três cruzadores ligeiros, superiores em qualidade às embarcações da Marinha Real na região, o que, em 1914, causou sérias dores de cabeça ao almirantado em Londres.

No outro lado do mundo, o sistema europeu de alianças — alemães e austríacos contra a França, a Rússia e provavelmente a Grã-Bretanha — começava a se consolidar. Em 1897, o imperador alemão, kaiser Guilherme II, desistiu da política continental de Birmarck em favor de uma *Weltpolitik* (política global) de construção naval e poderio colonial. Um ano depois, declarou-se "protetor" dos 300 mil muçulmanos do mundo e a economia e as ferrovias alemãs penetraram no império turco. Isso ameaçou as posições britânicas e francesas no Oriente Médio e mais além. Por conseguinte, a França e a Grã-Bretanha se aproximaram, como Bismarck temia. Em 1906, seus generais iniciaram discussões sobre problemas comuns. Nesse meio tempo, o apoio à Sérvia em razão da política pan-eslávica resultou em atritos com o Império Austro-Húngaro, aliado da Alemanha.

No entanto, muitos americanos ainda queriam comercializar com a China sem envolvimento das autoridades internas; lobistas convenceram o governo de que o potencial de mercado da China era "incalculável". Então, o secretário de Estado, John Hay, apegou-se à ideia que já havia sido sugerida por Joseph Chamberlain em Londres. Essa ideia fora transmitida a Hay por um funcionário inglês do Serviço Marítimo Imperial Alfandegário da China que visitou Washington. O plano pressupunha pedir às grandes potências uma política comercial de "Porta Aberta" e respeito à integridade da China. Essa premissa ecoava a antiga demanda de tratamento de nação mais favorecida que permeara a política norte-americana na China por quase cem anos. Isso também ajudaria nas relações com os ingleses. Logo depois, o presidente Theodore Roosevelt enfatizou a benevolência dos Estados Unidos. Em sua primeira mensagem do Estado da União o presidente pediu a expansão do poder militar e econômico dos EUA, com o objetivo de levar a fronteira americana ao interior da China. Era evidente que os Estados Unidos haviam se transformado em um grande ator no Pacífico.

Na opinião da maioria das chancelarias europeias e dos Estados Unidos, a vitória do Japão sobre a China alterou ainda mais o equilíbrio no Pacífico. Havia uma irritação crescente com relação à relutância da China em modernizar seus costumes, procedimentos, sua economia e sua indústria, e repulsa pela fraqueza, o atraso e a corrupção do governo. A guerra e suas consequências fizeram com que a China passasse de um interlocutor a um mero objeto político. Um objeto que seria mantido afastado do controle indesejável de outros, mas não um parceiro sério nas discussões entre as potências. Antes da guerra, lorde Curzon fizera o seguinte comentário: "A teimosa resistência de um caráter nacional autoconfiante e imperturbável [...] envolto no manto de uma vaidade suprema e paralisante."[17] Depois disso, muitos estrangeiros exasperaram-se a tal ponto com os chineses que começaram a ver o exército japonês como o precursor da modernização chinesa, pois uma derrota tão catastrófica com certeza deixaria Beijing sem alternativa, a não ser realizar uma reforma fundamental.

Na China, a derrota para o Japão causou um grande impacto. As forças chinesas foram vencidas em todos os lugares. Tanto na terra quanto no mar, os comandantes chineses tinham sido no mínimo incompetentes, ou pior, covardes. O choque desse insucesso militar perante um povo que os chineses desprezavam como uma "nação anã" foi enorme. Nas relações internacionais, Li Hongzhang via agora o Japão como o principal inimigo da China e os funcionários perceberam que o império deveria se inclinar na direção das potências que haviam interferido para restringir as conquistas do Japão: França, Alemanha e Rússia. Os chineses induziram os russos a ocupar o norte da Manchúria, a fim de controlar o Japão; e calcularam friamente que, para pagar a indenização da guerra, a China teria de pedir um empréstimo aos acionistas europeus. Em junho de 1896, Li foi a São Petersburgo para a coroação do czar Nicolau II;[18] recebeu três milhões de rublos e negociou com Witte uma aliança defensiva contra o Japão e livre acesso das tropas russas à Manchúria. Witte, apesar de muito preocupado com o possível colapso chinês, concluiu que conquistara uma influência predominante na China, pois suas finanças agora eram em grande parte controladas pelo banco russo-chinês.

Sob a aparência exterior, as mudanças foram ainda maiores. Embora a corte tivesse falhado em planejar reformas essenciais, em círculos sociais mais amplos, muitos antigos preconceitos foram subitamente revistos. O impulso para a reforma, a afirmação nacional e a "salvação nacional" se revigoraram. Na verdade, para muitas pessoas, devido à natureza e à rapidez da vitória japonesa, era preciso que a China imitasse o Japão. Os reformadores Qing conseguiram ajuda de conselheiros japoneses e gerações de estudantes chineses foram educados e treinados no Japão. Em 1914, o Japão tornou-se o maior parceiro comercial da China e o maior contingente de estrangeiros na China era de japoneses.

O movimento de 1898 em direção a uma "reforma progressiva", liderado por um letrado de Guagzhou, Kang Yuwei, constituiu um elemento da reforma. Kang chamou a atenção da corte por suas tentativas de modernizar as tradições confucianas. O movimento implementou as reformas das etapas finais do império Qing e enfatizou a necessidade de uma mudança constitucional. Kang e seus discípulos eram nacionalistas que desejavam reivindicar os direitos e exigir o reconhecimento da China, sob a liderança da dinastia Qing, no mundo do darwinismo social, na época tão na moda. Em 1898, o perigo de a China ser dividida entre as potências ocidentais pareceu imediato e Kang preveniu as autoridades, porém os príncipes manchus haviam começado a proteger uma sociedade secreta de camponeses, os Boxers. O movimento provavelmente tinha suas raízes na antiga sociedade secreta do "Lótus Branco". Os camponeses de Shandong, cujos magistrados locais não mais podiam protegê-los contra os estrangeiros, organizaram-se em segredo. Sua sociedade, chamada de Boxers, aliava artes marciais — "pugilismo", como no kung fu — e possessões espirituais na forma de transes. Depois dessas possessões, seus líderes persuadiam os camponeses que agora estavam magicamente imunes a espadas ou balas. Seu slogan era: "Apoiar os Qings, destruir o estrangeiro." O movimento se difundiu rápido pelo norte da China. Em 1899, o experiente soldado e administrador Yuan Shikai foi nomeado governador da região para combatê-los, mas eles fugiram para outro lugar, onde o governador local os acolheu. Suas opiniões e reivindicações convenceram Cixi e a corte que tinham o apoio do povo para eliminar a opressão imperialista. Em maio de 1900, os Boxers avançaram sobre Beijing, ocuparam as ferrovias, expulsaram os trabalhadores estrangeiros e incendiaram igrejas. Em meados de junho, entraram em Tianjin e Beijing e começaram a saquear e matar cristãos, quase sempre com extrema crueldade. Isso não só era permitido como encorajado pela imperatriz. No dia 19 de junho, Cixi publicou uma declaração de guerra contra as potências estrangeiras e ordenou que todas as missões partissem de Beijing imediatamente. No dia seguinte, o ministro alemão, Klemens Von Ketteler, foi assassinado a caminho de Tsungli Yamen; e um dia depois, todo o quarteirão da delegação foi sitiado até o dia 14 de agosto pelas tropas chinesas e pelos Boxers. Quatrocentos e setenta e cinco civis estrangeiros e 450 tropas de oito nações, além de 3 mil chineses cristãos, ficaram sob tiros e resistiram a ataques durante oito semanas até a ajuda chegar. Os governantes chineses no sul, inclusive Li Hongzhang em Guangdong, recusaram-se a apoiar Cixi, assim como os diplomatas chineses no exterior, que disseram que tudo não passava de uma "rebelião dos Boxers".

Em determinado momento, os Boxers ameaçaram as vidas e as propriedades dos russos na Manchúria. Pelo menos essa foi a alegação deles; a necessidade de proteção pode ter sido ou não o motivo para reivindicar partes da Manchúria e enviar 175 mil tropas russas a fim de vigiar a nova ferrovia. Quanto às delegações em Beijing, o Japão estava pronto para enviar tropas, mas nem a Alemanha nem a Rússia queriam que Beijing fosse socorrida por uma força japonesa ou que houvesse tropas europeias servindo sob o comando de um general japonês ou americano. No início de julho, o imperador Guilherme II soube que Von Ketteler morrera e teve um acesso de cólera. Ele ainda sentia uma dolorosa ansiedade a esse respeito e, para a infelicidade da Alemanha, tentou obtê-lo vociferando sobre o "sangue e o ferro" ou a "armadura brilhante" da Alemanha. O único resultado foi a lembrança da frase de Napoleão dizendo que a Prússia era uma "portinhola para uma bala de canhão". Guilherme pediu "uma punição exemplar como vingança" e o controle alemão de uma força internacional de ajuda. Disse aos seus soldados, numa observação que ficou famosa, que eles iriam ganhar uma reputação igual à dos hunos que tinham aterrorizado a Europa há um milênio comandados pelo rei Átila.[19] Os aliados por fim concordaram em designar o marechal-de-campo alemão Alfred von Waldersee, mas no dia 15 de agosto, cinco dias antes de Waldersee ser enviado à China, o cerco às delegações foi suspenso por uma pequena, porém muito competente, força aliada com 8 mil japoneses, 4.800 russos, 3 mil ingleses, 2.100 americanos, 800 franceses e alguns italianos e austríacos.[20] O marechal-de-campo só chegou a Tianjin em 25 de setembro, mais de seis semanas após o cerco a Beijing ter acabado. Enquanto isso, os aliados saquearam a capital chinesa, inclusive a Cidade Proibida.

Beijing indicou Li Hongzhang como negociador-chefe com os aliados. No início de setembro de 1901, um protocolo afinal foi assinado. Incluía desculpas abjetas dos chineses, a promessa de pena de morte para os culpados, a criação de um quarteirão maior e mais seguro para as missões em Beijing, e uma enorme indenização de 450 milhões de taéls pagáveis em 39 anos.[21] Os aliados criaram hostilidades entre si para obter "concessões" em outros assuntos. No final de setembro, as forças estrangeiras se retiraram, exceto os russos, que ocuparam as áreas reivindicadas, sobretudo Porto Arthur. Os russos também pediram concessões econômicas na Coreia. Os japoneses, preocupados com as conquistas estratégicas da Rússia, firmaram uma aliança com os ingleses em 1902

ALGUNS ASSASSINATOS DOS BOXERS

Pode ser útil ignorar abstrações e generalizações históricas e observar a percepção das pessoas da época. Aqui estão breves extratos de relatos de testemunhas.

Primeiro, o chefe da missão eclesiástica russa em Beijing: "o dia do juízo final para a maioria dos chineses ortodoxos foi em 11 de junho de 1900. No início do dia, cartazes foram colocados na rua pedindo o massacre de cristãos e ameaçando todos que ousassem protegê-los da morte certa. No meio da noite, gangues de boxers com tochas acesas se espalharam por Beijing atacando casas cristãs, capturando cristãos [...] [e forçando-os a negar sua fé. Aqueles que não o fizeram] [...] foram esquartejados, decapitados e queimados vivos [...] [outros] foram interrogados e queimados na fogueira [...]."*

Agora, o relato dos eventos de 9 de junho no palácio Shansi, em Taiyuan: "O primeiro a ser empurrado para frente foi o sr. Farthing [um missionário batista inglês]. Sua mulher o agarrou, mas ele gentilmente a afastou e caminhou até a frente dos soldados, ajoelhou-se em silêncio e foi decapitado com o golpe da faca de seu carrasco. Foi logo seguido pelo sr. Hoddle e o sr. Benyon, pelo dr. Lovitt e o dr. Wilson, que também foram decapitados pelo golpe da faca de um algoz. Então o governador, Yu Hsien, ficou impaciente e ordenou que seus guarda-costas, que carregavam espadas pesadas, [...] ajudassem a matar os outros. O sr. Stokes, o sr. Simpson e o sr. Whitehouse foram os próximos a morrer, o último por um golpe e os outros dois por vários.

*Fontes russas obtidas no website "Novos Mártires da China", da organização All Saints of North America.

"Quando todos os homens foram mortos, pegaram as mulheres. A sra. Farthing segurava as mãos dos filhos, que a abraçavam, mas os soldados os separaram e com um só golpe decapitaram a mãe. Um carrasco decapitou todas as crianças com muita habilidade, precisando de um único golpe, porém os demais soldados eram inábeis. Algumas das mulheres foram golpeadas diversas vezes antes de morrer. A sra. Lovitt estava de óculos e segurava a mão do filho pequeno, mesmo no momento em que foi assassinada. Ela disse para as pessoas: Viemos à China para trazer a vocês as boas novas da salvação de Jesus Cristo; não lhes fizemos nenhum mal, só o bem. Por que nos tratam assim? Um soldado tirou os óculos dela antes de decapitá-la.

"Depois que os protestantes morreram, os católicos foram empurrados para frente. O bispo, com uma longa barba branca, perguntou ao governador por que estava cometendo esse ato tão perverso [...] [o governador] desembainhou a espada e cortou o rosto do bispo com um pesado golpe; o sangue jorrou por sua barba branca e ele foi degolado.

"Os padres e freiras logo o seguiram na morte. Depois, o sr. Piggott e seu grupo foram levados para a cadeia distrital. Ele e o sr. Robinson foram algemados, e ele pregou para as pessoas até o último momento, quando foi decapitado com um só golpe. O sr. Robinson enfrentou a morte com muita calma. A sra. Piggott segurava a mão do filho ao ser decapitada, e ele foi morto logo depois. As outras senhoras e as duas meninas também foram assassinadas.

"Nesse dia, 45 estrangeiros foram decapitados, entre eles, 33 protestantes e 12 católicos. Alguns [outros] cristãos também foram assassinados. Os corpos foram deixados onde haviam caído até a manhã seguinte, e a carnificina só terminou à noite. Durante a noite, arrancaram suas roupas, anéis e relógios. No dia seguinte, os levaram para um lugar dentro do Portão Sul, exceto algumas cabeças que foram colocadas em jaulas na muralha da cidade. Todos se surpreenderam com a firmeza e a calma dos estrangeiros, que, salvo duas ou três crianças, não choraram ou fizeram qualquer barulho."*

*Richard O'Connor. *The Spirit Soldiers: A Historical Narrative of the Boxer Rebellion*. Nova York: Putnam, 1973, P.341-2.

A Rebelião dos Boxers e suas consequências demonstraram — se é que novas demonstrações ainda fossem necessárias — a diminuta consideração que as potências concediam à China e seus interesses, quando comparada ao controle de seus relacionamentos. Para elas, o acordo era apenas uma retribuição do império chinês, que havia quebrado todas as regras das convenções internacionais e menosprezado seus estadistas mais competentes. Além disso, elas tinham outras preocupações. Os ingleses estavam profundamente envolvidos no problema muito mais importante da Guerra dos Bôeres na África do Sul; e se preocupavam com os atritos com a Alemanha devido ao apoio verbal do kaiser aos Bôeres. Os franceses só se interessavam pela Indochina. O foco principal deles era a Europa e reforçar suas conexões com a Rússia para refrear o poderio germânico. Quanto aos EUA, antes do final do século os eventuais expansionistas americanos estavam flexibilizando sua nova força industrial. Eles também se apossaram, sem muito alarde, do restante do império hispânico no Pacífico. Em 1898, o comodoro George Dewey conquistou Manila e, pelo Tratado de Paris, os EUA obtiveram as Filipinas, ganhando nesse processo um conselho — e uma advertência — no famoso poema de Rudyard Kipling "O fardo do Homem Branco":

Tomai o fardo do Homem Branco
E colha sua antiga recompensa:
A culpa dos que fariam melhor,
O ódio daqueles que você protege[22]

Culpados ou não, os EUA eram agora a maior potência do Oeste e do Leste do Pacífico e, o que foi um fato decisivo para o futuro, criaram um novo triângulo estratégico no norte do Pacífico com o Japão e a Rússia. Ao longo do tempo, os EUA conquistaram Cuba e Theodore Roosevelt ficou famoso numa charge célebre, na qual dizia que desejava criar um cenário seguro para os negócios. Em 1900, o novo governador norte-americano de Cuba, general Leonard Wood, relatou ao presidente que, "quando as pessoas me perguntam o que quero dizer com um 'governo estável', eu lhes falo, dinheiro a 6%".[23]

Talvez tenha sido inevitável que isso provocasse um conflito entre a hegemonia russa no Oriente e o poder em ascensão do Japão. Para os russos, havia uma mistura de ambição burocrática, preconceito racial, orgulho de meio século por sua política externa bem-sucedida e a crença na missão da Rússia como a viga mestra do cristianismo e da civilização na Ásia. Eles também pensavam que os japoneses não ousariam lutar contra uma grande potência europeia. De qualquer modo, o czar decidiu arriscar, recusou-se a promover uma conciliação com o Japão, desprezou o prudente Witte e fomentou a expansão comercial na Coreia. Os russos também reforçaram suas guarnições na Manchúria.

Os japoneses se viram numa armadilha. O governo teve de estimular um novo orgulho nacional no país e minimizar o profundo ressentimento de ser privado dos frutos de sua vitória na China. Havia a Coreia, essa adaga apontada para o Japão, uma área que não poderia ser deixada em mãos potencialmente hostis. Existia também a questão crítica da comida. Entre 1875 e 1903, a população do Japão cresceu de 34 milhões para mais de 46 milhões. A agricultura do país era insuficiente para alimentar essas pessoas e qualquer perspectiva de os russos abocanharem essa região da Manchúria, que produzia cereais em grande escala, era intolerável.

O primeiro-ministro Taro Katsura e o ministro das Relações Exteriores, Jutaro Komura, agiram com cautela. Uma zona desmilitarizada ao longo do rio foi proposta e uma divisão entre os direitos do Japão na Coreia e os dos russos na Manchúria. Os russos ignoraram essas sugestões. O Estado-maior japonês constatou que dessa vez a sorte não era favorável ao Japão, pois os russos traziam cada vez mais navios e tropas. Em janeiro de 1904, a Rússia fez sua proposta final: uma promessa de respeitar a "Porta Aberta" em troca do reconhecimento da Manchúria como uma esfera de influência russa. Nada foi mencionado sobre o pomo da discórdia, a Coreia. O governo japonês, embora não tivesse qualquer certeza acerca do sucesso dessa iniciativa, votou por um conflito inevitável. O príncipe Ito observou com tristeza: "Estávamos prontos para lutar, mesmo que custasse nossa existência nacional." A Marinha disse que, em razão dos poucos navios, seria a primeira a atacar, e sem advertência.

Em 5 de fevereiro de 1904, os japoneses romperam as relações diplomáticas com a Rússia e dois navios partiram. Um deles dirigiu-se para Incheon, na região costeira do Coreia (onde o general MacCarthur faria um desembarque surpresa um século mais tarde, na Guerra da Coreia). Ele destruiu os navios russos e começou a atacar as forças terrestres. A outra frota foi para Porto Arthur, onde encontraram a esquadra russa em desordem. Assim que os japoneses atacaram, os russos perceberam que não tinham instalações de reparos; e também que sua frota estava entre Porto Arthur e Vladivostok e que ela não conseguiria chegar a esses locais sem enfrentar o bloqueio das superiores forças japonesas. Tudo que os russos poderiam fazer seria restaurar a isenção de taxas aduaneiras de alguns portos para incentivar países e pessoas imparciais, como a filha do presidente Roosevelt, Alice, a romper esse bloqueio. No entanto, os japoneses conquistaram o comando das águas locais necessárias para transportar suas tropas com segurança e desembarcaram 500 mil soldados. Então, atacaram Yalu e abriram caminho para Mukden (atual Shenyang), a capital da Manchúria. Em junho, os japoneses sitiaram Porto Arthur. A esquadra russa foi destruída pelas armas e táticas japonesas mais aperfeiçoadas. A batalha em terra pela posse desse grande porto começou em meados de agosto, com os japoneses sendo comandados por um antigo e violento guerreiro, general Maresuke Nogi, que invocou a ajuda das almas dos homens que morreram na guerra travada em 1895 contra a China. Em janeiro de 1905, os russos se renderam e entregaram Porto Arthur.

Mesmo assim, nenhum dos lados estava pronto para a paz. Agora, os objetivos do primeiro-ministro Katsura não se limitavam ao controle da Coreia, de Porto Arthur e das ferrovias ao sul da Manchúria, visavam também a expulsão dos russos da Manchúria. O czar Nicolau II, por sua vez, ainda via a expansão russa na Ásia como sua missão pessoal. Ele tinha um rancor especial contra o *samurai* e preferiu "continuar a guerra até o amargo final do que negociar com 'macaquinhos'". Além disso, sua frota no Báltico já iniciara uma viagem de 30 mil quilômetros para o Pacífico. Partiu em outubro de 1904, miseravelmente servida e equipada, mas com cinquenta navios e 12 mil homens. Como a Rússia não tinha postos de abastecimento no caminho para a Ásia, o progresso foi muito lento, os navios e o moral dos soldados se deterioraram e as doenças se disseminaram. Enquanto a frota estava a caminho, os japoneses derrotaram o exército russo em Mukden e ocuparam a cidade. Na Rússia, houve motins no exército, revoltas camponesas e greves de trabalhadores. Quando a frota por fim chegou à costa da China, o resultado foi desastroso. O almirante Heihachiro Togo destruiu os russos no estreito de Tsushima e afundou 35 navios, ao passo que os japoneses perderam apenas três torpedeiros. Foi um final dramático para um conflito que suscitou um intenso interesse mundial. Os países tinham enviado funcionários experientes como observadores para as frentes de batalha e suas conclusões afetaram radicalmente o planejamento da próxima guerra europeia, em 1914.[24]

O presidente Theodore Roosevelt se ofereceu como mediador e o Japão aceitou a proposta. Seus termos incluíam o acesso livre do Japão à Coreia, o controle de Porto Arthur e a retirada russa da Manchúria. O exército japonês e a opinião pública queriam muito mais, assim como os russos, mas o czar, ocupado com a revolta interna de 1905, aceitou os termos do Japão. O presidente Roosevelt presidiu a conferência de paz em Portsmouth, New Hampshire, na qual manteve a harmonia entre o ministro Komura, das Relações Exteriores, e Sergei Witte. A conferência confirmou a mudança de equilíbrio no hemisfério oriental. A primeira consequência foi a aproximação da Rússia e do Japão; os russos se ressentiram com o favorecimento de Washington ao Japão durante a guerra e os japoneses perceberam claramente que os EUA seriam o seu contrapeso mais forte no Pacífico. Em 1907, os dois países assinaram um acordo reconhecendo a supremacia russa no norte da Manchúria e na Mongólia Exterior, enquanto a Rússia aceitou a hegemonia do Japão no sul da Manchúria e na Coreia. Logo depois, concordaram em cooperar no caso de qualquer interferência em suas prerrogativas. Os americanos destacaram seu apoio à "Porta Aberta" na China e reforçaram a discriminação contra visitantes ou imigrantes japoneses. Os Qing estimularam a imigração chinesa na Manchúria, cuja população aumentou de 9 milhões em 1900 para 20 milhões em apenas 16 anos.

Em Beijing, os manchus e a Senhora Dragão finalmente começaram a sentir que a reforma era necessária. As tentativas do erudito Kang Yuwei para adaptar as tradições confucianas ao mundo moderno foram inadequadas. O sentimento nacionalista crescera, sobretudo após a derrota para o Japão. Depois de 1900, tumultos e rebeliões armadas eclodiram em muitos lugares. Houve arruaças e turbulência nas fronteiras. Também ficou evidente que as províncias estavam cada vez menos sob o controle de Beijing. E ainda mais importante, as ideias revolucionárias e também a oposição contra os Qing ressoavam com mais força. Em uma tentativa de reprimir o descontentamento, enviaram missões ao exterior para estudar o constitucionalismo, embora fosse claro que as noções modernas de representatividade contradiziam o confucionismo. Cixi concordou que manchus e chineses casassem entre si e permitiu a criação de alguns ministérios em estilo moderno. O antigo sistema de exames foi abolido, e com isso talvez toda a ordem moral, e a educação foi reformulada para torná-la mais prática.

Para a estrutura imperial Qing, isso tudo representou muito pouco e aconteceu demasiado tarde. Aceitar a mudança agora era um mero arrependimento nos derradeiros momentos da dinastia Qing. Em 1908, aos 73 anos, Cixi sofreu uma série de acidentes cardiovasculares, teve disenteria e morreu. Mas antes mandou matar o sobrinho e manipulou a sucessão do bisneto, Puyi, com apenas 3 anos. Entretanto, forças muito mais poderosas do que a desses remanescentes do império estavam em jogo, e um bebê imperador não poderia enfrentá-las. Havia uma crescente elite urbana esclarecida na China que desejava um autogoverno e desenvolvimento. O relacionamento da China com os governos e cidadãos de outras potências tinha se tornado extremamente complexo e causou incompreensão e ressentimento nacional. Os exércitos regionais que derrotaram os Taiping criaram academias navais e militares modernas para treinar o oficialato. Outros grupos queriam muito mais, não só o término da dinastia, mas uma revolução total e de longo alcance; e foram as conexões externas há tanto tempo desejadas pelos modernizadores que exerceram um importante papel para estimulá-la. Desde o início, a política de autoajuda incluíra o envio de jovens brilhantes para estudar no exterior; e nada mais inevitável do que absorverem novas ideias reformistas e revolucionárias. Outros jovens reformistas haviam assumido postos nos portos de tratado e se juntaram ao movimento para retirar o controle das minas e ferrovias dos estrangeiros.

No sul, existiam vários grupos de espírito rebelde. Um jovem chamado Sun Yatsen era um de seus líderes. Nascido em Guangdong, sempre um centro de conflitos e de conexões com o exterior, viajou para Honolulu aos 13 anos para morar com o irmão mais velho e estudar. Depois estudou medicina em Hong Kong e, em 1884, foi batizado por um missionário congregacionalista. Admirava Lenin e queria libertar a Ásia do imperialismo dos brancos. Os reformadores como Sun queriam uma mudança radical. Ele fez contatos em Tóquio, Paris e Hanói. Conversou com os franceses sobre a obtenção de armas via Tonkin para o sul da China e buscou empréstimos na França. Seu movimento para promover uma revolução na China teve início com as viagens internacionais para conseguir ajuda nas mais diversas formas. Visitou os EUA e a Europa de 1903 a 1905, e depois, por mais dois anos, o Japão. A princípio, tinha em mente a criação de um estado secessionista Han no sul da China, que lhe propiciaria uma base distante do controle de Beijing e uma conexão com a Indochina. Segundo Sun, o problema era que, devido ao foco primário da França na Europa, sua política em relação à China mudara gradualmente da expansão à custa da China para a obtenção de um entendimento com Beijing.

Mas foi o Japão que exerceu o papel mais crucial. A reforma e a revolução de 1911 foram fomentadas lá. Depois de 1895, o Japão, após sua modernização, começou a sentir que tinha o dever de ajudar a retrógada China; e depois de 1900, houve uma enorme afluência de estudantes chineses em Tóquio. Alguns deles criaram uma "Liga Revolucionária", liderada por Sun, com o apoio do Japão. Isso ajudou os reformistas chineses a dar continuidade aos seus planos após a queda do império.

Em 1911, o republicanismo explodiu em uma revolta no sul. Iniciou-se em Wuhan, em grande parte devido à construção e ao controle de ferrovias, e difundiu-se como um incêndio florestal. A Liga Revolucionária de Sun criou uma república chinesa em Nanjing em 1º de janeiro de 1912, com Sun na presidência. O problema, é claro, é que ele não tinha uma base política significativa; o apoio de estudantes e do exterior não era suficiente. A maioria das pessoas acreditava que a única pessoa capaz de administrar o novo governo seria o experiente e astuto reformista Yuan Shikai, instrutor-chefe (depois de Li Hongzhang) do novo exército da China. O desfecho foi a abdicação do bisneto de Cixi, o imperador criança,[25] e a renúncia de Sun. E em 12 de março de 1912, Yuan tornou-se presidente da República. Uma revolução, como certa vez advertiu Napoleão, é uma ideia que envolve baionetas. Na China, como pareceu por pouco tempo, a revolução acontecera sem derramamento de sangue. Foi uma ilusão: as baionetas logo viriam.

10

O Dragão como um Joguete

1912 a 1941

Em assuntos estatais, a incoerência é um dos luxos da falta de poder; e nas décadas seguintes, a política da China foi ineficaz e incoerente, tanto interna como externamente. A década após a queda do império foi uma mistura confusa de desordem política e desenvolvimento econômico e cultural. Uma época dos senhores da guerra, mas também uma era de florescimento de ideias e atividades sem o controle do governo, como a imprensa e a educação. As ideias, mercadorias e influências estrangeiras introduziram-se no país, do poderio político do Japão ao zelo missionário na educação, na saúde e na ajuda para combater a escassez de víveres, passando pelo papel dos comerciantes estrangeiros e das concepções reformistas parlamentares dos ingleses e dos norte-americanos. Enquanto isso, os governos estrangeiros continuaram seus negócios, tratando a China como um objeto ou até mesmo ignorando-a. Os cidadãos e patriotas chineses sentiam-se consternados, porém nada podiam fazer.

Com a criação da nova república chinesa, iniciou-se um período de mudanças fundamentais. A princípio, o papel exercido pelas províncias aumentou, com um crescente poder dos novos governantes, em geral militares. A pequena nobreza se deteriorou e, por conseguinte, a administração local. A Mongólia iniciou um movimento incipiente de independência, mas em regiões como Xinjiang, apesar do ressentimento dos kazakhs, uighures e muçulmanos diante da opressão chinesa, não houve intenção de romper os laços com a China. A situação se acalmou depois que o primeiro governador reduziu os impostos, impôs limites à corrupção e concedeu alguns poderes aos chefes locais. Nesse momento, o novo partido, Kuomintang (KMT),* organizou um regime parlamentar. As assembleias eleitas floresceram à custa das antigas elites locais. No entanto, logo depois o novo presidente, Yuan Shikai, restaurou o governo autocrático central, aboliu o parlamento e alguns de seus líderes foram assassinados. Porém, seu governo tinha um defeito fatal: não possuía sistemas de coleta de impostos nem orçamentários. Ele aceitou um empréstimo estrangeiro financiado por um consórcio de cinco potências para unificar o país. Infelizmente, o KMT viu o empréstimo como um insulto à China e uma nova forma de imperialismo. Apesar de o líder do KMT, Sun Yatsen, ter visitado o Japão, onde o primeiro-ministro, general Katsura Taro, acenou com ajuda e o encorajou a constituir uma comunidade pan-asiática, na verdade o Japão apoiou diversos grupos chineses, não apenas o KMT. Quando Sun liderou uma rebelião em julho de 1913, Yuan tinha dinheiro suficiente para assegurar a lealdade dos homens de negócios e do exército. Sun foi derrotado e exilou-se no Japão, abandonando o desorganizado KMT.

Outros problemas surgiram. Um deles ainda se referia ao deslocamento de pessoas nas fronteiras entre a China e a Rússia. As autoridades russas já se preocupavam com o "asiatismo" das suas regiões orientais desde 1880, porém outros 300 mil colonos russos se fixaram nessas regiões de 1908 a 1917, seguidos por chineses, japoneses e coreanos. Existia uma verdadeira "Chinatown" nas margens da baía do Amur. Em 1910, de 10 a 12% da população russa no Extremo Oriente era composta por chineses. Em 1913, o general Aleksei Kuropatkin, na ocasião ministro da Guerra, publicou um livro no qual mencionava "o perigo amarelo que ameaça a Rússia", porém a imigração chinesa aumentou ainda mais devido à demanda de mão de obra após a eclosão da guerra

* Guomindang (GMD), sistema pinyin. Optou-se por utilizar a forma mais conhecida. (*N. da E.*)

em 1914. Em 1916, 50 mil chineses migraram para a região, assim como empreiteiros japoneses, comerciantes e muitos outros.[1]

Contudo, outros países se preocupavam menos com a China. Os franceses tinham questões muito mais importantes para tratar. Quando George Clemenceau, "o tigre", tornou-se primeiro-ministro em 1906, Paris concentrou-se ainda mais nas estratégias continentais e na Alemanha. Desde o início da *Entente Cordiale* anglo-francesa, com o rei Eduardo VII percorrendo amavelmente as ruas de Paris, esse acordo muito bem orquestrado que não comprometia ninguém a nada, preocupava os franceses. Isso não significava que Londres estivesse desinteressada ou fosse benevolente, e sim que, como todos os governos britânicos, sentia-se profundamente relutante em aceitar quaisquer compromissos continentais rígidos que não fossem necessários de imediato. Foram realizadas conversas semiprivadas entre membros do governo de ambos os lados para abordar o que aconteceria se a França entrasse em guerra com a Alemanha. Em determinado ponto, quando o general sir Henry Wilson perguntou ao seu par francês, general Foch, qual seria a força mínima britânica que os franceses precisariam para essa guerra, Foch respondeu com uma frase que ficou famosa: "Basta um soldado e asseguraremos que o inimigo morra."

Quanto à China, aos olhos dos ingleses Yuan representava o constitucionalismo e a eficiência governamental. Após 1914, o embaixador britânico, sir John Jackson, que compartilhava a preocupação de Yuan diante das ambições japonesas, encorajou-o bastante a concentrar-se na manutenção do *status quo* regional. Os americanos também viam a república chinesa como o agente da democracia e do cristianismo; eles e os holandeses concordavam com Beijing que toda a região deveria ser neutralizada.

Dentro da China, a situação caótica apresentava uma nítida divisão entre as regiões governadas pelos novos senhores da guerra, as concessões estrangeiras e os portos de tratado. Nas áreas controladas pelos senhores da guerra, a administração local se agravou. O sistema bancário moderno, o cenário dos negócios e a vida profissional assumiram o controle das concessões estrangeiras, assim como do crescimento de uma imprensa independente, mesmo que só atingisse um percentual mínimo da população chinesa. Os primeiros germes de uma nova política também surgiram. John Fairbank, um grande erudito, comentou que "os tratados desiguais, apesar de humilhantes por princípio, com frequência representam uma ajuda material".[2] Porém, sendo uma ajuda ou não, a nova política exprimia, pela primeira vez, um profundo ressentimento nacional contra a presença estrangeira. Esse sentimento estendeu-se aos modernizadores chineses que trabalhavam com europeus e foram acusados de estar sob a influência estrangeira. Sem dúvida esse fato foi estimulado pelo ressentimento feroz perante as demandas do Japão, o que era irônico porque ninguém colaborara mais do que os japoneses para ajudar a China a desenvolver ideias reformistas ou revolucionárias.

Para grande parte do mundo, os progressos chineses permaneceram invisíveis diante do terremoto político da Primeira Guerra Mundial, uma guerra que não foi de modo algum planejada. As relações dos políticos europeus estavam tão deterioradas que, em meados de 1914, ninguém sabia como *não* entrar em guerra. No entanto, em quase todas as nações belicosas a população saudou sua deflagração com alegria, flores e desfiles. Um jovem comum, ao recordar o que acontecera dez anos antes, escreveu que, quando a guerra eclodiu, "ajoelhei-me e agradeci ao céu com o coração transbordando pela graça recebida por estar vivo nessa época". Seu nome era Adolf Hitler. Só os homens idosos e os estrategistas militares mais experientes enxergaram mais além. Na Grã-Bretanha, o secretário de Estado dos Negócios Estrangeiros, sir Edward Grey, fez o famoso comentário de que as lâmpadas estavam se apagando por toda a Europa; e o grande lorde Kitchener, que comandara o exército para vingar a morte de Charles Gordon no Sudão, disse a um gabinete assustado e incrédulo que "devemos estar preparados para pôr milhares de tropas nos campos de batalha e mantê-las lá por muitos anos". Na Alemanha, o corpulento e inteligente chefe do Estado-Maior, general von Moltke, que lia Nietzsche nas horas vagas e traduzia poesia francesa, já havia prevenido o imperador sobre como seria a próxima guerra. Não seria "decidida por uma batalha decisiva, e sim por uma luta longa e exaustiva com um inimigo que só será dominado quando sua força nacional inteira sucumbir [...] uma guerra que irá exaurir totalmente nosso povo mesmo se formos vitoriosos". Em todos os lugares, os militares profissionais que haviam aprendido as lições sangrentas da guerra franco-prussiana, e em especial da guerra russo-japonesa de 1905, perceberam que as armas modernas iriam causar perdas maciças com enormes e imprevisíveis consequências sociais. Mesmo o gentil monarca idoso de cabelos brancos, o imperador Francisco José do Império Austro-Húngaro, disse discretamente ao chefe do Estado-maior: "Se a monarquia ruir, deixemos que desmorone com dignidade."

O que se seguiu foi desastroso não só para o equilíbrio de poder, mas para as sociedades europeias: quatro anos de luta desesperada e inconclusiva (exceto para a Rússia), do leste da Prússia à França e ao Bósforo, com perdas sem precedentes. Quando terminou, o número conhecido de mortes per capita da população era de 1 para 28 na França, 1 para 32 na Alemanha, 1 para 57 na Grã-Bretanha e 1 para 107 na Rússia. Em meio a essas lutas titânicas, a China poderia ser uma recompensa. Porém, não passou de uma mera nota de rodapé, embora com benefícios de curto prazo. A queda das exportações europeias para o Extremo Oriente durante a guerra estimulou o crescimento na região. O preço da matéria-prima de exportação da China subiu, assim como o preço mundial da prata, aumentando o poder de compra da China. A crise também estimulou o crescimento das organizações bancárias e comerciais chinesas, sobretudo nas áreas de concessão estrangeira.

A guerra fez com que as rotas de transporte do Pacífico se tornassem vitais para a Rússia. Quando a Alemanha e a Áustria bloquearam o Báltico e o mar Negro, o único grande porto pelo qual a Rússia podia receber suprimentos estrangeiros foi o de Vladivostok. A posição do Japão ficou extremamente fortalecida: para o estadista japonês Kauru Inoue, a guerra europeia foi "uma ajuda divina [...] para o desenvolvimento do destino do Japão". Os chineses, entretanto, perceberam o que aconteceria a seguir. "O Japão aproveitará essa guerra", disse o presidente Yuan Shikai, "para controlar a China." Enquanto os ingleses, os americanos e em certo grau os russos queriam manter o *status quo* do leste asiático, o Japão tinha uma visão expansionista. Em agosto de 1914, conquistou a maioria das possessões alemãs no Extremo Oriente, inclusive um arquipélago no Pacífico. Acrescentou esses domínios a Taiwan, conquistada em 1895, e à aquisição da Coreia como território tributário em 1905. (A Coreia tornou-se uma colônia japonesa dez anos depois.)

A China passou a fazer parte do império econômico informal do Japão, absorvendo cerca de 20% das exportações japonesas, além de receber conselhos sobre modernização. Assim que a guerra começou, o Japão aumentou seu investimento na China para usar a mão de obra barata e aproveitar as matérias-primas. Ainda mais importante, as ideias de consanguinidade étnica fomentaram a ajuda à modernização e à preservação da China. Em 1914, o novo ministro das Relações Exteriores do Japão, Takaaki Kato, ex-embaixador em Londres, embora pensasse em 1902 que a aliança anglo-japonesa não era mais útil, percebeu que a guerra oferecia enormes oportunidades de negócios na China e que a aliança com os ingleses poderia auxiliar a explorá-las. O Japão também se beneficiou da guerra de outras formas. O comércio entre os EUA e o Japão teve um crescimento repentino — as exportações japonesas para os EUA foram multiplicadas por cinco — e a tendência prosseguiu. Na década de 1920, os Estados Unidos representavam 40% do investimento estrangeiro no Japão.

A Grã-Bretanha se preocupava com a segurança do império e das linhas marítimas de comunicação. Em 1905, o crescimento da frota da Marinha Imperial alemã tornou-se a maior ameaça ao domínio marítimo britânico. Com relação ao Pacífico, o Almirantado londrino se inquietava com a ameaça que a base alemã em Qingdao representava para os navios britânicos. A esquadra alemã no leste asiático era numericamente comparável à frota da Marinha Real no posto naval da China, mas era superior em qualidade. O que fazer? A resposta seria recorrer à Marinha Imperial japonesa para seguir no encalço de navios alemães e proteger a rota marítima dos aliados. Então, sir Edward Grey pediu ajuda ao Japão e os japoneses disseram a Londres que, em razão da ameaça dos alemães à paz na região, eles declarariam guerra à Alemanha e libertariam a China da influência alemã. E de fato cumpriram com a palavra. Sessenta mil japoneses (acompanhados por um pequeno destacamento britânico) entraram em território chinês e, em novembro de 1914, os alemães se renderam em Qingdao. Foi o final das bases navais alemãs no Pacífico. A abordagem de Grey encorajou os japoneses a consolidar sua posição com a conquista de ilhas no norte do Pacífico, como uma espécie de pagamento adiantado para promover o crescimento do império.

Isso beneficiou também o programa de construção naval japonês. Em 1910, a Marinha japonesa era duas vezes maior do que em 1904.

Yuan tentou tudo que estava ao seu alcance para não envolver a China nesses acontecimentos.

Em janeiro de 1915, os japoneses estavam preparados para avançar ainda mais. No dia 18, fizeram 21 exigências à China, que incluíam a consolidação do controle da Manchúria e da Mongólia Interior, além do consentimento da China para que ela acolhesse conselheiros políticos e militares japoneses. Isso representaria um tipo de protetorado japonês na China. Essas exigências fizeram com que o Japão perdesse para sempre a liderança do movimento de reforma da China, mas em 1916, os ingleses, os franceses e os russos aceitaram as reivindicações do Japão. No entanto, os americanos, preocupados com a expansão do poderio japonês e com a segurança das Filipinas, iniciaram discretamente um programa de construção naval. Enquanto isso, Yuan tentou obter apoio dos aliados para tornar-se o novo imperador da China. Propôs em troca o envio de tropas chinesas à Europa. Grey consultou os japoneses, porém estes temiam que um novo exército chinês pudesse ser usado contra o Japão; queriam na verdade ter uma marionete chinesa, e não um imperador. Além do mais, Yuan morreu em 1916. Apesar disso, em meados de agosto de 1917 os chineses declararam guerra à Alemanha e ofereceram 300 mil soldados para lutarem na Europa. Eles esperavam, entre outras coisas, ter um assento na conferência de paz.

As consequências da guerra causaram mudanças muito mais significativas no cenário global do que jamais alguém havia previsto. Os impérios austríaco, alemão, russo e otomano desapareceram, e com eles o antigo equilíbrio de poder. Novas nações e fronteiras foram criadas em toda a Europa e no Oriente Médio, e mapas foram redesenhados praticamente no mundo inteiro. As mudanças sociais e econômicas foram ainda mais profundas. A guerra minou as energias vitais dos povos europeus, mas um ressentimento feroz continuava a florescer. Apenas dez anos depois da guerra, Winston Churchill escreveu profeticamente sobre esses efeitos. Na guerra

> Os acontecimentos vão muito além do âmbito da escolha consciente. Os governos e os indivíduos se conformam com o ritmo da tragédia, e oscilam e cambaleiam para frente com uma violência impotente, massacrando e destruindo em escalas cada vez maiores, até que os danos fiquem impregnados na estrutura da sociedade humana, de forma que um século não os apagará, e que será fatal para a civilização atual [...][3].

E assim foi. Na paz que a precedeu, como alguém comentou mais tarde, as tragédias do futuro foram escritas pelo próprio diabo. Na Rússia, na Itália e na Alemanha, movimentos utópicos, populistas e revolucionários violentos modificaram as perspectivas sociais e as organizações políticas, embora o maior impacto de cada um desses movimentos tenha sido diferente. O fascismo italiano, liderado por um ex-jornalista vaidoso e jactancioso, Benito Mussolini, teve pouco apelo fora da Itália e em grupos italianos no exterior, apesar de certas imitações em alguns lugares.

O comunismo na nova União Soviética e o Nacional Socialismo na Alemanha foram movimentos muito mais importantes e dominaram as questões mundiais até o final do século XX. A Alemanha representou de imediato um perigo maior, não só por ser um Estado mais poderoso, mas porque o nacional socialismo se aliou a três tendências alemãs enraizadas. Uma delas era o nacionalismo, inflamado por uma crença apaixonada de que a organização mundial pós-guerra traíra a Alemanha. Em meados de 1918, o império alemão era o maior em extensão. Seus exércitos aproximaram-se de Paris, conquistaram a Ucrânia e o Báltico. A derrota dos russos em 1917 abriu caminho para os campos de petróleo do Cáucaso. (Houve paralelos surpreendentes nas conquistas da Alemanha no Oriente em 1940 e 1941.) Como a Alemanha poderia, no final do mesmo ano, ser chamada de "derrotada" e rotulada de "personagem vilã" da Europa? A segunda tendência era o desejo disseminado na Alemanha de segurança social depois dos traumas da década de 1920. A terceira, que teve um apoio maior para além das fronteiras da Alemanha, foi o papel do nacional socialismo como o "defensor da Europa contra o bolchevismo judeu". Adolf Hitler personificou esses ressentimentos e desejos e assumiu o poder em 1933.

Porém, foi a revolução bolchevique de outubro de 1917 na Rússia que teve a influência mais profunda e duradoura no mundo até o final do século. Os revolucionários socialistas haviam se fortalecido antes da guerra russo-japonesa. Distúrbios e greves se espalharam pelo país e foram enfrentados por armas e cossacos, seguidos de uma repressão policial forte. Em 1916, uma propaganda intensa contra a guerra era produzida em São Petersburgo e difundida pelas novas ferrovias e os telefones. As derrotas da guerra e a incompetência do império levaram essas questões a um ponto decisivo. Em março de 1917, a revolução pôs fim ao Estado czarista. Nicolau II renunciou e a era imperial terminou. O governo provisório que ascendeu ao poder era liderado por um advogado populista, Alexander Kerensky. Ele proclamou a igualdade social e a liberdade civil, porém era incompetente e, em outubro de 1917, uma pessoa com perfil totalmente diferente e com uma nova organização política assumiu o controle da Rússia. O irmão mais novo de Ulianov, a quem os czaristas enforcaram décadas antes, era agora o revolucionário violento e duro Vladimir Ilitch Lenin. Seu Partido Comunista, rígido e centralizado, prometia revolucionar as relações internacionais e os sistemas sociais do mundo inteiro; e tornar Moscou não só a capital de uma grande potência, mas o centro de um movimento revolucionário internacional. Essa segunda revolução de 1917 e a guerra civil que a precedeu significaram uma total subversão das estruturas sociais administrativas, que culminou no terrível assassinato de toda a família do último czar, os Romanov, que governaram a Rússia durante três séculos. Representou também a realização e a viabilização de muitos sonhos que socialistas, marxistas e outros radicais tiveram durante grande parte do século anterior. E, ainda mais importante, conduziu ao poder um novo tipo de entidade política, a organização do partido leninista.

Ao mesmo tempo, os europeus vitoriosos estavam muito enfraquecidos. Em 1900, a Grã-Bretanha atingira o ápice da grandeza imperial. Mas em 1920, tanto a Grã-Bretanha como a França estavam gravemente debilitadas. Na Grã-Bretanha, a guerra causou mudanças sociais profundas, com a maioria da antiga classe aristocrática sendo dizimada quando sua geração mais jovem morreu em Flandres, e os novos impostos arruinaram os remanescentes. Os gigantes industriais norte-americanos do século XIX, como Andrew Carnegie e o magnata de construção de ferrovias Cornelius Vanderbilt, tinham prosperado e agora os Estados Unidos estavam no auge da proeminência industrial e de poder, e assim tinham uma posição-chave para negociar os acordos de paz. Nesse processo, o presidente Woodrow Wilson criou uma linguagem que dominou as relações internacionais desde então. Abordava a importância da moralidade nas questões internacionais, com a confiança absoluta na lei internacional e nas soluções multilaterais, e com a crença de que a democracia liberal era o verdadeiro caminho para todos. Isso foi, é claro, uma coleção de clichês imprecisos e confusos. Ao mesmo tempo, refletiu a propensão americana de transplantar conceitos legais para a política e de acreditar que a sociedade internacional deveria funcionar com base em obrigações contratuais, ou em acordos verbais, em vez de segundo interesses concretos. Mas não havia dúvida de que, desde o início, sua abordagem teve boa receptividade. Para o público, a lição da Primeira Guerra Mundial foi que a autoafirmação nacional pode ser desastrosa, ao passo que sistemas multilaterais assegurariam a paz.

Entretanto, o projeto de Wilson era profundamente contraditório. Ele tinha, no princípio, visto os Estados Unidos como um árbitro imparcial, mas, ao mesmo tempo, como um ator com grandes objetivos. Ele disse, com uma arrogância ímpar, que desejava que a América estivesse "preparada para ajudar o resto do mundo" e levar "padrões de integridade e humanidade" às discussões do Velho Mundo, enquanto colhia "uma grande glória permanente por essa missão". Esses dois princípios organizacionais para configurar o mundo pós-guerra gerariam uma autodeterminação nacionalista e necessitariam de uma organização mundial — a Liga das Nações — para conduzir as questões mundiais. Por sua vez, como Wilson disse ao Congresso norte-americano em 1918, "As pessoas agora só podem ser dominadas ou governadas com o consentimento delas"; e no acordo de paz, os interesses dos povos sujeitados teriam tanto peso quanto os das potências vitoriosas. Isso emanava um magnetismo político. Era também extremamente subversivo para todas as estruturas não nacionais ou multinacionais, além de ser um fracasso perante o fato de que seria quase impossível configurar uma separação territorial nítida e ordenada de grupos étnicos e linguísticos. Nesse caso, a criação de novas fronteiras para obter a "autodeterminação" deixaria cerca de 30 milhões de pessoas do lado "errado" desses limites. Isso exacerbaria as disputas entre estados, contradizendo o segundo grande princípio de Wilson, incorporado à Liga como uma organização capaz de manter a paz. Como a autodeterminação poderia conviver com disputas de fronteiras e com uma Liga das Nações que não desenvolvia um mecanismo de cumprimento de leis e, portanto, sem poder de agir? Wilson esqueceu, ou decidiu ignorar, a frase sábia de Thomas Hobbes no século XVII: "Acordos sem espadas são meras palavras, sem força para proteger um homem." Além disso, nem a Alemanha derrotada nem a nova União Soviética revolucionária aderiram à Liga. Muitas pessoas, inclusive os japoneses, preocupavam-se com a perspectiva de que os acordos não contemplassem uma cláusula acerca da igualdade racial. Mesmo o Congresso dos Estados Unidos, determinado a não se envolver de novo com a Europa e a Ásia, recusou-se a permitir que as decisões de soberania americana fossem limitadas pela adesão à nova liga de Wilson.

Essas deficiências foram óbvias desde o início, em especial para o secretário de Estado de Wilson, Robert Lansing, que ficou assustado diante das implicações da "autodeterminação nacional".[4] Wilson também se confrontou com pontos de vista diferentes. Em 1918, por exemplo, ele perguntou ao primeiro-ministro australiano, Billy Hughes, se a Austrália queria, ao ocupar a ex-colônia alemã de Nova Guiné, zombar das opiniões do mundo civilizado? Estava de fato se aproveitando da derrota da Alemanha para estender a soberania australiana ao Equador? Hughes respondeu sem rodeios: "Isso mesmo, sr. presidente."

Na China, a revolução bolchevique teve poucos efeitos imediatos. Desde 1900, havia um interesse crescente pelo anarquismo e o marxismo entre estudantes e intelectuais. Após 1917, quando as ideias de revolução social por meio de organizações partidárias começaram a ser instigadas pelos bolcheviques, elas tornaram-se muito influentes tanto em razão de sua comprovada eficiência na ação como pela compatibilidade com as ideias tradicionais confucianas sobre o dever do indivíduo de apoiar o Estado. O leninismo teve um impacto especial entre os jovens estudantes em Tóquio e em Zhou Enlai, futuro primeiro-ministro e ministro das Relações Exteriores de Mao Zedong, que na época estudava em Paris. A China exerceu um papel marginal na guerra civil pós-revolução na Rússia. Já em 1916, o império russo começara a recrutar pessoas da Ásia Central para o Exército russo, ação que resultou na fuga de milhares de usbeques e cazaques para Xinjiang. Essas regiões se tornaram focos de oposição aos comunistas e os chineses concordaram que uma força bolchevique cruzasse a fronteira para negociar com os povos remanescentes. Em 1924, havia consulados soviéticos em Kashgar e consulados chineses na Ásia Central soviética. No entanto, o primeiro grande impacto da revolução bolchevique num público chinês mais amplo só aconteceu em 1919, quando o comissário-adjunto do Povo para assuntos externos, Leo Karakhan, anunciou que a União Soviética extinguiria os tratados desiguais com a China. Esse pronunciamento foi divulgado em março de 1920 e criou uma onda de entusiasmo e simpatia pela nova URSS. No mesmo ano, a recém-criada Internacional Comunista, o Comintern,[5] enviou Grigor Voytinsky à China para assistir à fundação do Partido Comunista Chinês (PCC) em Xangai no dia 1º de julho de 1921. O evento foi organizado com a ajuda do Comintern, que estava convencido de que no momento em que o imperialismo não mais pudesse explorar a Ásia, todo o sistema capitalista desmoronaria. Agora, havia diversos níveis de política soviética. Muitas das concessões especiais que a Rússia czarista conquistara foram rejeitadas. Emissários foram enviados à China. Ao mesmo tempo, agentes do Comintern ajudaram a organizar o incipiente PCC. Os diplomatas soviéticos e os agentes do Comintern insistiram que Sun Yatsen aceitasse a ajuda soviética e que permitisse aos comunistas aderirem ao seu Partido Nacionalista, sugestões que Sun aceitou de bom grado. Assim, o congresso de fundação do PCC decidiu, por insistência do Comintern e não por seu julgamento do que seria melhor, aliar-se ao KMT de Sun. Não apenas isso, nos 11 anos seguintes até 1932, o PCC teve relações íntimas com Moscou. Na verdade, muitas decisões críticas para o desenvolvimento do PCC foram tomadas em Moscou, com sua política sendo decidida por agentes de Moscou e seus líderes indicados ou destituídos pelo Kremlin.

Tudo isso aconteceu à sombra do ressentimento nacionalista chinês contra o Ocidente. Esse ressentimento se intensificou quando a conferência de paz em Versalhes decidiu, sem muitos argumentos, deixar as concessões alemãs em Shandong nas mãos dos japoneses e passar a administração das ilhas controladas pelos alemães para o Japão. Essa decisão foi tomada apesar do princípio de autodeterminação e a despeito também do fato de que a China era agora um membro da aliança vitoriosa. Essa decisão causou uma raiva impotente na China e levou a uma exacerbação nacionalista. Em 4 de maio de 1919, 5 mil estudantes de diversas universidades de Beijing fizeram uma passeata de protesto na Praça da Paz Celestial. Passeatas semelhantes ocorreram em outras cidades, como Tianjin e Xangai. Alguns comerciantes fizeram greve e organizaram um boicote a mercadorias japonesas.

Esses acontecimentos tiveram consequências significativas de longo prazo. Os protestos ocasionaram um movimento marxista e antiimperialista. O nacionalismo, uma tendência radical, e o apoio dos bolcheviques levaram o PCC e todos os nacionalistas a procurarem Moscou para aconselhamento político e troca de ideias. Altos funcionários chineses começaram a ir a Moscou para receber treinamento, e grupos de estudo sobre radicalismo foram criados em diversos condados e cidades chineses. Na província de Huan, havia um ativista chamado Mao Zedong. Nascido em dezembro de 1893, ele era um candidato improvável a converter-se num gênio político. Oriundo de uma família pobre de camponeses, com uma educação incompleta, frequentemente rude e com uma tendência, que perdurou ao longo da vida, à violência proposital,[6] ele era muito ambicioso e manipulador. Iniciou sua carreira nos protestos de 4 de maio lendo textos de filosofia alemã e tornando-se ativo — na linguagem posterior, "pensando globalmente e agindo localmente" — em sua província. Em 1920, organizou um grupo de estudo sobre questões soviéticas e em julho do ano seguinte participou do congresso de criação do PCC em Xangai.

As grandes potências não notaram esses acontecimentos, pois tinham assuntos muito mais abrangentes e importantes para tratar. As contradições com relação à autodeterminação e às ideias sobre a manutenção da paz internacional afetavam o papel dos Estados Unidos na

Europa, assim como no Pacífico. A ascensão do Japão e sua crescente ambição na Coreia e na China confrontou os Estados Unidos com um dilema que só foi solucionado na Segunda Guerra Mundial. Depois de 1918, ficou óbvio para todos que os Estados Unidos e o Japão dominariam a região do Pacífico. No entanto, as conquistas do Japão durante a guerra na China e nas ilhas implicava o controle de grandes áreas do Pacífico e ameaçava a "Porta Aberta" do Ocidente na China. Os americanos, portanto, depararam-se com um dilema. Como Theodore Roosevelt dissera ao secretário de Estado Knox alguns anos antes, os Estados Unidos ou parariam de insistir na importância da soberania chinesa e na igualdade de oportunidades econômicas para as potências externas ou se preparariam para enfrentar um Japão cada vez mais poderoso. Contudo, é óbvio que Washington não tinha o menor desejo de causar um conflito e por isso desistiu da "Porta Aberta".

Preocupações maiores surgiram com o programa bem-sucedido de construção naval do Japão: de 1917 a 1921, ele absorveu cerca de um terço de todo o orçamento imperial. Em resposta, os americanos transferiram a maior parte de sua frota do Atlântico para o Pacífico e abriram um dique seco em Pearl Harbor. Parecia ser o começo de uma corrida naval, em um momento em que o presidente Warren Harding, em meio à depressão econômica do início da década de 1920, tentava reduzir os compromissos internacionais e o povo americano insistia no desarmamento. Felizmente, os ingleses pediram aos americanos para convocar uma conferência com quatro potências para discutir os problemas do Pacífico. Esse pedido se transformou na conferência realizada em Washington de 1921 a 1922, na qual o secretário de Estado Charles Evans Hughes obteve grandes êxitos. Os ingleses concordaram em renunciar à antiga aliança de 1902 com os japoneses, que os americanos desaprovavam. Os americanos, franceses, ingleses e japoneses fizeram um pacto de não agressão, embora isso não passasse de um acordo verbal. Porém, o fato mais importante foi um novo tratado firmado por cinco potências (as quatro anteriores e mais a Itália) para limitar a dimensão da Marinha desses países. O quociente de tonelagem das frotas inglesas, americanas e japonesas foi fixado em 5:5:3, e o da França e da Itália em 1.75. Além disso, os limites de tipo e tamanho dos navios também foram determinados, obrigando a Marinha Real britânica a se desfazer de 651 navios, 26 deles de guerra, num total de 1,5 milhão de toneladas.

Foi o final de dois ou três séculos de hegemonia marítima britânica, ou do *Rule, Britannia*! Por conseguinte, prenunciou o fim de um império cuja linha vital de comunicações era a Marinha. Desde 1914, o poder britânico começara a declinar rapidamente. Um pequeno exemplo pode elucidar o fato. Em 1903 e 1904, a expedição Younghusband, da Índia ao Tibete, obrigou os tibetanos a concordarem que não teriam relações com qualquer outra potência sem o consentimento britânico. Agora, as perdas econômicas da guerra, o sangue derramado e a confiança abalada fizeram com que mesmo pequenas imposições desse tipo fossem quase inconcebíveis.[7] Em particular no Extremo Oriente, a hegemonia da Grã-Bretanha foi drasticamente reduzida em comparação com a dos Estados Unidos, do Japão e, sem dúvida, da União Soviética. Londres logo percebeu que defender a posição britânica *tanto na* Europa *como* no império estava além de sua capacidade. Na década de 1920 e de modo ainda mais acentuado na década de 1930, os problemas da Grã-Bretanha na Europa tornaram-se insolúveis, e no Pacífico o país era um ator de segunda categoria. Depois de 1933, diante do rearmamento alemão, sobretudo do crescimento da força aérea alemã, e perante o compromisso dos Estados Unidos de manter a neutralidade, o único caminho seguro seria trabalhar pela paz a qualquer custo.

De qualquer modo, muitos temas, além do poderio naval, foram discutidos na reunião de Washington. A antiga aliança anglo-japonesa foi dissolvida porque não era mais útil para o Japão, e os ingleses não queriam irritar os americanos ao mantê-la. Em vez disso, além do pacto de não agressão e das limitações navais, houve dois tratados posteriores. Um deles foi um acordo firmado entre nove potências para garantir a integridade da China e a manutenção da "Porta Aberta". O outro foi um tratado entre quatro potências — Japão, Estados Unidos, Grã-Bretanha e França —, aceitando as respectivas possessões nas ilhas. As discussões em geral refletiram um novo equilíbrio no Pacífico após 1918 e estabeleceram uma estrutura de paz na região. Os japoneses tiveram poucos benefícios. O futuro ministro de Relações Exteriores, Kijuro Shidehara, liderou uma ação política de não interferência nos assuntos internos chineses. Sob pressão dos americanos, os japoneses também concordaram em devolver a antiga possessão alemã de Shandong à China. Suas antigas possessões na Manchúria permaneceram inalteradas, embora os japoneses se preocupassem com a atitude opressora, e até mesmo beligerante, dos americanos. A China enviou um grupo chefiado pelos embaixadores Wellington Koo e Alfred Sze a Londres e a Washington. O objetivo era assegurar a renúncia dos privilégios estrangeiros e das concessões na China.[8] Os americanos ficaram muito satisfeitos com os resultados da conferência. Seus diplomatas, após terem visto o Congresso se afastar da Liga das Nações, pensaram que, pelo menos no Pacífico, eles tinham concretizado as aspirações de Wilson com relação à segurança coletiva. Poucos se preocupavam com a falta de mecanismos de cumprimento legal, apesar de serem deficiências importantes. Os japoneses poderiam manter suas relações especiais com a China. Muitos dos antigos sistemas dos "tratados desiguais" sobre tarifas ou extraterritorialidade foram mantidos. E apesar da importância da Rússia no leste asiático, não foi pedido aos soviéticos que participassem. Em vez disso, delegados do KMT de Sun e do PCC participaram de uma conferência promovida pelo Comintern em Moscou para condenar os acordos de Washington.

Os soviéticos continuaram a agir de maneira sutil ajudando o PCC e, ao mesmo tempo, negociando com o movimento nacionalista, até então duas entidades desiguais. Em 1922 e 1923, o Partido Nacionalista, Kuomintang, era um grande grupo nacional com cerca de 50 mil membros. Em comparação, os comunistas eram numericamente insignificantes, com cerca de 300 membros, embora o precedente leninista tenha demonstrado o que um grupo determinado, disciplinado e conspiratório pode fazer. Assim, durante a maior parte da década de 1920, a unificação e a independência da China foram direcionadas por dois partidos ditatoriais organizados segundo a concepção leninista. Nas diversas discussões internas ou entre si, o ressentimento chinês ecoava com força. Se a China era lamentavelmente fraca, existiam duas explicações óbvias e oportunas. Elas repercutiam nas atitudes tradicionais chinesas e culpavam a perversidade dos bárbaros. Uma delas, seguindo Karl Marx e Lenin, focava o anti-imperialismo generalizado. A outra enfatizava a ambição das potências ocidentais. Afinal, Marx atribuíra a ascensão dos rebeldes Taiping às armas e ao ópio britânico, que destruíram a autoridade manchu e seu mandarinato.

Em 1922, Sun, agora um líder nacionalista proeminente, aceitou a proposta dos diplomatas soviéticos e permitiu a adesão de comunistas ao KMT, assim como decidiu aprender mais sobre os soviéticos. Embora não pensasse que o comunismo fosse adequado para a China, começou a organizar o KMT segundo a concepção soviética. O Comintern enviou mais agentes à China e Sun obteve ajuda dos soviéticos para estabelecer seu governo em Guangzhou. Concordou que a administração da Ferrovia Chinesa Oriental fosse feita em conjunto com a União Soviética na Manchúria, e seu adjunto, Chiang Kai-shek, foi a Moscou em 1923 para estudar a organização do Exército Vermelho. Ele seguiu o exemplo russo quando, um ano depois, fundou a Academia Militar de Whampoa e nomeou Zhou Enlai, que seria o primeiro-ministro da China comunista, como seu diretor político. Enquanto isso, vieram mais conselheiros para o KMT, inclusive o revolucionário profissional Mikhail Borodin, para ajudar a organizar o partido, treinar seus quadros, ensinar como obter o apoio das massas e esboçar seu estatuto. Borodin era um homem com uma enorme experiência e já havia prestado muitos serviços ao Comintern na Europa e nos Estados Unidos. Houve também uma missão militar soviética de quarenta veteranos comandados por Vasili Blyukher, um general de 35 anos com um recorde de grandes vitórias nos Urais e na Sibéria durante a guerra civil russa. Todas essas pessoas concordavam, pelo menos oficialmente, que a China precisava ser independente e unificar-se. Mas nos bastidores os soviéticos continuavam trabalhando para a revolução. Seus agentes planejaram, desde o início, desenvolver o novo Partido Comunista Chinês para se infiltrarem e, por fim, controlar o KMT. Na verdade, os soviéticos comunistas continuavam a ver a China como um importante elemento na luta global contra o imperialismo. Adolf Joffe, chefe da missão oficial de Moscou à China, escreveu a Lenin que a China era "um grande trunfo em nosso jogo mundial".

Nesse meio-tempo, devido à turbulência civil e aos desentendimentos internos na China, além da permanência das potências estrangeiras no país até o final da década de 1920, o governo chinês perdeu o controle da nação. O norte da China e a Manchúria estavam nas mãos dos senhores da guerra. Os partidários de Sun se dividiam entre os apoiadores da "grande tenda" protecionista dos comunistas e da aliança com os soviéticos, ao passo que o outro lado temia e resistia a essa situação. Embora todos concordassem que era preciso haver um renascimento do nacionalismo e uma resistência à agressão estrangeira, mesmo nesse ponto existia discordância. Algumas das campanhas antidrogas, por exemplo, foram legitimadas ao vincular a resistência às drogas à sobrevivência da nação chinesa sitiada por estrangeiros. Quando Sun instalou-se em Guangzhou, dois governadores rivais de Xangai e 120 mil homens lutavam pelo controle do tráfico de ópio na cidade. Não é de se admirar que o primeiro-ministro francês, Aristide Briand, tenha perguntado com arrogância há alguns anos: "O que é a China?"

Com a morte de Sun em 1925, houve outra explosão de comoção nacionalista contra os estrangeiros. (Não só na China. No Vietnã, o ressentimento nacionalista contra franceses e chineses originou o comunismo e levou à formação de um partido de acordo com as concepções do Kuomintang.) O cargo de Sun foi assumido por Chiang, que declarou que o KMT representava o governo nacionalista da China, começou a reunificar o país e a expulsar os interesses estrangeiros. Em 1925, suas forças, chefiadas por graduados de Whampoa e equipadas com rifles e revólveres soviéticos, iniciaram a "Expedição ao Norte", obtendo uma série de vitórias contra os senhores da guerra e capturando armas. Essa iniciativa não foi apenas uma operação militar: os partidários do KMT e do PCC acompanharam o Exército para mobilizar trabalhadores e camponeses. Em meados de 1926, ao deslocar-se para o norte de Guangzhou, ele estendeu o controle do KMT até o vale do Yangzi, dirigiu-se para Xangai e conquistou metade da China. Seus soldados ficaram populares por pagarem pelo que usavam, mas dissensões posteriores surgiram no âmbito do KMT e entre Chiang e o PCC. Em março de 1926, Chiang desvencilhou-se de seus conselheiros soviéticos e iniciou, de forma discreta, um movimento para reduzir o PCC. Os comunistas deixaram Guanyzhou e foram para Wuhan. Os americanos ficaram esperançosos com a autoridade do KMT e, em janeiro de 1927, o secretário de Estado Frank Kellog disse que os EUA poderiam limitar os direitos americanos concedendo autonomia tarifária ao governo chinês, isso se pudessem contar com a lealdade do povo chinês e proteger as vidas e as propriedades americanas.

Dois meses depois, as tropas de Chiang conquistaram Nanjing dos senhores da guerra. Suas tropas saquearam os consulados britânicos e japoneses e assassinaram alguns europeus. Outros estrangeiros partiram, quase sempre ajudados por tropas britânicas ou fuzileiros navais americanos servindo em solo chinês, e protegidos pelas armas de cerca de quarenta navios de guerra ancorados no local. Inúmeros missionários fugiram do interior da China temendo a violência contra os estrangeiros. Ingleses, americanos e japoneses enviaram bilhetes formais ao governo nacionalista solicitando desculpas e indenizações. Grande parte da raiva dos chineses se concentrava nos ingleses por serem a potência imperialista hegemônica, que reagiram devolvendo suas antigas concessões no Yangzi à China, e também reunindo outras potências para formar uma força internacional de proteção a Xangai. Essa situação confrontou Chiang com um velho dilema. A conciliação com os estrangeiros o faria parecer um lacaio imperialista, ao passo que rejeitar as reclamações poderia provocar uma intervenção violenta por parte das grandes potências.

Quase ao mesmo tempo, as tropas de Chiang entraram em Xangai, populosa, rica, movimentada, o lugar onde o comércio estrangeiro produzira fortunas para os empreiteiros que agiam como intermediários com os estrangeiros,[9] que eram muito menos numerosos do que mais tarde se alegou. De cerca de 500 mil de pessoas que viviam na área de concessão francesa, por exemplo, só cerca de 1.400 vieram da França. O restante era constituído por chineses e outros povos que usufruíam da eletricidade, do telefone, dos carros, da água corrente e dos sistemas comerciais e legais que os estrangeiros introduziram. Chiang conseguiu entrar em Xangai porque tinha ligações íntimas com a poderosa "Gangue Verde" local. Uma vez lá, voltou-se contra seus aliados comunistas, expulsou os membros remanescentes do Comintern, suprimiu o PCC e denunciou a União Soviética como uma "imperialista vermelha". Na verdade, destruiu toda a organização do PCC em Xangai e em seus arredores. O Partido Comunista e os líderes trabalhistas foram perseguidos e massacrados quando o "Terror Branco" se disseminou. Ele instituiu um governo anticomunista tendo Nanjing como capital e a China Nacionalista tornou-se um Estado unipartidário. Em meados do ano, Mikhail Borodin partiu da China. A súmula de sua missão fracassada foi filosófica, porém, mais tarde, Mao o repudiou, tratando-o como uma "pessoa inábil".

BORODIN

Mikhail Markovich Borodin foi um revolucionário profissional enviado à China como agente do Comintern, a 3ª Internacional Comunista que Lenin criou para antecipar a revolução mundial. Borodin vinha de uma família judaica russa e no final da adolescência se transformou num bolchevique. Quando a revolução de 1905 na Rússia fracassou, ele foi para os Estados Unidos, retornando em 1917. Porém, foi enviado para o exterior no ano seguinte, mais uma vez para os Estados Unidos, depois à Espanha, Escócia, Países Baixos e México.

Foi enviado à China em 1923 para ajudar Sun Yatsen a organizar o Partido Nacionalista, na mesma ocasião em que Sun mandou seu adjunto, Chiang Kai-shek, a Moscou. Borodin, na época com quarenta e poucos anos, era um homem forte, bem constituído, muito atraente, com olhos escuros intensos e um bigode vistoso. Tinha também uma sagacidade extrema e uma ótima memória, como alguém disse, que "parecia um arquivo", além da paixão por xadrez e equitação. Relacionou-se bem com Sun, que gostava de sua ponderação. Não só tornou-se o conselheiro oficial do comitê organizador dos nacionalistas — agora denominado Kuomintang — como providenciou carregamentos de armas de Vladivostok para os partidários de Sun em Guangzhou.

Ele era o líder dos grupos de apoio aos soviéticos na China. Mas, em 1924, Moscou enviou uma missão militar com cerca de quarenta oficiais soviéticos veteranos, comandados pelo general Vasili Blyukher, de 35 anos, autor de vitórias famosas na Sibéria e nos Urais. Blyukher agia sob o pseudônimo de Galin, porém não enganava ninguém. Em 1925, alguns membros do KMT murmuravam que Borodin e Galin "detinham o comando supremo militar e político".

O problema é que havia muitos interesses conflitantes entre os soviéticos e os chineses nacionalistas, como os conselheiros soviéticos relataram com precisão. O conflito de pontos de vista impossibilitou o trabalho de Borodin. A situação se agravou com as táticas e as ordens confusas impostas a ele por Stalin, que o obrigaram a aliciar Chiang enquanto usava sua influência para reprimir os chineses revolucionários, mesmo em 1926 e no início de 1927, quando Chiang prendeu chineses comunistas.

Essa dança impossível terminou em abril de 1927, quando Chiang cercou e atirou em líderes comunistas e em trabalhadores em Xangai. No final de julho, Borodin partiu da China com sua missão fracassada. Ele refletiu filosoficamente e disse ter sido um daqueles que "se pavoneia e se desgasta no palco e depois desaparece de cena", como revela seu melancólico relato:

"Vim para China a fim de lutar por uma ideia. O sonho de realizar uma revolução mundial ao libertar os povos do Oriente trouxe-me aqui. Mas a China, com sua longa história, seus milhões de habitantes, seus vastos problemas sociais e suas capacidades infinitas surpreenderam-me e sobrepujaram-me, e meus pensamentos acerca de uma revolução mundial aos poucos desapareceram. A revolução e a luta pela liberdade na China tornaram-se um fim em si mesmo e não mais um fim a realizar. Minha tarefa era controlar a situação para iniciar o movimento da grande roda, porém, ao longo do tempo, ela passou a me carregar e transformei-me num dente da engrenagem da grande máquina."

Aage Krarup Nielsen, "Borodin's Swan Song", *Living Age*, julho-dezembro de 1927, p. 1002-3, citado por Spence, *Helpers*, p. 202.

Logo depois, em dezembro de 1927, após a vitória no Yangzi, Chiang casou-se de novo. Apaixonara-se por Meiling Soong e casou-se com ela depois de se livrar de sua segunda mulher. Meiling era mais do que atraente. Era filha de um dos homens mais ricos da China, e assim o casamento proporcionou a Chiang uma aliança medieval de poder e riqueza, dando-lhe acesso à grande fortuna da família Soong. Porém, suas relações pessoais eram de outra natureza. O renomado erudito americano Owen Lattimore, que se tornou conselheiro de Chiang e que tinha um relacionamento próximo com o casal, escreveu mais tarde que "a relação entre Chiang Kai-shek e a madame Chiang se parecia com a de aliados políticos que não confiam inteiramente um no outro".[10] No entanto, o charme dela e o fato de ter sido educada nos Estados Unidos fizeram com que fosse muito admirada nos EUA, e não apenas no Congresso. Ela demonstrou ter um valor diplomático considerável para Chiang e foi uma embaixatriz extraoficial influente para ele e para a China.

Em 1928, Chiang concluiu sua expedição para o norte e ocupou Beijing. Ele agora controlava toda a região ao sul da Grande Muralha. Apesar das dificuldades impostas pelo Japão para que a China não controlasse a Manchúria, Chiang dominou a maior parte da China na década seguinte. Embora seu governo fosse autoritário e corrupto, a China vivia mais ou menos em paz. Porém, isso não significou o fim do partidarismo nacionalista, pois Chiang fora e permanecia sendo um líder incerto e com uma base frágil. Seu poder não se apoiava num grupo unido e disciplinado, e sim numa rede de alianças entre grupos instáveis de chefes regionais, assim como em vínculos com várias alas do KMT. Em determinados momentos, ele só teve êxito por causa do apoio de cartéis criminosos e chefões, como Du Yusheng, principal gângster de Xangai. Os nacionalistas não constituíam um partido coeso, e sim uma federação de forças dispersas. Ao mesmo tempo, e de uma maneira bem incongruente, muitas pessoas que lidavam com ele achavam-no improdutivo e irracional. Com certeza, poucos estrangeiros o compreendiam, assim como ele não os compreendia. Alguns de seus conselheiros soviéticos pensavam que ele "agia totalmente de acordo com sua individualidade [...] e para obter a glória, que é sua meta, às vezes utiliza as massas, o Partido Comunista Chinês e nós".[11] Stalin observou que "sabia que ele estava fazendo um jogo astucioso, mas o esmagaremos. Nós o espremeremos como um limão e nos livraremos dele".

No entanto, os americanos pensavam ser os paladinos dos direitos e da soberania da China, desde que os EUA não estivessem diretamente envolvidos no outro lado do Pacífico. Apesar do desagrado dos americanos com o entusiasmo revolucionário chinês, eles continuaram a pressionar a modernização da China e esperavam consolidar uma nação forte, unificada, moderna e independente. Como acontece com frequência nos EUA, o debate interno sobre essas questões focava princípios abstratos. Mesmo a crítica feita ao presidente Woodrow Wilson por deixar Shandong nas mãos dos japoneses foi tratada pelo público menos como um assunto prático de relações internacionais do que como uma derrota do princípio de autodeterminação que Wilson perseguira na Europa. Mas exatamente quem ou o que os EUA deveriam apoiar? O presidente Calvin Coolidge foi advertido que o KMT seria um poder a ser considerado, porém o governo continuou a pensar que, assim que a ordem fosse estabelecida na China, não seria preciso discutir questões políticas. Muitos americanos também acreditavam que os comunistas eram só reformadores sociais inofensivos, ao passo que outros observavam que o bolchevismo não se enraizaria no cenário social dominado pela família na China. O secretário de Estado americano, Frank Kellogg, achava que o nacionalismo chinês era a melhor proteção contra a expansão do poder soviético. Portanto, era útil apoiar os nacionalistas e de qualquer forma seria importante manter a posição dos Estados Unidos como o melhor amigo da China, enquanto a União Soviética via sua influência praticamente excluída do país.

Nesse ínterim, houve mudanças políticas em Moscou que foram de extrema importância para o mundo, ocasionando modificações de poder com implicações geopolíticas. A sucessão de Lenin foi por fim solucionada entre Leon Trótski, um teórico brilhante, orador e comandante carismático do Exército Vermelho, e Josef Stalin, um ex-seminarista astuto da Geórgia com o rosto marcado pela varíola. No final, foi o georgiano que demonstrou ser o chefe do partido e da política governamental: Trótski foi deposto e exilado, e 13 anos depois um agente stalinista o assassinou no México. Havia diferenças de opinião entre Stalin e Trótski em muitas questões, inclusive em relação à China. Stalin queria que os comunistas chineses permanecessem aliados a Chiang até terem força suficiente para dominar o KMT. Trótski queria construir um sistema separado para os chineses comunistas. Existiam diferenças ainda mais fundamentais entre a visão dos dois sobre o lugar da União Soviética no mundo. Trótski pretendia se dirigir imediatamente para a Europa e fomentar uma revolução mundial. Stalin, por sua vez, desejava uma política de "Socialismo em um só País". Embora bastante incompreendido, isso não significava a desistência da revolução mundial. Ao contrário, a doutrina enfatizava a necessidade de assegurar a posição da União Soviética como centro do socialismo mundial, a partir do qual ele se disseminaria para outras regiões. Nessa perspectiva, o pré-requisito para a revolução mundial era a segurança soviética.

Nesse meio-tempo, o Ocidente em geral e os EUA em particular usufruíam de uma prosperidade financeira e especulativa sem precedentes. O ano de 1928 foi de uma riqueza fabulosa. Em 4 de dezembro de 1928, o presidente Calvin Coolidge, ao enviar sua última mensagem do Estado da União ao Congresso no final de seu mandato, declarou: "Nenhum Congresso dos Estados Unidos jamais reuniu, segundo pesquisas sobre o Estado da União, expectativas melhores do que a atual."

Nove meses depois veio a Grande Depressão de 1929 a 1931, que, como todos sabem, alterou toda a configuração mundial.

A Grande Depressão marcou o final dos desdobramentos da Primeira Guerra Mundial, mas foi também o prelúdio da desastrosa década de 1930. Começou em outubro de 1929 com o colapso da Bolsa de Valores de Nova York. Os credores em pânico pediram empréstimos, os bancos e o comércio faliram. O desemprego urbano aumentou e os rendimentos decaíram. Depois de 1931 e 1932, a situação era de recessão e desemprego generalizado. Na Alemanha, houve sinais de um colapso civil. A indignação pública diante da indigência econômica fomentou o ressentimento nacionalista e abriu caminho político para um agitador populista carismático chamado Adolf Hitler. Após sua ascensão ao poder em janeiro de 1933, o objetivo primordial dos ingleses, devastados pelos protestos contra a fome, logo se tornou o apaziguamento da agressividade crescente da Alemanha na Europa e do Japão no Oriente. As diretrizes políticas estavam dominadas pela convicção de que uma nova guerra deveria ser evitada a qualquer custo. O moral público nos Estados Unidos, na Grã-Bretanha e na França deteriorou-se ainda mais.

Grande parte do comércio do Japão na Ásia e nos Estados Unidos também sofreu uma derrocada, sobretudo após 1930, quando os EUA aumentaram as tarifas das exportações japonesas. O desemprego no Japão atingiu a cifra de 1 milhão e o preço da terra teve uma queda repentina. A principal preocupação era a perda de rendimentos de troca cambial que permitiam ao Japão comprar o carvão, o petróleo, o ferro, a borracha e o arroz que sua população em expansão necessitava. O Japão agora se sentia profundamente vulnerável, com sua sobrevivência interna em jogo. Os problemas econômicos e de segurança nacional estavam relacionados, pois a segurança requeria a criação de um bloco estratégico e economicamente autossuficiente. Se os interesses do Japão na Ásia fossem ameaçados, talvez o Japão precisasse confiar em sua opção ocidental. Só a expansão externa poderia criar um bloco econômico autossuficiente para manter a segurança do Japão.

Mas os nacionalistas chineses começaram a pressionar os japoneses com relação aos direitos adquiridos na Manchúria, e o exército japonês na China (conhecido como o Exército Guandong, uma unidade militar especial criada para proteger a colônia japonesa de Guandong, no sul da Manchúria) ficou extremamente insatisfeito com o fracasso de Tóquio em manter a posição japonesa. Na verdade, as tropas queriam uma renovação nacional, uma rejeição à corrupção cultural do Ocidente e uma busca de pureza espiritual (tudo isso tinha semelhanças interessantes com o Nacional Socialismo alemão). Embora muitas pessoas no Japão, até mesmo do exército, pedissem prudência, em meados de setembro de 1931 o Exército Guandong provocou uma explosão na Ferrovia Manchuriana Meridional, administrada pelos japoneses. O exército alegou uma "provocação chinesa" e recebeu um apoio público maciço no Japão. Milhares de soldados se deslocaram para a Manchúria e alguns meses mais tarde, em 1932, um "Movimento de Independência da Manchúria", financiado pelo exército japonês, criou o Estado soberano de Manchukuo sob a proteção militar do Japão. Isso deu ao Japão o controle de uma grande área com 30 milhões de habitantes e enormes recursos minerais e agrícolas. Xangai também foi subjugada pelos japoneses, que criaram regimes fantoches em outras áreas. No Japão, houve uma maré crescente de virulência nacionalista e assassinatos à medida que o movimento militar prosseguia. Em 1936, cerca de 1.500 oficiais de baixa patente e soldados capturaram e mataram diversos membros do governo e generais.

Por trás dessas paixões e dos temores do fracasso em criar um Grande Japão autoconfiante, o que significaria um suicídio nacional, havia a expectativa de que as crescentes tensões internacionais causassem uma guerra mundial inevitável. Nesse caso, o Japão não estava sozinho. Em outros lugares, a dificuldade econômica cada vez maior, os tumultos populares e as tensões nas fronteiras também sugeriam que outra guerra surgia no horizonte. Stalin era um dos que esperavam a guerra. Em 1931, ele explicou seu projeto de industrialização:

> Ficar defasado significa ficar para trás. E os que ficam para trás são derrotados. Mas não queremos ser derrotados [...] a antiga Rússia foi [continuamente derrotada] por causa de seu atraso. Foi derrotada pelos cãs mongóis. Foi derrotada pelos governadores provincianos do Império Otomano. Foi derrotada pelos senhores feudais suecos. Foi derrotada pela pequena nobreza polonesa e lituana. Foi derrotada pelos capitalistas ingleses e franceses. Foi derrotada pelos magnatas japone-

ses. Sempre em razão de seu atraso, um retrocesso militar, cultural, político, industrial e agrícola [...]. Estamos cinquenta ou cem anos atrás dos países adiantados. Temos que superar essa defasagem em dez anos. Senão, seremos esmagados.[12]

Ele não estava errado. Dez anos depois, os alemães tentaram esmagá-la.

Chiang tinha uma visão sombria e semelhante sobre a inevitabilidade da guerra. Em 1932, ele disse ao colegiado do Estado-maior do Exército: "Quantos anos temos para nos prepararmos para a Segunda Guerra Mundial? Que tipo de plano devemos elaborar? [...] Temos só cinco anos para nos prepararmos." Ele também não estava errado.

O presidente Herbert Hoover e o secretário de Estado Henry Stimson, apesar do desagrado com relação às diretrizes políticas e ações japonesas, não só temiam uma guerra contra o Japão como pensavam que um conflito romperia até mesmo sanções econômicas de menor importância. Assim, enquanto os Estados Unidos simpatizavam muito com a China, Washington se limitava aos princípios morais. A Grã-Bretanha e a França enfrentavam muitos problemas internos e na Europa, e portanto não se opunham aos japoneses. Ao contrário, diante do fracasso visível do programa de desarmamento da Liga das Nações, a opinião pública contra a guerra e a favor de uma conciliação se intensificou. Mesmo quando os japoneses bombardearam Xangai e a opinião pública na Grã-Bretanha e nos EUA ficou muito mais antagônica em relação ao Japão, nenhum dos dois países agiu. Nem a Liga.

Apesar da grande simpatia dos Estados Unidos pela China, tanto no nível oficial quanto no privado, desde 1918 a paz mundial era o interesse primordial dos Estados Unidos no Pacífico. Para o público, agora existia uma Liga das Nações, cujos princípios centrais incluíam uma concordância quase universal de que as nações não deveriam promover a guerra em busca de uma política nacional. Embora os Estados Unidos não tivessem aderido à Liga, esse princípio não seria violado. Porém, isso não impediu que os pacifistas dissessem, como usual, que "algo deveria ser feito" e pedissem que Washington "agisse", ainda que não falassem o que poderia acontecer, se os Estados Unidos se recusassem a interferir. De qualquer modo, a conciliação foi estimulada, até mesmo forçada, pelo fato de que o exército e a Marinha dos EUA não tinham condições de lutar.

Em janeiro de 1933, um novo presidente, que seria um dos grandes líderes americanos, Franklin Delano Roosevelt, entrou na Casa Branca. No mesmo mês, a Alemanha ganhou um novo chanceler, Adolf Hitler. Roosevelt se viu diante de problemas sociais e econômicos internos extremamente difíceis, e denunciou com muita notoriedade que os administradores financeiros fracassados crucificavam a humanidade "em uma cruz de ouro". As condições externas eram assustadoras. O sistema da Liga das Nações praticamente desmoronou. No ano anterior, o Japão tinha se retirado da Liga e, o que foi ainda mais nefasto, a Alemanha hitlerista fez o mesmo. Nessas circunstâncias, o sentimento pacifista americano exacerbou-se, ocasionando uma definição mais precisa dos interesses ultramarinos do país. No Pacífico, Roosevelt repetiu a política de Herbert Hoover e de seu primo, Theodore Roosevelt, conduzida há duas décadas: conciliação e continuação da estratégia de exportação para o Japão. Uma parte da opinião oficial foi mais além e dispôs-se a aceitar o poder dos japoneses na China, uma vez que, entre outros fatores, isso manteria os japoneses ocupados, muitos chineses teriam suas situações melhoradas e o aumento de empreendimentos por parte do Japão significaria mais vendas dos Estados Unidos.

Na Grã-Bretanha, a opinião pública compartilhava da fé cega dos Estados Unidos quanto à segurança coletiva. Na década de 1930, os governos britânicos eram compostos por homens que acreditavam sinceramente que não havia preço que não valesse ser pago para evitar outra guerra. "Nunca Mais" haveria a hecatombe da Primeira Guerra Mundial em Flandres. A opinião das colônias encorajou Londres, tendo em vista que a Austrália, o Canadá e a África do Sul eram grandes entusiastas do movimento conciliatório. Outros fatos problemáticos apontavam na mesma direção. Os dirigentes do Ministério da Defesa inglês achavam que a Grã-Bretanha era fraca, e a segurança coletiva, um fato irrelevante. A embaixada em Tóquio preveniu que a tensão era tão grande que qualquer passo em falso poderia provocar uma guerra. Além disso, enquanto as pessoas continuavam a achar Cingapura inexpugnável, os chefes do Estado-maior diziam que Hong Kong e Cingapura eram na prática indefensáveis devido à falta de preparo militar da Grã-Bretanha. Ainda pior, o Tesouro disse ao governo que "os riscos financeiros e econômicos atuais eram muito mais sérios e urgentes do que o país poderia enfrentar".[13]

Tanto na Europa como nos Estados Unidos havia questões mais prementes do que a China. Isso deu aos japoneses liberdade de manobra. Em abril de 1934, eles declararam que se oporiam a qualquer ajuda militar, econômica ou técnica à China. Dois anos depois, o governo anunciou um plano para integrar as economias do Japão, de Manchukuo e do norte da China, com uma penetração econômica no sudeste da Ásia e o estabelecimento de uma hegemonia naval japonesa indiscutível no Pacífico ocidental. Depois concluiu, junto com a Alemanha, um "Pacto AntiComintern" que manteria os russos sob controle.

Não houve uma reação do Ocidente. O Departamento de Estado dos EUA se recusou a dar novas ajudas financeiras à China. Há tanto tempo a China pedia para ser tratada como um país igual que agora queriam que ela se sustentasse sozinha. O Congresso promulgou uma lei referente às compras de prata que causaram um escoamento do metal para fora da China com efeitos recessivos. O governo chinês tinha pouca margem de ação. Os ingleses e os americanos haviam reconhecido o KMT como um governo legítimo alguns anos antes, mas sua estrutura continuava a ter elementos precários e até mesmo absurdos. Entre os membros do KMT e seus aliados estavam os magnatas da droga de Xangai, como Big-Eared Du, chefe da Gangue Verde que, diziam, comandava 100 mil homens, e a quem Chiang encarregou de gerir o escritório de repressão ao ópio, e Pockmarked Huang. Seus outros partidários eram igualmente bizarros. Havia senhores da guerra como Model Governor, o viciado em drogas Young Marshal e Dogmeat General, que deu às suas concubinas números em vez de nomes porque era mais fácil de lembrar e, segundo comentários, tinha um pênis tão comprido como uma pilha de 86 moedas de dólares de prata. Nada disso impediu Chiang de promover seu movimento de "Vida Nova" para eliminar maus hábitos, drogas e combater doenças. Ou de persistir em sua insistência patriótica de restaurar os direitos plenos da China e recuperar seus ex-territórios como Taiwan.

Na década de 1930, a turbulência na zona rural continuou. Para a grande massa de centenas de milhares de chineses, a vida e a existência precária não se alteraram. No entanto, o apoio comunista cresceu. Washington via os comunistas chineses apenas como camponeses armados que não mereciam ser tratados com seriedade. Conflitos intermitentes entre canhoneiras, comunistas e americanos que protegiam missionários prosseguiram, porém Washington acreditava que os comunistas desapareceriam assim que o governo chinês fizesse uma reforma agrária, eliminando os problemas da zona rural que causavam a adesão de camponeses a Mao Zedong.

Entretanto, os comunistas estavam plantando as sementes do sucesso futuro, não só entre os radicais da cidade e os reformadores nacionalistas, porém, ainda mais importante, entre o campesinato exausto com as extorsões e a opressão dos senhores da guerra, assim como entre minorias étnicas. Em 1931, por exemplo, no primeiro Congresso Internacional realizado no sul da China, os comunistas reivindicaram

> que a República Soviética Chinesa reconheça de forma categórica e incondicional o direito das minorias nacionais à autodeterminação. Isso significa que distritos como Mongólia, Tibete, Xinjiang [...] e outros onde a maioria da população pertence a nacionalidades não chinesas, [...] o povo [...] terá o direito de decidir se quer partir da República Soviética Chinesa e criar seu próprio Estado independente.

Ou juntar-se à URSS. Quatro anos depois, Mao se comprometeu a conceder essa liberdade e independência, prometendo recuperar para a Mongólia Interior "a glória da época de Gengis Khan" e a "liberdade e independência de povos na Turquia, Polônia, Ucrânia e no Cáucaso".[14]

Observadores militares estrangeiros também começaram a olhar com atenção as bases comunistas, impressionados com a coragem e a disciplina de seus soldados. Em fevereiro de 1933, o reverendo norte-americano Nelson Johnson relatou confidencialmente a Henry Stimson em Washington: "A sombra do bolchevismo se estenderá sobre algumas regiões da China até que um programa completo de economia rural melhore a condição de vida das massas e que uma administração eficiente produza um sentimento de segurança [...]."[15] A preocupação dos americanos diminuiu depois de 1934, quando os comunistas iniciaram a "Longa Marcha" para fugir do cerco nacionalista; mas essa marcha tornou-se lendária. Desde então, tem sido celebrada como uma odisseia extraordinária de coragem e de privações que terminou em Yan'an, em Shaanxi, cerca de 805 quilômetros a sudoeste de Beijing. Era uma região pobre, muito deteriorada, pouco populosa, desprovida de comida e estradas. Dos aproximadamente 100 mil soldados comunistas e aliados do início da marcha, devido às perdas em conflitos, por doença e deserção, só de 6 a 8 mil sobreviventes chegarem a Yan'an. Porém, é discutível se a história de fato reflete a lenda. Alguns dos famosos combates da Longa Marcha talvez não tenham acontecido; e há boatos que Mao, em vez de caminhar 1.600 quilômetros, foi carregado a maior parte do tempo num palanquim. Mesmo assim, a marcha foi um acontecimento seminal em muitos aspectos. Em 1935, Mao tornou-se um líder proeminente, com subordinados e assistentes, mas sem pares. Os outros sobreviventes, homens e mulheres, também demonstraram ser um grupo extremamente duro, com grande capacidade de recuperação e impassível. Quase todos os homens que formariam a primeira geração de líderes da futura República Popular da China integravam esse grupo. Eles se transformaram, como John Fairbank escreveu, na aristocracia da revolução.

Contudo, em meados de 1935, o Comintern instruiu os partidos comunistas de todos os lugares do mundo a formar uma frente unida com outros grupos antifascistas. No ano seguinte, o KMT e o PCC se uniram. Depois, houve um incidente extraordinário. Chiang foi capturado por um de seus generais, Chang Hsueh-liang, o comandante das forças nacionalistas na Manchúria, que se opunha à política de Chiang de lutar com os comunistas chineses, em vez de se concentrar nos japoneses. Chiang correu um perigo sério, mas diversas pessoas interferiram, inclusive sua mulher, Meiling. O dinheiro também trocara de mãos. O PCC e Moscou pediram que Chiang fosse solto, para que seu desaparecimento não enfraquecesse os esforços contra o Japão e fizesse com que os japoneses se voltassem para o norte, contra a URSS. Chiang foi capturado em 12 de dezembro e nos dias seguintes os jornais de

Moscou, o *Pravda* e o *Izvestia*, solicitaram com veemência que ele fosse libertado, seguido por pedidos de Zhou Enlai. Chiang então recebeu permissão de voltar para casa.

As invasões japonesas à China continuaram nos anos 1935 e 1936. O Exército demonstrou que as últimas três guerras foram, por fim, benéficas para o Japão. Todas as três produziram ganhos substanciais. Essas não eram lições de moderação militar. Nesse momento, os comunistas chineses, a salvo no interior do país, podiam criticar confortavelmente os EUA e a gestão de Chiang. Moscou começara a estimular a ideia de uma frente unida de todos os chineses contra o Japão, porém Mao quis confrontar o KMT e os japoneses; o que de fato queria era um conflito entre os japoneses e o KMT em que o PCC fosse o vitorioso definitivo. Ele fez várias tentativas de usar os japoneses para enfraquecer os nacionalistas. Também utilizou o comércio de ópio da China. Durante a "Longa Marcha" pelas províncias miseráveis da periferia, os comunistas viram campos de papoula "tão extensos que iam até onde os olhos podiam ver". Assim que se instalaram no refúgio em Yan'an, cultivaram e venderam uma grande quantidade de ópio para ganhar dinheiro e minar a disciplina dos nacionalistas e dos inimigos japoneses. Mais tarde, no final da Segunda Guerra Mundial, houve relatos de uma "epidemia de ópio" na China; e bem depois, Zhou Enlai organizou cruzadas contra as drogas, todas com pouco sucesso.

As opiniões dos americanos continuavam divididas entre apoiar o governo nacionalista e a convicção de que a intervenção dos EUA na Europa em 1917 fora um erro e que não deveria repetir-se agora no Pacífico. Além disso, a partir de meados da década de 1930, os diplomatas norte-americanos sentiram que Chiang não estava lutando contra os japoneses, e sim destacando suas melhores tropas para combater os comunistas. As iniciativas anglo-americanas para encontrar uma reconciliação não tiveram êxito e os conflitos entre as duas facções aumentaram. Enquanto isso, os chineses passaram a detestar o movimento conciliatório dos Estados Unidos com o Japão. Stanley Hornbeck, do Departamento de Estado, disse a Chiang que não cabia aos EUA lutar em prol das batalhas chinesas: a política dos EUA era servir os Estados Unidos. Ele não precisou apontar o óbvio: se o Japão adentrasse mais a China sem que o país desmoronasse, os japoneses não causariam problemas a ninguém. Mas se a China fosse dominada pelos japoneses, isso constituiria uma ameaça aos EUA.

Na verdade, a política norte-americana revelava claramente que os EUA não se envolveriam em conflitos ultramarinos. Em 1935, um comitê chefiado pelo senador Gerald Nye realizou as audiências no Congresso denominadas "Mercadores da Morte", que originaram a primeira Lei de Neutralidade. Foi um meio de o presidente impedir que os EUA fossem tragados pela guerra e dar ao governo autoridade para proibir as vendas de armas aos beligerantes. Dois anos depois, essa proibição tornou-se obrigatória. Ninguém, nem aliados como os ingleses, poderiam comprar armas ou equipamentos nos Estados Unidos e sair do país com a mercadoria, mesmo mediante pagamento à vista. A recomendação do embaixador americano em Tóquio, Joseph Grew, reiterou o antigo dilema que Theodore Roosevelt descrevera. Os Estados Unidos só tinha duas opções. Poderia retirar-se do sudeste asiático ou insistir na antiga "Porta Aberta", porém nesse caso precisaria construir uma grande potência militar e naval no Pacífico. Uma variante desse projeto surgiu de um memorando duro e perspicaz feito por um funcionário do Departamento de Estado, John MacMurray. Ele fora um alto funcionário do governo norte-americano na China e participou da conferência em Washington 12 anos antes. Agora observava que a supremacia do Japão era o resultado direto das ações de outros países, inclusive dos EUA. Foram os americanos e os chineses que enfraqueceram o sistema de Washington; se os EUA continuassem a ignorar as afrontas dos japoneses e se inclinassem mais em direção à China, haveria guerra com o Japão. Grande parte do problema se originava no nacionalismo e na desunião da China. O Japão tinha direitos comerciais, ferroviários e de ocupação legítimos na Manchúria. No entanto, bandidos e senhores da guerra chineses atacaram pessoas e propriedades japonesas, apesar da incapacidade da China de expulsar o exército japonês. Os EUA poderiam se opor ao Japão ou manter um diálogo. A melhor iniciativa seria o diálogo. Mesmo se houvesse uma guerra e os EUA vencessem, isso significaria apenas que os americanos teriam de competir com os russos, em vez de com japoneses, pela hegemonia no

Oriente. As conclusões de MacMurray eram tão inadequadas que desapareceram sem deixar traço nos arquivos.

Tampouco os ingleses podiam ajudar. As razões continuavam sendo avassaladoras. Havia a total debilidade da Grã-Bretanha, causada pela Primeira Guerra Mundial. Além disso, existia o impacto da Grande Depressão, as intermináveis filas de desempregados e a concentração de problemas sociais e econômicos internos. Havia também fatores mais intangíveis, referentes à determinação e à moral nacional. Os homens que lutaram na guerra de 1914 a 1918 não pensaram, no início, que isso seria um desastre consumado. Eles lembravam os tempos difíceis, mas também o companheirismo nas trincheiras e os sentimentos que haviam sido testados com êxito. As reuniões dos ex-soldados eram sempre alegres. No entanto, essa alegria de antigos companheiros não refletia o dano causado pela guerra no âmago da sociedade. Seus pontos de vista horrorizavam a opinião liberal e, em especial, as mães e mulheres, que os achavam incompreensíveis e recordavam só as tristezas e desgraças. Além do mais, a suposição de que poderia haver outra guerra suscitava uma pergunta angustiante: "Qual é o sentido de tudo isso?" O sentimento que cresceu ao longo do tempo era de menosprezo pelos motivos e propósitos da guerra. Bem antes do final do século, era quase impossível ver um filme ou um programa de televisão que não mencionasse o "desperdício" e a "futilidade" da guerra — de qualquer guerra que fosse. Como Hew Strachan assinalou: "A percepção tardia gera arrogância e [...] interpretações errôneas."[16]

Na década de 1930, os efeitos dessas circunstâncias no moral público eram evidentes. A reivindicação estrangeira e o rearmamento britânico eram impensáveis. Winston Churchill encontrava-se praticamente sozinho ao argumentar o contrário. A ascensão estável do poderio militar da Alemanha fazia com que a ideia de novos conflitos fosse ainda mais inconcebível: "Nunca Mais." Seria muito melhor confiar na restauração da Liga das Nações, ou no Tratado de Locarno, firmado em 1925, que determinou as relações entre a Grã-Bretanha, a França e a Alemanha; e sobretudo aceitar a demanda razoável da Alemanha de que todos os alemães deveriam viver num único Estado.

A Grã-Bretanha não tinha, portanto, recursos ou, naquele momento, espírito para sustentar uma guerra europeia, sem mencionar a possibilidade de uma guerra "dupla" na Europa e no Pacífico. A força econômica e militar necessária para dominar o Extremo Oriente desaparecera. Dizia-se que, se a guerra eclodisse, a frota defenderia Cingapura. Entretanto, em 1939 os chefes do Estado-Maior observaram que se a Grã-Bretanha e a França enfrentassem ameaças simultâneas na Europa, no Mediterrâneo e no Extremo Oriente, as consequências dependeriam da ajuda americana. Em junho desse ano, os chefes do Estado-maior disseram francamente ao governo que "sem a cooperação ativa dos Estados Unidos da América não seria justificável, do ponto de vista militar, tendo em vista a atual situação internacional, realizar qualquer ação que pudesse gerar hostilidades com o Japão".[17] Não havia contra-argumento. A Grã-Bretanha não defenderia a China.

A Rússia também não interferiria depois que Stalin iniciou as campanhas de industrialização e coletivização, que causaram horrores indizíveis para milhares de pessoas. No final da década de 1930, ele iniciou o "Grande Expurgo" do partido e do Exército. Nesse processo ele destruiu não só os antigos bolcheviques como grande parte da liderança do Exército Vermelho. Além disso, quando o Comintern instruiu, em 1935, os partidos comunistas mundiais a formar uma frente unida com grupos antifascistas, essa política não teve grande sucesso.

Então, em 1937, aconteceu um incidente minúsculo que teve enormes consequências. Os exércitos chineses estavam cada vez mais rebeldes. Em maio, a embaixada dos Estados Unidos ficou preocupada com o fato de que "a crença deles em sua bravura" pudesse causar uma explosão. Em julho, alguns soldados japoneses que se exercitavam perto da ponte Marco Polo, próxima a Beijing, como lhes era permitido fazer sob acordos prévios, foram atacados a tiros. Seus comandantes pensaram que tinha sido um ataque de soldados chineses e contra-atacaram. O governo de Tóquio não queria uma guerra e ignorou o incidente, mas a maioria dos japoneses viu esse fato como outro indício da arrogância chinesa e do recuo japonês, e clamaram por ação. Houve um acordo local entre os dois lados em Beijing, porém o governo de Chiang o rejeitou, por acreditar que o Japão encontrava-se isolado internacionalmente e a China fortalecida. Com suas melhores divisões treinadas pelos alemães, ele atacou as forças numericamente inferiores dos japoneses em

Xangai. Logo depois, os aviões dos chineses nacionalistas tentaram bombardear os navios ancorados em Xangai, mas atingiram a cidade e seus moradores culparam os japoneses. Os ataques chineses fracassaram e 60% dos melhores soldados de Chiang foram mortos ou feridos. Em determinado momento, Chiang pediu ao embaixador alemão, Oskar Trautman, para mediar o conflito sino-japonês, mas não obteve resultados. Enquanto isso, os japoneses enviaram 15 novas divisões para a China e iniciaram uma grande ofensiva que obrigou Chiang a se retirar para Nanjing. A Grã-Bretanha e a Alemanha começaram a ajudar a China, os soviéticos reconheceram a legitimidade de Chiang e os EUA continuaram a se opor acirradamente aos japoneses.

O massacre de Nanjing

Em 1937, o exército japonês, como parte de uma ampla estratégia para ocupar as principais cidades do litoral leste da China, ocupou Xangai. Isso causou uma batalha difícil com muita luta corpo a corpo e pesadas perdas japonesas. A conquista de Xangai foi uma questão de tempo para conquistar Nanjing. Antes de iniciar a marcha, o comando do Japão deu ordens ameaçando punir qualquer pessoa que cometesse "atos ilegais".

Folhetos foram distribuídos em Nanjing, incitando uma rendição imediata. Não houve resposta, mas as tropas chinesas se retiraram ou desertaram, deixando a cidade em tamanho caos que, no momento em que as tropas japonesas entraram, não houve quase resistência.

Seguiram-se diversas semanas de assassinatos, estupros, pilhagens e incêndios premeditados por parte das tropas japonesas. Por quê? Suspeita-se não só de racismo, mas de uma combinação de cansaço, frustração e uma boa dose de histeria pós-combate. Qualquer que tenha sido a causa, os relatos de assassinatos ignominiosos de mulheres grávidas, ou de oficiais japoneses empunhando espadas ensanguentadas de samurais para matar homens, mulheres e crianças, aparentemente com alegria, destruíram qualquer simpatia do Ocidente pelo Japão.

Nanjing tornou-se um símbolo, como o bombardeio de Guernica pelos aviões alemães na Guerra Civil Espanhola na mesma época, que foi lembrado por aquela que talvez seja a pintura mais famosa de Picasso. Aos olhos da opinião pública ocidental, a China se transformou ainda mais em uma vítima inocente e o Japão em um elemento nocivo.*

O número exato de vítimas é incerto. Algumas estimativas parecem exageradas. O delegado chinês na Liga das Nações na ocasião mencionou 20 mil civis mortos. Um jornal comunista chinês publicou que 42 mil pessoas foram massacradas. Uma testemunha norte-americana, Miner Searle Bates, calculou que 12 mil civis e 28 mil soldados faleceram, enquanto outra testemunha dizia que o total de mortos era de 50 a 60 mil. Hoje, a China alega que 300 mil ou mais morreram. De qualquer modo, até hoje Nanjing é um grande fator de ressentimento da China contra o Japão.

* Muitas pessoas no Ocidente continuam achando a "alma japonesa" misteriosa e assustadora. Nas palavras de um escritor ocidental, ditas meio século depois de Nanjing, "atrás dos lampejos de luz existe algo sombrio e muito primitivo".

As duas facções da China, a do KMT e a do PCC, prometeram cooperar no que Chiang chamou de um triunfo do sentimento nacional. Houve até mesmo um acordo entre o KMT e o PCC para que o Exército Vermelho se transformasse na 8ª Divisão do Exército, nominalmente sob o comando dos nacionalistas. No entanto, no início de 1938, todas as grandes cidades, portos, ferrovias e as regiões mais produtivas do norte e do centro da China ficaram sob controle dos japoneses. Eles também tinham se dirigido para o Yangzi, forçando o governo de Chiang a recuar de Nanjing. A batalha pela capital de Chiang custou aos japoneses cerca de 50 mil homens e sua conquista culminou no bárbaro massacre de homens, mulheres e crianças chineses dentro e na periferia da cidade — "o inferno na terra", como disse um oficial americano que fora ajudar os chineses.

Chiang explodiu os diques do rio Amarelo, inundando milhares de quilômetros da China e matando cerca de 1 milhão de pessoas por afogamento, inanição ou doença. Porém, isso não impediu o avanço dos japoneses e Chiang, seguido por multidões, talvez milhões de pessoas, teve de se retirar do desfiladeiro do Yangzi e seguir em direção a Chonqing, no interior do país. Os custos eram expressivos. O KMT agora estava privado de suas raízes naturais nas cidades costeiras e de seus rendimentos dos impostos alfandegários, além do ópio. Tudo isso teve grandes consequências, não só na luta imediata contra os japoneses, mas na capacidade de longo prazo dos nacionalistas chineses de resistirem aos comunistas de Mao. As universidades e fábricas se deslocaram para o oeste, onde se depararam com uma vida bem primitiva. Outras coisas se deterioraram quando os administradores se transformaram em refugiados. O moral ruiu. A inflação subiu. A corrupção aumentou. Os grupos governantes não se esforçaram para compreender o campesinato, cujos impostos e exações tornaram-se mais opressivos. Acima de tudo, os nacionalistas se depararam com problemas financeiros e econômicos enormes, assim como com a seca e a escassez de alimentos. Esses problemas foram um pouco minimizados com a abertura da "Estrada da Birmânia", uma rota de suprimento dos ingleses da Birmânia para Kunming, em 1938. A construção custou milhares de vidas, mas foi essencial quando os japoneses fecharam a artéria do Yangzi.

Em Chonqing, Chiang percebeu que tanto ele como Mao, em Yan'an, estavam encontrando dificuldades bem semelhantes. Cada um deles tinha de criar e manter uma estrutura de governo viável e estimular a lealdade das pessoas, embora Mao fosse mais bem-sucedido em conseguir o apoio popular. Ele também começou a organizar a resistência nas áreas controladas pelos japoneses, ao mesmo tempo em que iniciou uma guerrilha contra os japoneses comandada por seu parceiro Peng Dehuai. Mao também retomou ideias que descartara em 1935: em 1941, o PCC fundou um instituto para minorias nacionais que, uma vez educadas e treinadas lá, se tornariam oficiais comunistas eficientes trabalhando em diversos lugares. Algo parecido com o programa de Stalin na Segunda Guerra Mundial para recrutar e treinar jovens alemães e poloneses, entre outros, que assim seriam capazes de assumir os satélites soviéticos pós-guerra. Mao foi além. Ele geriu a organização do PCC com um estilo rude e duro, disciplinando seus adeptos com o uso de confissões, humilhação e até mesmo terror. Ao mesmo tempo, a guerra contra o Japão forneceu ao PCC o motivo para mobilizar a zona rural e o campesinato, doutrinando-os com a noção de luta de classe e com a versão achinesada das doutrinas marxistas, o "Pensamento de Mao Zedong". Os comunistas não tinham uma situação financeira melhor do que a dos seguidores de Chiang, mas sua propaganda era bastante superior. Muitos jornalistas ocidentais ficaram encantados com as mitologias da revolução, a energia e dedicação dos seguidores de Mao e com a maneira como atraíam apoio e entusiasmo dos camponeses. Só muito mais tarde, em 1941 e 1942, alguns ocidentais perceberam os aspectos "sombrios" do estilo de campanha comunista.

A frente unida desmoronou com rapidez. Houve conflitos e lutas entre comunistas e nacionalistas. Em janeiro de 1941, uma unidade comunista de milhares de homens que se perdera no sul sofreu uma emboscada e foi praticamente dizimada pelos nacionalistas. Esse foi o fator determinante do fim da iniciativa da frente unida.

Quanto ao Japão, por uma amarga ironia seus ganhos na China exauriram muito mais seus recursos do que os fortaleceram. Ao longo do tempo, a China subjugou mais de 1 milhão de tropas japonesas e grande parte de sua força aérea. Acima de tudo, as operações na China demandavam um enorme sistema de navegação aérea e de reabastecimento. O Japão percebeu que a luta na China e na Manchúria necessitava de mais recursos do que uma base industrial japonesa totalmente mobilizada poderia fornecer. As riquezas naturais do sudeste asiático começaram a atrair a atenção, enquanto outros olhos se voltaram para o norte, em direção aos recursos da Sibéria. Se as relações com os EUA se mantivessem normais, talvez fosse enfim possível formar um bloco econômico no leste asiático para competir pacificamente com outros sistemas econômicos. É possível que o príncipe Fumimaro Konoe não tivesse outra ideia implícita ao declarar que o Japão tentaria construir "uma nova ordem para assegurar a permanente estabilidade na Ásia". Essa opinião foi reforçada em 1939, quando um general soviético até então desconhecido, Georgi Zhukov, que seis anos depois se tornou o conquistador de Berlim, infligiu uma derrota sangrenta aos japoneses na fronteira da Mongólia.

Para os americanos, a eclosão de uma guerra aberta na China em 1937 foi um sinal de alerta. O domínio do Japão na China seria claramente uma grande mudança no equilíbrio de poder no leste asiático e no Pacífico. Essa preocupação não se limitava ao governo. Um experiente oficial de reserva da Força Aérea dos EUA, o capitão Claire Chennault, foi para a China e tornou-se conselheiro-chefe da Força Aérea chinesa. Ele levou pilotos americanos para treinar e voar com os chineses. Grupos cristãos e missionários tinham ainda mais simpatia pela China, e havia um desejo crescente dos americanos de refrear o Japão negando-lhe materiais de guerra, como petróleo e metais. Em relação à cisão do KMT e do PCC, as pessoas mais idosas tiveram a percepção de que, mesmo se eles cooperassem contra o Japão, haveria luta pelo controle da China assim que a guerra terminasse. Nesse meio-tempo, os russos diminuíram a ajuda a Chiang e retiraram seus pilotos "voluntários" da China.

Essas dificuldades no leste asiático ocorreram simultaneamente às intervenções soviéticas, alemãs e italianas na Guerra Civil Espanhola. Roosevelt, um homem complexo, duro e tortuoso, declarou que devido à "ilegalidade epidêmica mundial", as regiões problemáticas tinham de ser submetidas a uma quarentena para proteger o resto da comunidade internacional. Nada de importante aconteceu. Os EUA tinham capacidade de exercer uma pressão séria sobre o Japão, porém Roosevelt e seu secretário de Estado, Cordell Hull, continuaram tendo uma atitude cautelosa quanto a sanções inequívocas.

Logo após, a política japonesa sofreu três grandes golpes. Em 26 de julho, os americanos informaram Tóquio que a partir de janeiro de 1940 o tratado comercial entre os dois países seria anulado. Um mês depois foi firmado um pacto de não agressão entre a Alemanha e a URSS, o que abriu a porta para o ataque alemão à Polônia e o início da Segunda Guerra Mundial. Isso permitiu que Stalin assegurasse o deslocamento da União Soviética para o Ocidente, e assim ele transferiu uma força substancial para proteger a fronteira de Manchukuo com a Mongólia contra os japoneses. Também frustrou os possíveis projetos das potências ocidentais de deixar a Alemanha e a URSS lutando entre si, com o Japão sem um único aliado confiável.

O Japão estava totalmente despreparado para enfrentar essa situação e a consternação de Tóquio era real. O primeiro-ministro, Kiichiro Hiranuma, fez uma famosa declaração em 28 de agosto, na qual disse que "novas condições inexplicáveis" surgiram na Europa, e então renunciou. Três dias depois, as forças alemãs cruzaram a fronteira da Polônia. Em um ano, não só a Polônia como a França foram subjugadas e os alemães conquistaram quase toda a Europa Ocidental e Central, além dos Bálcãs. O mapa estratégico da Europa mudou por completo e a Grã-Bretanha, isolada pelo Canal da Mancha, parecia prestes a ser derrotada. Quando Winston Churchill tornou-se primeiro-ministro em maio de 1940, tudo que pôde fazer foi dizer a Roosevelt que, se dentro de 18 meses a Grã-Bretanha não mais pudesse comprar armas, ele esperava que os EUA continuassem a fornecer armamentos. Por fim, Roosevelt ajudou os ingleses e, com seu tino político e um discurso imponente, informou aos seus compatriotas os novos acordos de empréstimo e arrendamento como se tivesse emprestado uma mangueira de regar jardim a um vizinho cuja casa fora incendiada.

No Pacífico, os americanos começaram a limitar estrategicamente os suprimentos vitais de minério de ferro e petróleo para o Japão. Mesmo assim, Hull resistiu a qualquer ideia de ir mais além ou aplicar maiores sanções. Mas as abrangentes opções do Japão ficaram mais inflexíveis. Ele poderia comprar concessões econômicas americanas — petróleo e minério de ferro — retirando-se da China. Porém, isso seria um golpe devastador para o orgulho do Japão. Isso também poria em risco os suprimentos de comida e poderia provocar uma rebelião no Manchukuo e talvez na Coreia. Era impensável. Ou o Japão se apossaria da Sibéria, o que gastaria mais recursos do que o Japão conseguiria poupar, ou iria para as possessões britânicas, holandesas e francesas, visando sobretudo o petróleo de Java, mas isso tornaria as comunicações japonesas vulneráveis à interdição da Marinha americana. A guerra na Europa deixou as colônias holandesas, francesas e inglesas indefesas. Em julho de 1940, Winston Churchill foi obrigado a aceitar um pedido do Japão para fechar por três meses a estrada da Birmânia. Assim, logo após a derrota da França em maio de 1940, os japoneses começaram a se dirigir para o território francês no sudeste da Ásia. Essa nova estratégia geográfica alterou consideravelmente as condições no sul da China. Esse fato também mudou a situação dos fortes britânicos em Cingapura. Como a Grã-Bretanha estava sobrevivendo em estado precário devido à ofensiva dos alemães, ficou evidente que se o Japão fosse contido na China ou no sudeste Asiático, não seria a Grã-Bretanha que iria fazê-lo.

Para os americanos, a China tinha uma importância secundária, mas não a Grã-Bretanha. Depois das batalhas de meados de 1940, como a Grã-Bretanha demonstrara que os ingleses não seriam derrotados nem negociariam com a Alemanha hitlerista, Roosevelt se dispôs a ajudar a guerra no Atlântico. A conclusão óbvia dos amigos americanos da China era que o país precisava unir-se de alguma forma à política pró-britânica. Os japoneses facilitaram bastante a situação ao assinarem um Pacto Tripartite com a Itália fascista e a Alemanha nazista em setembro de 1940 para formar o chamado "Eixo". Isso mostrou que as guerras na Europa e na China faziam parte de um conjunto de problemas inter-relacionados. Portanto, foi muito mais fácil para os americanos auxiliar qualquer potência que resistia ao Eixo. Seria impossível que Washington aceitasse qualquer acordo no Pacífico sem a retirada japonesa da China. De repente, foi viável do ponto de vista político fortalecer as ilhas Wake, Midway e Aleutas, que pertenciam aos Estados Unidos. Além disso, Roosevelt tentou estabelecer relações diplomáticas e outras ligações entre as potências "AICH" — América, Inglaterra, China e Holanda — para desestimular um movimento do Japão em direção ao sul, embora tivesse total consciência de que os EUA não dispunham de uma força naval para defender o Atlântico e o Pacífico juntos. Os chineses também obteriam mais ajuda. Em 1940, os nacionalistas estavam com dificuldades na aviação e Roosevelt enviou cem aviões americanos. Ele também permitiu que Claire Chennault recrutasse pilotos americanos como "voluntários". Eles ficaram conhecidos como os "Tigres Voadores" e, em abril de 1941, o presidente, por ordem do Poder Executivo, os legalizou em retrospecto.

Nesse ínterim, os comunistas chineses começaram a atacar os japoneses no norte, mas não tiveram êxito quando os japoneses fizeram contra-ataques ferozes. As tropas do KMT, por sua vez, junto com milícias e organizações criminais locais se estabeleceram no vale do Yangzi, o centro de produção de alimentos e da indústria pesada. Além disso, como Chiang concentrava seus esforços em combater os comunistas, os diplomatas americanos ficaram ainda mais convencidos de que, em vez de lutar contra os japoneses, ele guardava suas melhores tropas para combater as forças de Mao. As iniciativas anglo-americanas de negociar uma reconciliação entre os dois lados não obtiveram resultado.

No entanto, os americanos ajudaram bastante os nacionalistas. Em maio de 1941, a China recebeu o mesmo tipo de empréstimo concedido aos ingleses. Suprimentos de petróleo dos EUA continuavam sendo enviados para o Japão, porém em meio a uma crítica crescente. A China também recebeu uma ajuda significativa dos soviéticos, que permitiu deter os japoneses na China e mantê-los afastados da Sibéria. Em abril de 1941, os soviéticos assinaram um pacto de neutralidade com o Japão.

Logo depois, em 22 de junho de 1941, ocorreu a "Operação Barbarossa", a invasão de Hitler à União Soviética, seguida rapidamente pelos avanços surpreendentes da Alemanha na Rússia e a captura de milhões de prisioneiros de guerra russos. O avanço alemão ressaltou o perigo que fora por algum tempo o pior pesadelo de Roosevelt e de Churchill: de que os japoneses pudessem fazer um ataque simultâneo no flanco oriental da União Soviética e terminar a guerra com um rápido triunfo de japoneses e alemães. Roosevelt logo ofereceu armamentos aos russos. Contudo, em vez de atacar a URSS, um mês depois da Operação Barbarossa os japoneses se dirigiram para Cam Ranh Bay, no sul da Indochina, base naval que foi por tanto tempo primordial para as estratégias marítimas do leste asiático (e que seria ainda mais familiar para os Estados Unidos 25 anos depois, durante a guerra do Vietnã). Houve novos temores de que a China pudesse ser coagida a selar uma paz separada com o Japão. Funcionários graduados de Washington pediram o congelamento dos bens japoneses nos EUA e a interrupção do fornecimento de petróleo.

Na segunda metade de 1941, houve discussões intensas em Tóquio sobre o passo seguinte e negociações igualmente intensas entre os

EUA e o Japão, que não chegaram a um acordo. Em meados do ano, o debate japonês acerca das próximas ações se intensificou. Qualquer iniciativa militar séria, é óbvio, dependia de petróleo. Mas a Sibéria não oferecia lucros líquidos de petróleo. Então, a menos que Tóquio estivesse preparado para retificar sua posição de acordo com as exigências dos EUA, inclusive a retirada da China, a opção do Japão para ter acesso ao petróleo seria Java e Sumatra. Tóquio concluiu que a hegemonia japonesa no leste e no sudeste da Ásia era a única alternativa para o declínio econômico japonês e a subserviência com relação às potências europeias e aos Estados Unidos, que controlavam os recursos que o Japão precisava. Se os Estados Unidos suprimissem o envio de petróleo, o Japão teria de se deslocar para o sul. No dia 2 de julho, uma reunião decisiva do governo elaborou um esquema para expulsar o poderio europeu da Ásia. O príncipe Konoe, apoiado pela Marinha e pelos economistas, decidiu que não haveria um ataque no norte até que "o caqui amadurecesse", ou até que, por qualquer razão, o avanço se tornasse fácil. Em vez disso, o Japão deveria ir para o sul, ocupar a região francesa da Indochina e criar uma "Grande Esfera de Coprosperidade no leste da Ásia".

Os americanos congelaram os bens dos japoneses nos EUA e interromperam o envio de petróleo a partir do dia 25 de julho. Hull entregou ao embaixador japonês uma declaração com quatro cláusulas que o Japão teria de aceitar se quisesse ter boas relações com os Estados Unidos: respeitar a soberania e a integridade de todas as nações; não interferir nas questões internas de outros países; conceder igualdade de oportunidade comercial; e não fazer nenhuma mudança no *status quo* no Pacífico, exceto por meios não belicosos. Em agosto, Roosevelt e Churchill encontraram-se na costa de Newfoundland e firmaram o acordo da "Carta do Atlântico", conclamando a paz mundial pós-guerra, o desarmamento, a autodeterminação e o livre comércio. Um importante jornal japonês, *Asahi Shimbun*, criticou esse acordo, afirmando ser um plano para a "dominação mundial com base nas perspectivas mundiais anglo-americanas", o que de fato era.

Em outubro, uma missão militar americana comandada pelo general John Magruder se reuniu com Chiang em Chonqing. Ele relatou depois, sem grande originalidade, que Chiang queria um empréstimo de equipamentos não para lutar contra os japoneses, mas para proteger seu governo contra qualquer rebelião pós-guerra. Em Tóquio, o eficiente e enérgico general Hideki Tojo delineou o futuro do Japão. Agora, no final de 1941, a Marinha japonesa se igualava às forças navais anglo-americanas no Pacífico. Essa paridade teria vida curta, em razão do programa de construção naval americano. Se o Japão precisasse se dirigir para o sul, a frota dos EUA teria de ser neutralizada. Se as hostilidades não começassem em 8 de dezembro, o Japão precisaria esperar até a primavera de 1942, porém, nesse momento, os EUA estariam mais fortalecidos e o Japão teria menos reservas de petróleo. Em outubro, o general Tojo substituiu o príncipe Konoe como primeiro-ministro e o embaixador americano em Tóquio, Joseph Grew, advertiu Washington e disse que o Japão poderia fazer uma ação drástica. Uma informação muito mais importante, sem dúvida decisiva para o curso da guerra, seguiu a direção oposta, de Tóquio para Moscou. Com um desempenho notável de espionagem na Segunda Guerra Mundial, Richard Sorge, correspondente alemão em Tóquio e espião de Stalin, relatou a decisão estratégica japonesa de dirigir-se para o sul. Ele informou a Moscou que o Japão atacaria os americanos no Havaí. Isso permitiu a Stalin liberar as divisões siberianas da frente oriental a tempo de participar do grande contra-ataque aos alemães realizado por Zhukov no dia 6 de dezembro em frente a Moscou.

Algumas semanas antes, o vice-almirante Chuichi Nagumo enviara forças aéreas e navais para o mar. Objetivo: Havaí. As tripulações receberam com alegria a missão de derrotar os "arrogantes americanos". Em 7 de dezembro, um dia após a ofensiva de Zhukov em Moscou, Tóquio desencadeou uma operação surpresa na base naval dos EUA em Pearl Harbor para proteger o flanco da invasão simultânea japonesa nas possessões britânicas e holandesas no Sudeste da Ásia. Contudo, os americanos tiveram sorte. Oito navios de guerra foram perdidos e a maioria da frota do Pacífico destruída; porém, o cerne da força, os porta-aviões, estavam fazendo manobras marítimas e escaparam da destruição.

11
A China na Nova Ordem Mundial

1941 a 1949

Hitler, em uma das grandes loucuras de sua carreira, decidiu se unir ao Japão e declarou guerra aos Estados Unidos. A estupidez é mais fácil de perceber quando os resultados ficam evidentes, e nesse caso as consequências eram previsíveis. Os Estados Unidos hesitaram, na iminência do conflito, por algum tempo, porém foi Hitler quem assegurou que não haveria duas guerras separadas, uma na Europa e outra no Pacífico. A reação instintiva de Churchill ao ataque de Pearl Harbor estava correta: "Afinal de contas, vencemos!"[1] Depois, "dormiu o sono dos salvos e agradecidos". Logo Roosevelt e ele superaram as complicações políticas e estratégicas e trataram os conflitos na Europa e no Pacífico como partes de uma única guerra. No entanto, em razão de a Alemanha e o Japão ainda terem de ser derrotados, ocupados e reestruturados, na abordagem dessa dupla vitória, era evidente que a Grã-Bretanha precisaria ser defendida, os avanços japoneses reprimidos, o poder dos alemães refreado, e também haveria a necessidade da adoção de uma estratégia global da "Primeira Europa". Uma derrota do Japão poderia abrir caminho para a vitória da Alemanha, ao passo que a derrota de Hitler poderia tornar o revés militar do Japão inevitável.[2]

No Pacífico, e especialmente do ponto de vista da potência dominante dos Aliados, os Estados Unidos, o planejamento da guerra deveria ocorrer em três esferas inter-relacionadas: as operações militares, as considerações sobre o equilíbrio de poder e a perspectiva da ordem mundial pós-guerra. Por meio de uma combinação do crescente poderio militar e material dos norte-americanos, e graças à condução política extremamente hábil de Roosevelt, os EUA atingiram suas metas nos três campos.

Em termos operacionais, a condição óbvia para conquistar a vitória na Ásia era de que a China não desmoronasse e fosse forçada a se render ao Japão. A China poderia perder a guerra, mas não tinha meios de ganhá-la. A campanha no continente chinês era, portanto, uma operação vital. O mesmo se aplicava à campanha da Grã-Bretanha na Birmânia. Uma invasão do exército japonês na Índia, carregando os estandartes da "Ásia para os asiáticos", poderia causar um desastre para os Aliados. Assim, as inúmeras deficiências do governo chinês e de seus exércitos, e também a fraqueza dos ingleses, levaram os Aliados a considerar as campanhas da China, Birmânia e Índia como essencialmente defensivas. Na verdade, a China detinha 250 milhões de soldados japoneses e talvez, antes do final, dois quintos de todas as forças japonesas, porém não haveria tropas aliadas capazes de derrotá-los. No entanto, eram vulneráveis porque não conseguiriam se tornar autossustentáveis. Se as bases internas do Japão ficassem fora de ação ou se suas linhas de comunicação marítimas fossem cortadas, todas as forças japonesas ultramarinas se enfraqueceriam. Enquanto isso, as operações defensivas na China e no sudeste da Ásia demandaram recursos dos Aliados. Seria, então, necessário manter linhas de suprimento para a China a fim de evitar um colapso chinês, o que significava utilizar a "estrada da Birmânia". Seria também útil usar as bases chinesas para os ataques aéreos dos Aliados ao Japão; talvez até mesmo para apoiar uma eventual invasão ao Japão. Como Roosevelt declarou logo no início da guerra, "Temos de controlar a China para dominar o Japão". Além disso, a principal importância da China tanto para os Aliados quanto para os japoneses era como um recurso material ou político que requeria "discutir" o papel da China nos acordos internacionais.

O esforço central das operações dos Aliados contra o Japão, portanto, transformou-se numa campanha norte-americana no Pacífico. Seria uma campanha com três objetivos e sob a liderança da Marinha dos EUA. Uma das metas era a proibição de transportes marítimos de suprimentos para as guarnições ultramarinas japonesas na região do Pacífico. O segundo objetivo, talvez de maior importância do ponto de vista psicológico e político do que estritamente militar, seria levar as forças terrestres e aéreas sob o comando do general Douglas MacArthur para as Filipinas, de onde haviam sido expulsas no início da guerra. O terceiro, e ainda mais relevante, seria transportar as forças dos EUA através do Pacífico ocidental, até o ponto em que as bases nas ilhas poderiam ser usadas para atacar o Japão. As bombas norte-americanas seriam capazes, a partir desses postos aéreos nas ilhas, de bombardear as ilhas japonesas, tal como as forças aéreas inglesas e americanas bombardeariam a Alemanha. Essa estratégia poderia ajudar em uma eventual invasão do Japão. Tóquio percebeu essa manobra com precisão. Dois anos antes, quando os americanos atacaram Saipan, nas ilhas Marianas, o conselheiro naval do imperador lhe disse sucintamente: "Se perdermos Saipan, o inferno ficará sobre nós."[3]

Essa estratégia dos Aliados foi posta em prática alguns meses após Pearl Harbor. A Marinha americana foi vitoriosa no mar Coral e, ainda mais importante, em Midway em maio e junho de 1942. A ilha Midway era um caminho estratégico para o Havaí, o lugar crucial das operações navais dos EUA. A batalha foi vencida por um radiotelegrafista e dois oficiais de baixa patente da Marinha americana. O radiotelegrafista, Harry Kidder, decodificou os códigos navais japoneses, dando início ao que ficou conhecido como "O golpe mais inteligente de toda a história naval".[4] Um dos oficiais era o tenente-comandante Edwin T. Layton, da frota de inteligência do Pacífico. Ao ouvir estações tão distantes como Melbourne, na Austrália, Layton pôde ler as mensagens navais inimigas com imperfeições, mas com qualidade suficiente para concluir que o objetivo seguinte era um ataque a Midway. O outro oficial era o tenente-comandante Wade McClusky que por sorte conseguiu levar sua esquadra de caças-bombardeiros até a frota japonesa justo no momento em que os conveses de seus porta-aviões estavam cheios de aviões sendo armados e abastecidos. Os japoneses assistiram ao ataque norte-americano com admiração profissional;[5] os americanos afundaram quatro porta-aviões japoneses nessa batalha, e a Marinha Imperial nunca se recuperou ou teve de novo esperança de exercer uma hegemonia indiscutível no Pacífico.

Decodificando os Códigos Navais Japoneses

Um dos elementos decisivos nas operações navais dos EUA foi a capacidade de decifrar as comunicações navais japonesas. A inteligência naval norte-americana iniciou o trabalho de decodificação dos códigos navais japoneses em 1921. Os oficiais americanos obtiveram uma fotocópia do "Código Operacional Secreto 1918" da Marinha Imperial japonesa. Os meios para decodificá-los, assim como os alicerces da economia moderna americana, apoiaram-se no empreendimento privado.

O código era uma espécie de dicionário com 100 mil verbetes que levaram cinco anos para serem traduzidos. Porém, para obter mais resultados, os especialistas precisavam deixar as mensagens criptografadas nesse código. Isso demandava ler as comunicações dos rádios japoneses enviadas por um único código telegráfico transmitido no silabário japonês.

Alguns operadores da Marinha dos EUA aprenderam, por iniciativa própria, a reconhecer e interceptar as mensagens dos rádios japoneses. O principal operador dessa atividade foi o radiotelegrafista-chefe Harry Kidder, que trabalhava nas Filipinas e aprendeu a decifrá-las com a ajuda da esposa japonesa. Outras estações de interceptação foram criadas em Xangai e Beijing. Mais tarde, a Marinha criou escolas para rádio-operadores.

Em 1927, o livro do código japonês e suas atualizações foram traduzidos naquele que se chamou "Livro Vermelho".

Ficou evidente que, mesmo se alguém não conseguisse ler as mensagens, as conclusões importantes sobre a organização e preparação de tropas japonesas para combate poderiam ser obtidas pelos padrões da transmissão de rádio. Mas, em 1930, a Marinha japonesa substituiu o "Livro Vermelho". Um novo e mais elaborado "Livro Azul" foi criado e a Marinha dos Estados Unidos levou três anos para compreender um trecho razoável dele.

Em 1939, a Marinha japonesa mudou seu código mais uma vez. Os americanos denominaram esse novo código de JN-25. Continha códigos mais complicados e procedimentos de transmissão com enormes variantes. Havia também constantes alterações processuais. Contudo, em novembro de 1941, diversas informações indicaram que a Marinha japonesa usava muitos navios comerciais para transportar tropas e que duas forças navais japonesas aproximavam-se das Filipinas. Foi até mesmo possível delinear sua composição. No entanto, só em dezembro de 1941, os americanos conseguiram decodificar adequadamente algumas mensagens do JN-25, dando início a análises importantes do movimento das forças japonesas.

Em 16 de março de 1942, uma das estações de escuta norte-americana em Corregidor, nas Filipinas, conseguiu decodificar uma mensagem japonesa em tempo real. Ela revelou que os japoneses haviam dado o código "AF" para a ilha de Midway. Havia outros indicadores, transmitidos de uma estação de escuta em Melbourne, na Austrália, que demonstravam que os japoneses tinham a intenção de fazer uma grande investida, provavelmente em direção a Midway. Essa foi a estimativa que o tenente-comandante Edwin T. Layton transmitiu ao almirante Nimitz.

Os americanos também conseguiram decifrar os diferentes códigos usados nas transmissões diplomáticas; e os japoneses em nenhum momento detectaram que esses códigos estavam comprometidos. É claro que isso deu enormes vantagens aos americanos. A decodificação dos códigos navais foi crítica não só na batalha de Midway, mas na campanha naval inteira no Pacífico, e, portanto, para a guerra de americanos, Aliados e chineses contra o Japão.

As estratégias japonesas eram muito menos definidas, além de muito mais extremadas e arriscadas. Surpreendentemente, no ataque a Pearl Harbor os estrategistas japoneses não desenvolveram um conceito ou um projeto para a "vitória". Por terem um plano coerente, esperavam ser bem-sucedidos ao garantir os recursos da China e do sudeste da Ásia, assim como com a criação de um império asiático poderoso o bastante no leste do Pacífico para fazer com que os americanos se acovardassem diante da perspectiva do custo de vencê-lo. Além disso, o novo império recrutaria a China e outros países asiáticos numa cruzada contra o Ocidente, que impossibilitaria os Aliados de continuar o conflito e coagiria os americanos, esses "demônios humanos", a chegarem a um acordo. Embora esse projeto subestimasse muito o poderio americano e fosse uma decisão de curto prazo — sem mencionar o impacto das crueldades japonesas na região e em outros lugares —, no longo prazo não era tão irreal como pareceu na época. A noção difundida de liberar a Ásia dos opressores brancos era um tema consistente na administração japonesa do império entre 1941 e 1945. Ela abrangia a criação da "Grande Esfera de Coprosperidade do leste da Ásia", a aproximação com os aliados de Manchukuo, bem como de grupos nacionalistas na Indonésia e de outras partes do sudeste da Ásia. Isso também significava humilhar os estrangeiros em cidades como Beijing, onde seriam confinados. Durante a guerra, o Japão só conseguiu a cooperação de pequenas minorias de nacionalistas asiáticos que se opunham à Europa.[6] No entanto, essa aproximação, esse cultivo de sentimentos nacionalistas locais e de pessoas como Sukarno, que se tornou o primeiro presidente da Indonésia pós-guerra, e particularmente do impacto psicológico de suas vitórias sobre os europeus, contribuiu muito para o movimento pós-guerra de descolonização.

Se o planejamento da grande estratégia dos Aliados era relativamente objetivo, as considerações sobre o equilíbrio de poder eram mais complexas. É óbvio que a destruição do poderio militar japonês deixaria um vácuo de poder no Pacífico. Isso teria de ser substituído, em grande parte por uma expansão do poderio americano até alcançar o continente asiático. Ao mesmo tempo, os Estados Unidos precisariam manter a unidade dos Aliados sem ofender sentimentos anticolonialistas internos e sem pôr em perigo a reputação dos EUA na Ásia e na África como o sustentáculo da autodeterminação e da independência. Washington queria que os russos compreendessem que não mais poderiam dominar suas antigas possessões na Manchúria nem controlar a China e o sudeste da Ásia. A Rússia também teria de entender que seria muito importante para seus interesses aliar-se à guerra contra o Japão, o que reduziria a duração da guerra e as perdas das forças norte-americanas.

Tudo isso se superpôs aos projetos que surgiam aos poucos para a ordem global pós-guerra. Ninguém tinha muita dúvida que durante o resto da guerra e de suas consequências os Estados Unidos estariam numa posição proeminente. Como Stanley Hornbeck, do Departamento de Estado, mencionou: "Será uma guerra longa e dura, porém quando terminar o Tio Sam dominará o mundo."[7] Além disso, a guerra logo envolveu diversos aliados com objetivos muito diferentes, e com frequência contraditórios. Além do mais, Roosevelt e Churchill foram cuidadosos ao enfatizar o caráter multinacional e a *coalizão* desse esforço da guerra. Seria o Japão que teria de escolher atacar a América, a Inglaterra, a China e a Holanda. A legenda AICH poderia louvar o papel da China como um grande aliado, pois ajudaria a bloquear qualquer iniciativa soviética futura no norte da China. Era, portanto, imperativo criar alguma estrutura de cooperação dos Aliados. Os líderes anglo-americanos esboçaram um formato inicial da conferência "Arcádia" no final de 1941. Só muito mais tarde esse esboço se consolidou num formato que Roosevelt, em um momento de inspiração, batizou de "Nações Unidas".

No início, o presidente se preocupou com o precedente infeliz da Liga das Nações como entidade definidora de organizações internacionais. Mas logo percebeu que a guerra não só teria de ser vencida como teria de ser vencida de tal modo que gerasse uma nova ordem mundial, que incorporasse tanto um equilíbrio de poder aceitável como uma capacidade de evitar guerras futuras entre os grandes estados. O estabelecimento dessa ordem pós-guerra requeria uma unidade sustentável dos Aliados, o pleno consentimento de Stalin e, se possível, sua confiança. Por isso, precisaria que Moscou percebesse que a derrota do Japão não causaria a predominância soviética no leste da Ásia. Ainda não menos importante, o povo norte-americano teria de aceitar alguma forma de participação dos EUA, sem organização e preparação de tropas para combate de longo prazo no exterior. Esses princípios constituíram o contexto da política de Roosevelt até o final de sua vida.

Nesse sentido, a China continuou sendo uma recompensa, talvez a maior e única recompensa da guerra no Pacífico. Em uma perspectiva histórica mais ampla, a guerra sino-americana no Pacífico talvez tenha sido apenas uma guerra pela China. Com certeza o ataque a Pearl Harbor e a entrada dos Estados Unidos na guerra foram um alívio tanto para Chiang como para Churchill.

As prioridades dos Aliados do ponto de vista político e militar permaneceram inalteradas em razão de uma série de vitórias dos alemães e dos japoneses, e também devido às primeiras vitórias navais dos Estados Unidos no Pacífico. A Grã-Bretanha, em especial, sofreu uma série de desastres, começando com as derrotas na Noruega e na França em 1940, seguidas em meados de 1942 pela queda de Tobruk na África do Norte, que fez Churchill, desalentado, resmungar, "Derrota é uma coisa, desgraça é outra". Na verdade, Churchill tinha a convicção — que naturalmente nunca exprimiu em público — de que de homem para homem os ingleses não podiam se comparar aos alemães, pelos quais ele desenvolveu uma crescente admiração em razão da competência nas batalhas.[8] E logo após Pearl Harbor os ingleses sofreram dois desastres estratégicos. A força aérea japonesa demonstrou o valor de seu poder aéreo no mar ao afundar dois dos melhores navios de guerra britânicos na costa da península da Malásia. Além disso, ao contrário de todas as expectativas anteriores, os japoneses conseguiram transportar forças terrestres e aéreas para o sul da Indochina e através das florestas da Malásia. Assim, atacaram Cingapura por terra, fazendo com que seus enormes armamentos ficassem apontados inutilmente para o mar. Em

15 de fevereiro de 1942, Cingapura e mais de 100 mil homens se renderam às forças japonesas, bem menores em números, porém superiores em competência militar. Ainda pior, os japoneses venceram as forças britânicas e indianas na Birmânia. Em abril de 1942, eles bloquearam a estrada da Birmânia. As consequências foram muito além do aspecto militar. Todo o prestígio e carisma do império britânico no Oriente, que durara cem anos, terminou abruptamente.

O bloqueio da estrada da Birmânia significou que Chiang, estabelecido em Chonqing, só receberia parcos suprimentos por transporte aéreo sobre a "Corcova" do Himalaia. Ele achou que a ajuda dos Aliados era inadequada e continuou a dizer isso durante toda a guerra. Por sua vez, os esforços dos chineses eram com frequência pouco visíveis. Logo após Pearl Harbor, Roosevelt enviou o general Joseph "Vinegar Joe" Stilwell a Chonqing para ser o elemento de ligação com Chiang, assim como para comandar todas as forças norte-americanas na China, Birmânia e Índia e supervisionar o programa de suprimento de arrendamentos americanos. Stilwell possuía uma longa experiência na China e uma considerável admiração pelo povo chinês. Ele também pensava que os chineses, se fossem treinados de forma adequada, poderiam se transformar em soldados exemplares. Nisso estava implícito que ele achava que os exércitos chineses haviam recebido pouco treinamento ou equipamento e que tinham oficiais em demasia. Quanto a seus comandantes, ele os desprezava e menosprezou a maioria dos oficiais de alta patente devido à desonestidade e corrupção. Tampouco apreciava a disposição deles, sem mencionar sua capacidade, ao lutar contra os japoneses. Para Stilwell, seria necessário um exército elitizado, menor e mais forte. Ele também questionava a competência militar de Chiang. Apesar de Chiang ter se intitulado "Generalíssimo", sua conduta nas operações era quase sempre uma nulidade.

A opinião de Stilwell em relação à liderança política chinesa era ainda menos lisonjeira. Ele apelidou Chiang de "amendoim". Rapidamente, concluiu que os líderes nacionalistas eram apenas "uma gangue de assassinos com um único projeto de se perpetuar e à sua organização".[9] Essa observação pode ter sido indelicada, porém era justa. Chiang de fato via todas as alianças como temporárias e táticas, e seu objetivo definitivo era permanecer no poder para unificar e restaurar a China.[10] E a corrupção era endêmica. Não surpreende, assim, que Chiang e Stilwell não tenham mantido boas relações. Por fim, Stilwell foi chamado de volta, principalmente por causa da insistência de Chiang.

Havia também diversas disputas estratégicas e táticas. Em 1942, Claire Chennault reingressou no serviço militar dos EUA como general e seus "Tigres Voadores" se transformaram na 14ª Força Aérea do Exército americano. Assim como outros generais antes e depois, Chennault pensou que a Força Aérea seria vital para vencer a guerra, e que a China nacionalista precisava melhorar e aumentar sua capacidade aérea, além de construir uma série de campos de aviação modernos. Stilwell teve pouco tempo para tecer essas considerações, mas Chennault era um conselheiro em quem Chiang confiava muito empreendendo grandes esforços para seguir seus conselhos. Centenas de milhares de camponeses foram recrutados para construir estradas e campos de aviação. O empreendimento não só causou um ressentimento no campesinato como uma séria redução dos recursos dos nacionalistas, inclusive aumentando a escassez das coletas de impostos de uma população já duramente atingida. Do ponto de vista nacionalista, isso também iria, ao longo do tempo, provocar um contra-ataque militar feroz e destrutivo dos japoneses.

Se Chiang tinha dificuldades, a situação não era muito melhor no lado dos chineses comunistas. Em 1941, os ataques dos nacionalistas e dos japoneses causaram crises nas áreas controladas pelo PCC. Yan'an foi atingida pela escassez de víveres, pela inflação e por sérios problemas de receita, o que enfatizou a necessidade de aumentar a produção e economizar. Isso criou problemas de controle social, aos quais o PCC enfrentou por meio de uma mobilização intensa do campesinato e da doutrinação, aliadas à insistência da liderança para que os soldados maoistas mantivessem a disciplina e fossem prestativos com os camponeses, além de compartilharem as privações gerais. Outros meios também foram usados, inclusive, quando necessário, a força. A produção de ópio poderia ser usada para pagar impostos. Seu consumo não era encorajado entre os membros do partido, mas o ópio continuava a ser enviado para áreas controladas pelos japoneses ou pelos nacionalistas com o duplo propósito de ganhar dinheiro e enfraquecer o inimigo. Além disso, Mao prosseguiu com aperfeiçoamento do seu marxismo achinesado: "O Pensamento de Mao Zedong."

No entanto, os nacionalistas e os comunistas compartilhavam uma ideia: nenhum deles apreciava as fraquezas políticas e sociais da China, que a impossibilitou de exercer um papel mais relevante nos conselhos dos Aliados ou no equilíbrio do Pacífico, ainda menos na formulação de qualquer ordem futura no Pacífico. Tampouco perceberam que as grandes potências, como os Estados Unidos, a União Soviética e a Grã-Bretanha, tinham questões muito mais importantes com que se ocupar do que os interesses nacionais da China, fossem eles definidos por Chiang ou Mao. Como o movimento de "autofortalecimento" do final do século XIX indicara há muito tempo, Beijing só poderia ser influente se a China organizasse internamente sua economia e sua política. Nesse meio-tempo, qualquer que fosse a retórica política, a China continuaria a ser um objeto, e não o sujeito, das decisões dos Aliados. Os nacionalistas, é claro, usaram todos os seus recursos, da simpatia dos missionários a uma percepção mais difundida da China como "vítima". Porém, nada poderia dissimular a ineficiência dos nacionalistas na área rural, ou a má administração e corrupção dos negócios dos chineses nacionalistas.

Os padrões políticos da guerra e do pós-guerra passaram a assumir uma forma mais consistente assim que os planos navais e militares para o Pacífico ficaram mais claros. Essas linhas gerais começaram a ser discutidas nas quatro grandes conferências dos Aliados em 1943. A primeira delas, realizada em janeiro, em Casablanca, promoveu o encontro de Churchill e Roosevelt. Stalin declinou o convite, dizendo que estava ocupado (era o último mês da batalha de Stalingrado, no Volga). A segunda conferência foi uma reunião dos três ministros de Relações Exteriores dos Aliados, Anthony Eden, Cordell Hull e Vyacheslav Molotov, realizada em Moscou nos meses de outubro e novembro. A terceira, em novembro, foi um encontro entre Churchill, Roosevelt e Chiang no Cairo. A quarta e mais importante foi uma reunião em novembro e dezembro entre Churchill, Roosevelt e Stalin em Teerã.

Nessas reuniões, Roosevelt tentava evitar a antiga conclusão de MacMurray, anterior à guerra, a respeito de uma rivalidade inevitável pós-guerra entre os soviéticos e os norte-americanos. Em Casablanca, devido à necessidade de obter a cooperação russa tanto na guerra como na paz, e para que Stalin não pensasse que os Estados Unidos e a Grã-Bretanha fariam uma paz em separado com a Alemanha, Roosevelt declarou que a Alemanha, a Itália e o Japão teriam de aceitar uma "Rendição Incondicional".[11] Ele decidiu também que os Estados Unidos controlariam a região do Pacífico no pós-guerra, rodeando o Japão com uma série de bases americanas nas Filipinas, em Taiwan e na Coreia, assim como nos arquipélagos. Para atingir esse objetivo, no entanto, seria preciso evitar uma invasão extremamente dispendiosa do Japão e atrair os soviéticos para a guerra do Pacífico depois da rendição da Alemanha. Em razão de ser também necessário eliminar qualquer controle futuro dos soviéticos na China, o governo nacionalista chinês precisaria de apoio e dinheiro. A ascensão e celebração da China como uma das quatro grandes potências vitoriosas da guerra e, mais tarde, como uma das "Quatro Polícias" do mundo pós-guerra também deveria continuar, ao lado de Estados Unidos, Grã-Bretanha, e União Soviética. Isso a despeito de Winston Churchill, que escreveu de Londres dizendo que a inclusão da China como uma das quatro grandes era "uma farsa total", e em alguns momentos, sobretudo num período mais tardio da guerra, chamou os fracassos militares nacionalistas de "grotescos".

Em Moscou, as discussões progrediram bastante. Houve uma "declaração das quatro potências" sobre a criação de uma nova organização internacional. Os russos objetaram quanto à ascensão adicional da China ao status de grande potência, mas recuaram quando Hull advertiu que "haveria todos os tipos de reajustes por parte do meu governo" se Moscou insistisse.[12] Os Estados Unidos tinham, na ocasião, renunciado a todos os seus antigos direitos extraterritoriais na China. Agora foram mais além. Revogaram a antiga proibição de 1882, de imigração chinesa para os EUA e a substituíram por uma cota. Além disso, permitiram que os chineses obtivessem a cidadania norte-americana. Depois, em novembro, realizou-se a reunião do Cairo na qual Chiang foi fotografado brindando com Roosevelt e Churchill, e onde a China foi ainda mais envolvida no processo. Reiterou-se, sem dúvida para tranquilizar o sempre desconfiado Stalin, que não haveria paz sem uma rendição incondicional. Foi também acordado que a Coreia se tornaria independente e que a China recuperaria todos os territórios que perdera ("que foram roubados") desde 1894 e as ilhas do Pacífico que o Japão capturara a partir de 1914. Para desagrado de Churchill, Roosevelt concordou com Chiang que o colonialismo na Ásia terminaria, mas o presidente também deixou claro que os nacionalistas teriam de fazer um acordo para resolver as diferenças internas com os comunistas. Se Chiang conseguisse que Stalin não mais ajudasse Mao e declarasse guerra ao Japão, ele faria algumas concessões aos soviéticos na Manchúria.

Houve o prelúdio do encontro dos "Três Grandes" em Teerã. Roosevelt estava plenamente confiante: "Stalin? Eu posso controlar esse ser desprezível." Isso seria difícil, tendo em vista as suspeitas arraigadas dos soviéticos com relação ao Ocidente, que eram evidentes mesmo em questões de pouca importância. Por exemplo: quando Molotov visitou a Grã-Bretanha e Churchill ofereceu a hospitalidade da residência do primeiro-ministro em Chequers, os russos trouxeram suas arrumadeiras e Molotov dormiu com uma arma sob o travesseiro.[13] Havia ainda o eterno receio de que os ingleses e os americanos fizessem um acordo separado com a Alemanha; mas, por sua vez, em meados de 1943, Stalin pensou seriamente em firmar um acordo privado com Hitler, o que deixaria os Estados Unidos e a Grã-Bretanha lutando sozinhos contra a Alemanha e o Japão.[14] Roosevelt percebeu esse estratagema, mas também tinha suas restrições quanto aos ingleses; de qualquer modo, preocupou-se em tranquilizar Stalin, afirmando não existir nenhuma conspiração anglo-saxã contra ele. Stalin logo se aproveitou das preocupações ocidentais e sugeriu que Roosevelt, por ser o único chefe de Estado (não apenas chefe do governo) presente à reunião, deveria assumir a presidência. Isso lisonjeou o presidente americano e pressupôs uma posição equidistante para ele quanto ao Reino Unido e a URSS caso houvesse divergências. Roosevelt foi mais além e promoveu um encontro *à deux* com Stalin, assegurando-lhe que uma "segunda frente" seria aberta na França o mais breve possível. Os dois líderes conseguiram, no entanto, que Stalin confirmasse a promessa, que fizera na reunião realizada em Moscou, de que tão logo a Alemanha fosse derrotada, ele se aliaria na guerra contra o Japão. Ele também — fato de importância especial para Roosevelt — iria aderir à nova Organização das Nações Unidas. Além disso, aceitaria a independência da Coreia e reconheceria a soberania da China na Manchúria. Em contrapartida, recuperaria todos os seus antigos direitos na Ferrovia Oriental da China e receberia um porto no Pacífico que poderia ser utilizado no inverno, no arquipélago das ilhas Curilas, e a área ao sul de Sacalina.

Teerã foi importante em outros aspectos. A reunião destacou a mudança do centro de poder ocidental da Grã-Bretanha para os Estados Unidos. A relação entre os dois países sempre fora mais complexa, com um grande choque de rivalidade tanto militar como na condução da política, do que aparentava na época. Roosevelt gostava de lidar diretamente com Stalin e se impacientava com Churchill e o imperialismo britânico. Como Churchill escreveu desanimado mais tarde, "em Teerã, percebi pela primeira vez como somos uma nação pequena". O anti-imperialismo norte-americano obteve recompensas; primeiro, a admiração do mundo colonial. Entretanto, bem mais tarde, depois da guerra, carregou seu ônus: como os ingleses observaram com um toque de *schadenfreude*,[15] os americanos herdaram muitos dos fardos e problemas suportados pelo império britânico no passado. A guerra comprovou ter sido, como assinalou o historiador inglês Alan Taylor muitos anos depois, a "Guerra da Sucessão Britânica".

É claro que o acordo de Teerã não marcou, segundo a frase melíflua de Churchill, o final dos debates entre os Aliados. Tampouco significou o prenúncio do final, porém com certeza era um indício e estabeleceu uma estrutura não só para os debates dos Aliados durante o resto da guerra, mas para as discussões dos primórdios do mundo pós-guerra. Afinal, na época do encontro alguns delineamentos da vitória haviam começado a surgir. O norte da África foi conquistado. Os Aliados invadiram a Itália e aceitaram sua rendição em julho. Na Rússia, os alemães sofreram sua maior derrota com a rendição do 6º Exército em Stalingrado.[16] Uma vitória final parecia certa.

No Pacífico, entretanto, passaram-se 18 meses de conflitos penosos e extremamente cruéis. Houve batalhas para capturar ilhas de vital importância, como Saipan, Iwo Jima e, mais próxima ao Japão, Okinawa. Em quase todos os lugares, os soldados e os civis japoneses preferiram a morte a se render. Os americanos no Pacífico e os ingleses e os soldados indianos na Birmânia ficaram incrédulos. De Saipan, por exemplo, vieram filmes de mulheres japonesas e crianças pulando de despenhadeiros, e centenas de soldados japoneses morreram em incumbências suicidas. Porém, haviam dito às mulheres que os americanos as violariam, torturariam, assassinariam e até mesmo as comeriam. E os soldados não só preferiram a morte à desonra de se render, alguns também tinham também medo que seus corpos terminassem nas panelas dos Aliados. Em janeiro de 1944, na Birmânia, homens da Força Real da Fronteira do Oeste Africano renderam algumas tropas japonesas. A razão? Os japoneses "acreditavam que as tropas africanas comiam os mortos na batalha, mas não os prisioneiros. Eles temiam que, se fossem comidos pelos africanos, seus ancestrais não os aceitariam no além".[17]

Na China a situação era profundamente complexa. Apesar da ênfase oficial numa frente unida dos nacionalistas e dos comunistas, na verdade, do ponto de vista político e militar, havia duas Chinas. A guerra foi, portanto, de muitas formas uma luta entre nacionalistas, comunistas e japoneses, com cada um dos três grupos lutando nas duas frentes contra os outros. Os americanos queriam que os líderes chineses se concentrassem em lutar contra os japoneses e desenvolver uma China forte e unida para ajudar a estabilizar o leste asiático. É evidente que nada disso aconteceu, e o governo nacionalista estabelecido teria de ser apoiado. Os diplomatas clamavam por reformas econômicas e sociais, assim como por alguma conciliação entre os dois lados chineses. A partir de Pearl Harbor, as dificuldades aumentaram bastante e ficou claro para os observadores americanos e ingleses, não só Stilwell, que a população nas áreas controladas em grande parte pelo KMT estava desiludida com o governo nacionalista. Relatos da corrupção e da brutalidade dos nacionalistas se multiplicavam, ao passo que os comunistas, em suas regiões, ganhavam cada vez mais popularidade. Eles podiam controlar a menor das três áreas conflitantes, mas eram muito mais organizados e disciplinados do que os nacionalistas e tinham a reputação de serem mais honestos e eficientes; e também mais implacáveis. O apoio dos comunistas à iniciativa de combater os excessos dos proprietários rurais era destinado, entre outros objetivos, a obter a participação dos camponeses pobres na causa que lhes havia infligido tantas coisas terríveis.

Por outro lado, para Washington e Londres a dificuldade básica permanecia: Mao poderia de fato ser confiável para cooperar com Chiang e com os EUA? O Partido Comunista Chinês fora criado com uma grande orientação soviética e desde a década de 1920 proclamava críticas ao imperialismo e ao capitalismo norte-americano. No entanto, sobretudo depois de Pearl Harbor, tornou-se mais amistoso com os EUA. Contudo, as ligações entre Moscou e o PCC não eram segredo. Assim, apesar das relações algumas vezes tênues durante a guerra entre Mao e os russos, a questão era: Mao seria capaz de desenvolver sua própria política ou por fim se submeteria ao controle soviético, tal como os partidos comunistas em quase todos os lugares?

Porém, nada foi decidido em relação à China na época em que Roosevelt, Churchill e Chiang se reuniram no Cairo, onde se firmou um acordo definindo que, depois da guerra, Taiwan e o "Manchukuo" seriam devolvidos ao governo chinês; mas os americanos responsáveis pela condução das diretrizes políticas permaneceram profundamente divididos. Os EUA estavam comprometidos com o governo nacionalista. Para Roosevelt, os nacionalistas continuavam sendo uma das "Quatro Polícias" do mundo pós-guerra e um bloco essencial para qualquer correlação de forças não soviéticas no Pacífico. Era também um posto avançado de modernidade. Grupos americanos poderosos, não só os missionários, continuaram vendo esse governo — "a China livre" — como o representante dos ideais americanos. No entanto, a enorme corrupção, a repressão à dissidência e a desorganização se agravavam. A maioria dos americanos influentes na China e em Washington assumiu uma posição decididamente hostil e desdenhosa com relação ao governo de Chiang. Washington e Londres ficaram horrorizadas com os relatos de que mais de meio milhão de tropas nacionalistas estavam bloqueando os comunistas, em vez de enfrentar o Exército japonês. Ficaram desalentados com as informações de que os suprimentos de comida e remédios nas áreas nacionalistas continuavam insuficientes; de que durante as secas e a escassez de víveres a corrupção aumentou; e de que houve conflitos entre camponeses e soldados nacionalistas para ver quem deveria passar fome. Entretanto, Chonqing tentou impor impostos mais elevados e o serviço militar obrigatório. Nesse ínterim, as vitórias japonesas no campo enfraqueceram ainda mais o moral chinês. Milhares de chineses desertaram ou morreram. Assim, não surpreende que funcionários americanos na China pensassem que havia uma grande e crescente probabilidade de uma guerra civil após a derrota do Japão.

No primeiro semestre de 1944, os líderes aliados ocidentais, assim como os soviéticos, se concentraram exclusivamente na perspectiva de uma invasão anglo-americana no noroeste da Europa, no significado desses eventos na frente russa para as operações anglo-americanas na Itália e nos possíveis desembarques no sul da França. No Dia D, em 6 de junho, os Aliados desembarcaram com sucesso no norte da França. Isso quase coincidiu com as grandes ofensivas dos soviéticos no verão. No Pacífico, nove dias depois do Dia D, duas divisões da Marinha americana desembarcaram em Saipan. Nesse meio-tempo, Roosevelt enviou o vice-presidente Henry Wallace a Chonqing. Wallace chegou no mês junho, no momento em que as forças anglo-americanas invadiam a Normandia e durante a ofensiva japonesa. Chiang concordou que observadores militares americanos fossem ao quartel-general de Mao Zedong em Yan'an e os primeiros deles partiram em julho. À medida que mais funcionários e jornalistas americanos visitavam as áreas comunistas, houve um crescente respeito por eles. Quanto mais observavam, mais ficavam impressionados com a evidência de que os comunistas lutavam contra os japoneses, com os relatos de reformas agrárias nas áreas controladas pelos comunistas e com as indicações de apoio popular. Esses relatórios sugeriam de maneira veemente que os comunistas eram muito mais aptos do que Chiang para dar à China o que ela precisava e o que os americanos queriam. Em determinado momento, Roosevelt e os líderes aliados discutiram a possibilidade de fornecer armas para os comunistas, que poderiam lutar contra os japoneses.

Na mesma época da viagem de Wallace, os campos de aviação que Chennault recomendara ficaram prontos e acomodaram os novos bombardeiros pesados norte-americanos, os B-29 de quatro motores. Em junho de 1944, eles fizeram o primeiro ataque importante contra ferrovias em Bangkok, na Tailândia, logo seguido por um ataque à fábrica de aço em Kyushu, no Japão, e em outros alvos. Isso provocou uma retaliação maciça. Os japoneses avançaram mais na China para consolidar o controle de ferrovias estratégicas que utilizavam para ir ao sul e ao oeste, a fim de capturar campos de aviação nacionalistas e ameaçar Chongqing. No entanto, quando os japoneses atingiram seus objetivos, os B-29 haviam sido retirados. Agora a base deles ficava em ilhas recém-capturadas no Pacífico, de onde poderiam atacar Tóquio. A reação dos japoneses foi de querer recuperar as ilhas. Isso, por sua vez, provocou um conflito naval feroz, em que os americanos derrubaram tantos aviões com pilotos japoneses despreparados que a Marinha dos EUA chamou essa operação de "O grande tiro ao Peru das Marianas". As tentativas da Marinha japonesa de reafirmação terminaram em outubro de 1944 na batalha do golfo de Leyte, nas Filipinas, na qual os japoneses perderam três navios de guerra, quatro porta-aviões e seis cruzadores, além de centenas de pilotos.

Em fevereiro de 1945, realizou-se a maior das conferências das quatro potências durante a guerra, em Yalta, na Crimeia. O contexto de suas decisões foi a perspectiva de um equilíbrio pós-guerra. Portanto, precisava definir questões cruciais relativas à Alemanha e ao leste europeu, assim como os últimos movimentos militares da guerra no Oriente e no Ocidente. Roosevelt revelou pela primeira vez sua estrutura de planejamento pós-guerra (e a de todos os outros). Na primeira sessão plenária, ele disse que "os Estados Unidos tomariam todas as medidas sensatas para preservar a paz, mas não à custa de manter um grande exército por tempo indefinido na Europa, a 4.828 quilômetros de casa. Por esse motivo, a ocupação americana se limitaria a dois anos".[18] Esse tipo de linguagem dos líderes agora era definitivo e Stalin teve um grande autocontrole para esconder seus sentimentos atrás de uma maneira de falar gentil, até mesmo com um toque de humor. Mas para ele e Churchill, as implicações de longo prazo ficaram instantaneamente evidentes, e moldaram a política europeia desde o início. Se os americanos voltassem para casa, qualquer equilíbrio entre o Oriente e o Ocidente na Europa teria de ter o consentimento, e não só uma aquiescência relutante, de Stalin, o chefe daquele que seria o poder militar avassalador na Europa. Isso confirmou o que não poderia ser impedido: o domínio soviético do leste europeu, da fronteira da URSS até a zona soviética de ocupação da Alemanha.[19] Isso também demandaria um ressurgimento urgente da França para evitar que a hegemonia soviética se estendesse ao Canal da Mancha.

Apesar da grande parte de mitologia pós-guerra e embora fosse verdade que Roosevelt estava cansado e doente, ele não vinha sendo enganado por Stalin ou por ninguém mais. Em questões que diziam respeito à Polônia e ao leste europeu, ele não fez nenhuma concessão em que não estivesse numa posição realística para negar. Ele tinha outras expectativas, inclusive a promessa de cooperação da Rússia no ataque final ao Japão, que seria de extrema dificuldade e, por conseguinte, com terríveis perdas para os Aliados (e para os japoneses). Stalin reiterou sua promessa de aderir à guerra com o Japão após três meses da rendição alemã. A reunião também ratificou o que Roosevelt insistira desde Casablanca e Teerã. O Japão obviamente teria de ser ocupado e seu poder militar destruído. Porém, a menos que a China agisse de forma positiva, o norte do Pacífico estaria condenado a uma rivalidade russo-americana, tal como MacMurray previra. Então o paradoxo continuou: mesmo que a China fosse um elemento secundário no esforço de guerra dos Aliados, era lógico para Roosevelt elogiar o papel de Chiang como o líder de um dos "Quatro Grandes" Aliados e um elemento essencial da estrutura internacional do pós-guerra. O elogio foi enfatizado na publicidade, em passeatas políticas e conversas. Grande parte disso era, é claro, uma farsa. O fato de a China integrar os Quatro Grandes não era um tributo à grandeza da China, muito menos ao poder chinês. Foi um meio de evitar que a União Soviética usasse sua posição no noroeste da Ásia para expandir seu alcance no Pacífico e na Ásia Central.[20]

A conferência também prenunciou a criação das Nações Unidas. Essa organização, a pedra fundamental da nova esperança de um sistema de segurança global e sucessora da fracassada Liga das Nações, foi criada em São Francisco, numa conferência com representantes de cinquenta nações que se estendeu de abril a junho de 1945. É provável que tenha sido a decisão mais importante de todos os acordos internacionais elaborados a partir de 1945, embora seus mentores tivessem mais uma vez ignorado, assim como os fundadores da Liga, a frase de Thomas Hobbes que dizia que acordos sem espadas eram meras palavras. O veto que as Cartas das Nações Unidas concedeu a grupos e Estados mutuamente hostis significava que nenhuma "espada" seria construída ou usada, exceto contra os fracos e desamparados. A China, com o forte apoio norte-americano, tornou-se membro fundador e ainda ocupou um dos cinco assentos permanentes no órgão decisório mais relevante, o Conselho de Segurança. Isso conferiu à China poder de veto nas decisões do Conselho.

Grandes divergências entre os Aliados continuaram existindo como em relação a manter a cooperação soviética. O presidente Roosevelt ignorou a resistência de Churchill a permitir que os soviéticos recuperassem a antiga esfera de influência russa no noroeste da Ásia. Ele acreditou até morrer que Stalin poderia ser persuadido a cooperar no projeto de unificar a China sob a liderança nacionalista. Ele conseguiu que Stalin prometesse retirar suas tropas da China três meses após a rendição do Japão, embora isso desse aos comunistas chineses três meses para se estabelecerem nas áreas ocupadas pelos soviéticos. (Na ocasião, os seguidores de Chiang pediram aos soviéticos para permanecerem, a fim de ajudar a manter a ordem e cuidar das centenas de milhares de prisioneiros de guerra japoneses. Quando os russos por fim partiram em maio de 1946, levaram todo o equipamento industrial de que puderam se apoderar.) Mesmo depois da morte de Roosevelt, Stalin disse aos nacionalistas que ele apoiaria o governo deles como a única autoridade na China. Em contrapartida por tornar os chineses comunistas inoperantes, pediu o controle total da Manchúria. Quando Chiang fez objeções, Moscou concordou em controlar as ferrovias da Manchúria, além de Porto Arthur e Dairen, que também lhe dariam um domínio efetivo.

Roosevelt, que começara a ficar cada vez mais impaciente com a ineficácia nacionalista, indicou Stilwell para comandar as Forças Nacionalistas Chinesas e trabalhar em prol de uma coalizão mais eficaz entre o governo e os militares. Mas Stilwell voltou frustrado para os EUA e, em novembro de 1944, o presidente enviou o general Patrick J. Hurley à China como seu representante especial. Hurley disse aos chineses que os Estados Unidos só apoiariam o governo do KMT. Porém, nessa ocasião,

Mao ainda tinha esperança de obter ajuda dos Estados Unidos por meio da Lei de Empréstimo e Arrendamento, e sabia que os americanos estavam descontentes com a política de Chiang. No entanto, visitantes ocidentais que foram a Yan'an ouviram as afirmações de Mao de que os comunistas trabalhavam por uma frente unida. Assim, embora os comunistas tivessem 900 mil homens armados e estivessem ocupados com uma reorganização radical do país, o relatório de Hurley foi otimista quanto a uma futura cooperação PCC-KMT. Mas os funcionários do Ministério de Relações Exteriores acharam que ele era inábil e ingênuo, e que subestimara por completo a determinação dos comunistas e a intransigência do KMT. Talvez poucos tivessem percebido que a Casa Branca nunca teve uma "política para a China". Roosevelt, como qualquer outro presidente, tinha uma diretriz política para a China, focada nos interesses construídos com base na política e opinião dos EUA. Os funcionários do Departamento de Relações Exteriores na China não tinham meios de sugerir uma nova maneira de lidar com o vácuo de poder no Pacífico, em decorrência da derrota do Japão e da Alemanha e da perspectiva de os Estados Unidos se eximirem de suas responsabilidades ultramarinas.

Madame Chiang

Meiling, a mulher de Chiang, foi uma das mais notáveis personalidades da política chinesa na década de 1940. Uma figura admirável e imperiosa, ela possuía uma determinação brilhante e fria como aço, oculta atrás de um aspecto de boneca e de um ar coquete. Ela teve uma influência considerável na China, assim como nos EUA, e foi um dos embaixadores mais eficientes do marido. Tanto que, em 1943, fez uma viagem extremamente divulgada pelos Estados Unidos, a fim de obter apoio para a luta nacionalista.

Meiling nasceu em 1897, filha de Charlie Soong, um ex-missionário metodista e editor bíblico, além de aliado político de Sun Yatsen. Ela passou parte de sua infância na

Geórgia e cursou uma das mais prestigiosas faculdades dos Estados Unidos, Wellesley, e, portanto, era fluente em inglês. Também era elegante, arguta e temperamental. Meiling era a mais jovem das três filhas dos Soong, uma das famílias mais ricas da China. A mais velha, Ailing, casou com um membro de uma das famílias de banqueiros mais ricas do país, os Kung, e ocupava-se do dinheiro dos Soong. A segunda irmã, Qingling, casou com Sun Yatsen, primeiro presidente da república chinesa, e, como sua viúva, permitiram-lhe aliar-se às tropas dos comunistas em seu leito de morte. Meiling casou-se com o sucessor de Sun, Jiang Jieshi, o que lhe deu acesso direto ao poder, e o acesso de Jiang à fortuna dos Soong. Dizia-se dessas três mulheres que "(Meiling) gostava do poder, a primeira (Ailing) de dinheiro e a segunda (Qingling) amava a China".

Depois da morte de Sun Yatsen, Jiang Jieshi tornou-se o líder do governo chinês e casou com Meiling em 1927. O relacionamento era tecnicamente bígamo, uma vez que ele não se divorciara de sua primeira mulher; mas a família dela aceitou o casamento depois que Jiang prometeu "estudar o cristianismo". Era uma aliança forte, tempestuosa e considerada amplamente como um casamento de conveniência. Muitos anos depois, após a morte de Jiang, ela comentou certa vez que nunca haviam tido relações sexuais. Qualquer que fosse a verdade, Jiang e Meiling não tiveram filhos, embora ele tenha tido pelo menos dois filhos ilegítimos de outras mulheres.

Seu papel público mais importante provavelmente foi o de representante pessoal do marido nas relações exteriores. Sobretudo nos EUA, um dos trunfos diplomáticos de Jiang foi a personalidade da brilhante, imperiosa, bela e sedutora madame Jiang. Ela tornou-se muito admirada, em particular durante sua viagem em 1943, quando lhe concederam a honra de discursar numa sessão conjunta do Congresso. Ela sabia como lidar com os americanos, principalmente com os homens. Ela não era avessa a usar seus encantos pessoais com propósitos políticos. Um visitante ocidental escreveu que ela tinha um "dom de elegância permanente. Era atraente, com uma inteligência rápida e feminina". Dizem que quando ela participou das conferências dos Aliados vestindo um dos seus trajes apertados, abertos de um lado, ouviu-se um som suave de alento entre os funcionários graduados. É quase certo que tenha tido um caso amoroso em 1942-43 com Wendell Willkie, candidato republicano à eleição presidencial em 1944, tanto durante a viagem dele em 1942 a Chonqing como na viagem dela em 1943 aos EUA.

Infelizmente, tinha uma tendência a pensar que a admiração pessoal poderia ser traduzida em influência política. Como Owen Lattimore escreveu mais tarde, "O valor e a importância de madame Chiang têm sido extremamente exagerados, sobretudo pelos americanos". Stilwell, que não era tolo, achou-a "rápida, inteligente [...] gostaria que fosse um homem. Não tem um pensamento profundo, mas capta tudo com rapidez [...]. Direta, impetuosa, enérgica, adora o poder e devora a notoriedade e as lisonjas [...] [Historicamente] os chineses estavam sempre certos; os estrangeiros sempre errados". Os maiores líderes ocidentais também a acharam menos fascinante quando ela e Chiang foram convidados para participar da conferência dos Aliados realizada no Cairo em 1943. Eleanor Roosevelt observou que desejara ajudar madame Chiang "como se fosse minha filha". No entanto, foi uma filha que levou seus próprios lençóis de seda ao hospedar-se na Casa Branca, e insistiu que fossem trocados diversas vezes ao dia, bastando que se sentasse na cama para isso acontecer. Mais tarde, quando estava em Nova York e o presidente a convidou para almoçar na Casa Branca com Churchill, ela recusou com palavras deselegantes.

Após a morte de Roosevelt, seu sucessor, Harry Truman, demonstrou ainda menos simpatia pelos nacionalistas, a quem considerava desonestos. Depois que saiu do governo, falou numa entrevista: "Eles são todos ladrões. Roubaram 750 milhões dos bilhões que enviamos à China. Roubaram o dinheiro e investiram em propriedades em São Paulo e em Nova York." Por isso, Meiling e os nacionalistas deram um forte apoio para derrotar Truman e eleger o candidato republicano na eleição presidencial de 1948, e, mais uma vez, ficaram desapontados.

Depois da morte de Chiang, ela foi morar em Nova York. Passou os últimos anos reclusa e morreu em 2003 aos 106 anos.

Havia um elemento nessa situação do qual nem Londres ou Washington — e talvez nem mesmo Moscou — gostavam. A única questão em que os nacionalistas e os comunistas na China concordavam era quanto à hostilidade aos "imperialistas". Após a experiência de 1942-44 nenhum chinês de mais idade considerava os Estados Unidos ou a Grã-Bretanha confiáveis a longo prazo nem amigos da China. As campanhas anglo-americanas de 1941 a 1945 deram segurança à China contra uma agressão japonesa, mas houve um efeito colateral muito mais amplo. Seja como for, isso ocorreu depois de décadas de "exploração" ocidental. Ninguém na China sentia que devia ser grato aos anglo-saxões. Mesmo a dependência do PCC com relação a Moscou continha um elemento cortante de NHA (Não Há Alternativa).

No primeiro semestre de 1945 a guerra europeia aproximava-se do fim. O presidente Roosevelt morreu e foi sucedido pelo vice-presidente Harry Truman. Os exércitos americanos e russos encontraram-se no centro da Alemanha. Os soldados de Georgi Zhukov venceram a corrida contra o grupo rival e entraram primeiro em Berlim. Adolf Hitler suicidou-se em seu *bunker*, as últimas tropas alemãs e seus aliados foram cercados[21] e a Alemanha foi derrotada. Em meados do ano, realizou-se a última conferência dos Aliados, em Potsdam, próximo à capital da Alemanha parcialmente destruída. Stalin ficou sozinho com o novo presidente, pois Churchill se retirou da conferência para ser substituído no cargo de primeiro-ministro por seu antigo adjunto e agora opositor político Clement Attlee.[22] Durante a conferência, os conselheiros de Truman consideraram as reivindicações soviéticas na China ameaçadoras.

Havia também a questão urgente de como induzir o Japão a render-se sem o provável derrame de sangue de uma invasão. Esse era um assunto sério para o novo presidente. Seria indesculpável não tentar encerrar a guerra o mais rápido possível. O público norte-americano receberia com um rugido de fúria qualquer coisa que parecesse um adiamento desnecessário. As perdas expressivas de soldados americanos no final da guerra não apenas teria o mesmo resultado como provocaria, como disseram a Truman, um colapso do moral militar americano. Poderia, em um caso extremo, criar uma demanda pública para que a guerra fosse concluída imediatamente com qualquer solução conciliatória. Contudo, uma invasão do Japão causaria centenas de milhares de perdas para os EUA. Havia uma facção forte do exército japonês que desejava que a nação inteira lutasse contra os invasores. Truman deve ter suspirado de alívio quando soube, no meio da conferência de Potsdam, que o primeiro teste da bomba atômica, em Alamogordo, no Novo México, fora bem-sucedido. Isso demonstrou que as armas atômicas logo estariam disponíveis. Truman mencionou essa nova arma a Stalin, que não se surpreendeu. Um ou dois cientistas o mantiveram durante anos secretamente informado sobre o programa nuclear norte-americano.

Então, seria possível forçar os japoneses a se render em paz. Mas como? Truman foi advertido de que, apesar da "Rendição Incondicional" acordada nas reuniões anteriores, deveria haver um cuidado especial com a posição imperial do imperador Hirohito. Nada que enfraquecesse sua autoridade para ordenar as forças japonesas a se renderem sem luta ou suicídio poderia ser feito. Em 26 de julho, a declaração de Potsdam disse às forças japonesas que elas seriam destruídas se não houvesse uma rendição incondicional. O imperador não foi mencionado. Em Tóquio, havia turbulência mas nenhum sinal de rendição. Em 6 de agosto, o coronel Paul Tibbets, do 509º Grupamento Aéreo, decolou da ilha de Tinian e jogou uma bomba atômica em Hiroshima. Dois dias depois, outro ataque, dessa vez em Nagasaki. Nesse mesmo dia, os russos cumpriram a promessa feita a Roosevelt de que adeririam à guerra contra o Japão após três meses da capitulação alemã. Eles declararam guerra e tropas soviéticas comandadas pelo marechal Malinovsky se dirigiram para a Manchúria. Enquanto isso, o novo secretário de Estado de Truman, James Byrnes, mencionou em Potsdam uma nova solução para forçar o Japão a render-se, mantendo a monarquia constitucional e a dinastia estabelecida.

Em 14 de agosto, foi realizada a famosa transmissão radiofônica do imperador Hirohito declarando que o Japão tinha de "suportar o insuportável e aceitar" as condições impostas pelos Aliados. Pouco antes da transmissão, um grupo de jovens fanáticos do exército invadiu o palácio imperial para tentar destruir a mensagem gravada. O grupo se deparou com um general idoso que disse simplesmente: "parem essa tolice" e "sigam o desejo imperial".

Nesse dia, os soviéticos e os nacionalistas chineses assinaram um Tratado de Amizade e Aliança no qual a China aceitou as promessas feitas a Stalin em Ialta, inclusive uma base naval soviética em Porto Arthur. Os chineses reconheceram a independência da Mongólia Exterior, uma provável precondição para que se tornasse um satélite soviético. Em contrapartida, os soviéticos reconheceram a soberania chinesa na Manchúria e em Xinjiang, e concordaram em não interferir nos assuntos internos da China. Logo ficou evidente que o objetivo real dos soviéticos era manter os comunistas e nacionalistas em conflito e assim evitar o surgimento de uma China fortalecida e unificada. Naquele momento eles conseguiram o que queriam.

Na China, a rendição dos japoneses transformou, por pouco tempo, Chiang em um herói nacional. Os comunistas tiraram partido dessa nova situação e se deslocaram para o norte da China, a fim de forçar as tropas japonesas a se renderem e a lhes entregarem as armas, e não que se rendessem perante os nacionalistas. (Na Manchúria, as tropas soviéticas também agiram propositalmente quando partiram deixando uma enorme quantidade de armas, equipamentos e munição nas mãos dos comunistas chineses.) Mas os nacionalistas disseram aos comandantes japoneses para não se renderem aos comunistas. O governo de Chiang instruiu os japoneses a lutar contra as tropas comunistas, o que fizeram com frequência. Em alguns lugares, os senhores da guerra locais usaram as tropas japonesas para seus próprios objetivos. Ao mesmo tempo, o governo e as tropas comunistas partiram para a Manchúria. Os norte-americanos ocuparam Xangai, Guangzhou e alguns outros portos, assim como Pusan, na Coreia. Eles também decidiram dar uma ajuda ativa aos nacionalistas e transportaram exércitos inteiros de tropas nacionalistas por via marítima e aérea para o norte e nordeste da China, com o objetivo de que os japoneses se rendessem. Além disso, os americanos deslocaram mais 50 mil fuzileiros navais para a região, a fim de assegurar que Beijing e Tianjin pudessem ser ocupadas no caso de um avanço soviético em direção ao sul. Para todos, administrar a rendição japonesa era um enorme empreendimento. Além dos 1,25 milhão de homens que os japoneses mantinham na China, havia 1,75 milhão de civis no país, e mais soldados na Manchúria. Pelo menos 400 mil terminaram em campos de prisioneiros na Sibéria.

A situação pós-guerra naquele momento era extremamente complicada. A guerra fora na verdade uma questão de estratégia global. Mas assim que o conflito terminou, os problemas no Pacífico e na Europa ficaram mais uma vez isolados. Tanto para os americanos como para os russos a região de maior relevância para lidar era a Europa. A Alemanha constituía um problema vital, pois continuava sendo uma potência futura latente no centro do continente. Ao mesmo tempo, a "segurança" tinha significados diferentes no Oriente e no Ocidente. Para os anglo-americanos, a meta era a construção de instituições internacionais sólidas. Isso era estimulado pelas fortes tendências socialdemocratas na Europa ocidental pós-guerra; pela solidariedade diante das enormes perdas dos russos na guerra; e pelas opiniões anti-imperialistas do período pós-guerra que conferiram certa simpatia aos soviéticos, que denunciavam abertamente todos os outros impérios. Porém, para Moscou a segurança nacional representava mais do que uma segurança física da União Soviética contra um futuro renascimento da Alemanha ou do Japão, ou de um ataque dos Estados Unidos. Também significava a estabilidade do partido e de Stalin e a eliminação da oposição. Por isso, controles rigorosos do partido e da polícia foram reimpostos assim que a guerra terminou. Até mesmo os soldados russos libertados dos campos de prisioneiros alemães foram imediatamente enviados para os campos soviéticos, pois haviam sido "infectados" pelo contato com o mundo capitalista ocidental. No leste europeu, os russos reorganizaram os países libertados por seus exércitos como uma espécie de *glacis* para proteger a União Soviética. Por toda parte, governos comunistas submissos foram instituídos, pela persuasão ou pela força, dando à URSS o cinto protetor de países "amigos" (isto é, satélites) que as potências ocidentais haviam cedido com relutância a Stalin em Ialta. Os EUA também tomaram providências para resguardar a segurança da metade ocidental do continente. Em três ou quatro anos, a política aliada da época de guerra foi substituída por confrontos.

Em retrospecto, é evidente a razão por que Stalin e seus conselheiros queriam isolar o sistema soviético do Ocidente. As contradições internas do mundo capitalista se tornariam mais óbvias. As economias capitalistas seriam mutuamente hostis, como Lenin previra. Elas não só seriam incapazes de cooperar umas com as outras como mais cedo ou mais tarde entrariam em guerra entre si. Isso incluiria com certeza o conflito entre os ingleses e os norte-americanos. Esse cenário provocaria crises revolucionárias e guerras futuras, primeiro entre os capitalistas, porém os soviéticos poderiam ser envolvidos nelas. Em 9 de fevereiro de 1946, em um célebre discurso de "eleição", Stalin disse que a Segunda Guerra Mundial não fora acidental. Na realidade, fora "o resultado inevitável do desenvolvimento das forças econômicas e políticas mundiais baseadas no monopólio moderno do capitalismo".[23] Seis anos depois, em 1952, repetiu que "a inevitabilidade de guerras entre os países capitalistas permanece latente".

Esse posicionamento não impediu que Moscou procurasse restabelecer créditos ou acenar para os Estados Unidos com a possibilidade de a União Soviética aderir às organizações e aos acordos financeiros internacionais pós-guerra. Mas os russos impuseram dificuldades, de tal forma e dimensão, que pareceram incompreensíveis para a maioria das pessoas em Washington e Londres. A explicação foi dada em um dos mais célebres documentos diplomáticos do período pós-guerra, com 8 mil palavras, "O Longo Telegrama" da embaixada dos EUA em Moscou. No documento, o diplomata George Kennan explicava o raciocínio e os princípios subjacentes da política soviética.[24] Dizia que seria impossível conciliar ou acalmar a União Soviética, pois sua visão de mundo era ditada por pressões internas e ideológicas, muito mais do que por discursos de estrangeiros ou eventos. A URSS buscaria a autarquia e a expansão. Esse objetivo não poderia ser contestado com argumentos lógicos e a única solução seria reprimi-lo. Existiam realidades ideológicas e estratégicas muito hostis aos planos mais idealísticos dos Estados Unidos para o período pós-guerra, e o telegrama tornou-se um dos documentos básicos da política norte-americana da Guerra Fria.

Também era evidente que a oposição ao stalinismo demandaria uma liderança americana; e que esses interesses e essa liderança visariam principalmente a proteção da Europa ocidental. Os acontecimentos nessa região moldariam também o contexto das questões no Pacífico. Os EUA, isolados entre as demais potências, emergiram da guerra extremamente fortalecidos. Em meados de 1945, os Estados Unidos tinham a maior força naval e aérea do mundo. Depois da destruição de grande parte da Alemanha, da indústria japonesa e russa, os EUA eram responsáveis por quase metade da produção industrial do mundo, sem mencionar sua supremacia tecnológica. Além disso, sua moeda não só dominava o mundo financeiro como logo se transformou no dinheiro cobiçado pela maior parte dos lugares subdesenvolvidos do mundo.

Os principais marcos da mudança de um ambiente de atrito na aliança entre o Oriente e o Ocidente para a hostilidade da Guerra Fria são bem conhecidos. Primeiro, houve as divisões nítidas e crescentes nas zonas de ocupação do leste e do oeste na Alemanha. Até o final de 1947, as tentativas do Ocidente para obter a cooperação soviética foram discutidas em diversas conferências inúteis de ministros de Relações Exteriores e as dificuldades com o comportamento soviético persistiram, tanto na Europa como no Golfo Pérsico. Essas divergências foram insuperáveis. O ministro de Relações Exteriores soviético, Vyacheslav Molotov, um homem desagradável, continuou a dizer "não" com tanta frequência que os funcionários ocidentais, exasperados, começaram a chamá-lo de "o abominável humanoide". Os EUA foram os mais persistentes com relação à miragem da cooperação, até que duas grandes situações críticas ocorreram em 1947. Uma delas foi a declaração do presidente Truman em 12 de março anunciando a ajuda dos EUA ao governo grego em sua resistência à insurreição comunista: "Acredito que deve ser a política dos Estados Unidos apoiar povos livres que estejam resistindo à subjugação por minorias armadas ou por pressões externas." Era uma total inversão do retorno do isolacionismo que Roosevelt temera. Isso foi seguido pelo Plano Marshall para a reconstrução da Europa, que implicava cooperação e uma maior integração econômica na Europa. Por esse motivo, fortaleceu os temores de Stalin e sua percepção de que a segurança soviética requeria uma expansão territorial e o controle de Moscou. O abismo entre o Oriente e o Ocidente ampliou-se ao longo de 1948 com o golpe comunista na Tchecoslováquia, o bloqueio de Berlim e da rota regular dos aviões de carreira, e da reforma monetária na Alemanha Ocidental. Depois, houve a criação da Organização do Tratado do Atlântico Norte (Otan). Esses acontecimentos foram seguidos, em 1949, pelo compensatório Pacto de Varsóvia no leste europeu e a formação política de uma nova Alemanha Ocidental.

Para os ingleses e os franceses, a Segunda Guerra Mundial na verdade durou de 1938 a 1949, e agora havia um desejo veemente de segurança e redução de despesas. Os governos em Londres e Paris sofreram grandes pressões de todos os lados para se desfazerem de seus impérios dispendiosos. As pressões dos norte-americanos também tiveram grande importância. Não obstante, os dois países tentaram restaurar suas antigas esferas de influência no Oriente. A Grã-Bretanha reconheceu que a Índia precisava se tornar independente, mas os ingleses e os franceses tentavam se comportar como se nada tivesse acontecido. Ocorreram incidentes estranhos. Em Hong Kong, por exemplo, quando a guerra terminou e o ex-secretário colonial inglês, Frank Gimson, foi solto pelos japoneses após três anos de prisão, ele hasteou a bandeira britânica na residência governamental e por sua própria iniciativa reiniciou a administração colonial como se a guerra não tivesse existido. Em Cingapura, sócios do Singapore Cricket Club voltaram para a ilha e imediatamente começaram a pagar suas contas pendentes no clube, que não haviam sido quitadas devido ao tumulto da rendição de Cingapura três anos antes. Alguns sócios pagaram as contas de outros que tinham morrido. A situação na França era mais complexa. Existia o amargo legado do colapso de 1940, além dos desapontamentos causados pelo processo de conciliação liderado pelos ingleses antes de 1939. Agora, a posição da França no mundo teria de ser restaurada com base em uma forma muito diferente de confiança nos "anglo-saxões". Foi a possessão do império que justificou a reivindicação da França de ser uma potência mundial e um dos países vitoriosos da Segunda Guerra Mundial. A França pós-guerra pensava que, com o tempo, haveria uma única república francesa com os territórios ultramarinos sendo "uma parte integral da comunidade nacional", e que seus povos teriam seus membros eleitos no parlamento francês e até mesmo adotariam uma "natureza francesa". Essa concepção de unidade indissolúvel foi reiterada em 1946 na Constituição da União Francesa.

O único problema era a tentativa, no estilo de Knud, o Grande, de opor-se às tendências mais profundas dos assuntos europeus e mundiais. Os povos francês e britânico estavam cansados das obrigações ultramarinas e nenhum dos dois países teria, nem remotamente, recursos para apoiar o antigo império. Outras forças mais importantes também estavam em jogo. Os impérios britânico e francês, como outros antes deles, por muito tempo se sustentaram não tanto pela força, pelo dinheiro, prestígio ou respeito, e sim por sua imponente autoconfiança e a convicção veemente de que agiam de forma correta. Os fatos aliados ao modo pelo qual as derrotas ocorreram destruíram tudo isso. A noção de império agora era um mero eco do que Shelley certa vez dissera: "a lembrança da música desapareceu".

O legado de Woodrow Wilson, o desejo nacional de autodeterminação e independência dos territórios coloniais, também foi importante. A reivindicação era muito mais do que uma questão política. Foi um impulso moral e emocional de autoafirmação, fundamentado no sentimento impreciso porém vigoroso das identidades de raça, etnia e religião. Pouco se relacionava com as qualidades do governo. Era uma autoafirmação de que "nosso" grupo constitui uma "nação", e que tinha o direito de ser governada por seu próprio povo e não por "alguém mais".

Esse separatismo racial ou étnico não era um acontecimento novo. A guerra acentuara as noções de hostilidade racial e cultural, com novas formas violentas, não só no Japão, mas em quase todos os opositores do Japão, fossem americanos, ingleses, chineses, holandeses, filipinos ou indianos. Um fato bastante similar aconteceu na frente russo-alemã. Além disso, ficou claro que muitas das disputas internacionais ou ideológicas emergentes se baseavam nessas diferenças profundas. Em 1951, por exemplo, o francês Charles de Gaulle, sempre sábio, ao refletir sobre o conflito entre o comunismo e o capitalismo em sua época, escreveu que "a oposição entre o comunismo e o capitalismo é uma aparência. No fundo de tudo está a Ásia contra o universo dos brancos. É uma disputa sem medidas".[25] Sua opinião acerca do retorno da França à Indochina em 1945 era ainda mais rigorosa. Como escreveu em junho de 1954, a França "retomara contato, a despeito de todo mundo, com uma Ásia profundamente revoltada e que, sob diversas divisas, rejeita o Ocidente".[26]

Essa situação aliava-se a uma crescente hostilidade entre o Ocidente e a União Soviética. Na periferia da China havia, por exemplo, o Vietnã. Também lá os japoneses haviam rompido a autoridade do Ocidente. Durante a guerra dos grupos independentistas do Vietnã e a resistência contra os japoneses, surgiu um desses líderes dos movimentos de liberação marxista, duro, inflexível e treinado em Paris. Chamava-se Nguyen Ai Quoc (Nguyen, o Patriota), logo denominado Ho Chih Minh (Aquele que Ilumina). Um homem com maneiras enganosamente suaves, descendente de mandarins e educado na Academia Nacional em Hué. Depois perambulou pela Europa, converteu-se ao comunismo antes da Primeira Guerra Mundial e aderiu ao Partido Comunista Francês em 1920. Foi para Moscou a fim de ser treinado como agente do Comintern e, em 1924, voltou à China para organizar um grupo de vietnamitas radicais exilados. Passou a integrar um movimento pró-nacionalista vietnamita constituído em Guangzhou em 1920 e teve contatos com Borodin, o agente do Comintern na China. Em 1930, seu grupo formou o Partido Comunista da Indochina, dedicado a derrubar o governo francês e promover uma revolução contra os proprietários de terra. Quando a maioria dos líderes comunistas foi presa, ele fugiu e foi condenado à morte *in absentia*. Mais tarde, estudou três anos em Moscou e cinco na China, de 1936 a 1941. Uma coalizão de grupos nacionalistas vietnamitas foi então estabelecida no sul da China sob a proteção dos chineses nacionalistas. Esses grupos foram chamados Vietminh, ou Liga para a Independência do Vietnã. Logo ficou sob o comando de Ho e de Vo Nguyen Giap, que depois se tornou o brilhante comandante das forças comunistas contra os franceses e os americanos. No entanto, em 1944 os chineses estavam cautelosos em relação ao Vietminh, que criara uma "zona liberada" nas colinas ao norte de Hanói. Seus membros conseguiram algumas armas e contaram com a boa vontade dos EUA por certo tempo quando os planos de Roosevelt para a Indochina eram muito influenciados pelo anticolonialismo americano e também pelo desagrado que o presidente americano sentia pelo líder da França Livre, o general Charles de Gaulle. No final da guerra, os Aliados concordaram que o território do Vietnã ao norte do paralelo 16º fosse administrado pelos chineses. Mas em 2 de setembro de 1945, Ho Chih Mihn proclamou a independência do Vietnã sob o controle do Vietminh, tornando o país independente da China, do Japão e quimericamente da França.

O Vietnã ilustrou um problema mais generalizado. Os nacionalistas locais, embora diferissem em detalhes uns dos outros, tinham uma tendência a aderir ao comunismo. Afinal, o Comintern estivera presente no país desde a década de 1920, assim como os movimentos comunistas de resistência durante a guerra. Em todos os lugares, esse fato influenciou de forma decisiva a política ocidental. Como Winston Churchill mencionou em seu famoso discurso proferido em 1946 em Fulton, Missouri: "em um grande número de países distantes das fronteiras russas e no mundo inteiro, as quintas colunas comunistas são criadas e trabalham em total unidade e absoluta obediência às diretrizes que recebem do centro comunista [...] os grupos comunistas das quintas colunas constituem um grande desafio e um perigo para a civilização cristã."[27]

No Pacífico, os americanos, principais vitoriosos dos Aliados, incumbiram-se sozinhos da ocupação do Japão. No dia 30 de agosto, o general Douglas MacArthur chegou à base aérea de Atsugi, perto de Yokohama, para assumir o comando. Fazia quase cem anos que os "Navios Negros" do comodoro Matthew Perry, os representantes da "nação universal", haviam explorado o Japão. A bandeira de Perry foi cuidadosamente preservada na Academia Naval dos EUA, em Annapolis, e foi escolhida para tremular no navio de guerra *Missouri* durante as cerimônias de rendição dos japoneses. Agora, a maneira como MacArthur chegou atraiu uma admiração duradoura dos japoneses. Mesmo chegando a um país com centenas de milhares de soldados desesperados, furiosos e ressentidos com armas nas mãos, ele desceu do avião sozinho, desarmado e sem escolta. Foi uma exibição teatral de coragem e lhe conquistou não só admiração, mas uma autoridade que nunca perdeu em sua estada. Isso foi importante, pois havia muito a fazer: o Japão perdera 2 milhões de pessoas na guerra e 8,5 milhões não tinham onde morar.

No voo vindo da Austrália, o general disse que sua política em relação ao Japão seria guiada por George Washington, Abraham Lincoln e Deus (possivelmente nessa ordem). Os americanos logo esclareceram que, ao gerirem o Japão, trabalhariam em prol de uma transformação radical do país segundo o modelo democrático dos EUA, dispersando o exército imperial e a Marinha nesse processo. Eles também excluiriam os russos, tal como na Europa os russos haviam excluído os americanos e ingleses nos assuntos do leste europeu e os americanos afastaram os russos da Itália. E de fato, Stalin pediu diversas vezes para exercer um papel na ocupação do Japão, mas Truman sempre recusou.

Havia também outros fatores. Assim que a situação se acomodou, os americanos conquistaram uma base estratégica muito importante em Okinawa. Em 1947, MacArthur promulgou uma nova Constituição no Japão, elaborada pelo programa New Deal, na qual a cláusula nove continha uma diretriz profundamente antimilitar. Mas os EUA não perceberam a posição estratégica da Coreia. Os americanos só a notaram em 1942, quando exilados coreanos foram ao Japão oferecer ajuda. O líder nacionalista exilado e futuro líder da Coreia do Sul, Syngman Rhee, advertiu que, se os Estados Unidos não tomassem providências, poderia haver outro Estado comunista na Coreia. Um funcionário do Departamento de Estado, Stanley Hornbeck, grande conhecedor da China, observou que a Coreia teria "uma importância proeminente para a União

Soviética e a China" e que os comunistas coreanos tinham sido treinados na União Soviética. Um documento do Departamento de Estado sugeriu que os soviéticos poderiam "ocupar uma posição estratégica relevante na relação com a China e o Japão".[28] Assim, um Comitê Coordenador do Estado, da Guerra e da Marinha pensou em fazer "uma proposta que harmonizasse o desejo político das forças dos EUA de receber a rendição o mais ao norte possível e as limitações óbvias quanto à capacidade das forças norte-americanas de alcançar a área". Dois dias depois da declaração de guerra da União Soviética contra o Japão, com as tropas russas invadindo a fronteira do norte da Coreia, os americanos propuseram uma solução. No dia 11 de agosto, em Washington, numa atmosfera de preocupação, dois estrategistas, o coronel Charles H. Bonesteel e o major Dean Rusk, que seria secretário de Estado 15 anos depois, desenharam às pressas um mapa com uma linha divisória entre as forças americanas e soviéticas. Essa linha ficava no paralelo 38, deixando Seul na metade americana. Os russos concordaram e foi essa linha que definiu a fronteira entre a Coreia do Sul e a do Norte.

Essa divisão causou problemas, como acontece com frequência nessas questões. O final do domínio japonês na Coreia estimulou uma onda de nacionalismo renovado e uma feroz campanha antijaponesa. No norte, um oficial do exército soviético, até então desconhecido, criou um novo Estado ditatorial stalinista com a capital em Pyongyang. Seu nome era Kim Il-sung, uma dessas figuras notáveis que ascendeu das origens mais obscuras ao governo supremo. Um homem solitário, reservado e cruel que nasceu em 1912, no norte da Coreia, e que aderiu à Associação da Juventude Comunista da Manchúria aos 18 anos e logo se tornou um líder partidário que lutou contra os japoneses. Em março de 1941, Kim e um grupo de guerrilheiros sobreviventes fugiram para a Sibéria. Os russos os recrutaram para o Exército Vermelho, treinaram-nos em espionagem e sabotagem e os usaram como agentes. Em 1943, Kim tinha a patente de major, e a partir de 1945 foi treinado intensamente em assuntos coreanos. Segundo ordens pessoais de Stalin, os russos o enviaram para a Coreia, a fim de encarregá-lo da zona ocupada ao norte. Devido à óbvia importância do país, a ocupação lhe permitiu conquistar o que os americanos haviam temido: uma posição estratégica predominante em relação à China e ao Japão.

As tropas americanas chegaram à Coreia um mês após a declaração de guerra da União Soviética contra o Japão. Qualquer reunificação rápida da península implicaria um governo comunista, e então, por desconhecerem a Coreia e seu povo, os americanos estabeleceram um governo militar na zona ocupada ao sul, com a ajuda de funcionários coloniais japoneses remanescentes. Por fim, decidiram apoiar Syngman Rhee, o opositor mais idoso dos japoneses, como novo líder no sul.

Quando a divisão da Coreia em zonas controladas pelos soviéticos e norte-americanos se consolidou, Kim Il-sung, o protegido soviético que demonstrou ser mais stalinista do que o próprio Stalin, foi designado líder da Coreia do Norte. Assim que chegou a Pyongyang, começou a governar com pulso de ferro. A política das zonas ao norte e ao sul logo começou a se diferenciar tanto que uma mera linha de demarcação se transformou numa fronteira entre dois Estados coreanos. Em 1947, os Estados Unidos transferiram a soberania do sul para a nova República da Coreia, e menos de três meses depois, Kim criou a "República Popular" do Norte. Cada lado alegava ser o governo legítimo da Coreia inteira.

Na China, Chiang e o governo nacionalista também tinham razão de estarem um pouco mais satisfeitos. As tropas japonesas estavam se retirando do solo chinês. Os russos e os americanos tinham prometido apoiar o governo de Chiang e sua política em relação aos comunistas. Chiang ainda contava com mais de 2,5 milhões de soldados. Assim, a unificação da China sob o controle nacionalista parecia uma probabilidade real.

O que, então, aconteceria com os chineses comunistas? Para entender a ascensão de Mao Zedong ao poder depois de 1945, é preciso considerar não apenas ele, mas os pontos de vista de Josef Stalin após a guerra, o personagem mais antigo e importante do mundo comunista. Porém, Mao era mais do que um político qualquer. Como Ross Terrill escreveu, "havia um arrebatamento pessoal [...] ele era autoconfiante e tinha certeza do triunfo de seu exército de camponeses. Isso, além do desejo de poder, deu-lhe uma vontade de granito".[29] Quanto à ideologia, após meio século ou mais, havia uma crença disseminada de que as ideologias eram irrelevantes para a política prática. Elas se originavam de ilusões ou, mais simplesmente, de fingimentos. Essa não é uma visão que um observador sério de assuntos internacionais poderia ter entre

1945 e 1949.[30] É nesse ponto, na mistura de ideologia e interesses práticos do Estado, que as origens da ruptura da grande aliança durante a guerra e o começo da Guerra Fria se fundamentam. A posição dos comunistas chineses era inepta. Alguns deles, exceto Mao, haviam cogitado obter o apoio americano. Só após a morte de Roosevelt ficou claro que o presidente Truman seguiria a política de Roosevelt de apoio aos nacionalistas. Então de quem Mao Zedong poderia esperar ajuda a não ser de Moscou? Sem esse apoio, os comunistas ficariam demasiado fracos para lutar contra o governo nacionalista. Além disso, não havia outra alternativa a não ser algum tipo de dependência com relação à "Pátria do Socialismo", cujo grande líder, Stalin, continuava convencido da inevitabilidade dos confrontos entre o capitalismo e o socialismo. Essa foi uma política que Mao seguiu com grande confiança e expectativa.

Para Mao, a situação se complicou depois de Postdam. É claro que ele não se sentiu vinculado aos novos acordos firmados pelos soviéticos e norte-americanos. No entanto, Mao percebeu que, nessas circunstâncias, não havia alternativa a não ser depender de Moscou. Quando os japoneses se renderam, o PCC assumiu o direito de saquear o território inimigo, sobretudo no norte, além de apreender armas e suprimentos japoneses.[31] Os comunistas ficaram frustrados quando os fuzileiros navais americanos chegaram para desarmar os japoneses, e ainda mais com os japoneses que receberam ordens para se renderem a Chiang. Apesar de os americanos terem justificado que as ordens dadas aos japoneses para se renderem só a Chiang fora um acordo com os russos e os ingleses, isso não amenizou a situação. Em meados de agosto, Mao recusou o convite de Chiang para ir a Chonqing para conversar e continuou a criticar os americanos e os nacionalistas, embora só tivesse cerca de 1 milhão de soldados, menos da metade do contingente de Chiang.

Antes do final de 1945, Washington e Londres perceberam que uma guerra civil entre os nacionalistas e os comunistas na China estava muito mais próxima do que se esperava. Mas os militares americanos relataram que as tropas japonesas restantes não poderiam ser retiradas da China sem a ajuda americana; e se os japoneses ainda estivessem lá no início de qualquer guerra civil chinesa, ambos os lados tentariam usá-los.

Isso não só seria desastroso como, sem dúvida, permitiria que os russos entrassem na Manchúria. Assim, quando Hurley renunciou, ressentido, em novembro de 1945, o presidente Truman enviou o soldado e servidor público mais notável do país, George C. Marshall, como seu representante pessoal para promover um acordo entre nacionalistas e comunistas. Esse acordo teria duas cláusulas: haveria apoio ao aliado nacionalista americano da época da guerra e não seria permitido que a China ficasse sob o controle soviético. Na verdade, o objetivo do acordo seria minimizar a influência soviética. O general Marshall, que fora chefe do Estado-maior de Roosevelt durante a guerra, observou que as expectativas de Washington quanto a uma unificação pacífica da China dependiam inteiramente da cooperação e da conciliação entre os dois lados chineses. Isso seria difícil de garantir enquanto houvesse ajuda militar dos EUA a Chiang, mas Truman não estava preparado para abandonar o regime nacionalista.

A missão de Marshall começou bem. Os nacionalistas e os comunistas aceitaram seu comando durante o deslocamento das tropas nacionalistas para a Manchúria, e nos dois primeiros meses de 1946, ambos os lados elaboraram as propostas de um acordo político e militar. Em fevereiro, comunistas e nacionalistas concordaram em reduzir suas tropas, porém conflitos armados continuaram ocorrendo em muitos lugares. Assim como intrigas políticas, pois os dois adversários tinham aprendido durante décadas a desconfiar um do outro. Marshall conseguiu ajuda financeira para a China nos EUA. No entanto, em abril de 1946, quando os russos começaram a se retirar da Manchúria e os comunistas se dirigiram para lá, o conflito recomeçou. Mais uma vez foram feitos esforços para manter uma trégua, e os americanos continuaram pensando que era essencial preservar a posição de Chiang. No final de junho, Washington anunciou um novo acordo com os nacionalistas para um cessar-fogo na Manchúria e o envio de uma grande ajuda militar. É evidente que agora Chiang pensava que os EUA não tinham outra alternativa a não ser apoiá-lo, e decidiu realizar uma campanha para destruir os comunistas. Mao, ao constatar que os americanos não abandonariam Chiang, iniciou uma campanha contra os Estados Unidos. Em meados do mesmo ano, Marshall percebeu que enquanto houvesse ajuda dos EUA aos nacionalistas, não haveria esperança de paz. Portanto, Washington aceitou um embargo de armas para a China e Marshall começou a dispensar os fuzileiros navais norte-americanos. Os sentimentos de oposição ao Ocidente cresceram e houve ataques aos americanos. No final de outubro, Marshall e o embaixador dos EUA concordaram, com a aprovação de Washington, que uma mediação posterior seria inútil. Um mês depois, os fuzileiros navais partiram da China, e no mês seguinte Marshall voltou aos Estados Unidos para assumir o posto de secretário de Estado, o que aconteceu em janeiro de 1947.

Esses foram os antecedentes de acontecimentos posteriores na China. Os problemas de Chiang eram mais numerosos do que definidos. Mas a negligência e a ineficácia da administração nacionalista eram evidentes. Houve uma péssima administração financeira. A inflação subiu quando o governo recorreu à emissão de dinheiro. A corrupção e a especulação cresceram e houve uma grande alta nos preços dos alimentos. Os impostos e os confiscos aumentaram nas áreas rurais, enquanto os burocratas das cidades enriqueceram. Ocorriam muitas extorsões e escândalos com relação ao retorno dos direitos dos proprietários de terras que foram tomadas pelos japoneses. Nas áreas comunistas, houve uma reforma agrária implacável, com fortes apelos populistas aos camponeses pobres que, com todos os tipos de assassinos, tiveram suas cabeças postas a prêmio em tribunais ilegais ou em linchamentos dirigidos contra a pequena nobreza local e os proprietários de terras. Não foi uma cena agradável e muitas pessoas morreram. Só no final de 1947 Mao conseguiu reprimir o controle dessa turba.

Quanto a Chiang, ele superestimou demais a extensão do que o Ocidente lhe daria como garantia. Falhou sobretudo ao não compreender dois pontos críticos. Primeiro, o fato geopolítico básico da grande fragilidade da China, e que ela ainda era um objeto e não um sujeito das diretrizes políticas dos Aliados. Segundo, estimou incorretamente não só as intenções norte-americanas, mas o uso e os limites do poder dos Estados Unidos. George Kennan, um especialista em União Soviética, ao ser nomeado chefe da política de planejamento do Departamento de Estado, observou que a China não era uma potência industrial nem seria tão cedo, e portanto não ameaçaria os Estados Unidos em seus interesses essenciais. Truman constatou que os acontecimentos na China estavam além do alcance do poder norte-americano e que a China não tinha uma posição elevada na lista de prioridades nacionais dos EUA. Os Estados Unidos poderiam usar o poder militar para proteger a Europa ocidental ou o Oriente Médio, porém não estavam dispostos a se envolver com o leste da Ásia.

Por conseguinte, entre 1947 e 1949 o foco principal do governo foi a reconstrução e a proteção da Europa ocidental. Os Estados Unidos fizeram pouco investimento diplomático e político na China. Grande parte da opinião norte-americana continuava a considerar os EUA como um defensor da China, porém avaliações estratégicas subjacentes mudaram essa visão. No governo Roosevelt havia a noção de que os soviéticos eram uma ameaça potencial aos interesses dos Estados Unidos, ao passo que a China não; por isso, uma China nacionalista restaurada ajudaria a reprimir a influência e o poder soviéticos. Entretanto, a China de Chiang demonstrou ser ineficaz e não confiável. A "Repressão" teria de vir principalmente das posições dos EUA no Japão e na Coreia. Contudo, havia uma intenção do Congresso de apoiar Chiang, assim como uma crítica de que a negligência do governo com relação aos chineses comunistas contradizia a necessidade mais abrangente de lidar com o imperialismo soviético e com a crescente hostilidade na Europa e na América do Norte em tudo que se referisse ao comunismo.

Assim, de tempos em tempos, Truman ajudava Chiang de formas insignificantes: era muito mais importante conciliar o Congresso do que evitar irritar os comunistas chineses. No entanto, os nacionalistas queriam mais do que o governo de Washington estava disposto a conceder e se aproximaram da oposição republicana no Congresso. Chiang alegou que se fosse derrotado a culpa seria dos EUA por ter lhe negado a ajuda que precisava. Ele continuou acreditando que seus amigos republicanos venceriam a próxima eleição presidencial em 1948 e os EUA viriam socorrê-lo. Quando Truman voltou para a Casa Branca, as críticas republicanas acerca da política do governo com relação à China se reduziram ainda mais.

Quanto ao PCC, os funcionários americanos há muito tempo tinham previsto que a guerra civil aumentaria a dependência para com a União Soviética. Mao acolhera representantes diplomáticos militares e norte-americanos durante a guerra e manteve conexões com alguns americanos mais tarde. Porém, no geral, sentiu-se ressentido e traído por eles. Desconfiava dos esforços do general Marshall como mediador, sobretudo quando houve a ajuda americana ao movimento das tropas de Chiang na Manchúria. "Foi a primeira vez que tivemos de lidar com os imperialistas dos EUA", disse depois. "Não tínhamos muita experiência. Por isso fomos enganados. Com essa experiência, não seremos ludibriados de novo."[32] Mas isso estava acima de qualquer ideologia, era uma visão particular de mundo que o convenceu de que os EUA eram o principal opositor da revolução comunista chinesa. Ele passou a se considerar o herdeiro legítimo de Marx, Lenin e Stalin e, depois deles, o mais importante teórico e líder marxista-leninista de sua época. Mao admirava as iniciativas de industrialização soviética e não se preocupava com seus custos humanos, assim como não se preocupou, anos depois, com o custo de vidas humanas do socialismo na China. Ele acreditava que as ideias soviéticas poderiam ser adaptadas com proveito às condições chinesas. "Centralização democrática", era disso que ele precisava.

Aliado a isso havia, tanto da parte dele como de Chiang, a incompreensão tradicional do verdadeiro papel da China no mundo e a total incapacidade de entender o funcionamento dos Estados Unidos e de seu governo. Habituado ao seu estilo de governar, ele pensava genuinamente que qualquer pronunciamento esporádico de americanos influentes, fosse de congressistas ou de editoriais, refletia as opiniões da Casa Branca e do presidente. Tampouco aceitou que a China não fosse primordial na política e na estratégia do mundo ou nas percepções americanas; ou as razões pelas quais os Estados Unidos poderiam por fim permitir que o aliado deles, Chiang, fosse expulso do poder. Afinal, se os americanos haviam interferido na Rebelião dos Boxers em 1900 e na Rússia em 1918 para derrotar a revolução bolchevista, por que não interfeririam agora com mais veemência para cessar as atividades do PCC? Stalin encorajava essas ideias, advertindo que poderia ocorrer um conflito repentino e espontâneo com os EUA. Em 1949, Mao pensou que se os EUA interviessem na revolução comunista chinesa e dominassem a China, "os Estados Unidos se apoderariam da Ásia inteira [...] [e] o imperialismo dos EUA poderia concentrar suas forças para atacar a Europa".[33]

Nesse cenário, os três anos posteriores à guerra contra o Japão foram difíceis para o regime de Chiang e seus aliados americanos. Quando os japoneses se renderam, as forças nacionalistas tinham o dobro do tamanho das de seus rivais comunistas. Elas tinham um grande apoio dos Estados Unidos com relação a equipamentos, suprimentos e transportes, e controlavam a maior parte da China mesmo depois de os japoneses partirem da maioria das grandes cidades. No entanto, mesmo com essas vantagens, elas perderam a inevitável guerra civil. Suas iniciativas foram mal orientadas, tanto na administração quanto na guerra. A economia, a moeda e a inflação foram mal direcionadas, com frequência grosseiramente, enquanto os impostos e outras demandas do governo, assim como a corrupção, aumentaram. O governo alienou grande parte das propriedades da população, inclusive de grande parte dos camponeses. Os líderes militares e civis quase sempre exibiam uma combinação de arrogância e incompetência. Por exemplo: os comandantes nacionalistas não fizeram nenhuma tentativa de confraternizar com as pessoas locais em suas áreas de operações e praticamente não ouviam os líderes locais. A enorme incompetência na administração da reforma monetária de 1948 foi ainda mais grave. A reforma causou não só apropriação indébita como inflação, a ponto de o valor da moeda se reduzir à metade em um só dia. Nada poderia causar mais sofrimento e ressentimento popular. Enquanto isso, os comunistas conseguiram grandes contingentes de aliados para seu programa de reforma agrária.

No campo, os nacionalistas se espalharam demais, tornando-se vulneráveis às táticas comunistas. Na verdade, a "Guerra Popular" maoísta só funcionou no norte da China, até 1944. Os líderes militares, como Lin Biao e comissários políticos experientes como Deng Xiaoping, preferiam tropas e armamentos móveis regulares. Os generais de Chiang ainda insistiam em controlar as cidades e negligenciavam as áreas ao redor, permitindo que os comunistas mobilizassem e organizassem a região rural, sobretudo no norte e no nordeste. Logo depois, os maoístas conquistaram a Manchúria e a região norte. Quando o moral nacionalista começou a desmoronar, as deserções se multiplicaram, armas e equipamentos foram abandonados e as privações causaram uma exaustão posterior. Os comunistas também obtiveram informações confidenciais importantes, desmoralizaram seus adversários e cada vez mais conseguiam armas e equipamentos americanos capturados dos nacionalistas.

O ano de 1948 foi de desastres contínuos para o governo, com milhares de tropas nacionalistas desertando e outras unidades sendo destruídas, em particular na Manchúria. As forças comunistas se deslocaram de suas bases no norte em direção ao centro da China. O moral nacionalista e a coesão se diluíram quando ficou evidente que a força comunista era maior do que os nacionalistas e os americanos tinham previsto. No início de 1949, os nacionalistas estavam à beira do colapso e divisões inteiras, até mesmo exércitos, começaram a desertar ou mudar de lado.

Quando os comunistas cercaram Beijing no começo de 1949, o comandante nacionalista se rendeu com todas as suas tropas, tal como alguns generais Ming haviam se rendido aos manchus em 1643-44. E assim como seus predecessores, ele e outras pessoas receberam posições de honra no novo regime. Os maoístas entraram na cidade com seus caminhões de suprimentos capturados dos americanos, seguidos por tanques também americanos; enquanto isso, Chiang e os remanescentes de suas forças se retiraram para o antigo baluarte pirata de Taiwan (Taiwan), carregando tesouros de museus nacionais mas ainda alegando ser o verdadeiro governo da China e prometendo retornar e reivindicar seu país. Contudo, foi Mao que hasteou a nova bandeira da República Popular da China na Praça da Paz Celestial em primeiro de outubro.

12

O Novo Imperador

1949 a 1976

Algumas semanas depois, ele foi a Moscou. A retórica comunista chinesa há muito tempo era extremamente hostil ao Ocidente, impregnada com a verborragia familiar sobre o "imperialismo" norte-americano e a ocupação da China. Em 30 de junho, Mao anunciou sua política de "inclinar-se para um lado" no novo grande confronto entre o Oriente e o Ocidente.

Nessa época, as divisões do mundo provocadas pela Guerra Fria se estabilizaram. Os americanos, fiéis à sua tradição, encaravam-nas mais em termos morais do que em termos de poder. Essa confusão de poder e princípio, de interesses e moral, continuou sendo a força motriz e o calcanhar de Aquiles da política dos EUA. Baseava-se também na premissa de que nenhuma política externa em que houvesse pressão contaria com o apoio público americano, a menos que se fundamentasse na premissa de "tornar o mundo seguro para a democracia". Assim, não foi por acaso que o presidente Harry Truman, em seu discurso de posse em 20 de janeiro de 1949, disse, como diversos de seus predecessores, que o objetivo dos Estados Unidos era possibilitar um mundo onde todos os povos seriam livres para escolher seus governos. Da mesma maneira que a sábia observação do embaixador britânico, sir Oliver Franks, a respeito do novo secretário de Estado de Truman, Dean Acheson, que "acreditava que os Estados Unidos tinham um compromisso com o destino e portanto a nação direcionaria e orientaria todas as suas energias para ordenar o mundo".[1] Mais tarde, o presidente Eisenhower retomou os mesmos temas quando declarou que a defesa da liberdade era indivisível e que a política norte-americana era uma extensão das responsabilidades morais dos Estados Unidos.[2] No entanto, apesar dessa retórica de ordenar o mundo, o âmbito e a escala da hegemonia econômica e política norte-americana significava que os EUA tinham forçosamente de se transformar em uma potência *status quo*: comprometida em "reprimir" o poder comunista e em apoiar e proteger a Europa Ocidental e a nova Organização das Nações Unidas.

Enquanto isso, Stalin transformava o Leste Europeu numa série de estados satélites comunistas, e foi nesse contexto que Mao visitou Moscou, onde permaneceu por dois meses. Havia muito tempo que ele queria encontrar Stalin, e a reação deste à visita chinesa, apesar de prática, foi às vezes efusiva, até mesmo emotiva. Ele mencionou seu antigo desprezo pelo Partido Comunista Chinês e admitiu que o PCC seguira o rumo certo. "Espero sinceramente que o irmão mais jovem um dia alcance e supere o irmão mais velho", e "não gosto de ser bajulado. Mas o sou sempre. Isso me aborrece. Ao dizer hoje que os marxistas chineses amadureceram e os soviéticos e os europeus teriam muito a aprender com vocês, não os estou lisonjeando. Estou dizendo a verdade".[3] Ele reconheceu que cometera erros ao lidar com a China e pediu desculpas por ter duvidado da capacidade de Mao para conquistar a vitória. "Sabemos que fomos um obstáculo para você [...] demos conselhos errados devido à incompreensão da situação real de seu país", e acrescentou: "Espero que a China assuma uma maior responsabilidade na ajuda aos movimentos revolucionários nacionais e democráticos nos países coloniais, semicoloniais e dependentes."

Stalin solicitou e obteve um excelente acordo com Mao. Moscou garantiria a independência da Mongólia sob orientação soviética, a Rússia continuaria controlando a ferrovia da Manchúria e os direitos soviéticos em Porto Arthur seriam mantidos até 1952 (prazo que se estendeu até 1955). Mao também concordou em criar empresas de sociedade anônima para explorar os recursos minerais da Manchúria e de Xinjiang. Tudo isso deu aos russos um poder seguro e amistoso ao longo dessa extensa e vulnerável fronteira asiática. Também gerou um enorme bloco sino-soviético, dominado pela URSS, para controlar o território eurasiano de Berlim ao mar do Japão. Mao também conseguiu o que mais queria da visita. Em 14 de fevereiro de 1950, os chineses e os russos assinaram o Tratado de Amizade, Cooperação e Assistência Mútua, com duração de 30 anos e direcionado abertamente contra um Japão que sem dúvida se recuperaria com o tempo, e também contra, por uma justa e óbvia implicação, os Estados Unidos. Esse tratado propiciou que o poder soviético servisse de escudo para a China. Além disso, Mao recebeu U$300 milhões em créditos de longo prazo, porém nenhuma promessa de ajuda militar, embora Chiang, em Taiwan, ameaçasse invadir o continente. O tratado foi bem recebido em Beijing: pela primeira vez uma potência ocidental concedia à China uma ajuda significativa financeira e técnica, entre outras. Também pela primeira vez um grande país ocidental assinou uma aliança política e estratégica com a China.

Portanto, ficou claro que o término da guerra civil teria efeitos externos e internos profundos na China. Os aliados americanos e britânicos reconheceram logo e de forma pragmática a República Popular da China em 6 de janeiro de 1950, a fim de proteger a colônia da coroa britânica de Hong Kong. Para os americanos, as questões eram mais complicadas. Primeiro, apesar de suas aproximações anteriores, Mao não parecia muito interessado em chegar a um acordo. Ele queria explorar a hostilidade americana como um grito arregimentador tanto dentro da China quanto na família global comunista; e reivindicou, com frequência sem pudor, a liderança de grupos revolucionários e de liberação nacional. Os líderes americanos observaram que os comunistas chineses não só estavam agindo mal com os americanos que permaneciam na China como continuavam sendo muito hostis aos EUA em geral. A resistência de Washington a fazer qualquer acordo com eles era tão veemente que seria melhor esperar os ânimos se acalmarem antes de fazer algum movimento em direção a Beijing.

De qualquer modo, Chiang e seus seguidores haviam sido, durante anos, reconhecidos e apoiados como o legítimo governo da China pela comunidade internacional. Em Taiwan, eles permaneciam em solo chinês, alegando ainda estar lutando na guerra civil. Era o governo que possuía o assento da "China" nas Nações Unidas. Eles eram os aliados dos norte-americanos. Não ficou claro quando, como e sob quais circunstâncias seria adequado ou sensato transferir o reconhecimento (e o fato de ser membro da ONU) para os novos e efetivos governantes da China, sem criar uma suspeita geral de que a amizade dos EUA não era confiável.

Para Truman, a situação era ainda mais complicada em razão da crítica interna feroz de que os Estados Unidos tinham "perdido a China". Então, no mês de agosto, o governo publicou documentos e artigos demonstrando que os acontecimentos na China e as consequências do poder soviético estavam além do controle dos Estados Unidos. Não obstante, em janeiro de 1950 o presidente reafirmou as antigas declarações dos Aliados nas conferências do Cairo e de Potsdam quanto a Taiwan fazer parte da China. E acrescentou que os EUA não interfeririam na guerra civil chinesa e que dariam ajuda econômica, mas não auxílio militar aos nacionalistas chineses. Seu secretário de Estado foi mais veemente. Dean Acheson era a quintessência da figura do "*Establishment* da Costa Leste". Alto, com bigodes, elegante e arguto, um produto de Yale e da Universidade de Direito de Harvard, ele tinha grande capacidade de lidar com os intelectuais em seu novo cargo. Fora subsecretário de Estado no primeiro mandato de Truman e agora dizia que chegara ao Departamento de Estado "bem em tempo de ver a derrocada dele [isto é, Chiang] em meu mandato".[4]

Ele percebeu que esse novo triângulo geoestratégico no leste asiático era composto pelos EUA, a União Soviética e a China. Nesse contexto, ele examinou a situação a longo prazo, embora soubesse que Mao perdera a esperança de obter a cooperação dos EUA. Como Acheson mencionou poucos meses depois do triunfo de Mao, "Os objetivos básicos de Moscou são hostis aos objetivos básicos da China".[5] Mesmo após a eclosão da Guerra da Coreia em meados de 1950, o Conselho de Segurança Nacional dos EUA continuou pensando que a meta principal dos Estados Unidos na Ásia deveria ser desunir a aliança da China com os soviéticos.[6] Para Acheson, o poder comunista no leste asiático não ameaçava a segurança dos EUA, cujo perímetro defensivo não incluía a China, Taiwan nem, pela mesma razão, a Coreia do Sul.

Acheson foi criticado de modo irracional pelo senador Joseph McCarthy, presidente do Subcomitê Permanente de Investigações do Senado. McCarthy acusou-o de ser "condescendente com os comunistas" e, além do mais, um provável mercenário a serviço do Kremlin. Acheson tinha uma visão muito mais progressista do que seus críticos populistas. Sua visão era bem coerente com os princípios da análise feita por Kennan em 1946: se a China pudesse ser afastada da aliança soviética, a "repressão" à URSS teria um grande êxito.

Portanto, enquanto os americanos queriam continuar protegendo Chiang, as novas realidades teriam de ser reconhecidas; mas como as relações poderiam ser estabelecidas com os vitoriosos maoístas? Sobretudo em razão da cautela de Mao e de sua plena consciência de que a política dos EUA tentaria separá-lo de Stalin.

Um ano e meio depois do triunfo de Mao, a questão do reconhecimento tornou-se irrelevante perante outros fatos. Em 25 de junho de 1950, os enormes exércitos bem armados da Coreia do Norte invadiram a Coreia do Sul. A situação da Coreia há algum tempo era confusa e perigosa. Dissidentes de esquerda empreenderam e perderam uma rebelião sangrenta no sul. Porém, a questão crucial para a Coreia do Norte e a China era: se atacarmos, o que os Estados Unidos farão? O conflito se disseminaria? Washington aceitara a vitória comunista na China e a aliança sino-soviética. Por que Washington agora ficaria interessada pela península coreana? Em março de 1949, o comandante norte-americano no Pacífico, general MacArthur, colocou abertamente a Coreia fora do perímetro de defesa americano. Um pouco mais tarde nesse mesmo ano, Truman retirou todas as forças militares dos EUA na região. Ainda mais incisivo, Dean Acheson, ao discursar no National Press Club, em Washington, mencionou que o perímetro defensivo do Ocidente "abrange as Aleutas e o Japão e depois se estende às Ryukyu [ilhas]", e a partir de lá "às ilhas Filipinas".[7] Isso excluía a Coreia. Ele acrescentou que se houvesse ataques em outros lugares, isso seria em prol "do mundo civilizado", sob a égide da ONU, para ajudar a resistência local. Essa foi exatamente o tipo de estratégia ao largo da costa que os presidentes Eisenhower e Nixon usariam mais tarde. Não admira que os soviéticos, os chineses e Kim Il-sung tenham ficado atônitos com o fato de que os EUA, depois de não lutarem pela China, entrariam em guerra pelo controle de um pequeno território no mar do Japão.

Contudo, Kim Il-sung persuadiu Stalin a concordar, apesar da cautela e relutância, em tentar conquistar a Coreia do Sul. Kim disse que o comunismo obteria uma enorme vitória estratégica, que os EUA não interfeririam e que ele poderia ocupar a Coreia do Sul antes de qualquer intervenção. Stalin ficou atraído pela ideia de uma Coreia comunista unificada, assim como com o acesso aos portos coreanos de clima temperado. No entanto, advertiu Kim que ele teria de confiar na ajuda de Mao caso as ações não tivessem êxito. Ele enviou armas e conselheiros, inclusive três generais, mas nada além. Em Beijing, houve hesitação, porém Mao, o romântico revolucionário combativo, queria violência, sangue e a demonstração de solidariedade da China à causa comunista. Ele reprimiu a opinião dissidente e designou alguns coreanos bem treinados do Exército de Libertação Popular (ELP) para ajudar no ataque da Coreia do Norte.

Para o Ocidente, o perigo era óbvio. Não só para o Japão e para o equilíbrio de poder no Pacífico, mas para a Europa, e houve temores de que a ofensiva coreana fosse o prelúdio de um ataque mais amplo ao mundo não comunista. Truman enviou imediatamente forças dos EUA para ajudar a Coreia do Sul. Poucos dias depois, o Conselho de Segurança da ONU votou a favor do auxílio à Coreia do Sul. Os delegados soviéticos, em um monumental erro diplomático, não estavam presentes para se oporem à proposta dos EUA. Uma semana mais tarde, de novo sem a participação dos soviéticos, o Conselho criou uma força expedicionária da ONU para a Coreia. Isso conferiu aos defensores da Coreia do Sul um selo oficial da bandeira da ONU. Vinte países enviaram tropas para auxiliar os EUA.

Truman foi além, uma vez que, para sua geração de líderes, uma das lições básicas das relações internacionais fora a conferência de Munique, realizada em 1938. No encontro, decidiu-se ceder a Tchecoslováquia à Alemanha em prol dos interesses da paz. Agora, havia um consenso geral de que o fracasso em resistir à agressão só provocaria resistência em circunstâncias posteriores. Esse foi um dos poucos pontos em que os sucessivos secretários de Estado democratas e republicanos, Dean Acheson e John Foster Dulles, concordaram. Se o poder comunista teria de ser reprimido, precisaria ser contido em toda a periferia comunista, na Alemanha, no Oriente Médio, no sudeste da Ásia, e na Coreia. Kennan argumentou corretamente, em 1945 e 1946, que haveria constantes expedições dos soviéticos à periferia do mundo não comunista. Esse novo conflito aumentou as preocupações da dos EUA com relação ao comportamento soviético e pró-soviético do leste europeu, da Europa Central ao mar Amarelo e ao Pacífico ocidental. A Coreia era apenas mais uma das fronteiras do Ocidente a se desintegrar. Então, além de enviar tropas americanas para a Coreia, Truman deslocou a 7ª Frota dos EUA para o estreito de Taiwan, a fim de evitar um ataque do continente chinês a Taiwan. Ele declarou que qualquer ocupação comunista em Taiwan — e a destruição do que os Estados Unidos ainda reconheciam como o governo legítimo da China — seria uma ameaça não só para as forças dos EUA, mas para toda a área do Pacífico.[8]

Para Mao, agora a situação parecia perigosa. Será que os Estados Unidos estavam tentando reverter o veredicto da guerra civil? Os temores se acentuaram quando Chiang, um mês após a declaração de Truman, ofereceu 33 mil soldados aos americanos para a campanha na Coreia. As estratégias desenvolvidas agravaram o medo. Os sul-coreanos e os americanos se dirigiram para a costa sul, ao redor do porto de Pusan, onde MacArthur instalou-se a 320 quilômetros das linhas inimigas, cortando as linhas de comunicação e suprimento.

Em duas semanas, os norte-americanos mataram ou capturaram metade das tropas da Coreia do Norte e impeliram as remanescentes às suas linhas de partida, no paralelo 38. Será que os americanos, questionaram os chineses, tentariam reunificar a Coreia à força? E estabelecer o poder americano nas fronteiras, ou mesmo no interior, da principal base industrial da China na Manchúria? Apesar das diversas advertências dos chineses, os americanos se deslocaram para o norte, em direção à fronteira sino-coreana, e MacArthur fez acordos desautorizados com Chiang. Ele disse sem rodeios que deveria haver guerra na China. Por conseguinte, 300 mil chineses, precavidamente denominados "voluntários", para evitar o pressuposto de que a China estava em guerra com os Estados Unidos, dirigiram-se em segredo para a Coreia. Surpreendidos, os americanos e seus aliados recuaram. A guerra continuou, embora o general Omar Bradley, em Washington, tentasse tranquilizar os ingleses: "Todos nós concordamos que se os comunistas chineses entrarem na Coreia, nós nos retiraremos." Por fim, em 1953, os dois lados definiram uma linha de cessar-fogo que se tornou uma fronteira ao longo da linha divisória original.

Apesar de a guerra ter terminado com um empate forçado, suas consequências foram de longo alcance para todos.[9] Mao ajudou a iniciar a guerra, embora a China precisasse de paz e reconstrução depois do turbilhão da década anterior. Em vez disso, ele fomentou vinte anos de hostilidade com os Estados Unidos. Antes da guerra, ele estivera prestes a ocupar Taiwan, o que possivelmente teria feito sem grande dificuldade. Agora Taiwan era um aliado formal dos Estados Unidos. A guerra fora um enviado de Deus para o antigo inimigo de Mao, Chiang Kai-shek. É provável que Stalin tivesse esperança de aliciar Mao contra o Ocidente e obter uma vitória comunista sem grandes prejuízos. Porém, envolveu-se num longo conflito de âmbito mundial contra os muito mais bem armados Estados Unidos.

Os resultados foram cruciais para o Japão, que se transformou numa base estratégica e econômica vital para os Estados Unidos. As necessidades de suprimento norte-americanas na Coreia foram decisivas para deflagrar a recuperação econômica pós-guerra do Japão, pois o gasto militar norte-americano, junto com bilhões de ajuda econômica, foi o estímulo para o que mais tarde se tornou o "milagre" econômico japonês. Por isso, alguns japoneses chamaram a guerra de "vento divino" (*kamikaze*) econômico, lembrando a violenta tempestade que destruiu a invasão mongol ao Japão alguns séculos antes. Além disso, em setembro de 1951, os americanos assinaram um tratado de paz com o Japão que formalmente terminou a guerra no Pacífico. Seis meses depois, encerraram também a ocupação do Japão. Forças japonesas rudimentares de defesa foram criadas na década de 1950. Para os coreanos, esse resultado foi penoso, pois, após 1945, as relações com o Japão ficaram difíceis devido às lembranças da ocupação japonesa anterior.

Quanto a Washington, a Guerra da Coreia causou um desejo intenso e irresistível e três conclusões poderosas. A mais significativa se referia às implicações de um confronto global entre ideologias irreconciliáveis, o ímpeto e a necessidade de interpretar o conflito em termos morais. Depois da Coreia, essa conjunção tornou-se ainda mais forte. A primeira conclusão foi que agora os chineses comunistas teriam de ser vistos como parceiros de Moscou numa ampla aliança mundial comunista; uma aliança com um dinamismo ideológico considerável e com amigos e partidários em muitas partes do mundo. Os soviéticos haviam obtido uma grande vitória na China, anexando um enorme país a um bloco comunista unificado, até mesmo monolítico. Enquanto os Estados Unidos, a Grã-Bretanha e a França estiveram ocupados em consolidar as zonas de ocupação da Alemanha, agindo defensivamente com relação ao desafio de Stalin à posição ocidental em Berlim e aos governos pró-ocidentais na França e na Itália, os comunistas atacaram com sucesso o Ocidente na retaguarda, no leste da Ásia.

Segundo, a guerra provocou um rearmamento maciço dos EUA e a militarização da "Repressão". Até 1949-50, a Guerra Fria concentrou-se na Europa e as forças aliadas na Alemanha, sob a nova égide da Organização do Tratado do Atlântico Norte (Otan), deslocaram-se para proteger a planície ao norte da Alemanha contra um ataque das divisões de infantaria soviéticas. Nesse mesmo ano, realizou-se o primeiro teste soviético de uma bomba atômica, seguido pela expansão de um "baluarte nuclear" na Europa Ocidental. Em 1953, desenvolveram-se em ambos os lados bombas termonucleares (fusão) ainda mais destrutivas. Além disso, dois meses antes da ofensiva norte-coreana, o presidente americano recebeu o célebre documento de planejamento 68 do Conselho Nacional de Segurança, que mencionava uma União Soviética imperialista, indisciplinada e inerentemente agressiva, que subjugara a China e tinha como meta fazer o mesmo na Europa. O documento, inspirado nos pontos de vista de George Kennan, foi escrito por Paul Nitz. Ele era um homem de negócios rico o suficiente para dedicar sua vida ao serviço público, trabalhou com todos os presidentes, de Franklin Roosevelt a

George Bush, e se transformou em um dos melhores especialistas norte-americanos em controle de armas.[10] Para ele e outros, a Coreia provocou a indefinição das fronteiras entre uma extensão do poder comunista por meio de uma agressão interna e com mudanças internas ou guerra civil, como acontecera na China. Ficou ainda mais evidente que os EUA haviam herdado os fardos geopolíticos do Japão no nordeste da Ásia. Segundo Kennan: "É um fato irônico que [...] tenhamos herdado os problemas e responsabilidades que os japoneses enfrentaram e suportaram na região da Coreia e da Manchúria por quase meio século [...]."[11]

Terceiro, a guerra demonstrou com clareza as limitações do uso do poder militar e o risco de conflitos mais amplos. Em particular, ficou evidente que os Estados Unidos nunca mais deveriam se envolver em uma guerra terrestre no continente asiático, sobretudo, contra a China. Essa foi uma conclusão que influenciaria muito uma guerra norte-americana diferente, 15 anos depois, no Vietnã.

Para a República Popular da China, a Guerra da Coreia revelou que a nova China não era insignificante. A aliança com a URSS e o sucesso parcial e dispendioso dessa guerra tinha demonstrado que uma nova era da longa história da China começara. Após cem anos de turbulências, a China conquistou um governo novo, severo e implacável que, mais uma vez centralizado, decidiu restabelecer um Estado unificado forte depois de um século de "vergonha e humilhação". Ele foi governado por uma trindade formada pelo partido (a parte mais importante), o Exército de Libertação Popular e o governo. As três estruturas eram unificadas e tinham uma base ampla. Havia uma hierarquia de comitês e controles que culminava num pequeno grupo de liderança com uma única figura com predominância imperial na direção. Quando Mao ascendeu ao poder, os líderes do Partido Comunista Chinês (PCC) tinham dado pouca atenção à maneira como eles poderiam administrar a China; e cerca de 2 milhões de antigos funcionários foram mantidos em seus postos, por todos os seus talentos e experiências.[12] Porém, logo ficou claro que a adesão ao PCC era agora o único caminho para o progresso e a segurança. Os líderes militares eram invariavelmente membros do partido e com frequência trabalhavam como administradores provinciais. O PCC, que, em 1947, alegou ter 2,7 milhões de membros, em 1959 chegou a 14 milhões.

Havia uma grande ênfase na organização das massas, com doutrinação por meio de programas de treinamento em todos os níveis, além da presença disseminada da polícia secreta e de serviços de segurança protegendo-as dos nacionalistas remanescentes, dos elementos que não eram dignos de confiança e dos perigos externos sempre presentes. O conjunto de circunstâncias era sustentado pelo controle do pensamento. O fator decisivo era o domínio do partido, com quadros comandando tudo e campanhas nacionais cruéis contra qualquer pensamento e conduta maléficos. A reforma do pensamento era uma mistura de apelos ao idealismo, de propaganda e de terror.[13] Havia uma "campanha" contínua para o desenvolvimento social, com o aparato inteiro do Estado e das massas populares focadas periodicamente em lidar com grupos selecionados, em particular os "burgueses" ou os chamados "direitistas". Esse processo começou com prisões maciças e execuções de pessoas indesejáveis. A combinação de luta de classe com uma atmosfera de ressentimento local teve início em 1946 e continuaria vigorosa nos primeiros quatro anos de poder do partido comunista. Estimativas ocidentais sugerem que uma quantidade expressiva, talvez mais de 2,5 milhões, foi assassinada no processo de reforma agrária, na política violenta de classes, e na erosão da fidelidade e coesão familiar. Por conseguinte, como sempre acontece quando "liberdade" significa fragmentação social, as pessoas perderam o antigo apoio familiar e passaram a ser cada vez mais dependentes do Estado. Forasteiros, cristãos, muçulmanos e budistas foram submetidos ao controle do Estado, e missionários estrangeiros foram de novo expulsos ou presos.

O novo governo promoveu a agricultura coletiva, não só por razões ideológicas, mas por causa do seu compromisso com a autossuficiência e por conta dos temores quanto a suprimentos incertos de comida.

O objetivo era politizar o controle da área rural e dos camponeses, agora submetidos a uma nova elite local, muito bem selecionada, de membros ambiciosos do partido. Isso aumentou ainda mais a dependência rural da China para com o Estado. Por exemplo: existia um novo e amplo monopólio de grãos que regulamentava o crescimento, os preços e a distribuição. A inflação foi combatida por aumentos na taxa de juros e, na década de 1950, pelo estabelecimento de controles econômicos e monetários centrais mais firmes. Nem a língua foi negligenciada. Em parte para promover a alfabetização, o governo simplificou o belo porém complexo estilo de escrita chinesa anterior a 1949 e substituiu os dialetos e até mesmo as línguas locais pela nova linguagem centralizada do mandarim, que fora originalmente um dos diversos dialetos. Assim como os europeus haviam percebido nos séculos XVIII e XIX, poucos fatores unificam mais um povo do que dicionários padrões e um idioma comum.

O esforço de construção da nação também significou a modernização da indústria, da educação e da capacitação. Isso se baseava, no primeiro momento, nas indústrias pesadas que os japoneses criaram na Manchúria, com a ajuda e os conselhos soviéticos acerca de construção industrial. De 1945 a 1946, os russos se apoderaram de quase metade do equipamento industrial da Manchúria. No entanto, a China agora dependia muito do auxílio dos soviéticos na indústria, no desenvolvimento da infraestrutura, na tecnologia, nas comunicações e no comércio. A influência soviética também era forte na cidade, planejando e aperfeiçoando a educação, concentrando-se no treinamento científico e no estabelecimento de um estilo soviético de educação mais aprimorado, com o envio de milhares de estudantes chineses à URSS. Durante alguns anos, os russos foram de uma generosidade considerável. Além de conceder grandes créditos à China, enviaram inúmeros técnicos e grande quantidade de tecnologia e projetos, sobretudo para ajudar a construir e administrar as indústrias chinesas. Em 1955, retiraram-se de Porto Arthur e transferiram para Beijing a cota soviética das companhias de sociedades anônimas criadas para explorar os minerais de Xinjiang. É verdade que a ajuda soviética também representava a aceitação da liderança política soviética. No início de 1954, milhares de especialistas industriais soviéticos foram à China para auxiliar a construção das indústrias chinesas, com ênfase especial no investimento em indústria pesada. É claro, muito do que se realizou foi uma cópia dos antigos modelos soviéticos.

Havia ajuda em todos os tipos de questões militares, inclusive o envio de conselheiros. Isso continuou após o armistício de 1953, quando as perdas da China na época de guerra demonstraram que seria preciso um auxílio soviético maior ao Exército de Libertação Popular. Por volta de 1955, Mao decidiu produzir uma bomba atômica, e em 1957, Moscou secretamente concordou em ajudar esse programa embrionário de armas nucleares e enviar um protótipo de uma bomba atômica. Nesse meio-tempo, os chineses adquiriram a clara percepção de que os russos eram sua única proteção contra um ataque norte-americano, um fato bastante evidenciado depois da Guerra da Coreia, e que o partido usou para destruir grupos pró-americanos, sobretudo entre os intelectuais.

Em nenhuma sociedade antiga, estabelecida em seus hábitos, os efeitos das mudanças, mesmo que tão amplas como essas, são simples ou bem definidos como parecem à primeira vista. A revolução fora uma etapa decisiva na adaptação da China às ideias e práticas do Ocidente. Entretanto, o país permaneceu inalterado em suas condições de séculos anteriores, como durante e depois da dinastia Ming. A insistência dos maoístas marxistas na unificação da teoria e da prática foi adaptada quase sem atritos às tradições do confucionismo. O povo chinês ainda era pobre e frugal, e de novo e mais intensamente, atormentado por conflitos. Houve também o ressurgimento do crescimento populacional, muito estimulado por Mao, que acreditava que isso fortaleceria a China.

A sociedade se apoiava não no indivíduo, e sim na coletividade para decidir o que deveria ser feito ou pensado. A revolução trouxe muitos ecos do passado imperial. Existiam paralelos intrigantes entre os "tempos difíceis" que precederam o governo de Qin Shi Huang Di, Sui Wen e com certeza de Hongwu e dos Qing, além dos "tempos difíceis" que atormentaram a China na primeira metade do século XX. Se de 1949 a 1950 o novo regime matou centenas de milhares de pessoas, esse derramamento de sangue não foi maior do que os massacres do regime imperial. Ficou também claro que um novo Mandato do Céu fora concedido a um líder da mesma natureza de seus predecessores, em resumo, um novo imperador com todas as características, exceto o nome. O culto a Mao, que logo se desenvolveu e cresceu em proporções monstruosas na década de 1960, foi, de muitas maneiras, outra versão do culto aos antigos imperadores: tudo dependia de sua vontade, inclusive o destino do favorito mais eminente. Os ensinamentos confucianos quanto ao culto da subordinação obrigatória do indivíduo ainda permitiam ao líder supremo promover ações ultrajantes. Mais uma vez, qualquer desafio à autoridade do imperador poderia significar a morte.

Em termos políticos, o novo regime também exibiu a antiga determinação de conquistar a natureza e os rios — como no projeto das "Três Barragens" para represar o rio Yangzi —, revelando a mesma desconsideração implacável pela vida humana na perseguição de metas ideológicas e sociais "mais elevadas", a mesma luta entre a política externa e a interna. O desejo de aprender e usar ideias e invenções estrangeiras corria de novo em paralelo à antiga desconfiança dos estrangeiros que haviam explorado a China por centenas de anos e que poderiam, se lhes fosse permitido, perturbar a ordem chinesa.

Havia também, apesar de com um novo disfarce, o antigo desejo de restabelecer a coincidência ideal da simultaneidade da cultura e do território da China. Esse fato, apoiado em ressentimentos fervorosos com relação ao sofrimento da China, representou uma determinação feroz de reivindicar todas as terras que haviam sido controladas pelos chineses. É claro, isso representava a "reunificação" com Taiwan. Também significava uma determinação de conquistar o Tibete e eliminar qualquer sinal de separatismo, talvez por razões estratégicas ou nacionalistas chinesas. O Tibete fora e permanecia sendo para o Ocidente uma terra de romance e mistério. No entanto, exceto no período de 1900 a 1930, por alguns séculos o Tibete, apesar de não fazer parte da China, em certa medida permaneceu sob uma considerável influência chinesa e em determinados momentos até mesmo sob a autoridade da China.[14] Essas ponderações levaram à invasão do Tibete em outubro de 1950 e à campanha de "libertação" que a seguiu. Esses mesmos impulsos, mais cedo ou mais tarde, provocariam reivindicações nas fronteiras ao norte com a União Soviética. Isso envolvia o retorno de algumas terras perdidas e o fortalecimento do controle em regiões como Xianjiang, com sua riqueza mineral e seu petróleo, embora a administração nacional chinesa só a tivesse de fato controlado a partir de 1911 e ainda que em 1950 Xianjiang tivesse relações mais próximas com a União Soviética. Houve uma rígida repressão da minoria étnica e de grupos muçulmanos, especialmente, mais tarde, na região do programa e dos testes nucleares. Grandes destacamentos militares permaneceram em Xianjiang, que também era usada como um local para acomodar um número expressivo de criminosos, que poderiam povoar um arquipélago de campos de trabalhos forçados. Nesse local e na Mongólia, havia um influxo regular de chineses Han. Em meados da década de 1950, só 15% dos 7,5 milhões de pessoas da Mongólia Interior eram mongóis. Todas essas iniciativas tinham o apoio do renovado Exército de Libertação Popular, com cerca de 2,5 milhões de soldados regulares e, logo depois, um corpo profissional de oficiais.

Os Assuntos Privados de Mao Zedong

Quanto mais crescia a autoridade de Mao, o líder indiscutível do partido e do país, mais sua atitude se tornava imperial em relação às mulheres e ao sexo. Ele parecia tatear o caminho da imortalidade que (como mencionado no Capítulo I) os manuais daoistas do período oriental Han haviam mencionado, e que conectava essa busca a relações sexuais com muitas mulheres, e com a maior frequência possível.

Mao parecia seguir esse pensamento. Ao longo da vida, segundo seu médico, interessou-se intensamente por muitas formas de sexo e em sua potência sexual; teve sua primeira experiência sexual na adolescência, com uma menina bonita de 12 anos do vilarejo.

Ele também atraía afeições profundas e duradouras. Sua terceira e última esposa, Jiang Qing, por exemplo, tinha uma brilhante carreira teatral em Xangai antes de eles se encontrarem, talvez em Yan'an em 1939, e foi profundamente apaixonada por ele quase pelo resto da vida dele.

Porém, Mao também precisava de tempo para se afastar da política e relaxar com mulheres simples em breves encontros. Depois que assumiu o poder, estava sempre rodeado por mulheres jovens. Tinha um apetite sexual voraz, em especial pelas jovens e inocentes, e não se importava se uma mulher que desejasse fosse casada. Nenhuma delas era obrigada, e nem precisavam ser. As mulheres quase sempre eram condescendentes e os maridos não faziam objeção. Na verdade, eles com frequência eram promovidos. As mulheres eram, é claro, escolhidas com cuidado antes de se aproximar de Mao, entre outros motivos, para ter certeza de que tinham total admiração pelo grande homem e uma espécie de fervor religioso diante da enorme honra de ser desejada por ele. Uma delas observou: "O presidente é uma pessoa muito interessante. Mas ele não percebe a diferença entre uma mulher que o ama como um líder e a que o ama como um homem. Não é curioso?" Talvez essa fosse a razão pela qual várias delas ofereciam levar suas irmãs mais jovens para o prazer dele (e delas).

No entanto, quase sempre ele tratava as mulheres com uma aspereza insensível. Mao tinha alguns hábitos pessoais incomuns. Ele nunca escovava os dentes e só os enxaguava, ao estilo camponês, com chá verde. Por isso, eles pareciam cobertos de pintura verde. Em geral, recusava-se a consultar um dentista e, aos 70 anos, a maioria de seus dentes posteriores havia caído. Além disso, quando foi morar na antiga residência imperial de Zhongnanhai, em Beijing, ele parou de tomar banho e só deixava que o esfregassem com toalhas quentes. Isso significava, entre outras coisas, que seus órgãos genitais nunca estavam limpos; ele dizia "eu me lavo nos corpos de minhas mulheres".

Embora tivesse contraído ainda cedo uma pequena infecção venérea, ele se recusou a tratá-la, sem se importar de transmiti-la para as parceiras. "Se ela não está me incomodando", disse, "então não tem importância". Permaneceu um transmissor da doença até o final da vida. Entretanto, para a maioria das mulheres, a ligação com ele era motivo de grande orgulho e status, e ser infectada, um símbolo de honra.

Elas diziam que obtinham diversos prazeres com ele. Nos últimos anos de vida, comprazia-se com práticas sexuais daoistas como prender a ejaculação, para continuar a dar satisfação e renovação das reações e secreções das parceiras.

Seus hábitos com elas também eram imperiais. Mao tinha uma grande cama de madeira feita especialmente para ele, com um lado mais alto do que o resto, para servir de instrumento para suas explorações sexuais, e que era transportada em seu trem particular e colocada em qualquer lugar que estivesse. Ela foi até mesmo levada de avião para Moscou durante sua visita.

Quando estava em Zhongnanhai, passava muito tempo na cama, com frequência com pilhas de livros e uma mulher, e às vezes não se vestia por diversos dias. Porém, duas vezes por semana organizavam-se danças, não sem um quarto contíguo ao salão de dança, onde sua enorme cama era instalada e onde podia "repousar" com jovens mulheres com quem havia dançado. E também havia um quarto semelhante, luxuosamente mobiliado, contíguo ao grande salão do povo, para onde poderia se retirar.

No conjunto, portanto, a Guerra da Coreia e a nova aliança sino-soviética conferiram à China, pela primeira vez na história moderna, um grande papel no cenário mais amplo internacional. A China tornou-se um grande parceiro do sólido bloco opositor à Eurásia Ocidental. Ela reivindicava um papel adicional: o apoio e a liderança das forças revolucionárias na Ásia e mais além. Em 1954, Zhou Enlai anunciou os Cinco Princípios da Coexistência Pacífica: respeito mútuo à soberania e à integridade nacional; nenhuma interferência em assuntos internos de outros países; benefícios iguais e mútuos; e uma coexistência pacífica. Porém, alguns observadores ocidentais interpretaram mal esses princípios e pensaram que eram um destaque ao apoio verbal a revoluções coloniais, com a China sendo o modelo dessa libertação.[15] É óbvio que esses pontos de vista contribuíram decisivamente para o desejo que a China compartilhava com todos os outros grandes estados, antigos e modernos, de dominar ou controlar sua periferia.

O novo governo fez uma nova revolução em um antigo ciclo. Desde pelo menos a época dos Tang (618-907 d.C.), e com certeza dos Yuan (1279-1368), dos Ming (1368-1644) e dos Qing (1644-1912), o advento de uma nova dinastia fora precedido não só pela fraqueza imperial, mas pela desconsideração estrangeira, ou mesmo desprezo, pela debilidade da China. Em cada um dos casos, a autoafirmação e o poder da nova dinastia suscitaram um novo respeito externo por suas perspectivas e interesses. Agora, esse fato se repetia. A combinação da política chinesa com a revolução nas colônias asiáticas confrontaram o Ocidente em geral, e os EUA em particular, com escolhas difíceis. Os americanos apegavam-se muito às suas sólidas tradições anti-imperialistas. Há muito tempo havia uma grande pressão sobre os ingleses para conceder a independência da Índia, sobre os holandeses por uma Indonésia "livre" e sobre os franceses em relação ao futuro do seu império. Por conseguinte, após 1945, os americanos ficaram indecisos a respeito do que deveria ser feito com as ex-colônias como a Índia, o Vietnã e Hong Kong. Assim, o subcontinente indiano foi dividido na independência, em 1947, por insistência muçulmana e depois de um grande derramamento de sangue. Quanto a Hong Kong, o Departamento de Estado americano há muito tempo queria que a colônia britânica fosse cedida à China de Chiang. Em 1941, houve a sugestão de que Hong Kong fosse vendida à China, que pagaria com recursos do Tesouro dos EUA. Contudo, em 1943 Roosevelt disse que deveria ser cedida como um gesto de boa vontade. Na conferência de Ialta, realizada em 1945, ele sugeriu a Stalin que Hong Kong deveria se transformar em um porto livre. Porém, os ingleses recuaram de forma desconcertante.

Em nenhum lugar essas escolhas foram tão importantes como no Vietnã. Não havia consenso se o país deveria ser devolvido aos franceses depois da rendição do Japão, mas na prática não houve alternativa. O atrito crescente entre as autoridades coloniais francesas reintegradas e o Vietminh comunista/nacionalista de Ho Chih Minh culminou numa insurgência armada liderada por Ho e Vo Nguyen Giap. Para os americanos, as circunstâncias eram claras. Ho e Giap receberam uma ajuda decisiva da China, e obteriam mais ao longo do tempo. Além disso, ficara evidente para os governantes ocidentais que quase todos os grupos ou partidos comunistas eram aliados ou subservientes à União Soviética. Na época em que Truman deixou a presidência no início de 1953, essas considerações provocaram a teoria do dominó: a ideia de que se um dos países do sudeste da Ásia ruísse, os outros cairiam a seguir. Por sua vez, se a situação na Indochina era crítica e se o problema era causado pela China, os Estados Unidos teriam de enfrentar a China, o que era impossível após a experiência coreana. A longo prazo, o Vietnã voltaria a ter os temores tradicionais quanto à ameaça chinesa, enquanto a China e Mao sentiriam temores similares com relação aos soviéticos. No entanto, foi a teoria do dominó que prevaleceu de imediato para incentivar os movimentos comunistas no mundo inteiro.

Como Washington percebeu que, apesar das suspeitas históricas entre a China e o Vietnã, agora o Vietminh era controlado por Beijing e, portanto, por Moscou. E que uma aliança comunista/nacionalista de Moscou, via Beijing, com o Vietnã e os crescentes grupos comunistas no sudeste da Ásia causaria sérios perigos estratégicos. Contudo, opor-se aos comunistas no Vietnã e defender a Indochina francesa contradizia terminantemente os princípios anticolonialistas americanos. Além disso, como os franceses reuniram colônias de Laos, Camboja e Vietnã em "Estados Associados" no âmbito da União Francesa, elas, é claro, não eram independentes; torná-las independentes e soberanas era algo que dificilmente poderia ser feito sem conceder soberania às possessões da França no Marrocos, na Tunísia e na Argélia, no Norte da África. Em 1950, o governo dos EUA cortou este nó górdio e decidiu que a Indochina tinha de ser preservada do comunismo. Isso significaria apoiar a guerra empreendida pela França, porém, ao mesmo tempo, impulsionando a concessão da independência.

Sábia ou não, a luta contra os comunistas da Indochina foi extremamente difícil e dispendiosa. Os americanos deram uma ajuda maciça à França: em 1952, eles cobriam ¾ do custo da guerra. Os franceses enviaram ao Vietnã um dos seus mais brilhantes comandantes, um homem alto e de nariz adunco, o general de Lattre de Tassigny. Era um homem adoentado, mas os outros eram muito menos capazes. Próximo ao final da guerra John Foster Dulles ameaçou promover uma intervenção direta dos EUA, declarando que "a imposição do sistema político dos russos comunistas e de seus aliados chineses no sudeste da Ásia é uma grave ameaça à comunidade livre".[16] Nessa ocasião, a situação havia mudado muito. Washington ficou sozinha, sobretudo quando os ingleses se recusaram a unir-se aos EUA. A China não estava entusiasmada com a perspectiva de um novo confronto direto, pois temia outra guerra com os americanos logo após o armistício coreano de 1953.

Em geral, uma guerrilha vence se evita perder; um exército convencional perde se não tiver uma vitória decisiva. No entanto, não existe um fundamento segundo o qual o exército de guerrilha possa ser imobilizado ou exaurido. Os franceses não só tiveram dificuldades em razão desse obstáculo básico como também cometeram erros estratégicos fundamentais. Eles não tinham homens suficientes para defender o país dos ataques surpresa. Se concentrassem forças nos centros populacionais, o Vietminh conquistaria o interior. Se tentassem proteger as aldeias, o Vietminh atacaria cidades selecionadas. Os franceses sabiam que não conseguiriam ganhar uma guerra de guerrilha, mas acreditavam que seria possível vencer uma batalha com um planejamento logístico sério. Então, tentaram organizar uma liderança e, no final de 1953, enviaram uma força de elite formada por 12 batalhões para um local, insignificante do ponto de vista estratégico, no noroeste do país chamado Dien Bien Phu. O objetivo seria atrair o Vietminh para um combate comum e derrotá-lo a tempo de influenciar a próxima conferência das grandes potências em Genebra. Nesse confronto, o Vietminh recrutou 60 mil homens, muitos deles com uma coragem suicida. Eles contaram com o apoio decisivo da artilharia chinesa. Isso incluía armas de 105 milímetros, com um alcance muito maior do que os franceses esperavam e capazes de cobrir a pista de aviões francesa, além de artilharia antiaérea e atiradores. A defesa foi impossível. Depois de uma resistência heroica, 15 mil soldados franceses renderam-se.[17] Quando o último comandante no Vietnã, general Navarre, foi designado, o primeiro-ministro disse-lhe que sua missão não era "destruir o Vietminh ou vencer a guerra, mas criar as condições para uma saída honrosa". Por isso, não surpreende que os oficiais franceses tenham se sentido traídos e ninguém conseguiu explicar por que os soldados franceses tiveram que morrer para a França se retirar da Indochina.

O apoio público na França desmoronou. O general de Gaulle descreveu os franceses como "as pessoas mais volúveis e ingovernáveis no mundo". Os franceses aceitaram a proposta soviética de uma nova conferência sobre a Indochina em Genebra, e o ministro dos Negócios Estrangeiros britânico, Anthony Eden, num gesto hábil, convidou a China para participar. O resultado foi que a França se retirou por completo da região. Ho não obteve a plena independência nacional que desejava. Em vez disso, o Vietnã foi dividido na altura do paralelo 17, supostamente aguardando eleições sob supervisão internacional. Isso criou um impasse, pois o Vietminh não tinha força suficiente para prosseguir com a guerra sem apoio. Os americanos continuaram pensando que a Indochina era uma questão crucial para o equilíbrio de poder mundial. A China queria apoiar o comunismo, mas tinha dúvidas a respeito do poder de uma Indochina unificada em sua fronteira sul. Ho Chih Minh e seus defensores passaram os anos seguintes reunindo forças para uma nova tentativa de unificar o Vietnã.

Em meados da década de 1950, surgiram as primeiras manifestações públicas de um grave descontentamento quanto à relação sino-soviética. Estava, é claro, evidente desde o início para Acheson, e também para os grandes serviços de inteligência ocidentais que as diferenças sino-soviéticas iriam emergir em determinado ponto e havia um grande interesse do Ocidente que isso acontecesse. O "proletariado internacional" não passava de verborragia. Infelizmente, isso não respondeu a pergunta prática sobre quando e como essas diferenças surgiriam. O ponto crítico surgiu em 1953. Em março desse ano, Stalin morreu. Duas dificuldades apareceram de imediato. Seus sucessores viram que suas estruturas de comando, dentro e fora da União Soviética, teriam de ser reformuladas. Essa constatação significou promover uma "desestalinização", delegar maiores responsabilidades e criar lideranças locais (isto é, nacionais), o que causou certa diluição da unidade comunista e tensões na China. E ainda pior do ponto de vista chinês era que os russos se comportaram como se a liderança do mundo comunista tivesse sido transmitida, por uma espécie de sucessão apostólica, aos novos líderes pós-stalinistas. Mas isso só poderia ser atribuído à visão de Mao acerca de sua posição, e de sua rejeição que beirava a paranoia, de qualquer reivindicação alheia de autoridade.

Devido à personalidade, poder, história e prestígio de Stalin, Mao o considerava o chefe inquestionável da família comunista mundial. Ele julgava Stalin o herdeiro legítimo de Lenin e, por intermédio de Lenin, de Marx. Depois de Stalin, o próximo líder do mundo comunista não poderia ser um camponês rude, imprevisível e inculto como Nikita Kruchev. Deveria ser ele, Mao, o novo imperador e teórico. Em nenhum aspecto Mao — que se considerava uma figura revolucionária histórica — estava preparado para assumir um posto de segunda importância e receber ordens de um burocrata atarracado, sem reputação de teórico, que agora governava Moscou. Além disso, em agosto de 1973 os soviéticos testaram a primeira bomba termonuclear. Os sucessores de Stalin que presenciaram o teste concluíram que, embora uma guerra atômica pudesse ser viável, apesar das enormes perdas, uma guerra termonuclear causaria a destruição da civilização. Para os chineses, essa visão era uma renúncia indesculpável à tarefa histórica da revolução mundial. Nem todos esses acontecimentos eram perceptíveis para o mundo, mas os franceses, com sua lógica cartesiana, disseram em 1954-5 que em determinado momento Moscou poderia tornar-se o maior adversário da China e o defensor do Ocidente contra o "mundo amarelo".[18]

Mao estava ainda menos propenso a perdoar Kruchev por sua crítica póstuma e inesperada a Stalin em 1956. Segundo Kruchev, o stalinismo era insustentável e o regime soviético precisava mudar. Para Mao, uma crítica aberta a Stalin prejudicava a causa comunista mundial, pois denegria o grande líder. Poderia também enfraquecer a posição de outras figuras proeminentes, inclusive Mao. Isso seria um instrumento nas mãos dos imperialistas, "ajudando os tigres a nos prejudicar". E, no mesmo ano, os russos receberam em Moscou o "revisionista" herético que se afastara do bloco soviético em 1948, o marechal Tito da Iugoslávia.

Kruchev ampliou a ajuda à China, porém Beijing continuou reclamando que o apoio aos interesses e desejos da China era totalmente inadequado. A ajuda dos americanos ao movimento separatista de Taiwan prosseguiu, porém em 1953 o novo presidente, Dwight Eisenhower, declarou que a 7ª Frota, ainda posicionada no estreito de Taiwan, não mais interferiria nos esforços de Chiang para libertar o continente. Os nacionalistas bombardearam e fizeram ataques rápidos e destrutivos no litoral do continente, quando a ajuda defensiva dos EUA a Taiwan aos poucos se tornou mais evidente. Em dezembro de 1954, os americanos assinaram um tratado de mútua defesa com a "República da China" de Chiang, no qual os EUA e muitos dos seus amigos continuaram a reconhecê-la como o governo legítimo para ocupar o assento da China nas Nações Unidas. Durante os anos 1950, Washington concedeu a essa "Segunda China" uma ajuda econômica em torno de US$250 milhões por ano, enquanto forçava um embargo econômico aos comunistas.

Havia ainda a questão das armas nucleares. Na década de 1950, os soviéticos deram exemplos brilhantes de progresso científico e tecnológico, não só com o desenvolvimento da bomba de hidrogênio em 1953, mas com o teste de um míssil balístico intercontinental (ICBM) em agosto de 1957, seguido, seis semanas depois, pelo lançamento bem-sucedido do satélite Sputnik. Esses sucessos causaram grande alarme nos Estados Unidos. A ameaça de uma "defasagem balística" com relação aos russos foi um fator preponderante na eleição presidencial de 1960, que levou John F. Kennedy à Casa Branca. Em novembro de 1957, Mao fez sua segunda e última visita a Moscou, a fim de assistir às comemorações do quadragésimo aniversário da revolução bolchevique. Foi a última vez que viajou para o exterior. Nessa ocasião, um segundo satélite soviético foi lançado. Mao ficou encantado e disse, com seu modo profético, que "o vento do leste sobrepuja o Vento do oeste". Havia uma grande chance de o comunismo vencer o capitalismo. Essas noções prevaleceram mais do que o antigo entusiasmo de Mao pelo poder de mobilização da massa e o poder humano de superar obstáculos. A chave para o desenvolvimento, segundo ele, e também, para uma defesa bem-sucedida na era nuclear era a determinação e a energia do país inteiro.

No entanto, Kruchev lutara em Stalingrado. Ele pode ter sido um *apparatchik* rígido, mas as lembranças dessa batalha terrível e inumana, assim como das perdas aterradoras da Rússia, ardiam em sua memória. Ele tinha visto os testes nucleares e imaginou o resultado do uso dessas armas na guerra. Então, ficou cada vez mais cauteloso quanto à utilização dessa superioridade nuclear contra o Ocidente. Mao desprezava esses temores soviéticos: "Se o pior acontecer e metade da humanidade morrer, a outra metade restará, o imperialismo será cortado pela raiz e o mundo inteiro se converterá ao socialismo."[19] Ele falava sério.

Todas essas circunstâncias que envolveram a viagem de Mao a Moscou o irritaram. Ele tratou alguns dos melhores exemplos da cultura russa com o ressentimento proposital de um camponês ignorante. Não obstante, durante a estada de Mao em Moscou um acordo secreto foi assinado, no qual os soviéticos prometiam ajudar a China a adquirir armas nucleares e ceder uma amostra de uma bomba. E nos dois anos seguintes os russos deram ajuda técnica à China, que iam desde assuntos como mineração de urânio até programas de mísseis.

Outras diferenças profundas permaneceram e envolveram questões básicas em relação à crença e à prática comunistas. O líder soviético estava tão impressionado com o poder das armas nucleares que começou a pensar que o antigo princípio marxista da inevitabilidade da guerra estava ultrapassado. Em uma era de armas de destruição em massa, a prudência indicava uma coexistência pacífica com o Ocidente. Para Mao, isso significou uma traição às obrigações socialistas internacionais de Moscou, e em 1960 ele contestou abertamente a ideia de uma convivência pacífica. Em especial naquele momento, após os sucessos extraordinários nos armamentos e na tecnologia, a base de uma superioridade estratégica perante os EUA que faria com que a guerra nuclear, de qualquer forma inevitável, fosse vencida. Essa posição foi, entre outras questões, uma das razões pelas quais Moscou se recusou a apoiar Beijing. Mao continuou se queixando das possibilidades de uma conciliação entre soviéticos e americanos; mas Kruchev não se mostrou propenso a subordinar os interesses fundamentais da União Soviética aos protestos da jovem parceira chinesa, radical e sem experiência internacional.

Havia outros problemas internos e próximos à China. Os americanos envolveram-se no Vietnã, primeiro para ajudar o Vietnã do Sul a cuidar das centenas de milhares de refugiados do norte, que tinham fugido depois da conferência realizada em Genebra em 1954.[20] No entanto, no final da década ficou evidente que o norte promovia a guerrilha e campanhas de assassinato no sul, e os Estados Unidos começaram a participar do conflito. Em 1962, eles enviaram armas para as autoridades do Vietnã do Sul; dois anos depois, bombardearam alvos no Vietnã do Norte. Nesse ínterim, houve uma rebelião armada em 1959 contra a ocupação chinesa no Tibete que foi brutalmente suprimida. Muitos tibetanos morreram em uma luta violenta e o líder espiritual tibetano, o Dalai Lama, fugiu para a Índia, onde lhe deram refúgio. Outros grandes conflitos contra os chineses ocorreram na Indonésia e milhares de chineses foram mortos ou feridos.

Novas dificuldades surgiram na China quando as pessoas continuaram a migrar como colonos, voluntários e prisioneiros para diversas regiões de fronteira. Em alguns lugares, o povo local foi apaziguado com o status de "Região Autônoma". Em 1957-58, o governo de Mao promoveu debates públicos sobre a atuação do governo ("Deixe cem flores desabrocharem"). A liderança conseguiu muito mais do que tinha barganhado e o resultado foi desastroso para todos os envolvidos. Os novos dirigentes políticos eram, na maioria, pouco educados, ignorantes e desconfiados quanto ao mundo externo, muito inclinados à xenofobia e ao anti-intelectualismo. Suas ideias preconcebidas foram confirmadas pela deslealdade, em especial de intelectuais e profissionais. Mao permaneceu vingativamente desconfiado deles até morrer. Como resultado desse debate aberto, centenas de milhares de pessoas, na maioria profissionais, foram despedidas sumariamente e rotuladas de "direitistas". Entretanto, era dessas mentes treinadas que os novos dirigentes precisavam para ajudá-los a não cometer os erros monumentais da década seguinte.

Mao, cuja oscilação de humor tinha quase sempre uma influência decisiva na política, ficou horrorizado com as críticas e a oposição e mergulhou a China numa nova turbulência. Na década de 1950, ele se preocupava não só com as deficiências da agricultura, mas com a suposta perda de energia revolucionária da China e com uma tendência deplorável de imitar os exemplos soviéticos nos assuntos sociais e econômicos. Era preciso uma "revolução contínua", com todos os chineses tornando-se, ao mesmo tempo, "vermelhos e especialistas". Uma nova revolução social era necessária para reanimar o povo, acelerar o desenvolvimento da China e sobrepujar Moscou como o paladino do socialismo. Esse impulso culminou no "Grande Salto para Frente", uma experiência gigantesca de engenharia social e mobilização de massa; um movimento frenético em direção à industrialização e à reforma rural, no qual todo o dinamismo e energia do povo chinês foram canalizados. Mao, com sua extraordinária inabilidade para admitir erros — além de seus crescentes hábitos pessoais imperiais[21] —, queria aumentar a produtividade agrícola, cultivar terras e expandir a produção industrial local, sobretudo por meio do autossacrifício das massas. Ele estava convencido de que o entusiasmo e a energia do povo, quando aproveitados, compensariam o atraso tecnológico, tanto na indústria quanto na guerra.

Então, os homens foram obrigados a ir para o campo, a fim de trabalhar em enormes projetos de irrigação. Cooperativas foram criadas nas comunas. Até mesmo a vida familiar assumiu uma nuança militar. O progresso industrial foi estimulado com a utilização de grandes contingentes de pessoas do povo. Houve um impulso nas exportações, com o objetivo de comprar bens de capital para investimento interno. Uma enorme Milícia Popular foi criada com cerca de 220 milhões de pessoas. Prédios antigos e as muralhas de Beijing, atrás das quais os cidadãos sentiam-se seguros e confinados, foram derrubados para dar lugar à reforma urbana. A cidade antiga de Beijing foi destruída e surgiram novos prédios altos, sem alma, stalinistas e com frequência de estrutura duvidosa. Mao realizou o antigo projeto de Sun Yatsen de represar o Yangzi, que resultaria no projeto das "Três Barragens". (Esse também foi um projeto grandioso que se revelou um desastre humano, ecológico e econômico, sobretudo quando a parte do rio atrás da represa começou a assorear.) Ao mesmo tempo, houve uma maior aproximação do partido com o ELP. Muitos admiradores ocidentais aplaudiram essas iniciativas. O filósofo francês Jean-Paul Sartre achou o Grande Salto para Frente de Mao "profundamente moral".

Mas as consequências foram caóticas e extremamente prejudiciais. A crescente turbulência interna pode ter causado um fascínio interminável e pitoresco para os intelectuais, estudantes e jornalistas ocidentais, porém a realidade era terrível. O campesinato confiava em Mao e permaneceu dócil, como sempre. No entanto, relatórios falsos divulgavam informações absurdas sobre um suposto aumento de produção, como dos grãos, quando na verdade a escassez de víveres começou em 1957. Em 1958, ficou evidente que a produção real de grãos era de cerca da metade do que era divulgado. Assim mesmo, com as requisições do governo sendo baseadas em relatórios, as exportações para a União Soviética aumentaram para pagar por mais máquinas pesadas. A produção de petróleo, aço e máquinas-ferramentas cresceu, mas em geral, de modo previsível, revelou que o entusiasmo não era suficiente e a fé não moveria montanhas. Embora os recursos tivessem sido direcionados para a pequena indústria local, inclusive para cerca de 1 milhão de fornalhas de aço amadoras de "fundo de quintal" criadas na "batalha pelo aço", a maior parte da produção era inútil.

Em 1959, as críticas aumentaram. A reação de Mao foi violenta, mas o otimismo desenfreado da liderança não conseguiu esconder as consequências desastrosas dos fracassos políticos, em particular na agricultura. A produção de alimentos declinou acentuadamente quando os fazendeiros passaram a se ocupar em fazer revolução, e os problemas se agravaram em 1959 e 1960 por causa do mau tempo. A produção caiu ainda mais, enquanto os relatórios do poder central mencionavam a duplicação da produção. Em 1960, o Produto Interno Bruto caiu para a cerca de um terço do que era. Ao mesmo tempo, a urbanização superou a expansão industrial, o desemprego aumentou e as comunas começaram a retroceder para a forma de cooperativas. Houve crises enormes de escassez de víveres entre 1959 e 1961, nas quais 30 milhões ou mais de pessoas morreram — talvez a maior escassez de alimentos na história da humanidade. Em suma, o "Salto" foi um desastre, uma "catástrofe causada pelo homem", demonstrando que o entusiasmo revolucionário não substituía nem em parte um planejamento econômico decente.

Os resultados de todos esses acontecimentos foram tão devastadores que deixaram resíduos políticos. Para muitos na cúpula do governo, Mao mostrou ser falível, apesar dos esforços de manter os corpos mortos de fome escondidos. Ainda pior, os desentendimentos internos em relação à política e à punição imperial de Mao aos dissidentes enfraqueceram a antiga unidade da liderança e da liberdade de discussão. Em 1959, Mao demitiu seu antigo parceiro Peng Dehuai, que criticara o Grande Salto, e o substituiu por Lin Biao. O que fora um colegiado revolucionário reduziu-se à predominância de um único homem.

O Grande Salto teve consequências importantes no relacionamento da China com o exterior. A crença tradicional chinesa de que todos os estrangeiros eram bárbaros, ao se defrontar com o marxismo-leninista maoísta, fortaleceu o sentimento de superioridade intrínseco da China. Agora, o contraste entre os modelos soviéticos e a busca exaltada dos maoístas por "novos" métodos de desenvolvimento reviveu os costumes clássicos imperiais de usar o trabalho braçal das massas de camponeses para construir represas e estradas. Os chineses alegavam ter descoberto um novo caminho para o socialismo e que não precisavam seguir o modelo soviético; isso representou uma contestação da proeminência ideológica e da liderança de Moscou no mundo comunista, além de suscitar uma profunda raiva em Moscou.

Nikita Kruchev visitou Beijing em 1958 e em 1959, em grande parte para restaurar a amizade sino-soviética. Mas achou o Grande Salto uma insensatez e emitiu sua opinião. Apesar de descrever Mao como um dissidente romântico, ele tentou obter a promessa de Mao de não atacar Taiwan e de criar uma frota sino-soviética no Pacífico. Mao tratou-o como um portador de tributo. Uma frota? Claro, com os "navios dele e nossos capitães". Para Mao, o objetivo soviético "era controlar-nos". Em 1958, os chineses bombardearam, como haviam feito em 1954, a ilha Quemoy, ocupada pelos nacionalistas, sem consultar Moscou. Ao ser questionado, Mao disse, em tom de provocação, que os assuntos entre a China e Taiwan eram de ordem interna. Porém, Kruchev percebeu que Mao não só estava tentando sabotar as tentativas soviéticas de chegar a um acordo com os americanos como ameaçava iniciar um conflito com Taiwan a qualquer momento, conflito este que os russos teriam de concluir. Kruchev, é óbvio, não estava apto nem propenso a subordinar os interesses vitais russos às ameaças e protestos chineses. Os problemas acentuaram-se quando Mao começou a repetir sem cessar que nem os foguetes nem armas resgatariam o imperialismo ou evitariam a revolução proletária; e também quando, numa disputa de fronteira entre a China e a Índia, que se tornara um contato importante e amistoso dos soviéticos com o Terceiro Mundo, Moscou decidiu se posicionar de forma neutra. Em todas essas questões, tanto os comunistas chineses como os russos estavam profundamente convencidos de que o outro lado se desviava da real fé comunista.

O desfecho ocorreu em 1959, quando os soviéticos não cumpriram a promessa de dar apoio nuclear e um protótipo da bomba. Eles também retiraram a maioria dos conselheiros que trabalhavam na China e cancelaram 600 grandes projetos e contratos. Pegaram de volta inclusive os projetos. A cisão tinha, como sempre acontece em grandes desenvolvimentos, muitas causas. As antigas diferenças étnicas continuaram. Houve queixas por causa da retirada de armamentos e da ajuda técnica soviética. E havia a tentativa evidente de Beijing obter a liderança do movimento revolucionário mundial. As preocupações dos soviéticos acerca do fundamentalismo chinês e da tendência a usar a força se tornaram ainda mais relevantes. Na verdade, assim que os chineses produzissem armas nucleares, eles poderiam iniciar um confronto que envolveria Moscou.

Nos Estados Unidos, existiam preocupações crescentes em relação ao equilíbrio nuclear com os soviéticos, que culminaram na crise de Cuba em 1962. A descoberta de que os soviéticos estavam instalando, em segredo, mísseis nucleares de médio alcance em Cuba provocou o conflito mais perigoso da Guerra Fria. Isso aterrorizou ambos os lados. Naturalmente, nem Washington nem Moscou queriam que os problemas da China interferissem. Logo após o fim da crise, Beijing anunciou com virulência que o resultado — a retirada dos mísseis soviéticos de Cuba e dos mísseis dos EUA da Turquia — era um recuo humilhante dos soviéticos diante da agressão imperialista.

A crise gerou grandes iniciativas de controle de conflitos por parte das duas superpotências, e também da Grã-Bretanha, que resultaram nos tratados de Não Proliferação Nuclear e de Proibição Parcial de Testes Nucleares, firmados em 1963, ambos inspirados em parte pelas preocupações com a China. Beijing protestou, dizendo que eram tentativas ostensivas de frustrar outros países, como a China, que procuravam meios adequados para se defenderem. Esse ponto de vista foi enfatizado na explosão da primeira arma nuclear da China em outubro de 1964.[22] Essa prova da entrada da China no clube das bombas nucleares aumentou muito seu prestígio e fortaleceu as reivindicações de Beijing para ser o líder do radicalismo e libertação do Terceiro Mundo. No âmbito do movimento comunista mundial a emergência de dois centros divergentes do poder comunista propiciou que os partidos comunistas locais se tornassem mais independentes ao opor um centro contra o outro.

Enquanto isso, houve a vida e a morte extraordinária do presidente John F. Kennedy e de sua"Camelot" social e administrativa, seguidas pelos triunfos de uma política interna sólida de seu sucessor, Lyndon Johnson. Mas no restante da década, os EUA foram dominados pelos traumas da guerra do Vietnã. Os Estados Unidos se empenharam para que uma ameaça ostensivamente monolítica comunista não ocasionasse a entrada de colunas vietnamitas ou chinesas no sudeste da Ásia inteiro. A China exerceu com cautela um papel passivo, porém decisivo, tornando-se, muito mais do que Hanói, a principal causa da amarga derrota dos Estados Unidos. A razão primordial não foi tanto a ajuda chinesa ao Vietnã do Norte, sem dúvida importante porque havia 50 mil soldados chineses no país, a maioria lutando contra ataques ou trabalhando na manutenção da ordem das ferrovias da China. A determinação norte-americana, por causa da Guerra da Coreia, de nunca mais arriscar um combate terrestre contra a China no continente asiático, levou os Estados Unidos a não fazer nada que provocasse a intervenção chinesa. O ponto fundamental ficou evidente em 1965, quando os EUA e a República Popular da China tomaram medidas para evitar qualquer confronto direto. Os americanos, por exemplo, prometeram que seus aviões evitariam o espaço aéreo chinês. Mao não se sentiu confiante: ordenou a dispersão da indústria para os vales remotos no oeste e no sudoeste da China, como precaução contra um ataque aéreo. Essas providências criaram um santuário intocável norte-vietnamita para os inimigos americanos, garantindo assim a derrota dos EUA, com suas amplas consequências.

Nas décadas de 1950 e no início dos anos 1960, a política da Grã-Bretanha e da França parou, com algumas exceções, tal como o envolvimento dos ingleses na Malásia e Cingapura, de se preocupar com a China e o sudeste da Ásia. Em 1956, o novo governo do Egito nacionalizou o Canal de Suez, que fora por um século a principal rota marítima entre o Mediterrâneo e o Oriente. A Grã-Bretanha e a França protestaram asperamente e conspiraram com Israel para invadir a região do Canal. Esse plano foi frustrado em grande parte pela oposição dos EUA.[23] A crise destacou o final implacável de seus papéis mundiais e os ingleses tiveram duas reações. Concluíram que nunca mais deveriam ter uma posição de discordância séria com os Estados Unidos. Em outras questões, eles reincidiram numa espécie de depressão pós-imperial melindrada. Os franceses, ao contrário, decidiram que nunca mais confiariam no apoio anglo-saxônico. Em 1957, eles assinaram o Tratado de Roma com a Alemanha Ocidental, Itália, Bélgica, Países Baixos e Luxemburgo, criando a Comunidade Econômica Europeia, um passo decisivo em direção à organização econômica e política da Europa ocidental, em grande parte sob a liderança da França.

Nesse cenário, como os americanos e os europeus ocidentais poderiam agir em relação à aliança sino-soviética? Apesar de muita especulação, a maioria dos conselheiros governamentais manteve a opinião, ao menos até 1964, de que as diferenças entre Beijing e Moscou ainda constituíam uma discussão familiar sem importância. Muitos vínculos científicos, técnicos e econômicos permaneciam. Os soviéticos eram os maiores parceiros comerciais da China. Eles não tinham cortado os suprimentos de petróleo para a China. Se houvesse uma pressão política ou estratégica, eles continuariam a se aliar contra o mundo ocidental. Só de Gaulle e, em certo sentido, o chanceler da Alemanha Ocidental, Konrad Adenauer, tiveram uma visão de longo prazo. Em 1958, Adenauer contatou Henry Kissinger, conselheiro de Richard Nixon, o provável futuro presidente republicano, para argumentar com firmeza que uma ruptura dos soviéticos com os chineses era inevitável. Ele não acreditou.[24] De Gaulle percebeu em 1960 que, devido às crescentes tensões entre a União Soviética e a China, os russos poderiam tentar restabelecer relações com o Ocidente.

A década de 1960 presenciou diversas crises que enfraqueceram ainda mais a antiga aliança sino-soviética. Uma delas foi a crise dos mísseis de Cuba. Em 1962, eclodiu uma nova guerra entre a China e a Índia ao longo da fronteira do Himalaia, que os chineses venceram com rapidez e decisivamente. Beijing protestou com veemência contra o fluxo de ajuda militar soviética à Índia, inclusive o fornecimento de motores a jato e alguns aviões a jato.

A China protestou ainda mais por causa da escassa informação disponível referentes aos pequenos conflitos sino-soviéticos em Xinjiang, que coincidiram com uma lista de reivindicações da China aos soviéticos na Ásia Central. Nessas regiões, as pressões da superpopulação mais uma vez repercutiram. Os soviéticos, por sua vez, decidiram que o antigo Tratado de Nerchinsk, firmado em 1689, fora negociado "sob coerção" e que, portanto, seus acordos de fronteira eram inválidos. Para o desagrado manifesto da China, Kruchev não só rejeitou as reivindicações chinesas de restituição territorial na fronteira sino-soviética como expandiu os créditos para a Índia e visitou Washington. Havia também posturas diferentes de chineses e soviéticos quanto à situação no Vietnã, onde a ajuda dos EUA ao Vietnã do Sul ainda crescia. Em 1964, essas diversas diferenças doutrinais e práticas começaram a afetar a coesão do movimento comunista internacional.

Os desdobramentos internos na China foram ainda mais importantes. A República Popular da China se aproximava de um surto de histeria social e política que terminaria envolvendo mais de 100 milhões de pessoas. Novas evidências surgiram a respeito da péssima situação econômica do país, da devastação causada pela escassez extrema de víveres do início da década e de quão deplorável estava o moral na região rural. Além disso, constatou-se que os quadros do partido com frequência usavam as prerrogativas de suas posições para, sob pressão das autoridades superiores, atingirem as absurdas cotas de produção regionais e nacionais. Iniciou-se uma campanha de limpeza da administração local e de reeducação do povo nas virtudes da edificação abnegada do socialismo. A produção industrial aumentou devagar. Uma administração local assumiu o controle. No entanto, só em 1965 a produção agrícola retomou os níveis de 1957.

Mesmo assim, o movimento de restauração deixou Mao profundamente descontente. Primeiro, quando começou a reagir às críticas, foi preciso eliminar as dúvidas e a oposição, uma questão duplamente irritante para um homem cuja palavra há muito tempo era lei. Por sua vez, a restauração gerou o pragmatismo e o crescimento da burocracia, fato que estava em total desacordo com os impulsos românticos mas também implacáveis de Mao. Para ele, a China mais uma vez se arriscava a seguir os antigos padrões imperiais de governo — de cima para baixo. A revolução maoísta estava perdendo o ímpeto, o partido ossificava-se e os burocratas do partido "seguiam o caminho do capitalismo", uma acusação mortal.

Foi difícil negar que tudo isso representava uma contradição com a perspectiva de ação de massa, de governo pela luta contínua. Mao sempre se maravilhava consigo mesmo, e aceitar esses desdobramentos enfraqueceria não só a revolução, como sua visão pessoal e seu lugar na história. E talvez, quem sabe?, para um homem que estivera em campanha durante toda a vida adulta, a expectativa de uma administração fragmentada fosse tediosa e ele ansiasse por novos conflitos. Era necessário promover a renovação do espírito revolucionário em cada geração, uma nova ênfase no igualitarismo, o poder de mobilização das massas, a revolta contra qualquer vestígio de sabotagem à antiga ordem. Também era preciso fortalecer a admiração do povo por sua pessoa. Assim, fez a incrível exibição de nadar no rio Yangzi.[25]

Lin Biao, comandante e veterano dos dias de Yan'an, intensificou a doutrinação do Exército de Libertação do Povo, elevou o líder supremo ao céu e estimulou o estudo do "pequeno livro vermelho" com os aforismos de Mao. Ideias de firmeza revolucionária, sacrifício e autoconfiança foram reenfatizadas. Lin Biao não estava sozinho. A última esposa de Mao, Jiang Qing, uma ex-atriz com fortes conexões com intelectuais de Xangai e interessada na política cultural, uniu-se a ele. Em 1965, Lin Biao declarou que os povos do Terceiro Mundo derrotariam o avanço das nações capitalistas. Isso foi amplamente interpretado nos Estados Unidos como um apoio evidente da China aos movimentos revolucionários. Em círculos alarmistas, foi considerado uma advertência de que a China poderia intervir no Vietnã. Na Indonésia, o Partido Comunista (PCI) estava prestes a dar um golpe e assumir o poder, reforçando os temores do Ocidente quanto à formação de um eixo de poder disciplinado abrangendo Beijing, o Vietnã do Sul e do Norte, e a Indonésia. No conflito, o Exército da Indonésia eliminaria os comunistas com rapidez, num grande massacre. No entanto, os temores externos e o conhecimento do fato que a União Soviética e a China competiam para apoiar o Vietnã do Norte com armas, conselhos e outros tipos de ajuda aumentaram esses temores com relação ao sudeste da Ásia e causaram uma enorme expansão da presença militar no Vietnã. No final de 1965, cerca de 180 mil soldados dos EUA serviam lá, criando novos perigos potenciais para o sul da China.

Mao começou a incitar o movimento que ele e seus seguidores chamaram de a "Grande Revolução Cultural Proletária" (embora línguas ferinas no Ocidente dissessem que não era nem grande nem proletária ou cultural, e tampouco uma revolução). Ao encontrar uma oposição maior dentro do PCC, e alheio a qualquer coisa que não fosse aplauso, Mao buscou apoio fora do partido. Seu desejo de uma renovação revolucionária violenta o levou a defender reuniões das massas, a excitação pública e sobretudo o apoio de estudantes e jovens urbanos descontentes para atacar a ordem estabelecida. À medida que o movimento ficou progressivamente mais fora de controle, causou tumulto e uma crescente histeria pública. Os revolucionários radicais disseminaram a agitação e estudantes de escolas secundárias criaram grupos armados denominados "Guarda Vermelha", a quem Mao estimulou a "aprender a revolução fazendo revolução". Por fim, havia 10 milhões de membros da Guarda Vermelha. Mas quando a violência aumentou, Mao disse simplesmente: "Quem está contra a Grande Revolução Cultural? O imperialismo americano, o revisionismo russo, o revisionismo japonês e os reacionários."[26] As escolas e as universidades fecharam para dar espaço à revolução. Os jovens da Guarda Vermelha andavam pelas ruas acenando com o "pequeno livro vermelho" de citações de Mao. Mao começou a organizar passeatas gigantescas da Guarda Vermelha, constituída por milhões de jovens de escolas e universidades do país inteiro. Seus pronunciamentos não eram nunca uma oratória pública: ele jamais deixou transparecer seu sotaque rude e provinciano, mas seu discurso era violento e excitava. A destruição de propriedade e de vidas logo cresceu de modo assustador.

Tudo que era antigo e estabelecido ficou ameaçado, de construções a pessoas. Dez milhões de funcionários e pessoas da classe média, inclusive profissionais idosos, foram espancados e enviados para o campo, a fim de cultivar a terra e aprender com "o povo". A filha de Deng Xiaoping, que fora demitido de seu alto posto no partido, relatou que na Universidade de Beijing, onde ela estudava, seu irmão fora torturado e ficou aleijado, e que "e em certo estudante [...] foram introduzidos pregos em seus joelhos, enfiaram discos de bambu sob suas unhas e quebraram seus dedos com alicates. Depois o amarraram em um saco de juta, chutaram-no escada abaixo e o espancaram quase até a morte". O reitor da Universidade foi pendurado pelos polegares numa viga e torturado para que confessasse ser um "falso comunista".[27] Todos os indícios de propriedade privada, além da economia privada, foram atacados. Os intelectuais foram açoitados, obrigados a lamber seu próprio sangue no chão e quase sempre executados ou espancados até morrer. Com frequência cortavam a língua de uma vítima para que não pudesse gritar, no último momento, algo politicamente incorreto para a multidão mandatória. Outros se suicidaram, o que era considerado uma traição ao partido e à revolução. Centenas de milhares de pessoas morreram. A polícia foi instruída a não interferir; se as pessoas fossem espancadas até a morte, "isso não era problema da polícia". Dezenas de milhões de pessoas tiveram suas vidas destruídas.

Todas as pessoas que possuíam uma educação ocidental ou contatos com o Ocidente foram agredidas e humilhadas. Milhares foram presas. As coleções de arte e as bibliotecas foram incendiadas ou roubadas. Mao, sempre com o hábito de "adquirir" livros que queria, apossou-se de milhares de obras antigas dessa forma antes de ser fotografado, com uma falsidade alarmante, na frente de uma estante repleta de obras, a fim de aumentar sua reputação de ser um homem que fomentava a erudição. Algumas coisas foram preservadas: sob as ordens de Zhou Enlai, uma divisão inteira de soldados aquartelou-se na Cidade Proibida para evitar o saque e a destruição. Porém, milhões de jovens e de pessoas da zona rural destruíram objetos artísticos e construções, além de atacar e humilhar com sadismo professores, pais e outros indivíduos.

O alvo central da campanha era o PCC. O partido sofreu expurgos, mesmo nos postos mais elevados, quando a mulher de Mao, Jiang Qing, e seus grupos radicais fizeram uma caça às bruxas e ataques ao *establishment* de Mao. Assim como Stalin, que, ao longo da década de 1930, expulsou toda a antiga liderança do partido que assumira o poder com ele, Mao declarou uma espécie de guerra à liderança que sobrevivera à Longa Marcha. Ele usou a lealdade arraigada deles ao partido e a disciplina para prejudicá-los, imbuído da convicção de que a insistência nos direitos pessoais era uma atitude egoísta e antissocial. Cerca de 60% dos funcionários do partido foram expurgados.

Do ponto de vista do mundo exterior, a situação agravou-se a tal ponto que era quase impossível fazer negócios regulares com os chineses. Em agosto de 1967, a Guarda Vermelha atacou o Ministério de Relações Exteriores, destruiu arquivos e promoveu um grande distúrbio. Os estrangeiros foram espancados e houve enormes reuniões para condenar tudo que fosse estrangeiro. A Guarda Vermelha invadiu a missão britânica e a saqueou,[28] assim como atacou diplomatas. As relações com diversos países foram rompidas. O ministro das Relações Exteriores, Chen Yi, foi obrigado a fazer uma autocrítica, sob vaias, numa reunião presidida por Zhou Enlai. Os assuntos externos eram examinados minuciosamente pelo gabinete de Zhou. Os embaixadores da China foram removidos de seus postos, exceto um, que servia no Cairo. Para substituí-los, diplomatas radicais foram enviados para o exterior e transformaram suas embaixadas em centros de propaganda revolucionária e ajuda aos partidos comunistas locais. Às vezes, os "capitalistas" que tentavam visitar uma embaixada eram atacados com porretes.

De maneira previsível, o arrebatamento da Guarda Vermelha concentrou-se em seus companheiros e grupos desorganizados lutaram entre si num frenesi de acusação e destruição. Só em 1967-68 o ELP, que até então se limitara a proteger instalações críticas, como as nucleares, e pessoas importantes, foi chamado para restaurar a ordem, quase sempre pela força. Mesmo assim, só em meados de 1968, Mao dispersou a Guarda Vermelha e grande parte de seus integrantes foi enviada para o campo para aprender com os camponeses. O movimento teve consequências terríveis para a China, que teve uma geração inteira de jovens absorvida pela exaltação revolucionária, sem receber educação e treinamento. Ainda mais importante, o efeito moral e os resultados destrutivos nas pessoas e nas instituições do governo, significaram uma transferência efetiva de autoridade para o disciplinado e organizado

ELP. Quando a Revolução Cultural terminou, ela havia destruído a unidade e talvez a confiança do partido. Após 1969, houve um grande esforço para reconstruir e restaurar a produção econômica.

Nessa atmosfera superaquecida da Grande Revolução Cultural Proletária, as relações sino-soviéticas passaram por uma mudança crucial. O inimigo principal e mais perigoso da China até então fora a maior potência capitalista, os EUA. No entanto, em 1967 a União Soviética também passou a ser uma inimiga, e, talvez em razão de seu revisionismo, ainda mais perigosa. A aliança com Moscou foi rompida. A situação agravou-se ainda mais com a invasão soviética da Tchecoslováquia em 1968, provocada pelas decisões de implantar uma nova administração mais liberal e reformista em Praga, que, na concepção de Moscou, ameaçava a supremacia comunista no país. Ainda mais inquietante foi a justificativa dos russos para essa invasão, que gerou a ideia (logo denominada "Doutrina Brezhnev", inspirada no líder soviético Leonid Brezhnev) de que a União Soviética tinha o direito e o dever de intervir em qualquer país onde as realizações do socialismo estivessem ameaçadas. Tendo em vista o discurso da China sobre a heresia soviética, não seria também provável que os russos adotassem essa doutrina como justificativa para intervir na China?

O sentimento de isolamento e perigo da China foi mais acentuado por três outras questões bem díspares. Primeiro, havia a crescente evidência do atraso econômico da China, ressaltado, por exemplo, pelo surpreendente crescimento econômico da antiga Nêmesis, o Japão. Essa prosperidade rápida foi estimulada por diversos fatores, todos alheios à recente experiência da China. Um deles foi a redução tarifária progressiva nos mercados mundiais do Japão, quando as pressões do protecionismo se atenuaram em muitos lugares. Outro foi o baixo custo estável da matéria-prima. Além disso, o Japão possuía uma mão de obra dócil, com custos trabalhistas baixos, em parte pela necessidade de absorver os 6 milhões de japoneses que tinham retornado da China, da Coreia e de outros lugares. Houve também um movimento em direção às atividades de capital intensivo, como a indústria eletrônica e de produtos petroquímicos. O segundo fator de atraso da China foi o crescimento populacional. Apesar das grandes perdas humanas no Grande Salto para Frente e na Revolução Cultural, as décadas de 1950 e 1960 foram um período de rápido aumento populacional. Esse crescimento demográfico dificultava ainda mais uma industrialização acelerada. As terras pouco povoadas da região noroeste da China, assim como as antigas regiões chinesas no extremo oriente soviético, eram alvos óbvios para o crescente número de trabalhadores e colonos. Isso suscitou outra questão extremamente sensível: a reunificação de todos os territórios que a China perdera no último século e meio. Essa reivindicação significava não apenas a fronteira de Xinjiang como as áreas das províncias marítimas soviéticas conquistadas pelos czares. Houve ainda sugestões para que a bacia do Amur se tornasse "parte integral" da China, como fora há 2 milênios e meio. Tudo isso representou um conjunto explosivo de demandas.

A terceira questão foi a crescente tensão militar com os russos. Em março de 1969, aconteceu o espetáculo sensacional do incidente na fronteira sino-soviética. Com a exceção parcial da repressão soviética na Hungria em 1956, pela primeira vez os "fraternos" países socialistas lutavam abertamente entre si. As tropas chinesas atacaram de surpresa algumas patrulhas soviéticas na ilha de Damansky (Chenbao), na confluência dos rios Amur e Ussuri, na fronteira da região nordeste da China. Os russos retaliaram e reforçaram maciçamente suas tropas na fronteira com a China. Em 1971-72, os soviéticos tinham 44 divisões na fronteira. Eles também prepararam armas nucleares táticas para deter os chineses, que tinham feito sua primeira explosão atômica quando, três anos antes, desenvolveram dispositivos termonucleares. A China começara, em 1969, a distribuir estrategicamente a primeira geração de armas nucleares pela Manchúria. Henry Kissinger observou mais tarde que os russos haviam tentado sondar o governo Nixon para saber se os EUA apoiariam a União Soviética caso os russos "removessem" as instalações nucleares chinesas antes que suas armas estivessem preparadas para entrar em combate, mas ouviram uma recusa. Se de fato essas discussões existiram, elas não tiveram um desdobramento posterior.

Esse conflito na fronteira foi o ápice de duas décadas atribuladas nas relações exteriores chinesas. De 1949 a 1969, a China envolveu-se em disputas e várias vezes em conflitos com quase o mundo inteiro. Ela lutou em 1950-53 contra os Estados Unidos e a Coreia do Norte, com a Índia duas vezes, reprimiu à força o Tibete e Xinjiang, divergiu seriamente dos mongóis, permaneceu em estado de guerra fria com Taiwan e enviou tropas para lutar contra os americanos na guerra do Vietnã. Agora, em 1969, havia um conflito armado com seu suposto irmão mais velho, a União Soviética. Era um recorde notável, que se estenderia com os confrontos contra o Vietnã do Sul no mar da China meridional em 1974, a invasão chinesa do Vietnã em 1979 e os pequenos conflitos na ilha Spratly em 1988. Ainda mais relevante foi o fato de que no final da década de 1960, quando tratados de fronteiras foram assinados com a Birmânia, a Mongólia, o Paquistão, entre outros países, a China ficou sob ameaça de um conflito com as duas superpotências. O receio de Beijing quanto a um possível ataque norte-americano não era uma novidade. No entanto, durante anos os chineses presumiram que a União Soviética agiria em defesa da China para protegê-la dos piores perigos. Agora Beijing não só rompera essa relação como estava pronta para brigar com o mundo inteiro. Zhou e Mao parecem ter percebido que essa situação era muito arriscada.

O Conflito Ussuri

Em março de 1969, o mundo se surpreendeu quando as duas grandes potências socialistas, a União Soviética e a República Popular da China começaram a lutar na fronteira do rio Ussuri, na região Nordeste da China. O conflito ocorreu numa ilha do rio chamada Damansky (em russo) ou Zhen Bao (em chinês).

Houve, na verdade, dois conflitos, um no dia 2 de março e outro em 15 de março. No primeiro, cerca de 300 soldados de elite do exército chinês fizeram uma emboscada a uma patrulha russa e mataram 19 soldados. No segundo, ambos os lados tinham milhares de tropas na área e o combate na ilha envolveu mais de 500 chineses e 200 russos ou mais, além de uns 20 tanques.

É evidente que os chineses se prepararam com cuidado para o confronto e no primeiro embate excederam os russos em número. Os motivos dessa hostilidade permanecem obscuros. As disputas de fronteiras não eram uma novidade e ocorreram pequenos distúrbios durante meses. Diversas explicações para esse incidente armado parecem plausíveis. Uma delas é que foi outro ataque maoísta ao "revisionismo" russo. Outra, talvez mais factível, é que foi necessário revigorar a opinião do povo chinês após a turbulência da Revolução Cultural. Qualquer que tenha sido o verdadeiro motivo, a consequência mais importante foi um grande fortalecimento militar ao longo da fronteira.

No entanto, para os russos e ainda mais para os americanos, a situação na China oferecia novas oportunidades. Seria lógico substituir duas décadas de um simples confronto entre o Oriente e o Ocidente pelas maiores sutilezas de uma política triangular. Os EUA, por exemplo, precisavam da ajuda da China para pôr fim à luta no Vietnã, assim como para lidar com os soviéticos. O objetivo agora, como mencionado pelo presidente do Conselho Nacional de Segurança, dr. Henry Kissinger, era que Washington tivesse melhores relações com Moscou e Beijing, superando o bom relacionamento dos russos com os chineses. Seria possível utilizar um entendimento sino-americano para pressionar os russos a uma *détente* e a um controle de armas nucleares. Era evidente que os acordos prévios de controle de armas não impediram o crescimento de grandes arsenais nucleares. A intimidação mútua talvez não fosse suficiente para evitar a guerra, que poderia ocorrer por um erro de cálculo ou um acidente, caso ambos os lados fabricassem mais mísseis e ogivas. No final da década de 1960, os russos e os chineses desenvolveram sistemas antimísseis que poderiam enfraquecer o princípio da intimidação. O presidente Johnson tentou negociar com Brezhnev antes que a invasão soviética da Tchecoslováquia em 1968 impossibilitasse politicamente o avanço das negociações. Porém, o próximo presidente, Richard

Nixon, foi bem-sucedido em 1972 com relação à limitação de armas nucleares e de acordos antimísseis assinados em Moscou.

Esse era o contexto no qual problemas mais insignificantes, ou a importante questão das relações sino-americanas, poderiam se desenvolver. Não havia um só ponto político crítico. Contudo, uma mudança significativa ocorreu em 1968, quando Lyndon Johnson, ao declarar que não concorreria à reeleição para a presidência, deixou claro que o objetivo dos Estados Unidos era retirar-se do Vietnã. Ficou ainda mais evidente que a China poderia ajudar. E Beijing queria evitar um confronto simultâneo com as duas superpotências. De maneiras sutis e indiretas, os dois lados trocaram informações. Os chineses fizeram referências aos soviéticos como uma ameaça e mencionaram o fato de que a China não possuía nem tinha intenção de ter tropas fora de suas fronteiras. Os americanos também enviaram sinais sigilosos. As negociações confidenciais sino-americanos prosseguiram em Varsóvia. Em 1969, os americanos começaram a reduzir as restrições comerciais à China. Dois anos depois, houve um convite extremamente divulgado na imprensa para que equipes norte-americanas de pingue-pongue fossem jogar com os chineses. Por fim, os americanos encerraram o embargo comercial com a China. E Henry Kissinger foi secretamente a Beijing para preparar a visita do presidente. A perspectiva de um acordo sino-americano alarmou Moscou e ajudou a promover os primeiros grandes acordos de controle de armas nucleares. Por sua vez, esses tratados e a subsequente conciliação entre os soviéticos e os americanos preocuparam bastante os chineses, estimulando um ajuste sino-americano ainda maior.

Enquanto isso, os confrontos militares na fronteira tiveram mais consequências do que apenas fomentar os sentimentos dos chineses contra os russos. A história, devidamente embelezada, sugere que o Exército de Libertação do Povo estava heroicamente salvando toda a população. O prestígio de Lin Biao cresceu, agravando os problemas de Mao. Ele começou a sentir que seus expurgos haviam sido exagerados. O partido precisava ser reconstruído, e os critérios de pureza ideológica declinaram. Ele também pensou que o papel dos militares deveria ser reduzido e que Lin tornara-se mais proeminente do que deveria. De qualquer modo, Lin passou a ser enfraquecido de maneiras enigmáticas e acalentou pensamentos de derrubar Mao. Diversos planos fracassaram, mas no final os projetos de Lin foram revelados por sua filha, Dodo, aos guardas de Mao.[29] Em 1971, ele morreu. Parece que Lin, sua mulher, o filho e outras pessoas fugiram para a União Soviética, mas o avião caiu. Em 1972, o premier Zhou Enlai disse cinicamente que Lin na realidade fora um renegado e um traidor. Mais uma vez, o partido aceitou a palavra e a decisão do líder supremo sem questionar. Mao agora estava acima da política, ele pairava intocável e além da crítica: talvez tenha sido a última figura altaneira de uma longa linhagem de imperadores e o fundador de uma espécie de nova dinastia do Partido Comunista. De fato, ele exibia muitas características do fundador da dinastia Ming, Hongwu (1368-98). Havia a mesma crueldade e a intolerância às críticas, o mesmo desejo de centralizar todas as decisões nas mãos do governante supremo, a mesma noção de que sua palavra era lei, os mesmos atributos divinos.

Então aconteceu um fato sensacional. Em fevereiro de 1972, o presidente Nixon foi a Beijing, o primeiro presidente norte-americano a visitar a China. Antes de viajar, ele foi informado de que as maiores preocupações da China eram, por ordem de prioridade, a proteção norte-americana de Taiwan, um possível renascimento do poder militar do Japão e o problema da divisão da Coreia. O presidente foi aconselhado a falar sobre direitos humanos e comércio; e a mencionar compromissos mútuos sino-americanos de que não haveria um poder hegemônico na Ásia. Quando Nixon partiu, os dois lados haviam estabelecido um relacionamento que fracassou, mas não por completo, em criar boas relações diplomáticas. Esse fato foi destacado no "comunicado de Xangai" de 1972, que forneceu um roteiro das relações sino-americanas para a década seguinte. O documento registrou os diferentes pontos de vista dos dois lados. Os americanos disseram que os EUA "conheciam" e "não contestavam" a visão dos chineses de que "só existia uma China", porém insistiram que quaisquer disputas (por exemplo, entre Beijing e Taiwan) deveriam ser solucionadas por meios pacíficos. O documento mencionou ainda que a "padronização" deveria ser estimulada. Ele foi tão bem estruturado que os partidários tanto em Beijing quanto em Washington não tiveram dificuldades para entendê-lo.

A China substituiu Taiwan no assento da "China" nas Nações Unidas. Seguindo o antigo mito da China como um mercado ilimitado, inúmeros homens de negócios norte-americanos começaram a afluir para o país logo após a visita de Nixon. Em 1969, as exportações chinesas para os EUA totalizavam US$5 milhões; em 1973, o total foi de US$700 milhões. Onze meses depois da visita, os EUA se retiraram do Vietnã; e Mao chegou às suas conclusões sobre a guerra. Os americanos, comentou ele com um embaixador estrangeiro, nunca levaram a sério a guerra do Vietnã. Afinal de contas, que grande potência abandona um conflito que pode ter consequências fatais depois de sofrer perdas de apenas 58 mil pessoas?

A visita do presidente Nixon à China talvez tenha sido o único grande triunfo nas relações exteriores da administração de Nixon e Kissinger, mas foi também a maior — e quem sabe a única — realização importante no campo da política externa da China na era maoísta. Foi um presente sem preço, não só para Mao, então com 78 anos, como para a China, pelo fato de o presidente da maior potência do mundo ter ido à China, não com humildade, e sim, simbolicamente, como portador de um tributo ao imperador. Por isso, não causou surpresa que Mao tenha elogiado Nixon. Os direitistas, disse ele, são previsíveis. Se qualquer cidadão chinês, no final de 1971, ainda duvidasse da grandiosidade sem mácula do presidente Mao e de sua admirável iniciativa de recolocar a China, com sua proeminência, no cerne das questões mundiais, após a visita do presidente norte-americano sua opinião mudou.

Foi uma inversão curiosa da história. Em 1840, os ingleses lutaram contra a China sobretudo por uma questão de igualdade do Estado. Na década de 1980, foi a China, recém-saída da repressão introspectiva da era Mao, que colocou o status da China no plano internacional à frente de suas prioridades nas relações internacionais.

Os efeitos desses realinhamentos foram de longo alcance. Os chineses queriam que o Vietnã do Norte continuasse lutando contra os americanos, mas a guerra terminou com um arremedo de paz e com os EUA mergulhados em conflitos internos. Os Estados Unidos e o Vietnã do

Norte assinaram um acordo de paz em Paris, no qual ninguém acreditava. Nele, ambos os lados garantiam que "o direito de autodeterminação do povo sul-vietnamita é sagrado, inalienável e deve ser respeitado por todos os países". Além disso, os sul-vietnamitas "decidirão o futuro político do Vietnã do Sul por meio de eleições livres e democráticas sob supervisão internacional".[30] Logo depois disso, o Exército do Vietnã do Norte devastou o Vietnã do Sul. Ironicamente, a vitória norte-vietnamita exacerbou as divergências políticas e outras desavenças com a China que a guerra encobrira. Alguns anos mais tarde, os norte-vietnamitas entraram na capital do Vietnã do Sul, Saigon, e tiveram um conflito armado com a China.

Esses acontecimentos conferiram à China um papel ainda maior no sudeste da Ásia. Os vietnamitas, inimigos históricos do Khmer, invadiram o Camboja e saquearam o país. Os chineses, por meras razões de equilíbrio de poder, apoiaram a resistência dos sanguinários do Khmer Vermelho, fornecendo conselhos, dinheiro e armas. Os norte-americanos estimularam essa iniciativa, uma vez que a União Soviética apoiava os vietnamitas.

Por coincidência ou não, logo após o incidente com Lin Biao, a situação de Mao começou a se deteriorar. Quando Kissinger visitou de novo Beijing em 1973, ele ainda encontrou Mao "exibindo o maior poder concentrado e a maior determinação entre todos os líderes que conhecera" (exceto de Gaulle)[31]. Mas Kissinger percebeu, um pouco melancólico, que seus esforços titânicos haviam sido praticamente inúteis para mudar os antigos hábitos da China e dos chineses. Porém, ele nunca desistiu. Mao permitiu, e até mesmo encorajou, que o grupo de Xangai liderado por Jiang Qing — a "Gangue dos Quatro" — dominasse a cultura, os meios de comunicação e grande parte da política. Em 1973, o câncer de Zhou Enlai se agravou, mas mesmo assim ele aceitou a proibição de Mao quanto a receber um tratamento moderno ocidental — uma maneira de Mao assegurar que Zhou morreria antes dele. Zhou morreu em 1976.[32] Outro colaborador antigo foi reabilitado a fim de exercer um papel de liderança no governo. A pessoa indicada foi Deng Xiaoping, esse sobrevivente implacável e experiente da Longa

Marcha que, por fim, sucedeu Mao. Ele caíra em desgraça na Revolução Cultural, porém a reputação gera poder e ele era muito capaz e dinâmico para ser relegado a um segundo plano. Assumiu o cargo de vice-presidente do partido, porém foi mais uma vez preso pelo grupo de Jiang Qing, que insistia em ser mais maoísta do que Mao. Foi um confronto que continuou refletindo as tensões entre o romantismo revolucionário impiedoso de Mao — seu médico tinha relatos assustadores de sua personalidade monstruosa[33] — e as necessidades práticas do rápido crescimento demográfico da China. Essas tensões permaneceram insolúveis até 1976. Em junho daquele ano, Mao teve outro acidente vascular cerebral e sua saúde piorou.

Então, vibram os grandes terremotos e tempestades. Duzentas e cinquenta mil pessoas morreram em um terremoto a leste de Beijing. Todos esses acontecimentos supostamente significaram, por tradição, a maneira de a natureza anunciar a morte de um imperador. Mais uma vez os sinais estavam certos. Pouco depois da meia-noite, no dia 9 de setembro, Mao Zedong, o herdeiro dos grandes imperadores do passado,[34] já incapaz de mover-se ou falar, deu um profundo arquejo e morreu.

13

Reafirmação

1976 a 2001

Mao deixou a China em uma situação de considerável perigo. Enquanto se ocupava em "fazer revolução", a China ficou exposta, econômica e estrategicamente. No cerne de tudo estava, mais uma vez, o crescimento contínuo da população. O povo, com cerca de 400 a 450 milhões de pessoas em 1945, crescera rapidamente e triplicou, chegando a 1,2 a 1,3 bilhões de habitantes no ano 2000. Essas massas precisavam ser alimentadas, ter moradias e trabalho. Com 80% dos chineses ainda vivendo em fazendas, a maioria num nível de subsistência, a agricultura incipiente da China causou novos períodos de escassez extrema de víveres e a necessidade de importar comida, sem exportações viáveis para pagar a importação. A garantia de comida demandava um crescimento econômico rápido, mas os desastres econômicos do Grande Salto e a Revolução Cultural deixaram a China em um grande atraso econômico e tecnológico.

Tampouco a "diplomacia revolucionária" de Mao teve muito sucesso. O plano de tornar a China um Estado oscilante entre os norte-americanos e os soviéticos só beneficiou os EUA, que agora tinham melhores relações com Beijing e Moscou do que os dois entre si. Além disso, agora que os EUA tinham se retirado do Vietnã, os Estados Unidos tornaram-se muito mais importantes para a China do que a China para os EUA: a reconstrução econômica da China requeria relações pacíficas nas fronteiras, modernização e tecnologia. Os Estados Unidos eram a maior fonte potencial dessas demandas.

No entanto, isso não incluía os crescentes perigos do cerco político e militar dos soviéticos. O fortalecimento militar na fronteira chinesa continuou e, em 1980, havia novos SS20 móveis e ogivas nucleares com alcance de 4.828 quilômetros. A China ficou, portanto, diretamente afetada, porém sem voz ativa, pois as discussões sobre o controle de armas nucleares fora um elemento central no conjunto das relações soviéticas e americanas na década de 1970 e em grande parte da década de 1980. As duas superpotências tinham de considerar não só o arsenal do oponente, mas o efeito das armas chinesas no equilíbrio entre elas. As tentativas de limitar os envios dos novos SS20 soviéticos aos europeus, ou as controversas contrapartidas dos ocidentais, complicaram-se quando foi questionado se os mísseis soviéticos posicionados no Extremo Oriente e apontados para a China deveriam ser incluídos. Afinal, por serem móveis, poderiam deslocar-se com facilidade para a Europa. As discussões entre os soviéticos a respeito dos submarinos também tiveram consequências inevitáveis para o litoral da China e suas cidades costeiras, muito expostas a um ataque marítimo.

Por outro lado, era evidente para os líderes chineses que a relação estratégica entre a URSS e os EUA era intrincada e ambos os lados tinham tanto medo de qualquer conflito que um confronto nuclear era pouco provável. Era ainda menos provável que a China se envolvesse diretamente caso o conflito acontecesse, sobretudo porque ela tinha uma restrição intrínseca. Assim, a China tinha espaço para uma manobra política.

Havia também crescentes atritos da China com um aliado da Rússia, o Vietnã. Os antigos antagonismos tradicionais se reafirmaram e quando os vínculos do Vietnã com Moscou se fortaleceram, a China observou que sua antiga predominância regional poderia ser ameaçada por um vizinho forte no sul, especialmente por um cerco dos soviéticos e vietnamitas. Em novembro de 1978, Moscou assinou um Tratado de Amizade com o Vietnã que levou as unidades navais e aéreas soviéticas para a antiga base aérea americana de Cam Ranh Bay. Um mês depois os vietnamitas invadiram o Camboja para derrubar o apoio chinês ao governo do Khmer Vermelho e instalar seu regime fantoche. Dois meses depois, mais uma vez os chineses enviaram 100 mil soldados para iniciar uma guerra de 29 dias na fronteira com o Vietnã, a fim de "dar uma lição nos vietnamitas". A lição mostrou, na verdade, que as tropas chinesas, até mesmo as de elite, não eram eficientes contra um oponente implacável, experiente e duro; e, ainda mais importante, que os soviéticos não arriscariam uma guerra de grandes proporções em benefício de seus aliados vietnamitas. Os chineses foram destroçados.[1] Porém, permaneceram agressivos. No final da década de 1980, o Vietnã e a China enviaram centenas de milhares de tropas para proteger a fronteira e ocorreram alguns incidentes desagradáveis.

Nesse entre tempo, Beijing começou a cooperar discretamente com os EUA, apesar de lamentar o declínio do poder e da determinação da América sob o governo do presidente Carter. Em 1978, Carter enviou o conselheiro de Segurança Nacional a Beijing e estabeleceu relações diplomáticas formais com a China. Logo depois, Deng Xiaoping experimentou chapéus de caubói no Texas; e a China não se opôs à assinatura, em 1979, do tratado SALT II de controle de armas entre os soviéticos e os americanos.

Os EUA e a China também tinham preocupações comuns acerca do fundamentalismo islâmico, que explodiu em 1979 com a derrubada do xá do Irã. Essa explosão ameaçou gerar uma instabilidade em todo o Oriente Médio e nos suprimentos de petróleo dos quais as economias ocidentais dependiam. Grupos fundamentalistas capturaram 69 funcionários da embaixada dos Estados Unidos em Teerã como reféns e atacaram missões dos EUA da Líbia ao Paquistão. Mesmo próximo à China, no vizinho Afeganistão, houve outra rebelião muçulmana, desta vez contra o governo pró-soviético em Cabul. Em dezembro de 1979, os soviéticos enviaram tropas para reprimir o conflito e na primavera de 1980 havia cerca de 100 mil soldados no país. Os chineses viram isso como um plano soviético para sobrepujar a Europa ocidental, um grande passo para controlar o Golfo e expandir a hegemonia soviética na

Ásia. O Afeganistão permaneceu, como no século XIX, um ponto geopolítico vital, e ainda mais no final do século XX, tendo em vista o papel da Ásia Central nos suprimentos mundiais de petróleo e gás. Então, os americanos, também temerosos de um movimento russo e da expulsão dos Estados Unidos do Irã, previram um impulso russo em direção ao petróleo do Golfo Pérsico e reagiram com firmeza, dando às forças antissoviéticas armas e outros tipos de ajuda. Mais uma vez, os interesses americanos e chineses se encaixaram porque a China tinha dois perigos a considerar. A predominância soviética na Ásia Central seria uma ameaça direta (e bem tradicional) aos territórios da fronteira ocidental da China. Mas o entusiasmo religioso das guerrilhas islâmicas antissoviéticas, os mujahidin, representava uma ameaça à tranquilidade dos povos islâmicos da região oeste da China. Era preciso opor-se à presença soviética no Afeganistão, assim como à influência radical islâmica em lugares como Xinjiang.[2]

Um ano depois do reconhecimento formal em 1979, Carter enviou o secretário de Defesa Harold Brown à China e concordou em fornecer tecnologia avançada e equipamentos militares. Os chineses também concordaram em instalar em Xinjiang um posto de escuta dos EUA administrado por chineses para monitorar os testes de mísseis soviéticos. Ele substituiria os postos iranianos perdidos com a queda do xá. Em meados da década de 1980, e após a visita do presidente Ronald Reagan a Beijing em 1984, os entendimentos sino-americanos pareciam razoavelmente estáveis. Existiam vínculos econômicos significativos, um fluxo de tecnologia para a China, um grau modesto de cooperação diplomática e militar, e algum compartilhamento do serviço de inteligência sobre as atividades militares soviéticas. Muitas circunstâncias também mudaram. Os EUA deram à China o status comercial de nação mais favorecida e extinguiram o antigo tratado de defesa firmado entre os EUA e Taiwan. A ajuda americana à ilha diminuiu e Beijing prometeu trabalhar pacificamente na reunificação com Taiwan. A China e os EUA, a fim de limitar a influência soviética no sudeste da Ásia, apoiaram o genocídio praticado pelo Khmer Vermelho no Camboja. Eles reconheceram o terrível líder do Khmer Vermelho, Pol Pot, como o líder legítimo do país. Mesmo depois que o Khmer Vermelho foi expulso da capital Phnom

Penh, a China e os EUA lhe enviaram suprimentos militares através da Tailândia. Em 1984, depois de cinco anos de negociações, Beijing fez um acordo com Londres, determinando que Hong Kong seria devolvida à China em 1997, quando lhe seriam conferidas mais autonomia e a manutenção do sistema capitalista por meio século.

A cooperação norte-americana com a China estendeu-se a outras regiões, até mesmo à África, onde os ocidentais viram que o marxismo e o nacionalismo nas ex-colônias eram totalmente compatíveis. Em particular a versão leninista de um Estado todo-poderoso dirigido por um único partido, que podia ser adequada às aspirações das castas dominantes. No entanto, os chineses começaram a opor-se a entidades marxistas e às apoiadas pelos soviéticos. Embora não houvesse um grande interesse ou participação em negócios na África, eles denunciaram a intervenção cubana no continente e apoiaram uma rebelião anticomunista em Angola.

Pol Pot

Mesmo na longa lista de assassinatos em massa do século XX e de brutalidades cometidas em nome dos comunistas e das ambições de libertação nacional, Pol Pot ocupa um lugar de destaque.

Ele nasceu com o nome de Saloth Sar em um vilarejo rural do Camboja, provavelmente em 1928. Aos seis anos, foi morar com um irmão em Phnom Penh, na casa da família real. Lá foi influenciado por preceptores budistas e dois anos depois entrou em uma escola primária católica, onde aprendeu francês e algumas coisas sobre a cultura ocidental.

Em 1949, ele viajou para Paris com uma bolsa de estudos do governo e se transformou em mais um da extensa lista de revolucionários dos países desenvolvidos que, como Zhou Enlai e Deng Xiaoping na China, receberam treinamento intelectual na capital francesa. O momento é incerto, mas é possível que Pol Pot, como tantos outros, tenha sido atraído pelas tendências niilistas da filosofia existencialista de Jean-Paul Sartre, que estava no auge na época, exercendo grande influência na Europa e em outros lugares.

De qualquer forma, foi em Paris que conheceu o comunismo e aderiu ao Partido Comunista Francês. Quatro anos depois, em 1953, retornou ao Camboja. Um mês após seu regresso aderiu à resistência comunista e tornou-se membro do Partido Comunista da Indochina (PCI), que era dominado pelo Vietminh de Ho Chi Minh.

No ano seguinte, o governo do príncipe Sihanouk venceu uma eleição nacional. Pol Pot foi trabalhar como professor de um colégio particular e recrutador de comunistas. Quando o governo impôs uma severa sanção anticomunista, Pol Pot se refugiou na floresta próxima à fronteira do Vietnã, onde permaneceu por sete anos.

Durante esse tempo, os comunistas começaram sua "marcha de aproximação" do poder por meio do recrutamento, fortalecimento e estímulo à disciplina. A causa deles foi ajudada pelo fato de que o governo do Camboja estava enfraquecido pelos ataques militares dos norte-vietnamitas. Quando os vietnamitas conquistaram uma grande vitória em 1971, o regime comunista do Khmer Vermelho passou a controlar diversas regiões. Por fim, em 1975, o Khmer Vermelho foi bem-sucedido. Seus integrantes entraram em Phnom Penh no dia 17 de abril e, em 24 horas, ordenaram a evacuação da cidade inteira. A história da retirada dos moradores da cidade se transformou numa lenda: homens, mulheres e crianças, jovens ou velhos, doentes e outros — todos aqueles que haviam sobrevivido ao massacre do processo — foram para a região rural. Pessoas cultas, com uma boa posição social e ex-funcionários foram executados sumariamente. A evacuação foi ordenada também em outras cidades. Talvez 2 milhões de pessoas de uma população de cerca de 5 milhões tenham sido enviadas para o campo. Não havia abastecimento de comida ou proteção de qualquer espécie: muitas pessoas morreram de fome e outras foram rotineiramente mortas em locais que mais tarde ficaram conhecidos no mundo como os "campos de extermínio" do Camboja.

Nesse período, Pol Pot era primeiro-ministro do Camboja, renomeado Kampuchea. Em agosto de 1976, ele lançou o Plano Quadrienal para promover a coletivização da agricultura e a nacionalização da indústria. O país contaria com as exportações agrícolas para financiar sua economia. O resultado foi uma miséria indescritível. Milhares morreram nos arrozais. Em uma espécie de repetição das brutalidades de Stalin na campanha de coletivização da União Soviética no início da década de 1930, e do Grande Salto para Frente de Mao, as colheitas essenciais para alimentar o povo eram destinadas à exportação. Como se a desnutrição e a inanição não fossem suficientes, o Khmer Vermelho ainda aumentou o tormento ao insistir no uso da medicina tradicional cambojana. Pol Pot também criou um centro de interrogatório onde mais de 20 mil homens, mulheres e crianças foram torturados até morrer.

Enquanto isso, os conflitos com o Vietnã continuaram. No final de 1977, os vietnamitas começaram a fazer avanços significativos em direção a Kampuchea. Cerca de um ano depois, em janeiro de 1979, as forças vietnamitas chegaram a Phnom Penh. Os membros do governo de Kampuchea fugiram de trem e Pol Pot foi levado de helicóptero para a Tailândia. Nos 19 anos seguintes, ele viveu exilado na floresta da Tailândia, sem ser submetido a nenhuma perseguição nem julgamento. Ele morreu em 1988.

No final do século, o Camboja começara aos poucos a se recuperar dos desastres do governo de Pol Pot. O custo humano, mais ainda do que o econômico, do episódio Pol

Pot foi terrível. Só em 1999 o Camboja teve seu primeiro ano pacífico após três décadas e, mesmo assim, no final da década de 1990, todos os progressos econômicos foram contidos pela violência civil, por conflitos políticos e dificuldades econômicas regionais.

No entanto, apesar dessas preocupações externas, os homens que tentaram preencher o vácuo deixado pela condução da política de Mao na China constataram que o prenúncio da sabedoria, tanto em questões de bem-estar interno quanto na influência internacional, era a reforma econômica do país. Primeiro, o aparente herdeiro de Mao, Hua Guofeng, tentou amadoristicamente reviver a ênfase obsoleta soviética na indústria pesada e no planejamento central detalhado. Isso não durou. Mesmo que essa abordagem fosse desejável, a China pós-Mao não tinha a capacidade administrativa ou a infraestrutura para realizar esse programa. Ficou evidente que a antiga busca maoísta de autossuficiência era infrutífera e que a China deveria, ao contrário, integrar-se ao sistema internacional comercial e econômico. Em 1978, os maoístas radicais ligados à viúva de Mao, Jiang Qing, que foram presos logo após a morte dele, e Hua foram postos de lado e novos padrões no partido e no Estado começaram a emergir.

O homem que assumiu o cargo foi o antigo protegido de Mao, Deng Xiaoping. Um homem duro, forte, embora de estatura minúscula, originário de Sichuan, ele fora para a França como estudante e trabalhador aos 16 anos e recebeu uma educação inicial como montador e torneiro em oficinas e fábricas. Zhou Enlai o recrutou para o incipiente PCC em 1924. Esse fato projetou esse homem diminuto, em constante ebulição, para uma carreira notável como comissário político e secretário-geral do partido no governo Mao. Agora, como um membro da geração original revolucionária que sobrevivera à Longa Marcha e à Revolução Cultural, ele tinha uma autoridade de décadas de relações pessoais nos mais altos escalões do partido e, não menos importante, com os militares de alta patente. Ele era uma força da natureza e suas observações objetivas eram, em geral, mais decisivas do que as longas exposições dos outros. Como Zhou, seu antecessor, Deng era pragmático e inclinado a análises meticulosas. Ele tinha o dom de captar o essencial — que o socialismo estatal da China era profundamente ineficiente — e concentrou-se na reforma interna como base de todo o progresso.

Ele anteviu que isso significava um projeto enorme, complexo, com um programa fundamental de modernização industrial, técnica, militar e educacional. Poucos anos antes, em abril de 1974, Deng declarou na Assembleia Geral das Nações Unidas: "Em uma análise final, a independência política e econômica são inseparáveis" e "um país que deseja desenvolver sua economia nacional deve em primeiro lugar manter o domínio de seus recursos naturais e descartar o controle do capital externo". Ele também percebeu rapidamente que "para atingir uma independência genuína um país precisa antes de tudo sair da pobreza. Ele não deve erguer barreiras para isolar-se do mundo".[3] O crescimento dependeria, em grande parte, de gerar poder de compra para a classe média, a fim de fomentar as atividades. As complexidades econômicas, políticas, sociais e ideológicas eram intimidadoras e impunham nada menos do que outra revolução social.

O problema, é óbvio, residia em como se poderia demolir o sistema maoísta sem enfraquecer os fundamentos e a legitimidade da estrutura política da China pós-1949. A reforma industrial da China para atingir a equivalência em termos de maquinaria, produtos, métodos de produção e educação com o mundo ocidental moderno significaria uma mudança enorme e extremamente delicada na antiga confiança nas indústrias estatais ineficientes e não competitivas. Demandaria uma nova categoria de indústrias e manufaturas modernas e leves, com capacidade de exportação. A importação de bens e capital, tecnologia, experiência industrial e conhecimento financeiro do Ocidente e do Japão teria de ser estimulada. A China precisaria ter uma moeda estável e confiável. Também seria necessário apoiar-se no comércio internacional para importar matérias-primas essenciais, suprimentos energéticos, maquinaria e conhecimento, assim como nos ganhos com a exportação, para financiar o processo de modernização. A mão de obra industrial chinesa, acostumada à famosa "garantia de trabalho vitalício em empresas estatais", era despreparada, preguiçosa e burocrática. Portanto, o papel das empresas estatais ineficientes teria de ser reduzido e a indústria se concentraria em pequenas unidades, bem como a empresa autônoma. Ao mesmo tempo, não poderia haver um desemprego intolerável ou problemas de bem-estar social, e o "alto-comando" da economia continuaria a ser controlado pelo Estado. A agricultura, em especial, deveria ser apoiada e modernizada. Em 1981, houve uma discussão revisionista de alguns acontecimentos do período maoísta, sobretudo o desastre da Revolução Cultural. Não obstante, o regime comunista e seu controle total do Estado deveriam, é claro, ser mantidos: na verdade, essa manutenção era um fator indispensável para a realização do programa de reforma.

Deng iniciou o processo modernizador em 1978, sob os slogans "Procurar a verdade a partir dos fatos, e a prática é o único critério da verdade" e "Abertura e Reforma". Ele renunciou à antiga conjuntura e declarou que a construção econômica no futuro teria precedência sobre a luta de classe. Abriu as portas para um mercado livre limitado, à propriedade privada e expansão do comércio exterior. Houve também uma acolhida muito maior aos investimentos estrangeiros. A subdesenvolvida zona rural da China permaneceu fechada aos estrangeiros, mas as regiões costeiras, com cerca de 200 milhões de pessoas, cada vez mais se integrariam ao sistema mundial. Para os ex-guardas vermelhos, agora bem mais velhos, a política comercial de Deng contradizia tudo que haviam aprendido, com propósitos difíceis de se incorporar. O programa teve início em 1979 com a criação das "Zonas Econômicas Especiais" nas cidades do sul, onde os investimentos estrangeiros foram encorajados, em particular para a produção a ser exportada. As zonas eram isoladas do resto do país por cercas de arame farpado e cachorros ferozes. Outras cidades foram integradas mais tarde ao processo de reforma e a ilha Hainan tornou-se um paraíso fiscal para o capital estrangeiro. Em 1992, Deng enfatizou de novo a importância das "Zonas Econômicas Especiais" na costa, o que aumentou a confiança da China no comércio exterior e a interdependência com parceiros econômicos estrangeiros.

Existiam outras facetas intrigantes no programa. O investimento estrangeiro e os contatos externos começaram a vir através de Hong Kong e Taiwan, e as conexões com as comunidades ultramarinas chinesas ricas e poderosas eram bem recebidas. Havia muito mais fatores envolvidos do que os elos de interdependência: existia uma cultura em comum, hábitos bem assimilados. Isso não só causou um proveito maior do notável espírito empreendedor de Taiwan como, à medida que essas ligações comerciais e de investimento se fortaleciam e se tornavam mais produtivas, mais fragilizado ficava o impulso de independência política, uma questão pela qual a China estava disposta a lutar, se necessário com o uso da força armada.

Muitas pessoas no Ocidente pensavam que com a modernização econômica, a abertura (o que Gorbachev chamou mais tarde de *glasnost*) e a globalização, além de uma "democracia" mais ampla, a China desenvolveria um impulso irresistível de mudança em direção a um liberalismo ocidental: a China se pareceria "mais conosco". Mas isso não aconteceu. O partido permaneceu predominante, apesar do sucesso extraordinário do programa de reforma. Deng enfrentou uma forte oposição, não só de grupos do setor estatal, mas dos ministérios econômicos que queriam concentrar o desenvolvimento no continente chinês. Outros opositores argumentaram que a China precisava mais de um Estado fortalecido e invasivo do que de uma liberalização. Às vezes, um nacionalismo xenófobo era acompanhado por manifestações de aversão aos estrangeiros, remanescentes das diatribes contra os missionários estrangeiros nas décadas de 1870 e 1880.[4] Até para os proponentes da reforma houve qualificações. Deng admitiu que tão logo as portas da China se abrissem, "moscas e insetos" entrariam. Outros o acusaram, e a sua nova política, de trair o marxismo-leninismo, porém ele era imune a críticas e ignorou as acusações. "Não importa se um gato é preto ou branco, desde que cace ratos", repetia, e "Pôr-se a caminho para ficar rico é magnífico". As antigas escolas de elite, que só admitiam estudantes pelo mérito e que haviam sido abolidas durante a Revolução Cultural, foram retomadas. Mais uma vez, como na década de 1890, uma onda de estudantes chineses viajou para o exterior a fim de estudar, especialmente temas econômicos, científicos e médicos.[5] Na década de 1978 a 1988, cerca de 50 mil jovens foram estudar em universidades estrangeiras, dois terços deles nos EUA.

Para a maioria dos homens de negócios ocidentais, esse movimento em direção à autossuficiência e a abertura à economia internacional revivia todos os sonhos e miragens de um mercado ilimitado e de riquezas secretas da China no século XIX, esperando os comerciantes audaciosos e empreendedores. Porém muitos deles, inclusive grandes empresas ocidentais como a Shell, a Exxon, a British American Tobacco e a empresa alemã de serviços RWE constataram que os chineses mais velhos tinham pouco conhecimento do mundo externo, assim como dos tipos de relacionamento dos governos e dos negócios aos quais estavam acostumados no Ocidente. Alguns partiram quando os chineses quebraram o acordo prévio e mudaram de meta. Muitos pequenos investidores perderam tudo, e poucos, exceto aqueles que tinham relações muito próximas com as famílias mercantis chinesas, tiveram os lucros que esperavam.[6] Nem todos compreenderam que os altos funcionários chineses raramente pensavam que as empresas estrangeiras mereciam muito retorno em seus investimentos. Como um homem de negócios ocidental observou, "Qualquer pessoa que acha que a China é um mercado fácil está no negócio errado".

No entanto, as reformas de Deng alteraram a dinâmica da política e do comércio no leste asiático. A China se transformou com muita rapidez na maior e mais dinâmica potência comercial da história. Apesar de ter começado de um nível muito baixo, a partir de 1978 o Produto Interno Bruto da China multiplicou-se por cinco. O comércio internacional aumentou repentinamente: um dos aspectos mais expressivos da nova política foi o fluxo de tecidos chineses para os mercados mundiais.[7] A China vendeu bilhões de dólares em armas para ambos os lados na guerra do Irã contra o Iraque nos anos 1980, assim como para a Arábia Saudita, e sua experiência em assuntos armamentísticos expandiu-se para outros países, como o Paquistão. Além disso, estabeleceu-se um valor agregado a bens importados, que poderiam ser exportados com lucro e, nesse processo, utilizados para treinar a mão de obra chinesa. Em 1994, empresas com financiamento externo representavam cerca de 30% das exportações da China, sendo a maioria dos produtos montados com peças importadas.

As reformas chinesas também tiveram efeitos multiplicadores importantes em outras economias, como a japonesa. O "milagre econômico" do Japão fora, na década de 1960, baseado em alguns fatores tradicionais relevantes. O governo japonês assumiu um papel extremamente intervencionista, sobretudo por intermédio do poderoso Ministério de Comércio Internacional e Indústria. Em setores favorecidos, houve um tratamento preferencial com relação a impostos. O governo gostava da concentração industrial e, acima de tudo, de direcionar o crescimento do trabalho e do capital por meio das exportações. Isso produziu dez enormes cartéis de comércio internacional que, juntos, concentravam mais da metade das exportações do Japão. Esse fato foi uma inversão lógica da política do Japão antes de 1941. Na ocasião, os japoneses procuraram dominar as fontes de matérias-primas que suas indústrias precisavam. Agora, a alternativa era vender bens manufaturados para mercados internacionais, com o objetivo de ganhar dinheiro para comprar comida, combustível e matérias-primas que o Japão necessitava. Os americanos tiveram um papel essencial na recuperação econômica do Japão. Em meados da década de 1980, eles compravam mais de um terço das exportações do Japão, que correspondiam, por sua vez, a mais de um quinto do total de importações dos Estados Unidos.

Deng Xiaoping

Deng Xiaoping, o "Segundo Imperador" da "dinastia" do PCC, nasceu em 1904, na província de Sichuan, e morreu em 1997 de mal de Parkinson.

Aos 16 anos, ele foi para Marselha, viajando como passageiro de terceira classe, e passou cinco anos na França. Trabalhou como montador e bombeiro; e, em 1924, sob a orientação de amigos mais velhos como Zhou Enlai, aderiu ao novo Partido Comunista Chinês. Dois anos depois, foi a Moscou para estudar marxismo na Universidade Sun Yatsen (em Moscou), onde foi da mesma turma do filho mais velho de Chiang Kai-shek, Chiang Ching-kuo. Em 1927, voltou para a China, onde passou alguns anos organizando e liderando grupos comunistas. Sua primeira mulher morreu logo após o parto do primeiro filho. A segunda o deixou depois que ele sofreu ataques políticos em 1933.

Durante a "Longa Marcha" de 1934 a 1935, Deng foi diretor do departamento político e depois comissário político do Primeiro Regimento do Exército. Assim que a guerra com o Japão começou, ele assumiu o cargo de comissário político de uma das três divisões da Oitava Unidade Militar. Em 1939, casou pela terceira vez, em frente à caverna onde Mao vivia em Yan'an.

Depois da guerra de 1939 a 1945, tornou-se membro do grupo de liderança do PCC que rodeava Mao, e, em 1956, foi nomeado secretário-geral do partido.

Em 1966, caiu em desgraça nos expurgos da Revolução Cultural e permaneceu afastado do poder até 1969. Sua família foi também atormentada e vitimada, e seu filho ficou aleijado. Ele retornou ao partido em 1973 e mais uma vez foi repudiado por radicais um ano ou dois depois. Mas em 1976, voltou como vice-presidente do PCC e, em 1978, dois anos depois da morte de Mao, transformou-se no "Líder Supremo" da China. Em determinado momento, ele reverteu a supremacia da antiga ordem ao declarar que a construção econômica seria mais importante do que a luta de classes. Ele foi o principal arquiteto do dinâmico programa de modernização chinês.

As reformas de Deng adequavam-se a muitos desses desenvolvimentos. O Japão poderia se beneficiar do petróleo e das matérias-primas da China, e em contrapartida fornecer tecnologia, produtos manufaturados e investimento financeiro. De 1979 a 1983, o Japão supriu quase metade dos créditos externos da China; de 1985 a 1987, o investimento direto do Japão na China aumentou de US$100 para US$2,2 bilhões; e em 1985 a China tornou-se o segundo maior parceiro comercial do Japão depois dos EUA. Em 1980, o Japão superou a União Soviética como a segunda potência econômica e industrial do mundo e, alguns anos mais tarde, substituiu os EUA como a principal potência financeira mundial em um período no qual os americanos pegaram enormes empréstimos externos.

Os benefícios do crescimento da China não se limitaram ao Japão. Os quatro "Tigres Asiáticos", Hong Kong, Cingapura, Coreia do Sul e Taiwan, cujos "milagres" econômicos precederam o progresso econômico da China, também se beneficiaram. Todos eles, não por coincidência, compartilhavam a herança e a cultura que enfatizavam características como a importância da família, a autodisciplina, trabalho duro, a frugalidade e o respeito pela hierarquia. À medida que o Japão prosperava, em parte devido ao crescimento da China, a mão de obra despreparada e de baixo custo do sudeste asiático começou a concorrer com o Japão, produzindo os mesmos tipos de bens com custos menores. Na década de 1980, quando essa força de trabalho ficou mais capacitada, passou a competir em áreas como informática. Eles, como os japoneses, priorizavam o crescimento das exportações. Quando esse cenário contribuiu para provocar a crise financeira na Ásia em 1987, a China mais uma vez os ajudou (e a si própria) com uma política monetária estável e taxas de câmbio estáveis.

No final da década de 1980 aconteceram três fatos, não relacionados entre si, que mudaram significativamente a relação da China com o mundo exterior. Um deles foi a rígida demonstração de Deng e de seus colegas em relação aos limites permitidos à dissidência. O segundo foi o súbito e inesperado colapso da União Soviética e do comunismo europeu. E o terceiro, o grande impacto da Guerra do Golfo em 1991.

Na China, a reforma abriu espaço, entre outras coisas, para manifestações mais abertas da opinião pública. Como Mao observou, centenas de flores de insatisfação popular começavam a desabrochar: contra a poluição, os governos locais corruptos e contra um partido ditatorial. Os estudantes já haviam feito passeatas, e outros atos públicos, como os cartazes do "Muro da Democracia" em 1979. Mas em 1989, um movimento de protesto, dessa vez com milhões de pessoas, ocorreu em Beijing e em mais oitenta cidades. Os protestos tinham dois elementos. A demanda de pureza moral era em grande parte uma réplica do papel tradicional dos intelectuais chineses e da crítica confuciana do governante: "Falar a verdade para o imperador." Porém, havia mais do que isso. Os dissidentes sentiram-se estimulados com o início da reforma do leste europeu e da União Soviética; e o entusiasmo atingiu o auge com a visita do líder reformista russo, Mikhail Gorbachev, a Beijing em meados de maio. Quando ele chegou, centenas de trabalhadores, intelectuais, policiais e soldados foram à Praça da Paz Celestial para se unirem aos estudantes dissidentes. Depois de sua partida, 250 mil pessoas se juntaram em torno da enorme estátua da "Deusa da Democracia" que haviam construído, inspirada na estátua da Liberdade em Nova York. Pôsteres com os dizeres "Deng deve retirar-se" eram acenados, junto com outros que tinham o rosto de Gorbachev e com estandartes em chinês, russo e inglês com os dizeres "Democracia é o nosso Sonho em Comum [...] Na União Soviética eles têm Gorbachev. Quem temos na China?".

Não admira que os homens implacáveis que sobreviveram à Longa Marcha tenham pensado que agora o que estava em questão era um desafio à base da autoridade do Estado e do partido, ao qual tinham dado suas vidas e pelo qual sacrificaram mulheres, filhos e amigos. O enfraquecimento do partido desprenderia o cimento que fazia da China um Estado coerente. Embora a abertura e a reforma fossem desejáveis e necessárias, a nova Revolução Cultural que os jovens reformistas propunham, com suas consequências, sua desordem e com o enfraquecimento que provocariam das autoridades, seria intolerável. Então, o talento habitual da liderança para agir de maneira sutil desapareceu. No momento em que Gorbachev partiu de Beijing para ir a Xangai, o líder do partido, Zhao Ziyang, que era a favor de uma conciliação com os dissidentes renunciou, porém sendo seu pedido foi negado (sendo demitido, de qualquer modo, após uma sanção severa). Tropas foram trazidas de províncias distantes e, em 4 de junho de 1989, o Exército de Libertação Popular invadiu a Praça da Paz Celestial e atirou nos jovens que protestavam contra a corrupção, pediam a liberalização do regime e a ampliação de sua base. Cerca de mil ou mais civis morreram na Praça da Paz Celestial, ou em seus arredores, diante das câmaras de televisão estrangeiras. Em toda a China os protestos foram violentamente reprimidos e a resistência, esmagada.

As lições para a sociedade chinesa eram claras. Apesar das reformas, a China continuaria a ter um regime autoritário implacável. Seria concedida mais liberdade às novas classes de letrados e empreendedores. A troca de ideias, sobretudo nos campos comercial, técnico e científico, até mesmo em aspectos mais esotéricos da sociologia, era benéfica. Os empreendimentos e o enriquecimento ficaram mais fáceis. Porém, nenhuma ameaça ao Estado ou, ao partido, seria tolerada, e qualquer grupo que desafiasse a manutenção do poder pelo partido seria impedido de florescer.

No mundo exterior, em particular no Ocidente, os protestos públicos foram abafados. Grupos de direitos humanos, entre outros, ficaram horrorizados. Os governos e as organizações internacionais impuseram sanções e tanto os EUA como a Europa decretaram um embargo armamentístico. Nada disso durou muito. No âmbito privado, os tomadores de decisão e os homens de negócios viam que a China, com sua nova e próspera economia, era uma parceira muito atraente. Além disso, era evidente que os protestos verbais não levariam a nada. Pouco mais de um século atrás, Palmerston fora vitorioso em duas guerras contra a China, defendendo o princípio da igualdade de soberania dos Estados. A China passara décadas penosas transformando-se de uma rede de províncias imperiais em uma nação coesa moderna, e agora estava apta a usar esses mesmos princípios de soberania em sua defesa. As pressões ocidentais em favor dos "direitos humanos" não só eram alheias aos imperativos da política chinesa como pareciam um renascimento do imperialismo ocidental, dessa vez com paramentos legais para atrair a simpatia da opinião política e pública do Ocidente. Deng e seu primeiro-ministro, Li Peng, mantiveram a rejeição à interferência nos assuntos internos da China. Assim, em torno de 1990, os europeus e os japoneses retomaram as relações com o país e o governo Bush (pai) recusou-se a voltar atrás no acordo que propiciara o status comercial de nação mais favorecida aceito por Carter. O governo Clinton, que o sucedeu, fez o mesmo em 1993 e em 1994, pois também queria a ajuda da China para controlar o perigoso projeto de armas nucleares da Coreia do Norte. No final de 1994, os norte-coreanos concordaram em congelar o programa (embora mais tarde tenha se revelado que eles não tinham esse programa). Quanto ao

Japão, o imperador e o primeiro-ministro Kaifu visitaram a China. O primeiro-ministro britânico, John Major, fez o mesmo.

Para a maioria das pessoas no Ocidente, os assuntos chineses foram ofuscados pelo inesperado colapso da União Soviética e seu império. Beijing observou surpresa a derrocada, e o separatismo das diversas repúblicas soviéticas não causou alarme.

Em Moscou, a grande ruptura foi acompanhada, como de hábito, pela mudança de equipe, na verdade de gerações. Em março de 1985, o jovem Mikhail Gorbachev assumiu o cargo de secretário-geral do Partido Comunista Soviético e de líder da União Soviética, sucedendo uma geração de antigos veteranos. Ao contrário dos seus predecessores recentes, ele era bem educado e bacharel em Direito pela Universidade de Moscou. (Sua influente mulher, Raisa, era médica.) Ele construiu a reputação de um inimigo da corrupção e da ineficiência bem antes de se tornar líder máximo. Desde o início ele impôs reformas significativas para que o sistema funcionasse com mais eficiência. Ele sabia que a sobrevivência da União Soviética dependia do aumento da produtividade e, por conseguinte, da demanda de consumo. Por isso, as duas palavras-chave da era Gorbachev foram: *glasnost* (abertura) e *perestroika* (reforma). Porém, a transferência de recursos importantes para a economia civil representava cortar as despesas de defesa. Então, pôs fim à guerra no Afeganistão, que custara tantas vidas e dinheiro. Ainda mais importante, começou a buscar soluções para concluir a corrida armamentista contra o Ocidente.

No cerne dessa busca pelo término da corrida armamentista havia mais uma vez a questão das armas nucleares. O assunto era mais premente porque o presidente norte-americano, Ronald Reagan, no poder desde 1981, iniciara um programa maciço de produção de quase todas as categorias de armas, inclusive a pesquisa e o desenvolvimento de defesas antimísseis. Gorbachev não tinha dúvidas de que a Rússia não conseguiria se equiparar a esse programa, e de que a corrida tecnológica armamentista agravaria a crise econômica soviética. Novas conversas sobre controle de armas foram iniciadas. Elas incluíam discussões promissoras, mas por fim infrutíferas, acerca da eliminação total das armas nucleares; porém, em 1987, os dois lados concordaram em abolir os mísseis de alcance intermediário da Europa e fizeram um esboço de novos limites para as forças estratégicas.[8] Os acordos incluíam um compromisso soviético de eliminar os SS20 na Ásia. Além disso, os dois lados anunciaram cortes unilaterais nos gastos com armamentos e defesa para seus sistemas aliados opostos na Europa, a Otan e o Pacto de Varsóvia.

No entanto, esses acordos armamentistas foram muito menos importantes do que a turbulência política no leste europeu provocada pela política de Gorbachev de afastar-se de preceitos estabelecidos e de promover a reforma. Sua visão de que esses aliados do leste europeu haviam se tornado um ônus, não só do ponto de vista econômico, também foi de grande importância. Por conseguinte, a partir de 1989, com a Polônia na vanguarda, os europeus do leste renunciaram a seus sistemas políticos comunistas e a seus líderes. A Polônia, é claro, tinha uma posição forte em razão do poder tradicional da Igreja Católica, além da nova popularidade de um movimento trabalhista poderoso chamado Solidariedade. Os húngaros, com uma audácia jamais vista desde a revolução de 1956, autorizaram a formação de partidos oposicionistas, abriram as fronteiras com a Áustria e, em janeiro de 1990, tiveram o atrevimento de pedir aos russos para retirar suas tropas do solo húngaro. Os tchecos fizeram o mesmo e o famoso dissidente e escritor Vaclav Havel assumiu a presidência do país. Antes disso, o homem forte da Romênia, Nicolae Ceausescu, e sua mulher foram executados pelos militares.

A Alemanha continuou sendo o ponto crítico das preocupações de russos e americanos na Europa. A antiga ordem começara a desmoronar com a abertura da fronteira da Hungria com a Áustria, que permitiu que muitos alemães orientais viajassem por esses dois países para procurar refúgio na Alemanha Ocidental. Seguiu-se uma mudança conflituosa. O Muro de Berlim foi derrubado e a Alemanha Oriental teve eleições livres nas quais os comunistas foram derrotados. Mas houve outros desdobramentos. Desde 1945, havia um consenso de que os russos nunca permitiriam que a Alemanha Oriental fugisse ao controle deles. Afinal, era o satélite russo mais poderoso na Europa e a área onde a Rússia tinha as tropas mais fortes e modernas, para repelir a Otan e manter o leste europeu sob controle. Agora, Gorbachev deixara claro que Moscou não mais manteria sua posição pela força. Essa mudança foi totalmente inesperada e teve uma consequência imprevista: a reunificação das Alemanhas Oriental e Ocidental,[9] com pesados custos para a Alemanha e amplas consequências de longo prazo para a Europa e para o equilíbrio entre o Oriente e o Ocidente.

À medida que a União Soviética perdia o controle dos satélites europeus ou abandonava seus parceiros no Terceiro Mundo, o sistema político da União Soviética começou a desintegrar-se. As reformas de Gorbachev perderam o vigor. Uma nova instituição de estilo parlamentar só o expôs à crítica pública de grupos de oposição em rede nacional de televisão. Queixas há muito ignoradas tornaram-se tema de debates em toda a nação, enquanto o declínio da economia se acelerava, com o PIB soviético caindo 2% em 1990, a dívida externa crescente e a redução da produção de petróleo, carvão e agrícola. Em um sentido mais abrangente, a União Soviética adoeceu e morreu ao longo de diversas gerações, isso por causa de suas próprias deficiências. A economia fossilizada e corrupta era incapaz de atender as demandas do mundo em modernização. Há muito tempo circulava uma piada na Otan de que a URSS era só uma espécie de "República do Alto Volta com foguetes". O descontentamento nacional há anos reprimido explodiu em muitas das antigas repúblicas não russas da União Soviética e a tentativa fracassada de Gorbachev de impor o controle nas repúblicas do Báltico pela força militar só agravou a situação. Quando por fim a URSS se desintegrou, as sociedades que a constituíam retornaram aos seus Estados preexistentes, formando a Rússia e 14 repúblicas. Boris Ieltsin, um blefe e um ébrio, assumiu a presidência da Rússia, ao passo que Gorbachev continuou a presidir a nova união federalista das repúblicas socialistas soviéticas, que foi criada em substituição à antiga União Soviética centralizada. Gorbachev renunciou no final de 1991, dissolveu o Partido Comunista e desapareceu da cena política, deixando aos cidadãos a preocupação com as novas turbulências econômicas e políticas. Isso foi o fim do Estado leninista e stalinista que dominara os assuntos europeus e mundiais por quase um século.

O colapso abrupto da União Soviética alterou os contornos das grandes potências políticas. Durante vinte anos, muitos esperaram que a hegemonia global de duas superpotências em disputa fosse seguida por uma época em que aproximadamente seis potências, como China, Índia e outras, poderiam dominar o mundo de uma forma colegiada ou pelo menos com equilíbrio de poder. Em vez disso, começou um período em que os EUA teriam uma ascendência ímpar e solitária nas questões globais. O poder militar, o predomínio de mercado, a influência tecnológica ou, na frase feliz de Joseph Nye, o "poder suave" da diplomacia, da ciência, da produção, dos filmes, da televisão, das artes, da literatura e da moda dos Estados Unidos no momento não tinham competidores. Essa potência hegemônica tornou-se, segundo uma frase expressiva francesa, "uma hiperpotência". Com isso, os perigos de um conflito nuclear mundial se enfraqueceram. A atenção também se concentrou na economia global, nas mudanças industriais e tecnológicas centradas ou originadas nos Estados Unidos, que se aceleraram nas décadas de 1980 e 1990. A televisão globalizada e a tendência populista da mídia alteraram significativamente os termos dos acordos políticos e sociais, e até mesmo as estruturas. Na tecnologia as mudanças assumiram formas imprevisíveis, com foco nos novos meios de comunicação incontroláveis, instantâneos e virtuais, por meio dos quais a informação pessoal, estratégica, técnica, financeira e comercial poderia fluir. Acima de tudo, houve o desenvolvimento da Internet, controlada pelos americanos,[10] que pode transmitir, com o toque de um botão, informações e também permitir a circulação de dinheiro de qualquer parte do mundo. Aliada a essas mudanças surgiu a mobilidade de muitos tipos de ativos, como manufatura e serviços, em uma tentativa de equilibrar os mercados, as moedas e os custos de mão de obra. Todos esses fatores começaram a mudar os termos da competição internacional, tanto na indústria e na economia quanto na educação, nas capacitações e nas questões militares. O crescente abismo entre as aptidões dos EUA e da Europa em todos esses campos gerou consternação na Europa, ao ficar evidente que os EUA poderiam libertar-se da dependência de seus aliados.

A China não se envolveu diretamente nesses dramas soviéticos, mas os problemas e preocupações que causaram em Beijing foram extensos e complicados. Por exemplo, os Estados Unidos não mais precisavam da China como contrapeso para a URSS. Após 1989, a China manteve relações amigáveis com Moscou. A retirada soviética do Afeganistão e de outros locais na periferia da China, como a Mongólia e a Indochina, eliminou os perigos que ameaçavam as fronteiras ao norte, ao sul e a oeste da China. A derrocada da União Soviética removeu uma ameaça ainda maior que pairara sobre China por duas ou três décadas. Essas circunstâncias permitiram a redução das forças terrestres na China. As relações econômicas foram cultivadas em níveis locais e nacionais — em 1993, a China era a segunda maior parceira comercial da Rússia — e a maioria das definições de fronteiras foi aceita sem problemas. Os dois lados mantiveram relações defensivas razoáveis, com a China comprando equipamentos avançados dos russos, como aviões de caça a jato e submarinos modernos. Por outro lado, não se sabia, sobretudo após o incidente da Praça da Paz Celestial, se o colapso do Partido Comunista soviético poderia ser um precedente para o enfraquecimento, ou algo pior, do PCC. Do mesmo modo, a maneira pela qual algumas ex-regiões soviéticas agora se distanciavam da Rússia não era uma bênção genuína: poderia estimular outras tendências separatistas e qualquer desintegração da nova Federação Russa criaria mais focos de instabilidade nas fronteiras da China. Enquanto isso, os americanos apoiavam discretamente os esforços, algumas vezes autoritários, do presidente Putin para recuperar e fortalecer a Rússia. Beijing e Washington percebiam que, se ou quando a Rússia se reerguesse, ela poderia mais uma vez ser um fator-chave de equilíbrio entre eles.

As ondas de mudanças econômicas e técnicas também afetaram a configuração das questões militares e das operações. O colapso da segunda superpotência com armas nucleares diminuiu radicalmente o perigo de uma guerra mundial e, portanto, a importância das armas nucleares das grandes potências. O resultado foi uma atenção e um esforço mais acentuado em campos não nucleares, especialmente em desenvolvimentos na área tecnológica na qual os americanos se concentraram por algum tempo sob o comando da “Revolução nos Assuntos Militares (RAM)”. A primeira grande demonstração de sua eficácia ocorreu em 1991, na Guerra do Golfo. A rapidez e a determinação da vitória dos EUA na Arábia revelaram como as determinantes militares do poder haviam mudado e que quase tudo agora era de importância secundária. Beijing constatou que a maior parte do Exército de Libertação do Povo estava muito desatualizada e que assim ficaria por um longo tempo. Além disso, a milícia civil formada muitos milhões, na qual Mao confiara, fora inútil.[11]

O governo deparou-se com uma série de dificuldades interligadas referentes a cada um dos três principais pilares do poder do Estado: a capacidade de oferecer segurança e bem-estar ao povo e a legitimidade da estrutura governamental.

A abordagem das reformas militares essenciais foi impulsionada por diversas considerações. A China permaneceu segura contra uma invasão por terra: as enormes forças terrestres poderiam intimidar um exército invasor. A derrocada da União Soviética, a ascensão dos EUA ao status de hiperpotência e a Guerra do Golfo em 1991 reduziram o valor político e intimidador das armas nucleares e concentrou a atenção em novos conflitos convencionais, em novos arsenais de armas de precisão e, sobretudo, na moral interna.[12] Além do mais, as crescentes dificuldades com a Coreia do Norte, o Japão e Taiwan indicavam que o foco estratégico da China deveria desviar-se dos problemas tradicionais das fronteiras ao norte para o Pacífico. Como a China não tinha expectativa de igualar-se aos Estados Unidos na liderança no campo da alta tecnologia em um futuro previsível, ela teria de combater guerras limitadas ou locais com novas condições tecnológicas. Isso significava concentração no comando e no serviço de inteligência, assim como capacidade aérea e marítima, em vez de se concentrar quase exclusivamente nas guerras terrestres. A China revelou que desejava operar no Pacífico ocidental, bem além das águas territoriais chinesas, até "a primeira cadeia de ilhas". Isso foi definido por uma linha que percorria das ilhas Ryukyu a Taiwan, Filipinas e partes da Indonésia. Esse fato pode ou não ter sido um acaso que ecoou a definição de Dean Acheson proferida em 1950, após a Guerra da Coreia, sobre os interesses estratégicos vitais dos Estados Unidos no Pacífico ocidental.

A dificuldade óbvia que a China teria de enfrentar era o fato de a base da indústria de defesa ser inadequada para desenvolver e manter os sistemas envolvidos. O resultado foi uma despesa excessiva, que aumentou logo após a Guerra do Golfo em 1991, na compra de armas modernas, inclusive navios e aviões, da Rússia e de Israel. A China manteve sua pequena força com cerca de vinte mísseis intercontinentais e cem mísseis de médio alcance e fabricou armas de curto alcance para alvos em Taiwan, nas Filipinas, no Japão e no Vietnã. Associado a esse programa, houve um trabalho de logística, treinamento, coordenação e administração. O treinamento teve uma característica especial, sobretudo para oficiais e oficiais não comissionados. Uma reorganização mais ampla ocorreu em 1998, em particular nas compras, no controle de qualidade, na pesquisa, no desenvolvimento e, não menos importante, no serviço de inteligência. Ao mesmo tempo, as Forças Armadas tiveram de abandonar suas enormes atividades em negócios que abrangiam manufatura, gerência de bordéis e até mesmo contrabando. Acima de tudo, o programa de modernização necessitava de dinheiro e por conseguinte o orçamento de defesa duplicou na década de 2000. O orçamento de defesa oficial da China em 2000 era de cerca de $14,7 bilhões. Mas os americanos achavam que o Exército de Libertação do Povo provavelmente gastava pelo menos três ou quatro vezes mais que esse montante. Mesmo assim, o custo de defesa da China era pequeno em comparação ao de outros países, em especial os EUA.

Nesse entretempo, os antigos controles sociais começaram a se fragilizar com mudanças sutis na moral pública e na política. Depois do incidente na Praça da Paz Celestial em 1989 e do espetáculo do Exército de Libertação do Povo atirando em civis, as relações entre o partido e o povo nunca mais foram as mesmas. O antigo entusiasmo comunista e suas convicções enfraqueceram-se com a nova política econômica e social do governo Deng. Todas as pessoas, exceto uma minúscula minoria, mesmo dentro dos quadros do partido, que tinham uma crença apaixonada pelas antigas verdades maoístas viram estas se evaporar, assim como a disposição para se sacrificar em benefício da "Revolução". Em vez disso, a liderança mobilizou novas manifestações de nacionalismo ofendido. Além do mais, o entusiasmo pelos sentimentos nacionalistas e reivindicações agora era acompanhado pelo entusiasmo do enriquecimento pessoal. O nacionalismo e o crescimento econômico se transformaram na nova ideologia do Estado e na nova fonte da legitimidade do partido. Isso restringiu o cumprimento das promessas econômicas do governo, bem como as ambições nacionalistas. O desenvolvimento econômico e técnico tinha de prover as fundações nas quais todos os elementos da modernização poderiam ser erguidos.

O reconhecimento das dificuldades de combinar um crescimento rápido e suas volatilidades inevitáveis com a manutenção de um controle firme ocasionou mudanças no alto escalão do partido. Enquanto Deng permaneceu o incontestável líder supremo, o grupo do governo composto por homens idosos escolheu o prefeito conservador de Xangai, Jiang Zemin, para ser o novo líder do partido. Ele vinha de uma família de classe média, tendo recebido uma boa educação em temas tradicionais chineses e literatura europeia, coroando essa formação com o curso de engenharia eletrônica e mecânica. Era o primeiro da "terceira geração" de líderes a atingir a cúpula do partido, homens que não eram veteranos da Longa Marcha nem haviam participado da guerra contra os nacionalistas. No entanto, ele tinha experiência na guerra e no partido cartorial de Xangai para ser um modernizador competente. Sob o comando de Deng e Jiang, a China experimentou, na década de 1990, não só um crescimento espetacular, numa velocidade arriscada, mas um processo de vínculos econômicos internacionais da China. Isso mais tarde ajudou a proporcionar avanços surpreendentes na China. De 1978, quando Deng iniciou a reforma no país, até o final do século, a China cresceu cerca de 9% a 9,5% ao ano.[13] No final dos anos 1980 e 1990, os rendimentos médios na China quadruplicaram, e no ano 2000 o PIB da China, de acordo com medidas padrões, colocou-a em sexto lugar no mundo,[14] com 40% dele oriundos do setor de serviços.

Como previsível, dinheiro e investimentos inundaram a China; não só de bancos e empresas multinacionais, mas de chineses ultramarinos e sofisticados. O investimento norte-americano e europeu tendeu a se concentrar no mercado interno da China e na classe média chinesa, que crescia com rapidez em números e poder de compra. Empresas como VW, Peugeot, General Motors, DaimerChrysler e outras indústrias automotivas investiram na China. Grandes empresas financeiras também vieram: a Goldman Sachs abriu um escritório em Xangai. Investidores do leste asiático, por sua vez, passaram a ver a China principalmente como uma base de trabalho intensivo para exportações para o resto do mundo. De 2003 a 2004, o investimento estrangeiro, que era zero em 1978, atingiu um total de US$448 bilhões.[15]

Logo após o ano 2000, o investimento estrangeiro direto era de cerca de $40 bilhões por ano, ao passo que a China tornava-se um investidor significativo no exterior e a segunda maior acionista estrangeira (depois do Japão) de títulos do Tesouro dos EUA. As empresas chinesas também se envolveram em outras atividades sob ordens do governo, adquirindo acesso a matérias-primas e energia, associando-se a indústrias de tecnologia ou criando marcas globais próprias. Todo esse processo expandiu a competência administrativa chinesa. E cresceu ainda mais com a duplicação, na década de 1990, da população estudantil universitária chinesa e o retorno de chineses pós-graduados do exterior.

Nos EUA e na Europa, entre 1982 e 2003, os bens de importação da China cresceram de 20 a 21% por ano. Isso ocasionou uma mudança nos preços relativos dos ativos, de capital e mão de obra em grandes áreas do mundo, o que influenciou as taxas de juros e reduziu os rendimentos das debêntures. O aumento da importância da China em relação aos vizinhos foi especialmente significativo. A cota da China nas exportações da Coreia do Sul, por exemplo, aumentou de zero em 1980 para 20,5% em 2003; e no mesmo período, sua cota nas exportações do Japão subiu de 4% para 13,6%. A natureza das exportações chinesas também se alterou, com a concentração em produtos que exigiam mão de obra intensiva, como bens de consumo duráveis, até o país se tornar o terceiro maior exportador de equipamentos eletrônicos e fornecedor de produtos de tecnologia da informação. Beijing não negligenciou as inovações. De 1991 a 2001, os pedidos de patentes quintuplicaram.

Naturalmente, em 1990 a China também se tornou um grande importador de matéria-prima e energia. E começou a importar petróleo em 1993. Nove anos depois importava 70 milhões de toneladas e, segundo as estimativas de Beijing, esperava importar 150 milhões de toneladas em 2010 e de 250 a 300 milhões de toneladas em 2020. Esperava-se ainda que o consumo de carvão da China duplicasse entre 2001 e 2005. Os efeitos políticos desses fluxos eram expressivos. Também focaram a atenção no desperdício maciço de energia da China: na virada do século XXI, o consumo de energia por unidade de produção era de três a dez vezes mais elevado do que nos países industrializados. O crescente consumo de petróleo também forçou a China a diversificar suas fontes de suprimento investindo, por exemplo, na África e no Sudeste da Ásia. A Arábia Saudita começou a exportar petróleo para a China em troca de bens e equipamentos bélicos. É claro que essas rotas de suprimento de petróleo ainda eram protegidas pela Marinha dos EUA.

A China aderiu à Organização Mundial do Comércio (OMC) em dezembro de 2001 e as tarifas médias chinesas caíram rapidamente de 41% para 6%. Ao mesmo tempo, nas duas últimas décadas do século XX, a retórica sobre o livre comércio pouco disfarçou a realidade da administração do comércio, segundo uma densa rede de acordos e barganhas entre empresas e governos, motivados em grande parte pelos interesses nacionais e pelas políticas sociais do governo. Além disso, na virada do século estimava-se que quase metade das exportações e importações dos Estados Unidos não eram comercializadas no mercado aberto, e sim entre corporações e suas empresas filiadas. Esses grupos podiam trocar materiais, componentes, produção e trabalho de tal forma que não apareciam nas estatísticas nacionais, muito menos internacionais. Mesmo o tão polêmico déficit comercial americano com a China era em parte ilusório. A crescente prática das empresas norte-americanas de terceirizar trabalho e entregar produtos para amplos mercados mundiais por meio de empresas filiadas estrangeiras significava que números desconhecidos de vendas relacionadas com exportações chinesas, e mesmo das vendas feitas dentro dos EUA para clientes americanos, eram de fato vendas e produtos filiados aos EUA.

Um fator determinante em todo esse contexto foi a questão das moedas. Em 1994, a China reorganizou seus mercados monetários e estabeleceu o valor de sua moeda, o *yuan*, em relação ao dólar norte-americano. Isso fez com que a China, por muitos motivos, passasse a integrar o mundo gerido pelo dólar. Ao mesmo tempo, a taxa de câmbio baixa e fixa deu vantagens importantes no comércio com os EUA e em outros sistemas comerciais regulados pelo dólar, não só para comerciantes chineses como para outros países asiáticos que alinharam suas moedas ao *yuan*. À medida que o comércio e os rendimentos monetários aumentaram, grandes quantidades de reservas chinesas (e japonesas) foram investidas em títulos do Tesouro dos EUA. Essa ancoragem junto à primeira moeda comercial do mundo evitaria a volatilidade da taxa de câmbio e, ao mesmo tempo que assegurava a renda, uma taxa de retorno real razoável e confiável internacionalmente, e ainda ajudaria a estimular o consumo interno dos EUA, sobretudo de importações da China. Esse acesso ao mercado norte-americano também deu à China um grande superávit comercial para equilibrar o que de outro modo teria causado um déficit em seu comércio.

Inevitavelmente, o crescimento e a expansão foram acompanhados pela fraqueza. No final do século, a China desenvolvera uma supercapacidade em áreas como a produção de aço e a indústria automobilística, assim como realizou um enorme investimento em infraestrutura. Além disso, as questões financeiras mundiais foram muito afetadas pelos novos meios de informação e transmissão globalizados. Na década de 1990, isso provocou um crescimento surpreendente, barateou o crédito e estimulou o consumo e a especulação, não só no setor imobiliário. Nos EUA, o crescimento da cotação das ações nos anos 1990 aumentou os valores mobiliários das famílias norte-americanas em US$7 trilhões no período de apenas quatro anos, seguido por uma elevação do valor das casas em US$5 trilhões. Os problemas não financeiros também aumentaram. O comércio de bens requeria uma enorme expansão na navegação, e a maioria dos navios comercializava com bandeiras de conveniência impossíveis de serem rastreadas. No final da década de 1990, os portos dos EUA atenderam 60 mil escalas para navios oceânicos de todos os tipos. Muitos deles tinham tripulantes de todas as partes do mundo, cujos marinheiros podiam com frequência ludibriar os funcionários de imigração submetidos a uma tensão excessiva, enquanto os navios carregavam mais contêineres do que poderiam ser inspecionados. As implicações para a segurança nacional eram grandes. Além disso, as rotas marítimas continuavam infestadas pela pirataria em grande escala, sobretudo no sudeste da Ásia e no mar Meridional da China.[16] Contudo, a China tinha um controle mais rígido do que a maioria dos países. A presença de milhões de pessoas empregadas em diversos tipos de trabalho ou em campos de punição ou reabilitação acentuava essas dificuldades. Do mesmo modo que as execuções de centenas, talvez milhares, de malfeitores todos os anos.

Por outro lado, as finanças públicas e as estatísticas oficiais permaneciam uma grande confusão. Estimativas ocidentais sugerem que, embora os rendimentos do governo nas décadas de 1980 e 1990 fossem de cerca de 30% do PIB, grande parte desse rendimento não constava nas cifras orçamentárias e não chegou aos cofres do governo. Em vez disso, ficou nas mãos incontroláveis dos funcionários locais. O resultado foi um semicolapso das finanças públicas em muitos condados e cidades, e então o rendimento adicional era extraído dos fazendeiros, quase sempre por coerção. Além disso, o sistema bancário tinha uma base muito inadequada para empreendimentos prósperos. Era inepto, burocrático e sobrecarregado de ativos vencidos, em especial os do setor estatal. Ao mesmo tempo, o envolvimento do governo com bancos e negócios era maciço. O Estado continuava controlando a maioria dos picos da economia, desde energia, mineração e telecomunicações até transportes, têxteis, saúde pública e setor de varejo. O setor privado tinha ligações estreitas com o Estado e muitas das empresas listadas na Bolsa de Valores de Hong Kong eram, na realidade, subsidiárias de grandes corporações estatais, sendo, portanto, apenas empresas de captação de recursos. Além do mais, como muitos estrangeiros descobriram à custa de prejuízo, as *joint ventures* eram entidades governamentais que deviam ser evitadas. Para os funcionários chineses, "manter os interesses da China" era a prioridade máxima e os estrangeiros eram regularmente enganados. Nas palavras de um comerciante estrangeiro, "o sistema inteiro é quase incompatível com a honestidade". Em todos os níveis os registros podiam ser falsificados, e os acordos de manufatura e equipe ignorados.

Acima de tudo, o sistema regulador era arbitrário e imprevisível. Assim como na época imperial, era sujeito aos caprichos de funcionários provinciais ou locais, razão pela qual os espertos investidores nunca confiavam na lei, e sim em estabelecer boas relações com o PCC. Os direitos de propriedade eram muito incertos. Uma fonte especial de reclamação dos estrangeiros era o desdém com relação à propriedade intelectual, o que incluía patentes das quais a tecnologia moderna e as economias de serviços tanto dependem. Segundo os cálculos do escritório de Representação Comercial dos EUA em 2004-05, cerca de 90% dos softwares dos microcomputadores chineses, CDs de música e filmes em DVD eram pirateados. O governo, disseram os estrangeiros, não se importava.

Não menos importante era o fato de que o crescimento econômico estimulava uma renovação da corrupção desenfreada, o fomento da fraude, o desfalque, a falsificação e a criminalidade de diversos tipos. Devido às linhas indefinidas entre a riqueza pública e privada geradas pela privatização, os membros do partido se aliaram à corrupção, inclusive famílias dos altos escalões do partido. O controle da corrupção era feito com a colaboração de gangues violentas que mantinham os habitantes dos vilarejos, entre outros, sob domínio deles. Cada vez mais essa situação era mencionada em sites da internet e na imprensa, porém nada mudava muito com a desgraça ocasional ou execução dos criminosos. Na verdade, as gangues de criminosos prosperaram. O sistema Tríade, esta rede global de antigas sociedades criminosas, expandiu-se tanto na China como na diáspora chinesa mundial. Antes do final do século, constatou-se que não existia um negócio, não importa de que porte, em Hong Kong que não tivesse um investimento da Tríade. Na década de 1990, a China foi um grande consumidor e produtor de drogas, sendo rota do tráfico internacional, um resultado dos novos meios eletrônicos de movimento de capital internacional.

Contudo, no final do século a China, apesar de sua fragilidade, descobriu a maneira de enriquecer mantendo um Estado político autoritário. Porém, as trocas de informações essenciais para o empreendedorismo e o crescimento também geraram uma troca sem precedentes de novidades e opiniões entre as pessoas e com o mundo externo. Os estrangeiros começaram a afluir para a China. Alguns iam para investir, com frequência na forma de *joint ventures*. Outros para fazer turismo. Isso se tornou uma fonte importante de rendimentos em moeda estrangeira e, como no período imperial, uma forma de impressionar o mundo com a grandeza da China. Também foi impossível interromper as críticas mais abertas em temas como a capacidade do regime para controlar os relatos e comentários, que revelou-se muito precária. Esse fato, entretanto, não impediu que as autoridades tentassem controlá-los,[17] sobretudo quando a China confrontou-se com um mundo ocidental cada vez mais censurador e com uma visão muito arrogante e invasiva dos outros povos. Contudo, o fechamento de jornais e a prisão de editores quase sempre estimulavam mais que restringiam as discussões, embora a leitura de relatos críticos do Ocidente pudesse levar o leitor a ser confinado em um campo de trabalho forçado.[18] Tampouco as tentativas de monitorar e filtrar os recursos da internet, ou suspender os instrumentos de busca, ajudaram muito, apesar de o governo afirmar que usava mais de 30 mil policiais para fazer o monitoramento. Esse enfraquecimento do controle e a tendência geral de adotar pontos de vista ocidentais aumentaram a influência dos estrangeiros, em especial dos americanos, nas camadas mais ricas da sociedade chinesa.[19] Porém, como o comércio, o investimento e a produtividade poderiam prosperar sem abrir espaço para mercados, incentivos e criatividade?

A ascensão de grupos religiosos, em particular budistas e protestantes, também teve grande importância. Existiam dezenas de milhares de protestantes, inclusive entre funcionários do partido. Havia ainda um descontentamento étnico, sobretudo nas regiões a oeste e entre os muçulmanos. O estado enfrentou essa situação por meio do controle e da proibição de templos budistas e igrejas cristãs, e com ataques a monges tibetanos e freiras.[20] Ainda mais surpreendente foi a ascensão da sociedade espiritual Falun Gong.[21] A sociedade foi fundada em 1992 por Li Hongzhi, um policial civil inexpressivo e praticante dos tradicionais exercícios respiratórios que, diziam, melhorava a saúde e prolongava a vida, além de aperfeiçoar a compreensão espiritual. Ele fez a primeira aparição pública sem alarde em 25 de abril de 1999, quando seus adeptos usaram os novos meios de comunicação eletrônicos para reunir de 10 a 16 mil membros do lado de fora da sede do partido na Cidade Proibida em Beijing. Eles ficaram sentados lá durante 15 horas, murmurando, passivos, pedindo permissão legal para publicar seus folhetos e livros. Apesar da passividade, foi impossível expulsá-los. Eles também pediram a libertação de alguns membros do Falun Gong que haviam sido presos no dia anterior em uma cidade ao norte. Quando o premier Zhu Rongji encontrou os líderes da manifestação, ficou atônito ao ver que havia altos funcionários e membros do partido. O PCC reagiu com sua habitual brutalidade diante de qualquer coisa que pudesse ser um vestígio, mesmo que ligeiro, de um centro de poder alternativo. A Falun Gong foi banida por ser considerada supersticiosa e traiçoeira.[22] Milhares de adeptos foram presos, torturados ou assassinados, mas existem boatos que, desde então, a Falun Gong tenha de 30 a 50 milhões de integrantes. Como um escritor observou: "Os temores de Beijing não eram tanto da Falun Gong e sim do que ela representa — os problemas subjacentes e a instabilidade da sociedade chinesa." Os líderes do partido sabiam muito bem que no passado essas seitas tinham ameaçado as dinastias, ou mesmo ajudado a derrubá-las.

Falun Gong

Falun Gong é uma prática espiritual com algumas crenças similares às do daoismo e do budismo e que alega melhorar o corpo, a mente e o espírito de seus praticantes. É também um enorme movimento que, apesar de ser apolítico — na verdade, seus ensinamentos proíbem o envolvimento político —, alcançou um tamanho e uma organização que alarmou as autoridades chinesas e gerou uma severa repressão.

Falun Gong veio a público em 1992 por intermédio de Li Hongzhi e logo se tornou popular no mundo inteiro. Por sete anos ele cresceu sob a supervisão geral do Partido Comunista Chinês e, em 1998, uma televisão estatal em Xangai declarou que havia de 70 a 100 milhões de membros só na China.

Mas o governo e o partido ficaram preocupados em abril de 1999, quando cerca de 10 mil integrantes da Falun Gong se reuniram em Beijing e, em silêncio e sem alarde, sentaram-se no chão e meditaram em protesto contra supostos maus-tratos infligidos a seus companheiros pela polícia. Alguns meses depois, o governo, obviamente alarmado com o tamanho e a organização do grupo, e agora convencido de que o mesmo buscava poder político, iniciou um programa nacional de repressão à Falun Gong. O chefe do Partido Comunista, Jiang Zemin, começou a usar a mídia, inclusive o jornal do partido, o *People Daily*, para condenar o grupo. As autoridades percebiam com clareza que era uma disputa da ciência e do materialismo contra a superstição e o idealismo. Isso criou diversas dificuldades, pois dezenas de milhares de membros do partido pertenciam à Falun Gong.

A desconfiança do partido não era tanto pelo idealismo e sim por ser um grupo tão grande e disciplinado, e, portanto, que constituía uma ameaça potencial ao domínio da sociedade pelo partido. A rebelião Taiping em 1850 e a rebelião dos Boxers em 1900 começaram com fortes impulsos religiosos. Se a história é cíclica, como os chineses sempre acreditaram, o padrão poderia se repetir.

As suscetibilidades aumentaram pelo fato de que a sociedade chinesa passava por mudanças culturalmente desestruturantes no decorrer do processo de modernização.

Mas não havia sinais de que a Falun Gong, como um grupo, tivesse ambições políticas. No entanto, isso não evitou que a polícia adotasse medidas muito severas contra seus membros, como prisão, espancamento, tortura e execução.

Ainda mais determinante foi o fato de que o crescimento populacional, aliado à expansão da indústria e ao aumento da poluição, gerou sérias privações de água, ar puro e terra. Segundo o Ministério de Recursos Hídricos, a China consumiu em 2003 quatro vezes mais água por unidade do PIB do que a média mundial. Muitas aldeias ficaram sem água quando a desviaram para lugares mais favorecidos, como Beijing. Além disso, o problema da água foi seriamente agravado pela poluição e o desperdício administrativo. Cerca de 80% da água consumida não recebia tratamento e três quartos dos lagos da China estavam poluídos. Cerca de um terço do território chinês também tinha uma grave erosão do solo. Muitas terras foram desapropriadas para construção. A poluição do ar agravara-se pelo uso maciço e ineficiente de hidrocarbonetos. Em 1999, das dez cidades com maior índice de poluição do ar no mundo, nove eram chinesas. Só a poluição, de acordo com o Banco Mundial, custava à China quase 8% do PIB. Além disso, havia problemas enormes e crescentes de saúde pública. No governo Mao, 90% das pessoas no país tinham acesso a clínicas médicas subsidiadas. No final da década de 1990, 90% do povo chinês e 60% das pessoas nas cidades não tinham seguro de saúde e a Organização Mundial da Saúde classificou o sistema de saúde da China como o 144º no mundo.[23] Existiam também grandes disparidades na saúde pública entre diferentes regiões, com as mais pobres, a Oeste, tendo os piores serviços de saúde e educação.

Esse cenário sem dúvida questionava o papel do partido. A crença no maoismo poderia declinar, porém o partido continuava a propagar sua herança, que era, afinal de contas, a viga mestra da autoridade do partido. Por sua vez, as reformas econômicas necessárias para o crescimento minaram o papel das instituições que constituíam a base do poder do partido, embora pequenos grupos de jovens inteligentes do partido permanecessem em postos-chave de muitos empreendimentos. De qualquer modo, a corrupção e o conluio dos funcionários locais continuaram e muitos membros do partido usavam seu poder em benefício própric. No final do século, os sinais de descontentamento eram alarmantes. Sanções oficiais severas foram impostas a "intelectuais públicos" que disseram coisas embaraçosas. Houve um aumento expressivo na quantidade e no tamanho dos protestos públicos. De acordo com as contas da polícia, foram 87 mil protestos em 2005, comparados aos 10 mil da década anterior.[24] Os protestos eram na maioria locais e espontâneos, contra a extorsão e corrupção oficiais, e com frequência eram neutralizados por concessões econômicas aos descontentes. No entanto, os protestos contra a apropriação de terra foram significativos. Segundo o Programa de Desenvolvimento da ONU, entre 2001 e 2002 cerca de 50 milhões de pessoas foram despejadas de suas terras recebendo uma pequena ou nenhuma indenização.

Essa agitação ou insatisfação não ameaçou o monopólio de poder do partido, apoiado pela tendência de usar o poder da polícia e das Forças Armadas para certificar-se de que não havia uma oposição política organizada. A sociedade civil, no contexto ocidental, permaneceu subdesenvolvida. Todos os meios modernos de comunicação tecnológica e inteligência que poderiam ser usados para arregimentar os dissidentes eram, é óbvio, mais disponíveis para o Estado. A dissidência, a menos que fosse razoavelmente contida, poderia enfraquecer a segurança nacional. A Guerra do Golfo em 2003 lembrou à liderança, caso fosse necessário uma lembrança, que os países cujas sociedades haviam se deteriorado poderiam ser derrotados com facilidade em uma guerra.

Porém, existiam muitas maneiras de reprimir as turbulências. Uma delas, é claro, seria a distribuição crescente de riqueza. A segunda foi uma maior descentralização da economia e das decisões necessárias no campo econômico. Funcionários locais podiam alterar ou subverter as deliberações de Beijing de acordo com o interesse das condições locais ou do povo. Essa situação remontava a 2 milênios, ao início da burocracia imperial chinesa. Mesmo os imperadores poderosos sempre acharam problemático controlar os funcionários locais, e na década de 1990 a situação repetia-se. Era difícil controlar os funcionários locais que, junto com as empresas privadas, tentavam revitalizar as indústrias de suas regiões, em particular com grandes projetos. Em contraste, logo após o ano 2000 o governo aplicou medidas administrativas para reduzir o superaquecimento econômico. Mas as restrições de empréstimo bancário foram muito impopulares e pouco eficazes, sendo lançadas no momento em que mais decisões foram direcionadas para o controle local ou provincial. De qualquer forma, houve grandes somas de dinheiro privado circulando no sistema, muito além do controle do centro. A prosperidade e a instrução crescentes significaram um aumento do poder de compras e demandas da classe média.

É evidente que culpar os estrangeiros ajudou a minimizar a situação. Deng propositalmente criticou a indignação ocidental com o incidente da Praça da Paz Celestial, bem como os pontos de vista do ocidentais a respeito da interdependência econômica, ao dizer que havia uma estratégia do Ocidente para subverter o papel do Partido Comunista Chinês em seu caminho pacífico e evolucionário. Porém, a liderança não permitiria que o rápido programa de desenvolvimento econômico da China fosse subvertido. Assim, as autoridades tentaram explorar os ganhos da interdependência com o mundo externo, mas, ao mesmo tempo, rejeitando as implicações políticas, inclusive um envolvimento mais profundo dos estrangeiros na economia chinesa. Eles tentaram, acima de tudo, evitar o perigo de a China se tornar dependente de outros países. Os objetivos dos estrangeiros eram sem dúvida suspeitos. Na década de 1990, o ponto essencial para a manutenção do poder do partido era uma economia mais aberta, a fim de propiciar uma crescente prosperidade para a maioria dos chineses; mas não seria permitido restringir o controle da liderança.

Outras dificuldades foram controladas com menos facilidade. A liderança central tinha problemas, sobretudo em razão do declínio abrupto do carisma e da autoridade intrínseca da geração de líderes após Deng. Antes de deixar seu posto, Deng fez novos acordos para a sucessão da liderança. Após sua morte em 1997, ele foi sucedido por Jiang Zemin, que fora secretário-geral do partido desde 1984. No outono de 2002, Jiang, na ocasião com 66 anos, foi substituído e houve outras grandes mudanças no comitê central do partido, que se tornou mais tecnocrático. O novo secretário-geral do partido, Hu Jintao, era um administrador jovem, suave, com ideias ocidentalizadas, inteligente e bem educado, mas com nenhuma ideologia ou novos projetos de longo alcance a respeito do papel mundial da China. Nascido em 1942, ele tivera postos provinciais de alto escalão. Em 1985, foi o líder provincial do partido na província de Guizhou. Três anos depois, foi responsável pela campanha no Tibete, onde esmagou os protestos pró-independência e declarou lei marcial. No entanto, em níveis mais elevados ele era um iniciante. Em 2003, um ano após ser nomeado secretário-geral e, junto com o presidente Jiang, tornar-se líder da China, ele sucedeu Jiang como presidente. Em 2004, Jiang, na época com 78 anos, também renunciou à presidência da Comissão Militar a favor de Hu, de 62 anos. O novo presidente declarou que "o estilo democrático" era inadequado para a China e começou a aplicar medidas mais duras contra os dissidentes, ao mesmo tempo em que iniciava a reforma dos bancos estatais e do mercado acionário. Entretanto, nem Jiang nem Hu possuíam nada que se assemelhasse ao prestígio pessoal da antiga geração de líderes, sem mencionar a figura mítica de Mao Zedong. Também não tinham algo comparável às ligações duradouras e íntimas de Deng com os militares de alto escalão.

Na virada do século XXI, os novos líderes receberam apoio crescente de economistas, tecnocratas e administradores instruídos, assim como de homens de negócios chineses com bons relacionamentos que viviam no exterior. Eles perceberam com nitidez que as metas de coesão interna e de bem-estar, sem mencionar a influência da China no contexto mundial, continuavam dependendo do crescimento econômico e da modernização, bem como da disseminação da prosperidade do litoral e das Zonas Especiais para o interior empobrecido.

Nesse cenário, a visão da China e de seu papel no mundo provinha de um círculo concêntrico de interesses, tal como fora a perspectiva dos antigos impérios. Os princípios não eram obscuros. A China via o mundo sem sentimentalismo, como um sistema altamente competitivo de estados independentes, nos quais as relações poderiam ser conciliadas pelo equilíbrio de poder. Havia uma suspeita muito profunda de que a interdependência era só um mecanismo para aumentar as vantagens próprias, e uma descrença total nos mitos do multiculturalismo. A China poderia, é claro, permanecer "independente", ou seja, não alinhada. Isso se basearia no "poder nacional abrangente", com ecos evidentes da antiga concepção soviética de "correlação de forças" — a visão de uma política eficiente teria de avaliar todos os aspectos do poder nacional: diplomático, militar, artístico, literário e outros elementos do que se tornara conhecido como o "Poder Suave".[25] Ao administrar seus negócios, a China teria ativos que remontavam a uma reputação histórica ou a laços culturais ou políticos há muito estabelecidos, e também ao poder econômico, diplomático e militar. Esse contexto apoiava-se, como sempre acontecera com a política externa chinesa, na notória e ilimitada paciência da China. Porém, ainda não tinha apoio de outros elementos essenciais do poder nacional, em especial da reforma e da modernização em curso do setor militar que a economia agora propiciava. Assim, a economia e um poder militar eficiente poderiam restaurar a influência internacional da China.

No cerne da política havia duas considerações. Uma delas era a necessidade de administrar o cenário político e estratégico para manter uma total concentração de atenção, esforços e recursos nos problemas internos maciços da China. A outra era a restauração e manutenção da integridade territorial da China, definida pela insistência interminável da reivindicação de territórios ou águas que foram controladas por qualquer governante chinês, mesmo que por um período curto ou há muito tempo. Os sentimentos no que dizia respeito a essas questões eram quase sempre exaltados por causa dos contínuos sentimentos de nacionalismo ofendido em Beijing.[26] Algumas reivindicações podiam ser atendidas de uma forma harmônica. Em 1997, por exemplo, os ingleses devolveram Hong Kong à China sem nada mais que um desfile sob chuva, depois do qual a bandeira da Grã-Bretanha foi abaixada e o príncipe de Gales fez um discurso. Esse fato e a reafirmação da soberania chinesa em Macau foram, sem dúvida, as maiores realizações da política externa do governo. Outra delas foi o controle, originado por novas leis internas, de qualquer região passível de ter petróleo no mar da China Meridional.[27] Os indonésios e os vietnamitas já tinham empresas de prospecção de petróleo no local, mas essa reivindicação chinesa foi ignorada por anos ou décadas e só foi retomada bem depois como um "direito histórico". Reivindicações similares existiam em outras áreas, como nas ilhas Senkaku e Diaoyu no mar da China Oriental, com alegações semelhantes do Japão.

Acima de tudo, havia a questão nevrálgica de Taiwan, que a China insistia em ser uma província renegada de uma China indivisível. Esse ponto delicado ficou especialmente sensível durante o início e meados da década de 1990, quando um movimento crescente de independência da ilha começou a discutir o status de separação internacional. Em muitos lugares a reivindicação foi vista como razoável. Taiwan era, e permanece, uma democracia pacífica e economicamente bem-sucedida com mais de 20 milhões de pessoas e a discussão pautava-se no fato de que ela era capaz de gerir seus assuntos com independência. Em contraste, Beijing sempre tentou isolar Taipei do plano internacional. Os chineses observaram com suspeita os esforços dos líderes de Taiwan para usar as visitas informais a fim de construir relações com estadistas asiáticos e norte-americanos. Em outubro de 2004, o presidente de Taiwan, Chen Chuibian, mencionou que "em Taiwan, um país de 36 mil quilômetros" de litoral, com um governo eficiente e um sistema político sólido, a soberania é conferida pelo povo.[28] Houve uma reação imediata de Beijing, que advertira repetidas vezes que nessa questão vital de soberania seria usada a força. Em 1996, a China lançou alguns mísseis no mar próximo a Taiwan, mas recuou quando os EUA enviaram dois porta-aviões para locais próximos, a fim de demonstrar seu contínuo comprometimento com a defesa de Taiwan contra qualquer ataque. Embora no ano 2000 o ELP não tivesse tropas suficientes para conquistar Taiwan, ele fez alguns exercícios militares na costa do continente simulando uma invasão da ilha. Alguns anos mais tarde, enquanto Taiwan elaborava uma nova constituição, a China oscilava entre sugestões para diminuir as tensões ou adquirir os meios para dar um "golpe de decapitação" em Taiwan. Os Estados Unidos, por sua vez, sempre desestimularam que Taiwan se afastasse do conceito de "Uma China" e se mostravam muito relutantes em prejudicar a interdependência do relacionamento entre Washington e Beijing. Essas diferenças contribuíram para reforçar o sistema de defesa da China.

Havia também o antigo hábito de expansão territorial da China, não pela força das armas e sim pelo alcance demográfico. Alguns exemplos foram o Tibete e Xinjiang, onde a China temia uma subversão pan-turca e pan-islâmica. Relações étnicas ou religiosas não são controláveis. Uma reação (apesar da escassez de água e do clima desencorajador dessas regiões) foi a migração de chineses Han, que absorveram as culturas locais e as comunidades. Houve uma ação severa em ambas as áreas, talvez mais em Xinjiang porque abrigava algumas instalações nucleares chinesas. O influxo do povo Han não só submergiu o povo local como fez com que a região se tornasse um arquipélago de punição e campos de trabalho controlados pelo Corpo de Construção de Xinjiang, que respondia diretamente a Beijing. As reservas gigantescas de petróleo e gás de Xinjiang, além de algodão, foram exploradas e em setembro de 2004 iniciou-se a construção de um oleoduto de 998 quilômetros para transportar mais petróleo do Cazaquistão para Xinjiang. Os 8 milhões de uigures, que historicamente dominavam Xinjiang, converteram-se em minoria dentro de sua "República Autônoma", onde os melhores empregos e mercadorias foram dados aos chineses. Na antiga cidade de Kashgar, no interior do território uigur, as casas tradicionais de adobe foram derrubadas para construir blocos de apartamentos para chineses étnicos. Rebeliões esporádicas como as de 1990 e 1997 foram combatidas com repressão, que se intensificou após o acontecimento de 11 de setembro de 2001 nos EUA. Existia um profundo ressentimento em relação à criação nos EUA, em 2004, de um governo uigur no exílio. A China começou a definir como "terrorista" qualquer pessoa que tivesse "pensamentos separatistas" e a denunciar qualquer distúrbio como "divisor" e/ou contra-revolucionário estimulado por "fontes estrangeiras". Havia semelhanças marcantes entre essas táticas e as que o imperador Qianlong usou no Turquestão e com os mongóis três séculos e meio antes. Do mesmo modo, é claro, assim que os chineses se transformaram em maioria nessa região, a China reivindicou os direitos das maiorias locais. Com esses métodos a China realizou uma expansão significativa de seu território desde a proclamação da República Popular da China em 1949. Não admira que alguns historiadores ocidentais tenham dito que o império chinês é uma entidade multicultural reunida à força.

Havia também a situação ambígua da Ásia Central, além das fronteiras de Xinjiang e do Tibete. Os 60 milhões de soviéticos na Ásia Central se mostraram conscientes do fato de que os conflitos sino-soviéticos ocorreram apenas duas décadas depois que os chineses ocuparam Xinjiang e por isso temiam o expansionismo chinês. De acordo com estimativas não oficiais, havia, em 2004, 300 mil chineses, a maioria mercadores, no Cazaquistão. O Cazaquistão, o Quirguizistão e o Tadjiquistão ficaram apreensivos com o fluxo de imigrantes chineses em Xinjiang, estimulados pelo rápido crescimento econômico da China e propensos a se infiltrarem mais para oeste. Os cazaques ficaram particularmente cautelosos com a nova ferrovia e as estradas na região ocidental da China, temerosos de que se tornassem um trampolim para a expansão chinesa nas regiões pouco habitadas do país. Diversos estados da Ásia Central, sobretudo o Cazaquistão, o Quirguizistão e o Tadjiquistão, em busca de uma política para refrear os chineses, demonstraram o desejo de estreitar as relações com Beijing. É óbvio que estavam bem informados a respeito do antigo princípio de que impérios fortes sempre queriam controlar ou ocupar terras fronteiriças fracas ou potencialmente voláteis.

Além disso, havia a crescente influência regional da China que começara a afetar os assuntos culturais e transformou a China num foco de comércio e investimento regionais e de influência no desenvolvimento industrial e no planejamento militar. Beijing tinha estabelecido vínculos econômicos e políticos estreitos com a Coreia do Sul. A China e a Índia, por sua vez, continuaram a se confrontar como competidores econômicos, o que constituía um estímulo ao desenvolvimento e uma ameaça potencial não confessada, porém profundamente sentida. Essas foram as diversas relações e influências que a China usou em algumas ocasiões para frustrar outros "forasteiros", inclusive os EUA. No final do século, o problema mais grave no noroeste da Ásia continuava a ser a Coreia do Norte e seu programa de armas nucleares. Isso representava um perigo direto para os países do noroeste da Ásia e para os EUA, e talvez um impulso de rearmamento em outros lugares, como no Japão. A opinião americana após o fracasso da Coreia do Norte em cumprir acordos prévios era que Pyongyang poderia seguir o caminho do desarmamento antes da esperada ajuda econômica. A visão dos chineses e da Coreia do Sul, no entanto, era que o encorajamento à reforma econômica poderia fazer parte de um programa de paz, um estímulo para que a Coreia do Norte colaborasse e um incentivo, segundo a expressão dos EUA, para uma "mudança de regime". Entretanto, um colapso da Coreia do Norte poderia dar início a uma Coreia reunificada e fortalecida. Na verdade, mesmo antes do colapso, qualquer tipo de crise econômica ou militar atrairia um grande fluxo de refugiados norte-coreanos para as fronteiras da China. Os chineses então tentaram mostrar o que a reforma e a modernização poderiam realizar. Eles convidaram norte-coreanos de alto escalão para visitar o novo centro de pesquisa e desenvolvimento da China para empresas internacionais.[29] Antes do final do século, o consenso geral era que a China seria o fator-chave na busca de uma solução pacífica para o conflito, pois a Coreia do Norte continuava certa de que poderia confiar na ajuda dos chineses e dos sul-coreanos para fortalecer sua economia miserável

As relações entre o Japão e a China sempre foram complexas. Por outro lado, o Japão deu à China muitas dezenas de bilhões de *ienes* para ajudá-la e investiu mais outros bilhões em tecnologia e produção. Na década de 1990, o Japão tornou-se a maior fonte de equipamento técnico avançado. Durante os últimos estágios da Guerra Fria, Beijing acolheu os sinais do fortalecimento crescente e os esforços de autodefesa do Japão como uma forma de refrear a URSS. Na década de 1990, a China passou a ver o Japão como sua principal ameaça de longo prazo.[30] Beijing tornou-se uma crítica mordaz do crescente papel do Japão nos assuntos da Ásia, embora ambos os países tivessem interesses comuns, por exemplo na Coreia do Norte. O governo, assim como o povo chinês, percebeu com alarme o renascimento do nacionalismo e da autoconfiança do Japão. A opinião pública chinesa, extremamente estimulada pelo governo e pela mídia do país, continuou criticando o Japão por seus delitos nos anos de 1930 e 1940. Havia um sentimento de raiva pelo fato de o Japão não ter mostrado contrição suficiente, ao passo que os japoneses se viam como vítima dos delitos dos Aliados em Hiroshima e Nagasaki. A China também ficou preocupada com a cooperação dos EUA com o sistema de defesa do Japão e com o fortalecimento de suas forças de defesa tecnologicamente superiores, em grande parte uma reação aos crescentes perigos da Coreia do Norte e à expansão do poder militar, naval e aéreo dos coreanos. Beijing criticou os esforços japoneses para se "infiltrar, controlar e explorar" a economia chinesa. Logo após o ano 2000, essas ofensas à confiança nacional japonesa começaram a fomentar uma revolta enérgica e a reafirmação do Japão.

O sudeste da Ásia tem sido, por muitos séculos, uma região com fortes vínculos culturais, estratégicos e econômicos com a China. Foi também a região onde os interesses chineses e indianos coincidiram. A Associação de Nações do Sudeste Asiático (ASEAN) desenvolveu uma estratégia para impedir que qualquer uma delas exercesse o domínio da região ou do mar da China Meridional. Os membros da ASEAN se aliaram à China na resistência às pressões ocidentais por "direitos humanos", mas não conseguiram obter o acordo da China para estabelecer um regime multilateral no mar Meridional. Incertos se os EUA continuariam envolvidos no Sudeste Asiático, eles adotaram táticas de Gulliver: envolver a China não só em acordos comerciais e de turismo, mas em diversas organizações e acordos regionais, bem como de permuta. Em 2004, algumas dessas nações organizaram uma conferência de cúpula, proposta pela China, cujo objetivo declarado era excluir o Ocidente em geral e os EUA em particular. Mais uma vez foi amplamente aceito que se algum país poderia influenciar o regime militar de Mianmar (Birmânia), este seria, em razão de sua reiterada abordagem suave, a China. De forma ainda mais clara, da década de 1980 em diante, a China fez um grande esforço para eliminar qualquer influência remanescente russa no Camboja. Segundo as palavras do ex-conselheiro de Segurança Nacional do presidente Jimmy Carter, Zbigniew Brzezinski, "Não há dúvida que a China está discretamente criando uma esfera muito bem-sucedida de coprosperidade no sudeste asiático. Os países da região estão rendendo a devida homenagem à China, deferência que ela responde com cortesia", tal como, pode-se acrescentar, os antigos imperadores comportavam-se com os portadores de tributos.

Além dessas preocupações imediatas, a posição mundial da China tornou-se hegemônica, apesar das incertezas e ambiguidades. A China ficou mais agressiva e, consciente de seu poder econômico crescente, começou a enfatizar seus direitos e as aspirações de retomar o papel clássico de liderança no leste asiático, e de uma das grandes potências mundiais. Embora rejeitasse envolvimentos mais distantes, no final do século XX obteve uma influência internacional cada vez maior e respeito em todos os níveis. A China foi aceita pelas maiores potências como uma parceira importante, senão necessária, nos acordos financeiros, comerciais e políticos. Segundo um estudo realizado em 1999 pelo Conselho de Relações Exteriores dos EUA, "nenhum aspecto significativo dos assuntos mundiais está isento de sua influência".

Depois de um longo período em que Beijing desconfiou das abordagens multilaterais por considerá-las uma limitação à sua liberdade de manobra, na década de 1990 a China começou a ver essas redes de relacionamento como possíveis instrumentos de uma política nacional. Em 1955, o jornal oficial do partido, o *People's Daily*, mencionou que as Nações Unidas eram "a maior e mais autoritária organização intergovernamental do mundo [com] poderes únicos". Há trinta anos, durante a Revolução Cultural, o jornal publicara que a ONU era uma "bolsa de valores política desprezível que está nas mãos de poucas potências". (Não discutia se essas duas descrições poderiam ser falsas.) Contudo, Beijing continuou resistindo aos efeitos da globalização que toldavam a distinção entre o plano interno e internacional, e continuou a rejeitar as tendências da globalização a produzir um Estado fragmentado. Assim, enquanto Beijing buscava relações mais próximas com os produtores de petróleo árabes, os chineses Han ficaram, desde os atentados terroristas nos Estados Unidos, mais desconfiados e desdenhosos dos muçulmanos, mesmo daqueles que viviam dentro da fronteira da China.

A China tentou disseminar sua rede diplomática com seu "poder suave" e seus apelos culturais de forma mais ampla. Em meados da década de 1990, a China aderiu ou tentou aderir a um grupo grande de organizações internacionais, em especial as econômicas, como a Organização Mundial do Comércio (OMC) e o Banco Asiático de Desenvolvimento. Aderiu em 1968 ao Tratado de Não Proliferação, logo após interromper os testes nucleares. Ficou evidente que quando Beijing aderiu a um regime internacional, agia com a intenção de mantê-lo e não de transformá-lo. Mesmo o assento no Conselho de Segurança da ONU era em grande parte usado de uma forma não invasiva. A China também expandiu sua visibilidade política por meio de visitas de alto nível ao exterior, muito além da Ásia, e seu papel cultural com turnês de grupos artísticos e equipes de ginástica e outros esportes. Os críticos opunham-se a essa política, mais uma vez alegando serem novas versões de ataques imperialistas à integridade nacional da China.

Ao mesmo tempo, em razão de graves problemas internos, sobretudo a grande dependência transnacional, a China não queria criar conflitos internacionais e manteve-se à distância das questões internacionais mais significativas, que não a afetavam diretamente. Houve, por exemplo, a importante consolidação da União Europeia a partir de meados da década de 1980 e a criação de uma moeda comum europeia, o "euro". Existia uma intervenção ativa do Ocidente nos Bálcãs, cujos resultados eram com frequência extremamente peculiares. Como a campanha da Otan na província sérvia de Kosovo, realizada supostamente para evitar que os cristãos sérvios fizessem uma "limpeza étnica" nos albaneses muçulmanos, que logo reverteram a situação, causando uma limpeza étnica na maioria dos cristãos sérvios e a criação de um dispendioso protetorado militar da Otan. Ou então a atuação diplomática europeia no Irã e no Golfo e o envio de tropas para o Afeganistão.[31] No início do século XXI, mais de 50 mil — às vezes 100 mil — tropas europeias serviam fora da Europa, embora a maioria em missões de manutenção da paz.

Nesse cenário, Beijing permaneceu à parte ou pelo menos não engajada. O interesse europeu na China era quase exclusivamente como um mercado e um alvo para investimento de grandes empresas como a alemã Siemens e a francesa Alcatel. A China, por sua vez, via a Europa como um mercado e uma fonte de finanças. Logo após o ano 2000, a Alemanha tornou-se o quinto maior parceiro comercial da China, e a França, uma importante fornecedora de tecnologia. Embora a Europa tivesse imposto o embargo de armas depois do incidente da Praça da Paz Celestial em 1989, em uma década os franceses conseguiram que seus parceiros da União Europeia concordassem que o embargo era um anacronismo. Se cada lado via o outro como um parceiro natural na formação de possíveis contrapesos à hiperpotência americana e suas tendências históricas ao unilateralismo, esse fato não era muito aparente por volta do ano 2000.

Portanto, o relacionamento da China com os Estados Unidos era o cerne da política e dos planos no campo das relações exteriores dos chineses. Ambos os lados pensavam que o outro era um parceiro essencial para a manutenção da paz na Coreia, no estreito de Taiwan e no mar da China meridional, assim como para a cooperação no Conselho de Segurança da ONU e para conter a disseminação de armas nucleares. Jiang Zemim e, depois dele, Hu Jintao, mantiveram relações equânimes com Washington. Ambos exprimiram apreciação pelas iniciativas comerciais dos EUA, e Jiang ainda visitou o rancho do presidente Bush no Texas.

Não obstante, ambos os lados também perceberam que a China queria retomar seu papel "legítimo" como o poder predominante no leste asiático; e que, a longo prazo, a China poderia desenvolver um potencial não só para desafiar os Estados Unidos no Pacífico, mas para contestar a primazia global dos EUA. Nesse momento, o apoio norte-americano ao desenvolvimento da China era essencial para seu fluxo comercial e financeiro, bem como para manter um cenário estável de que a China precisava. Mas o relacionamento não poderia ser de uma simples amizade, ou de aliança, pois as dúvidas em relação aos Estados Unidos e suas intenções eram reais. Beijing acolheu as vantagens dos vínculos econômicos com os EUA, porém viu os perigos de uma possível dependência. A China podia ser receptiva à contribuição americana para a estabilidade do Leste Asiático, e considerar as declarações dos norte-americanos sobre a boa recepção a uma "China fortalecida, pacífica e próspera". No entanto, não deixaria de pensar que o objetivo fundamental dos Estados Unidos era enfraquecer e atrasar a ascensão da China e forçá-la a agir segundo regras internacionais formuladas pelo Ocidente. Jiang e Hu podiam conter as ambições globais da China, e líderes como o primeiro-ministro Wen Jiabao podiam enfatizar a natureza e as intenções pacíficas dessa ascensão, como fez em um grande discurso em Nova York em 2003. Mas em Beijing, atrás das portas fechadas, o comentário de Hu Jintao era de que os Estados Unidos tinham:

> fortalecido suas guarnições militares na região asiática no Pacífico, fortalecido a aliança militar dos EUA com o Japão, fortalecido a cooperação com a Índia, melhorado as relações com o Vietnã, criado um governo pró-americano no Afeganistão, aumentado a venda de armas para Taiwan e assim por diante. Haviam expandido os postos fronteiriços e criado pontos estratégicos de pressão no leste, sul e oeste, o que constituiu uma grande mudança geopolítica.[32]

Os chineses, por sua vez, também perceberam que a ênfase americana na democracia e nos direitos humanos, quaisquer que fossem as justificativas, era na verdade uma forma de constranger a China perante os olhos da comunidade internacional (semelhante ao modo como a China tentava envergonhar o Japão ao reiterar suas transgressões antes de 1945). Era ainda, como vimos nos últimos três capítulos, uma faceta da tendência perene dos Estados Unidos de buscar princípios morais e legais para constituir os fundamentos da política externa, seja por uma questão institucional ou por estruturas legais acordadas entre estados. Essa era a maneira adequada de lidar com as diferenças de hábitos e interesses (desde que esses acordos não limitassem a autodeterminação soberana dos Estados Unidos). É evidente que a China resistiu muito a essas tentativas de interferência, argumentando que eram padrões discrepantes, uma forma de intervir nos assuntos internos chineses e uma tentativa de influenciar, talvez até mesmo de controlar, as mudanças na estrutura política da China. Portanto, nada mais natural do que a China tentar conter as aspirações e reivindicações na Ásia sem causar maiores repercussões, tanto militar quanto no Congresso dos EUA.

O caminho que essa mistura de visões contraditórias e interesses profundamente entrelaçados trilhará permanece, no início do século XXI, no regaço do futuro.

14

Em Direção ao Futuro?

"Histórias", como o perspicaz historiador Simon Schama escreveu, "nunca se concluem, só fazem uma pausa". Ao refletir sobre as relações entre as potências mundiais, vemos que o início do século XXI é um momento nitidamente ilusório para essa pausa. Em retrospecto, pode se revelar mais ilusório do que nítido, sobretudo quando as constelações da política e do poder mundiais revelam sinais de uma mudança importante e potencialmente radical.

No início do século XX, a política mundial concentrou-se na Europa. Esse foco permaneceu predominante, como demonstrou a importância secundária do leste asiático na Segunda Guerra Mundial. A isso se seguiu o estabelecimento, durante quatro décadas a partir de 1945, de um equilíbrio razoavelmente estável entre duas superpotências. Ao final, viu-se a emergência dos Estados Unidos como a única "hiperpotência", exercendo um preocupante papel-chave em três regiões que passaram a dominar a política mundial no final do século: a Europa, o Oriente Médio e o leste asiático.

A supremacia econômica, política e militar dos EUA encobriram temporariamente as fragilidades desse modelo. As ideias de ordem mundial dos EUA baseiam-se na convicção de que os Estados Unidos não são apenas outra potência, e sim um Estado especial com um destino manifesto. No entanto, o apelo universal dos ideais americanos e o controle dessa ordem pelo poder dos EUA começaram a enfrentar dificuldades no final do século XX. Essas ideias demandavam um intervencionismo que implicava um afastamento das instituições de governança global, até mesmo das Nações Unidas, que parecia lenta e inadequada. Esse fato contribuiu para enfraquecer os princípios da soberania do Estado e do controle de fronteiras e territórios, que estavam sendo subvertidos por novos interesses transnacionais e grupos em migração, assim como pela globalização da economia e pelo crime. Quando o poder dos Estados Unidos, inclusive o poder "suave", entrou num período de relativo declínio diante da crescente autoconfiança política e cultural de outros centros, como as maiores potências europeias, a implementação das ideias universalistas norte-americanas começou a encontrar resistência, tanto entre os aliados como dentro dos EUA. A hegemonia econômica e financeira dos EUA também começou a debilitar-se. Na virada do século, os EUA deixaram de ser um exportador predominante de bens e capital; na verdade, foi a única grande potência imperial que se transformou num grande devedor.

Os desafios mais cruciais para todos os países originam-se da ciência e da tecnologia. A Internet e outros meios instantâneos de comunicação global estão alterando as relações da sociedade com o governo, apesar das tentativas de controlá-las. Elas destacam a importância da revolução "suave" por meio da qual o conhecimento está substituindo os recursos físicos como o principal impulsionador da riqueza econômica. Em torno de 2002, cerca de três quartos do valor divulgado publicamente de empresas comerciais dos EUA consistiam de ativos intangíveis. O dinheiro global e os fluxos dos sistemas nos quais tudo isso é baseado podem desaparecer muito rápido. Esses novos padrões da economia mundial, extremamente estimulados pelas ideias, pela política e pelas invenções dos Estados Unidos, também contribuíram para enfatizar a desestabilização da manufatura globalizada e dos sistemas comerciais e monetários. Com a derrocada do comunismo e a criação de enormes novas fontes de insumos e produção, a antiga fórmula econômica não funciona mais. Com a entrada de bilhões de asiáticos na economia mundial, é impossível calcular a extensão total do mercado de trabalho mundial que se tornará acessível. Por exemplo: a China e a Índia empregam um contingente maciço de pessoas na manufatura e também para desenvolver inovações. Assim, à medida que as pressões da globalização se tornam mais poderosas e menos controláveis, essas sociedades que lideram o processo de globalização, inclusive o Japão e os Estados Unidos, podem se transformar em vítimas. As novas forças acentuaram as desigualdades sociais no âmbito interno dos países, bem como entre Estados. Embora essas forças tenham aumentado o valor agregado da riqueza medido pelas formas convencionais do PIB, também tenderam a desvincular esse valor agregado do bem-estar individual, gerando uma séria instabilidade nos empregos e na renda das famílias. Os temores e inseguranças pessoais e sociais aumentaram em muitos países. Em 2005, o Conselho Nacional de Inteligência da ONU começou a questionar se a ordem do comércio global sobreviveria, por exemplo, à ascensão da China.

Além disso, no futuro as novas tecnologias modificarão os suprimentos e o consumo de energia, a arquitetura e os veículos. Novos tipos de armas, como armas nucleares e outras de destruição em massa, ficarão disponíveis para pequenos grupos. A biotecnologia poderá produzir mudanças ainda mais amplas: já existem indícios de que setores das comunidades científicas e médicas do Ocidente estão preparados para criar seres humanos, seja pelo interesse da ciência ou por lucro.[1]

Não obstante, talvez possa ser um erro realizar tudo isso cedo demais. Padrões predominantes de poder sempre enfrentaram dificuldades e a reivindicação dos EUA de que controlar, ou pelo menos direcionar, o mundo dificilmente evitaria os problemas. Todos os poderes imperiais por fim declinaram, e no devido tempo acontecerá o mesmo com os Estados Unidos; mas talvez não agora.

Como a China se enquadra nesse mundo não mais "bipolar" ou "unipolar"? Suas relações com o mundo externo serão, é claro, em grande medida determinadas pelos acontecimentos internos; e em razão de todos os eventos conflituosos dos últimos dois séculos, a China moderna ecoa seu passado. Mao falou a verdade quando, pesaroso, disse a Henry Kissinger que, apesar de seus esforços revolucionários, só conseguira realizar uma mudança muito pequena.

Embora a história não seja uma réplica do passado, é interessante refletir sobre o período que vai do final do século XIX até 1949 como uma "época de turbulências", como a que afligiu a China repetidas vezes nos intervalos entre uma dinastia e outra; e pensar que a forma de governo da China nessa metade do século até 1949 foi o estabelecimento de uma nova espécie de dinastia. Apesar das diferenças entre personalidades e períodos históricos, a carreira de Mao tem paralelos intrigantes com outro fundador de uma dinastia, o imperador Ming Hongwu. Ambos nasceram no campo. Ambos governaram o império à força, com trabalho duro e uma determinação implacável. Assim que assumiram o poder, centralizaram o governo em suas mãos. Em todas as situações, a palavra do governante era lei: para Hongwu, desde o momento em que ascendeu ao trono; para Mao, só na década de 1960. Os dois adquiriram status pessoal de divindade aos olhos do povo e tornaram-se as figuras dominantes na política e na administração da China em suas épocas. Algumas similaridades dinásticas, embora mais limitadas, continuaram em seus sucessores. Hongwu foi sucedido, após um curto intervalo, pela personalidade forte, ainda que em menor intensidade, de Yongle. E Mao foi sucedido, depois de um breve espaço de tempo, pela figura poderosa, porém menos dominadora, de Deng Xiaoping. Deng foi, por sua vez, seguido por governantes com ascendência pessoal menor, como Jiang Zemin e Hu Jintao, e, depois de Yongle, o trono imperial foi ocupado por personalidades insignificantes.

Mesmo os problemas fundamentais das dinastias seguintes encontravam ecos profundos no meio século da "dinastia" de Mao. Se as dinastias Tang, Song, Ming e Qing se enfraqueceram devido a problemas interligados de crescimento populacional, administração centralizada e incidentes nas fronteiras, a China tampouco superou essas dificuldades no ano 2000. A população da China triplicou após 1945. Jamais na história mundial alguém tentou governar 1,3 bilhão ou mais de pessoas a partir de um único centro, e ainda não sabemos se isso é factível. Os dilemas sociais, econômicos e políticos dessa explosão populacional enfrentados pela liderança chinesa (ou qualquer outra) não são fáceis ou rápidos de solucionar.

Ao mesmo tempo, apesar de a China ter aceitado e, recentemente, ter insistido em adotar conceitos modernos de soberania do Estado, há poucas evidências de que o antigo sentimento enraizado de superioridade cultural tenha diminuído ou desaparecido. Em parte como consequência, a China e os chineses podem ser, até mesmo de modo irracional, sensíveis a qualquer coisa que se assemelhe a uma desfeita ou a uma ofensa. No entanto, essa sensibilidade não impede que o Estado chinês seja impiedoso com seus cidadãos e com os estrangeiros, sejam pessoas, empresas ou países.

Vejamos sucintamente os possíveis resultados futuros de acordo com seis temas: demografia, governança, economia, o papel da China nos campos da ciência e da tecnologia, suas relações nas fronteiras e, sobretudo, seu provável lugar no equilíbrio de poder global.

A questão populacional, que representou a força da China mas também sua fraqueza, parece muito distante de ser solucionada, e os problemas que ela acarreta têm se agravado. A política do "filho único", introduzida por volta de 1980, foi ludibriada com frequência desde o início,[2] e quase sempre negligenciada. Um ministro-adjunto chegou a afirmar que em 2020 a China terá 1,5 bilhão de pessoas.[3] Esforços esporádicos de controle de natalidade enfrentam grandes dificuldades. O governo da China diz que 300 milhões de nascimentos foram evitados nos últimos trinta anos; mas isso também significa menos 300 milhões de jovens para cuidar de uma população de pessoas idosas em rápido crescimento e que precisa de cuidados. Assim, não causou surpresa a decisão do governo, logo após o ano 2000, de tornar os filhos legalmente responsáveis pelas pensões dos pais (fazendo com que a questão do emprego se tornasse crítica não só para os filhos como para as famílias mais extensas). Os filhos únicos, que crescem sem irmãos, podem, por sua vez, ter filhos que crescerão sem irmãos, irmãs, primos, tios e tias, com um efeito potencialmente devastador para as estruturas familiares que têm sido a pedra fundamental da sociedade chinesa desde tempos imemoriais. Estima-se ainda que a população em idade de trabalhar talvez chegue a cerca de 925 milhões em 2009, declinando para 835 milhões em 2024. Provavelmente, haverá um aumento marcante de produtividade para enfrentar essas mudanças. Isso pode causar problemas específicos, tendo em vista as condições aparentes de deterioração ambiental.

Outras dificuldades se originam do fato de que as famílias chinesas sempre quiseram ter filhos que perpetuassem o nome da família, herdassem as propriedades e cuidassem dos pais, em vez de meninas que precisam de dote e que cuidariam da família do marido. À medida que mais pessoas têm acesso à ultrassonografia e podem fazer mais abortos, a preferência por meninos distorceu a proporção entre os sexos. Uma proporção normal, que reflita a maior longevidade das mulheres, é de 105 meninos para 100 meninas. No momento em que este livro foi escrito, a proporção na China era de 118 para 100. As consequências são graves. Estima-se que em 2020 a China terá pelo menos 23 milhões de homens solteiros sem esperanças de encontrar uma esposa. Já aconteceram histórias de raptos de mulheres de outras províncias. Em alguns lugares, sobretudo nas regiões rurais mais pobres, uma mulher pode ser obtida, por rapto ou compra, por um grupo de irmãos e servir como esposa para todos eles.

As pressões populacionais também propiciam, onde não são estimuladas, a imigração ilegal, de preferência para o Japão, para os EUA e, mais recente, para a Grã-Bretanha. Isso chegou a tal ponto que os imigrantes ilegais da província de Fujian, por exemplo, ao chegarem no Ocidente, conectam-se com redes importantes de chineses na mesma região.

Nenhuma dessas tendências obrigatoriamente perdurará, mas ajudarão a determinar o futuro de curto e médio prazo.

Como o governo chinês poderá enfrentar esses e outros problemas do crescimento demográfico e das turbulências sociais? A força central da política chinesa e do governo executivo continua sendo o Partido Comunista. Ele é o painel predominante do tríptico pelo partido, pelo Exército e pelo Estado. Seus tentáculos alcançam as capilaridades da sociedade e da economia chinesas. Apesar do extraordinário dinamismo econômico da China, mesmo depois do ano 2000 todo o setor privado continuou vivendo à sombra do Estado. Os ciclos de negócios da China são estimulados pelo setor estatal, indiferente a retornos medíocres. O partido e o Estado continuam controlando grande parte dos picos da atividade econômica, como energia, transporte, saúde pública, educação, sistema bancário e telecomunicações. O Estado ainda possui cerca de 60% do capital acionário fixo da China e aproximadamente 80% dos principais executivos das empresas estatais são nomeados pelo partido. Menos de 10% do mercado de crédito bancário são canalizados para as empresas privadas, muitos dos negócios privados são meras reencarnações das antigas empresas estatais e vários empreendedores são antigos funcionários do governo. Esses padrões permanecerão, pelo menos por enquanto, sobretudo em razão da total recusa do partido em tolerar qualquer possível rival do poder nacional. O debate efetivo sobre política, economia, questões sociais e acerca do fortalecimento do autoritarismo atual acontece no âmbito do partido.

Ao mesmo tempo, na China, como por toda parte, a televisão altera a natureza da política, fazendo com que a tela se torne realidade e enfatizando o papel da personalidade, ao passo que a Internet produz uma crescente cacofonia. Ao lidar com as particularidades dessa sociedade e dessa economia cada vez mais complexas, com suas crescentes desigualdades, as pressões para uma maior descentralização política e das tomadas de decisão aumentarão. Esse fato pode acentuar a luta dentro do partido e da burocracia governamental. Isso causará uma erosão no comando e no controle interno do partido, além de destacar a política do culto à personalidade e das barganhas intrapartidárias e regionais. A liberdade de manobra reivindicada pelos funcionários provinciais e locais também remonta à época imperial, mas é difícil conciliá-la com a unidade, o senso de objetivo comum e a disciplina de uma estrutura partidária reservada e essencialmente leninista. De qualquer modo, a coesão do partido está mais uma vez ameaçada pela disseminação de uma corrupção desenfreada, um fenômeno com uma longa história que remonta à época da China imperial. Os estrangeiros, sejam pessoas, corporações ou governos, ainda precisam encontrar seus caminhos no cenário competitivo das autoridades.

Inquestionavelmente, a maior ameaça ao sistema provém das contradições do dogma e da disciplina comunistas, em oposição às necessidades do capitalismo empreendedor e às vigorosas correntes dissidentes subjacentes, como sempre, à superfície da China. Após a erosão das ver dades maoístas internamente e o colapso do comunismo no exterior, a prosperidade e o nacionalismo passaram a ser critérios fundamentais para a legitimidade do Partido Comunista Chinês, mas as necessidades do crescimento econômico contradizem muitas reivindicações de poder do partido, que é apoiado por esse crescimento. A prosperidade depende do dinamismo e da criatividade, da descentralização interna e de crescentes conexões com o mundo externo, porém o crescimento econômico e a inovação técnica representam uma ruptura dos sistemas estabelecidos. O crescimento acelerado cria, inevitavelmente, volatilidades, como aconteceu com a Grã-Bretanha no final do século XVIII, e com a Alemanha e o Japão após 1918. As conexões globais de negócios, tecnologia, informação e comércio podem segurar o impulso inovador da política nacional, assim como a mobilidade do dinheiro. Grande parte das manufaturas mais importantes da China foi criada com investimento externo.[4] Pressões adicionais podem advir de novas ideias, do mundo externo, do turismo ou de desenvolvimentos científicos e técnicos. Isso criará, ainda que em um formato moderno, os mesmos perigos de ruptura que um antigo imperador mencionou em 1717. Ao mesmo tempo, um sistema legal capaz de estimular a atividade econômica inovadora não pode continuar sendo um mero instrumento do poder político, mas sim estar apto a oferecer regras independentes, claras e firmes.

De que forma, então, a disciplina organizacional do Estado leninista pode ser mantida? Como enfrentar a corrupção, essa ameaça mortal ao partido? E de que maneira a posição do partido pode harmonizar-se com o desenvolvimento do capitalismo sem, como o presidente Jiang Zemin praticamente admitiu, cair no buraco negro político que engoliu a União Soviética? Alguns líderes chineses percebem a necessidade de reforma política e da participação pública. Um ministro observou que "quanto mais rápido a economia cresce, mais aumenta o risco de uma crise política se as reformas políticas não mantiverem o ritmo".[5] Outras dificuldades originam-se nas minorias nacionalistas rebeldes, como os uigures ou os tibetanos, ou na pobreza opressiva dos camponeses, que agora podem estar a apenas alguns minutos de distância da riqueza resplandecente da cidade, com a penúria deles sendo ainda menos suportável pela constante evidência da televisão.

Assim, não surpreende que, diante das demandas ásperas do Ocidente para que a China implementasse reformas alinhadas à concepção ocidental, Jiang tenha dito, melindrado, que a única consequência da introdução de uma democracia parlamentar ao estilo ocidental será que "o povo chinês não terá comida suficiente, [e] o resultado será um grande caos". Ou que seu sucessor, Hu, também tenha rejeitado o exemplo democrático ocidental. Eles não estão sozinhos. A Academia Chinesa de Ciências Sociais argumenta que os esforços reformistas na antiga União Soviética e na América Latina foram "grandes desastres do neoliberalismo".

A degradação ambiental, a poluição e a erosão do solo, a escassez de água nos vilarejos e na zona rural são fatores ainda mais graves. A erosão, a desertificação e a urbanização reduziram à metade a quantidade de terra utilizável ao longo da segunda metade do século passado, e o reflorestamento até agora não restaurou os antigos equilíbrios. Além disso, os dirigentes chineses não esquecem a frequência com que os imperadores eram depostos por rebeliões camponesas.

Apesar de tudo isso, o crescimento deve continuar por algum tempo em taxas recordes.[6] A China se esforça para tornar-se menos dependente das companhias, dos padrões e das inovações estrangeiros. O emprego de mão de obra barata chinesa pelas empresas internacionais tende a aumentar o desemprego nos países ricos, ao passo que ajuda as companhias estrangeiras a obter retornos recordes de capital, dando aos consumidores desses países um maior poder de compra. Ao mesmo tempo, esse crescimento atrai o povo da zona rural para os novos centros econômicos, onde a séria escassez de mão de obra em áreas altamente especializadas fomenta demandas por salários mais elevados. Esse fluxo de pessoas produziu um colapso no sistema de saúde pública, com a expectativa de vida em queda (provavelmente amenizando a questão das pensões). Os problemas de meio ambiente da China, segundo estimativa do Banco Mundial, podem custar ao país cerca de U$170 bilhões por ano. No entanto, a China está construindo novas cidades, indústrias, represas e estradas para milhares de carros, sem muita preocupação com a poluição e com outras questões ambientais como o suprimento de água. Não há água suficiente em muitos lugares. A China também é uma grande consumidora em expansão de energia, mas um usuário ineficiente de combustíveis de carbono; e por conseguinte, um grande força motriz dos aumentos de consumo e dos preços de petróleo no mundo, o que por sua vez prejudica as economias que são os melhores clientes e as fontes de tecnologia da China. Os estrangeiros ainda perseguem o antigo sonho de um vasto mercado renovado e de novos lucros, mesmo que já tenham sinalizado o fracasso em materializar esse desejo. O fluxo de investimento estrangeiro continua a fluir num ritmo rápido,[7] embora não seja possível descobrir a propriedade da maioria das companhias chinesas, e poucas *joint-ventures* têm sido, ou assim parecem ser, extremamente lucrativas. O país está sobrecarregado em algumas áreas e possui casos ambíguos de escândalos bancários, apesar da meta de ser um grande investidor no estrangeiro. Esses investimentos darão à China um papel político relevante no cenário mundial, sem coerção das preocupações ocidentais sobre direitos humanos ou acerca da natureza dos governos locais. Em 2005, a China adotou a flexibilidade da moeda com uma flutuação controlada, abrindo caminho para um aumento do *iene* em relação ao dólar. Alguns especialistas financeiros argumentam — mesmo que o desejo se revele o autor do pensamento — que se a China liberar os controles de capital, o *yuan* se equiparará ao dólar, ao iene e possivelmente ao euro, tornando-se a quarta maior reserva monetária mundial.[8]

Independentemente desse crescimento, das tensões e dos desafios, seria um erro esperar uma revolução na China amanhã de manhã. Não existe uma alternativa visível, tampouco organizada, ao papel esmagador do partido. Excetuando-se uma divisão significativa do partido ou o fracasso maciço das forças de segurança, ou ainda uma explosão de um sentimento nacionalista contra o Japão, quanto mais a China se descentraliza, não importa de que forma ou por qual razão, mais essa organização singular torna-se a base essencial da política e da sociedade chinesas. Apesar de algumas pessoas lembrarem-se das experiências do "muro da democracia" de 1979, as concepções confucianas de um governo benevolente e a obediência à autoridade permanecem predominantes. Sob a carapaça frágil de modernidade, os antigos princípios da civilização chinesa perduram, inclusive a prioridade dada à família e à comunidade em relação ao indivíduo, assim a aceitação da ideia de que o sacrifício por vezes é necessário.

A tendência generalizada em direção ao autoritarismo como consenso é tradicional, da mesma forma que a ausência de qualquer conceito de oposição leal. A busca por um casamento bem-sucedido com a "modernidade" está longe de terminar. E as autoridades continuarão enfrentando dificuldades diante dos perigos da política externa agressiva ou mal-intencionada das potências estrangeiras. Porém, isso também se apoia na posição defensiva profundamente arraigada da China perante a crítica dos estrangeiros.

Mesmo assim, nem a história nem as tendências do início do século XXI sugerem que qualquer partido político ou forma de organização política perdurarão. Mais cedo ou mais tarde mudarão sua natureza. A internet e a "blogosfera" propiciam uma revolução cultural que não pode ser detida pelas formas disponíveis de censura oficial. Um colapso do sistema atual não é impossível. O número e a força dos protestos locais podem crescer. Grupos religiosos ou semi-religiosos tendem a congregar adeptos. O controle do partido pode perder o vigor. Ainda mais provável será a erosão e a decadência dos padrões existentes, mesmo no contexto da manutenção formal de um partido único e do Estado unitário e suas estruturas mais significativas. Essas mudanças acontecem o tempo inteiro: basta pensar na substituição do Estado representativo em nações como a Rússia, a França e a Alemanha, em apenas meio século a partir de 1950, por uma democracia populista. É impossível prever o que acontecerá na China. Talvez um crescimento da autoafirmação regional e provincial. Essa autoafirmação pode culminar em uma ruptura da unidade chinesa. Afinal, isso já aconteceu antes. Talvez surja outra "época de turbulências", com consequências imprevisíveis não só para o povo chinês como para seus vizinhos.

O que poderíamos dizer a respeito do papel internacional da China? Ela continua se achando especial: uma cultura brilhante e sutil reivindicando o direito a um assento na principal mesa do mundo. Existem muitos argumentos para sustentar essa visão. A China é uma civilização antiga e de muitas formas fascinante, uma única nação com um quinto da população mundial. Ela foi também excepcionalmente competente por muitos séculos na arte da encenação política e diplomática, persuadindo outras nações de que, em razão de sua autoconfiança, de seu tamanho e densidade demográfica, também é uma grande potência e portanto está autorizada a se revelar ao mundo após dois séculos de fraqueza e trauma, como o rei Henrique V disse a Falstaff: "Não faça conjecturas a partir do que eu era."

Nessa busca por poder e status, a China tem dois grandes trunfos. Um deles é o fascínio que a China ainda exerce nos estrangeiros. O outro, sempre o maior trunfo diplomático, é a paciência. No momento, a China tem ambições mas está vulnerável, com um ressentimento autoconfiante que chega a ser arrogante, porém já é um grande ator regional em ascensão. A crescente presença internacional da China e seu crescimento demográfico e econômico levam muitos a pensar que a China pode vir a se tornar um sério rival dos Estados Unidos, como Garnet Wolseley previu há um século. No entanto, ainda lhe falta os meios para alcançar essa posição, e continuará a não tê-los por um bom tempo. A população *per capita* é na maioria muito pobre. A estrutura social e política é retrógrada. A China sofre de uma ausência significativa de ajuda internacional e, em muitos aspectos, de falta de poder político em geral. Está longe de ter uma economia organizada e coordenada, uma política industrial ou de investimento, mesmo internamente, sem mencionar para as operações no exterior. Ela permanece dependente em termos tecnológicos, não é uma líder no segmento. Tampouco tem muito "poder suave" além de sua periferia imediata. Apesar do fascínio disseminado pelo esplendor da arte, do teatro e da dança chineses e, é claro, que também por seu desenvolvimento, o estilo de vida da China ainda não encorajou imitações. A nova classe média chinesa, em especial os novos ricos, demonstra o desejo de ter um estilo de vida ocidental, de ouvir música e assistir a filmes ocidentais. Em contraste, poucas pessoas nas capitais ocidentais querem viver segundo as normas da cultura e dos costumes chineses. Nem a China representa um desafio ideológico ou religioso ao Ocidente, e desde o declínio do maoismo não revela o desejo de impor esse desafio. Ela não tem uma ideologia para difundir. Tampouco possui um poder militar e naval moderno com uma grande capacidade de projeção. Ainda não tem, ou pelo menos ainda não articulou, uma visão clara, coerente e plausível do seu futuro papel no cenário internacional.

Por conseguinte, a China é uma potência média, embora possa vir a ser um ator importante no plano internacional. Mas seria um erro antever a grande China do futuro com as realidades da China atual. O país passou, em não muito mais de um século, de um império no centro de sua própria ordem mundial a um Estado-nação moderno ao estilo ocidental. Desde a morte de Mao, a política externa tem sido com frequência pragmaticamente sagaz e assim deve permanecer. Essa nova China continuará concentrando-se em suas regiões fronteiriças ou, usando uma expressão russa, nas áreas "contíguas aos limites territoriais". Mesmo na questão do retorno de Taiwan à sua terra natal, Mao disse a Nixon quando se encontraram pela primeira vez: "Podemos sobreviver sem eles [isto é, Taiwan] no momento e deixá-los voltar após cem anos." Há pouco tempo, o primeiro-ministro chinês enfatizou que a unificação era "mais importante do que nossas vidas", mas essa observação não implica um tempo preciso. É possível que as ligações econômicas entre Taiwan e a RPC tornarão a unificação política formal menos relevante, sobretudo se a RPC descentralizar-se mais. Além disso, Beijing continuará insistindo nos mínimos detalhes em suas outras reivindicações territoriais, sempre com sua firmeza imperial para lidar com os novos conflitos, em particular dos muçulmanos, dentro e ao redor da periferia ocidental da China.

Na Coreia, a China tentará evitar desdobramentos indesejáveis similares. Um deles seria que o colapso da Coreia da Norte causaria um êxodo de refugiados para a fronteira chinesa. O segundo seria uma nova guerra coreana. Outro seria o surgimento de uma Coreia fortalecida e unificada que poderia ser, muito provavelmente, uma aliada dos Estados Unidos. Um quarto seria a emergência da Coreia do Norte como um Estado detentor de armas nucleares. Nesse ínterim, Beijing também tentaria associar a manutenção de suas valiosas conexões industriais e econômicas com a Coreia do Norte, além de cooperar, possivelmente sem grande entusiasmo, na lavagem de dinheiro e no tráfico de drogas da Coreia do Norte na e por intermédio da China.

A China tentará fortalecer sua influência no sudeste asiático, onde terá de conviver com uma sinofobia profundamente enraizada, gerada por sua longa experiência expansionista e sua penetração econômica. A Índia se esforçará para expandir o comércio e as operações cambiais com a China, porém permanecerá estrategicamente descompromissada e cautelosa. Além disso, a China parou, com muita sensibilidade, de se envolver em atividades revolucionárias internacionais. Em vez disso, decidiu que os interesses nacionais se beneficiariam de uma postura de apoio à estabilidade internacional.

Assim como nos relacionamentos com as grandes potências, as relações do Japão com a China continuam muito sensíveis. O uso pelo governo chinês do nacionalismo e do patriotismo como um apelo ao revigoramento interno fomentou um sentimento de oposição aos japoneses e aos americanos na população. Fluxos maciços de ajuda ou investimentos do Japão, bem como reiteradas desculpas pelo passado, pouco contribuíram para evitar as acusações e a intimidação oficial. A todos esses fatos somou-se um triunfalismo chinês por a China ter recuperado seu papel como, talvez, a potência líder no Sudeste Asiático. Ao mesmo tempo, a China teme um futuro Japão fortalecido e armado; esses temores são alimentados pelo envolvimento do Japão no Oriente Médio e pela crescente cooperação com a Marinha dos EUA. A situação se agravou com a competição sino-japonesa para obter energia e matéria-prima, assim como pela influência regional e mais além.

As infindáveis críticas dos chineses, num momento de renascimento do orgulho nacional japonês, produziram uma reação previsível no Japão. Os japoneses mais jovens se ressentiram da contínua aceitação das culpas da guerra e muitos japoneses sentiram-se atraídos por uma alternativa mais nacionalista do que pela situação pacífica existente. Tóquio parece cada vez mais inclinada a retomar as questões territoriais, tais como a quem pertence o que existe no alto-mar ou no fundo do mar, sobretudo direitos de energia nas diversas ilhas e ao redor delas. Apesar da falta de entusiasmo da opinião pública japonesa com a perspectiva de o país aparecer muito no cenário internacional, o governo sem dúvida continuará afastando o país do extremo pacifismo e da confiança complacente no poder dos Estados Unidos. Na verdade, quanto mais forte a China se tornar e ameaçar Taiwan, mais as relações do Japão com os EUA se estreitarão. As Forças Armadas do Japão, em especial a Aeronáutica e a Marinha, pequenas porém excelentes, continuarão se modernizando. O Japão não está disposto a adotar uma atitude pacifista em relação às ameaças dos mísseis da Coreia do Norte. A cooperação naval com os EUA no Pacífico progredirá e sua neutralidade no caso de ataques armados a Taiwan não pode ser vista como um fato consumado. Entretanto, as economias chinesas e japonesas permanecem extremamente complementares; e é provável que as ligações econômicas entre os dois países continuem, embora talvez não a ponto de fazer com que o Japão se torne mais vulnerável do que o necessário aos humores dos chineses. O Japão competirá com a China em programas espaciais, e existem boatos de uma união pan-asiática que incluirá o Japão, a China e a Coreia, mas não os EUA. Essa união poderá ajudar a diluir e refrear o poder da China. Mesmo assim, não obstante o papel pacificador dos Estados Unidos, a possibilidade de sérios atritos entre a China e o Japão não devem ser subestimados.

O interesse da Europa na China e na região do Pacífico aumentou, em parte como um componente inevitável da crescente proeminência europeia no mundo. Os maiores países europeus acreditam que a saúde econômica deles depende em parte de aproveitar as oportunidades no Leste Asiático. Isso envolve não só o comércio e o investimento, mas uma acomodação a uma potência cujo comércio cresceu muito rápido e cujos mercados e o baixo custo de mão de obra parecem oferecer oportunidades ilimitadas, assim como a classe média em expansão. Além disso, os ingleses, os alemães e os franceses, estimulados como sempre pela perene ilusão de que é obrigação do Ocidente organizar o mundo, pensam que a China é importante para a estabilidade do Sul e do Sudeste da Ásia também para as questões da proliferação de armas de destruição em massa e do meio ambiente. Desde a década de 1990 e sobretudo em seguida ao retorno de Hong Kong para a China, funcionários europeus e líderes chineses batem à porta uns dos outros. No entanto, as tendências bastante introspectivas da Europa contemporânea impedirão que ela se torne um sério — mais marcante do que ocasionalmente vocal — ator coletivo nos assuntos do hemisfério leste. É possível que essa propensão prolongue-se até que a União Europeia se transforme em uma entidade operacional política e estratégica.

O papel da Federação Russa continua sendo, como tem sido há alguns anos, uma das questões importantes e não respondidas do sistema internacional. A Rússia sem dúvida ressurgirá, do ponto de vista estratégico e político, após anos de depressão. A questão é quando e como. No momento, a Rússia tenta retomar sua influência internacional baseada em grande parte nas reservas de energia, uma questão de grande interesse para a China e o mundo industrial, e da qual o governo central tem o comando direto. Atualmente, a Rússia quer ser um equilíbrio entre a China e o Ocidente. Apesar de Wen Jiabao ter mencionado — um anseio, talvez? — um possível eixo formado por Índia, Rússia e China, até o momento todos terão de se adaptar à realidade da supremacia dos EUA. Em um futuro não muito distante, Beijing e Moscou terão melhores relações com os EUA do que entre si. Contudo, a Rússia é o principal fornecedor de armamento moderno, embora o material que a China está comprando não tenha o mesmo nível técnico das armas e equipamentos americanos. Em 2005, os dois países fizeram operações conjuntas de porte considerável, mas a história demonstra que os atritos raramente permanecem muito abaixo da superfície. Novos problemas sino-russos com certeza surgirão, como o acesso às reservas de petróleo da Sibéria e à rota dos oleodutos necessários. Conflitos nas fronteiras também podem ocorrer, em parte devido ao movimento de um grande número de pessoas da China para a região no extremo oriente da Rússia. Essa situação continua sendo estimulada pelas pressões da população chinesa e pela escassez de trabalho nas regiões da Rússia no oceano Pacífico.

Os Estados Unidos, portanto, permanecerão por um bom tempo um elemento essencial para as relações externas e comerciais da China. Washington é o principal interlocutor estrangeiro da China, o poder decisivo e a garantia de estabilidade no Pacífico, o mercado vital para as exportações e investimentos externos da China, assim como a principal fonte de investimento, tecnologia, ciência e estabilidade monetária. A interdependência das duas economias é significativa. As vitórias populares e de prestígio, da mesma maneira que o ingresso na Organização Mundial do Comércio e a escolha de Beijing para sediar os Jogos Olímpicos em 2008, teriam sido difíceis de obter sem o apoio dos EUA. O desdobramento das relações sino-americanas decidirá em grande parte o equilíbrio futuro do hemisfério leste.

Caso outras questões se desenvolvam da mesma forma e se houver um razoável bom-senso dos dois lados, a acomodação deverá perdurar.

Ambos os países têm tido cuidado ao longo de diversas décadas para definir seus interesses ultramarinos no Pacífico ou no sudeste asiático de modo a limitá-los, em vez de colocá-los em conflito. Mesmo em Taiwan, a política norte-americana agora desestimula com veemência qualquer impulso de independência e apoia a conciliação da ilha, e talvez até uma integração econômica, com a República Popular da China. Os Estados Unidos e a China têm interesse em manter um desenvolvimento pacífico e uma prosperidade mútua. Nenhum dos dois países possui, até então, interesses vitais que ameacem a estabilidade do outro. Se os EUA propuserem alguma forma de cooperação com a China, ela terá de aceitar a determinação dos Estados Unidos para refrear algumas metas e ambições chinesas. Ao mesmo tempo, a China não tem esperança de equiparar seu poderio militar ao dos Estados Unidos, seja em quantidade ou em qualidade. A partir da década de 1990, os EUA começaram a promover um grande fortalecimento militar na região do Pacífico, algo jamais realizado desde o início da Guerra Fria em 1947. É verdade que ainda existem alguns problemas importantes, como em relação ao Japão, com o qual os EUA têm uma aliança, ao passo que a China permanece profundamente desconfiada de Tóquio. Mesmo assim, um entendimento sino-americano que seja confortável para o Japão é bastante concebível. Os interesses de outros países, é óbvio, também estão em jogo: os investidores ocidentais e japoneses, por exemplo, continuarão vendo a situação das relações sino-americanas como um importante guia para expandir o envolvimento deles com a China.

Um conflito aberto entre a China e os EUA pode ocorrer caso Taiwan cometa um ato imprudente e inesperado. Desde o conflito com a Coreia, tanto a China quanto os EUA têm demonstrado um grande cuidado para evitar qualquer tipo de confronto, e não há razão para supor que se descuidarão no futuro. Não está claro que lado se beneficiaria com o conflito, ou como esperaria ganhá-lo. Nem como o "sucesso" ou a "vitória" poderiam ser definidos por cada lado.

O problema é que nem sempre a política é conduzida com um "razoável bom-senso". Em se tratando de nações, é sempre um erro confiar demais ou exclusivamente na lógica ou na avaliação racional dos interesses e benefícios. Informações ou estimativas equivocadas exercem um papel importante e quase sempre decisivo. Assim, preconceitos nacionais arraigados ou a eclosão de paixões populares podem ser tão repentinos e destrutivos como um furacão no Caribe. Os EUA e a China de modo algum são potências de igual capacidade, e a ignorância e a má interpretação de suas realidades são disseminadas em ambos os lados. A sensibilidade nacionalista da China, até mesmo a xenofobia, está muito presente e às vezes é estimulada por advertências oficiais de hostilidade externa. Houve acusações oficiais de que os Estados Unidos fomentaram revoluções na Ásia Central, na Ucrânia e na Geórgia e que prejudicaram diretamente os interesses da China e de seu povo. Os protestos dos EUA a favor dos direitos humanos continuarão a interferir nos assuntos chineses; e embora o nacionalismo virulento possa ser útil para o governo chinês, ele também pode escapar do controle. A incompreensão generalizada da realidade americana é profunda e ajuda a perpetuar distorções da história, acentuando a sensibilidade irracional e a raiva em relação a menosprezos ou hostilidades imaginários.

Nos Estados Unidos, o público em geral não é bem informado sobre a China, nada que vá além das informações dos jornais, de reportagens de televisão ou impressões turísticas, contentando-se em julgar a China segundo os critérios e as normas dos assuntos e da política interna dos EUA. O comércio e as questões sobre direitos humanos exercem um papel relevante e com frequência desproporcional. Os governos norte-americanos tiveram dificuldades em utilizar de modo cauteloso e pragmático a ascendência dos EUA, ao passo que o Congresso e o público retêm ilusões antigas e arraigadas, tais como a ideia de que suas definições de democracia ou de direitos humanos são universalmente apreciadas. Essas crenças continuam influenciando o tom moralista da política dos EUA e, aliadas ao legalismo americano, justificam as noções dos Estados Unidos como o guardião moral e a maior agência de sanção da ordem mundial. Essas ideias levaram, e mais uma vez levarão, os EUA a tratar os Estados e grupos com os quais têm divergências como imorais ou transgressores, ou ambos.

As dificuldades também podem surgir pela supervalorização da importância da economia e do comércio para os Estados e a população.

É como se o antigo vírus do marxismo no século XIX, segundo o qual as forças econômicas eram fatores determinantes na vida nacional e internacional, reaparecesse após um período de calmaria. Essa visão é cheia de perigos caso ignore a força da política e da psicologia, do orgulho e da ambição, da insegurança e do medo, do ciúme, da identidade e coesão nacionais ou de certos grupos, e tem sido dominante nas questões dos Estados. No momento, a crença predominante na importância das relações econômicas acentua a indignação de muitos americanos quanto às trapaças econômicas e financeiras da China, assim como os padrões de espionagem em grande escala dos chineses e o roubo de propriedades intelectuais e conhecimento dos americanos.

Nada disso impediu que os Estados Unidos desenvolvessem uma política cautelosa de envolvimento com a China. Beijing, por sua vez, sem dúvida continuará se concentrando em seus enormes problemas internos. A China sabe que não possui os meios para enfraquecer a hegemonia militar e tecnológica dos EUA, ou seu papel controlador no Pacífico, do qual a China se beneficia. Não obstante, perigos significativos podem surgir, não só em relação a Taiwan, mas até um conflito sino-japonês que envolveria os EUA. Ou por causa da rápida modernização em grande escala das Forças Armadas da China, realizada com a intenção confessa de gerar a capacidade de atacar as forças dos EUA se isso for necessário.

No início deste novo século ainda não está claro como os Estados Unidos poderão realizar sua "missão democrática" sem enfrentar uma resistência política ativa e contraproducente; ou até que ponto as mudanças na economia internacional ou na China moldarão as escolhas políticas e estratégicas americanas. A China continua acreditando que o crescimento estável de sua posição internacional será uma lição para todos. E os Estados Unidos ainda pensam que a China pode vir a ser uma rival geopolítica mais importante e que portanto precisa ser reprimida, e também que o crescimento da economia de mercado conduzirá a uma moderação democrática na China.

Só existem duas coisas que podem ser ditas com total confiança. Primeiro, nenhum padrão ou estrutura de poder ou de relações perdura muito tempo. Os Estados Unidos mudarão. A hegemonia dos EUA no Pacífico e em outros lugares se alterará. A possibilidade de a China se tornar uma parceira em condições de igualdade com os Estados Unidos, ou uma competidora, também depende de uma miríade de decisões ainda não tomadas, ou mesmo formuladas, todas elas com consequências imprevisíveis. Segundo e por fim, tendo em vista que os sonhos do futuro são meros artefatos do presente, a única certeza absoluta é de que o inesperado está presente em algum lugar, ruminando e à espera para emergir. Como o escritor Philip Roth disse, a história é o único caminho em que o inesperado torna-se inevitável.

Notas

1. Criação. Das origens aos Qin

1 Os cinco grãos originais eram milhete miúdo, milhete glutinoso, trigo e cevada, legumes e sementes de cânhamo. Em seguida, vieram o arroz e o milho, entre outros.

2 Na verdade, havia técnicas avançadas para cinzelar jade e habilidades têxteis bastante desenvolvidas.

3 Essa data, assim como a de seus escritos precisos, é incerta. Estimativas modernas sugerem que ele viveu entre 600 e 200 a.C.

4 Nada disso impedia que os daoistas fossem mundanos, mesmo quando buscavam a imortalidade. Um manual daoista do período Han menciona que o imperador amarelo se tornou imortal após ter relações sexuais com 1.200 mulheres; e dizem que o sábio Peng Zhu atingiu uma idade bem avançada por fazer sexo com dez a vinte jovens todas as noites.

5 As filhas, ao contrário, eram educadas para seus futuros maridos. Com o casamento, a noiva passava a fazer parte da família do noivo (e a sujeitar-se à autoridade da mãe dele). O "presente de casamento" do noivo tinha mais ou menos a intenção de recompensar os pais da noiva pelo custo e esforço de tê-la educado.

6 Os reis não eram imunes a riscos. Em uma ocasião, um mensageiro trouxe ao jovem rei — ainda não imperador — a cabeça de um inimigo dentro de uma caixa e um mapa mostrando um território que outro governante queria lhe oferecer. Enquanto ele olhava, o homem puxou uma faca envenenada e o atacou. O rei conseguiu se esconder atrás de uma pilastra e, apesar de atrapalhado por seus trajes da corte, desembainhou a espada e feriu mortalmente o agressor.

2. Dos Han aos Sui

1 Por exemplo, por meio dos esforços do erudito confuciano Dong Zhongshu, Wudi permitiu a criação de uma academia imperial para treinar funcionários confucianos.

2 No final da dinastia, foi elaborado um código criminal de 960 volumes.

3 O objetivo não era qualificar profissionalmente, e sim, como nos serviços civis de alto nível franceses e ingleses dos séculos XIX e XX, aprimorar a cultura, o caráter e o intelecto.

4 Embora houvesse, e ainda existam, dialetos ininteligíveis entre si na China, na escrita havia poucas variações regionais. Durante séculos, as pessoas que não entendiam a linguagem do outro podiam, não obstante, reconhecer o mesmo conjunto de caracteres chineses (mesmo que houvesse vários estilos de caligrafia, alguns dos quais encantadores, que podiam refletir o caráter do escritor). Isso permitiu a cópia de livros e ajudou a criar uma cultura geral comum. Ao longo do tempo, o sistema de escrita se difundiu no Japão, na Coreia e no Vietnã, onde muitos livros foram publicados em chinês clássico, e não na linguagem local.

5 O primeiro registro do uso do papel fabricado com casca de amoreira é aproximadamente do ano 100. O papel foi fabricado por um eunuco da corte que recebeu grandes honrarias do imperador. A fabricação de papel era um segredo de Estado e revelá-lo aos inimigos significava a morte. Só uns seis séculos mais tarde os persas importaram papel chinês para usá-lo em documentos do Estado, e o conhecimento de como fazê-lo levou mais meio século para cruzar as fronteiras. Ver Bahiyyih Nakhjavani, *Paper*, Londres, Bloomsbury, 2004, p. 231-2.

6 Os Yilou, que antes haviam se denominado Sushen, viviam na região onde hoje é o norte de Liaoning e em partes da província Heilongjiang. Foram os ancestrais dos manchus, que, 18 séculos depois, governaram a China.

7 Citado em Arthur Waldron, *The Great Wall of China: from history to myth*, Cambridge/Nova York, Cambridge University Press, 1992, p. 35.

8 Esses cavalos, com a bela cor dourada clara e avermelhada, foram mais tarde chamados, em homenagem a um viajante russo do século XIX, de cavalo de Przevalsky.
9 Plínio, o Velho, *Natural History*, 6:54.

3. Cultura elevada e colapso. Os Sui, os Tang e os Song

1 Trad. em Witter Brynner, *The Jade Mountain*, Nova York, Knopf, 1929, p. 305.
2 Nesse ínterim, os tibetanos criaram uma linguagem escrita, importaram o budismo e o primeiro monastério budista foi construído em 779 d.C.
3 Mesmo os cruzados se beneficiaram. O contato com o mundo muçulmano civilizado os apresentou a tecidos luxuosos, a especiarias e ao uso do sabão. É provável que esses contatos também tenham contribuído com noções de como se cortejar as senhoras na Europa.
4 Assim como os cristãos, que chegaram mais tarde, os budistas tinham muita dificuldade para expressar seus novos conceitos na linguagem e nos caracteres usados para exprimir antigas ideias que a população compreendia ao modo antigo.
5 A partir de 600 d.C., mais japoneses foram à China para comercializar e obter cópias das escrituras budistas.
6 O Concílio enviou Nestório para o exílio. Seus seguidores tinham aversão à adoração da imagem, negavam a doutrina do purgatório ou a prática da confissão e afirmavam que nada fora da Bíblia é essencial para a salvação.
7 Alguns estudiosos argumentam que ainda no século XX a população chinesa de 400 milhões de pessoas era governada por apenas 20 mil funcionários, mas com uma hierarquia de 1,25 milhão de proprietários ajudando a gerir os assuntos locais.
8 Na década de 1960, os intelectuais caídos em desgraça eram enviados para o campo, a fim de coletar fezes humanas e "aprender com o povo". Ver Cap. 12 mais adiante.
9 Joseph Needham, *Science and Civilization in China*, Cambridge, Cambridge University Press, 1971, vol. 4, pt. 3, p. 476.

4. A chegada dos mongóis

1 Certa vez, quando Gengis ainda se chamava Temudjin, alguns líderes tribais que haviam capturado seu chefe supremo, soltaram-no antes de chegarem ao

campo de Temudjin. Quando eles admitiram o feito, Temudjin disse: "Se vocês tivessem posto as mãos no seu cã [...] eu os teria executado e a todos os seus confrades, pois nenhum homem pode pôr as mãos em seu senhor legítimo. Mas vocês não o abandonaram e seus corações são sólidos."

2 Casar com as viúvas dos irmãos era um hábito entre os mongóis. Já havia sido um costume entre os hititas 2 mil anos antes.

3 A história registrada alguns séculos depois da morte de Gengis pode ser mítica. Pelo menos revela algo sobre a reputação de sua astúcia e de sua mente tortuosa.

4 Houve, é claro, uma ligação íntima entre a atração por sexo e por sangue.

5 Os efeitos desses hábitos mongóis tiveram amplas consequências. Na virada do século do XXI, um especialista de Oxford em genética de populações biológicas fez estimativas baseadas no fato de que os cromossomos Y foram transmitidos, praticamente inalterados, de pai para filho por gerações. Ele observa que quase 8% dos homens que vivem na região do antigo império mongol — cerca de 16 milhões de homens — possuem cromossomos Y quase iguais, o que indica uma única linhagem genética. Essa linhagem peculiar foi encontrada em apenas uma população extrínseca ao antigo império mongol — no Paquistão. É plausível pensar que o costume mongol de exterminar grande parte da população masculina nas regiões que conquistavam, e a posse de suas mulheres, contribuiu para a predominância desse cromossomo Y.

6 Possivelmente, uma referência à fabulosa tenda dourada do comandante.

7 O líder deles, o "O Homem Idoso da Montanha", seduzia rapazes com a ajuda de moças, vinho e haxixe (por isso "hashishiyun", termo do qual deriva "assassinos"), a fim de matar seus opositores.

8 É da Bagdá dos abássidas que herdamos palavras como alquimia, álgebra, nadir e zênite.

9 Na verdade, os mongóis governaram o Tibete por intermédio dos lamas, que tinham permissão de pregar o lamaísmo para os mongóis.

10 Outra versão é que esse príncipe adolescente morreu, deixando o irmão bebê como o único sobrevivente masculino Song. Para escapar dos mongóis, um conselheiro pegou o príncipe nos braços e pulou no mar.

11 Sugeriu-se — embora não haja prova — que a peste negra que devastou a Europa de 1348-49 tenha sido transmitida por uma caravana infectada pela peste bubônica que dizimou a China de 1331 a 1354.

12 Os mongóis toleravam diversas religiões. Os cristãos nestorianos converteram muitas pessoas, e não só as tribos da Ásia Central, como os keraits, que ofereceram várias princesas em casamento a príncipes mongóis.

13 O texto, traduzido do persa, é citado em Christopher Dawson (org.), *The Mongol Mission*, Nova York, Sheed and Ward, 1955, p. 85-6. No entanto, outro monge, o irmão Benedict the Pole, traduz a frase "[...] declararei que tu és meu inimigo" como "declararei que tu desejas a guerra" (Dawson p. 84).

14 Ver *Journey of William of Rubruck to the Eastern Parts of the World 1253-55: as narrated by himself; with two accounts of the earlier journey of John of Pian de Carpine*, trad. do latim e org. com uma Introdução de William Woodville Rockhill, Londres, editado pela Hakluyt Society, 1900. O manuscrito original de Rubruck perdeu-se, mas duas ou três cópias contemporâneas do manuscrito estão na livraria Parker, no Corpus Christ College, Cambridge.

15 A quem é atribuída a fabricação de um recipiente de prata maravilhoso para o Grande Khan e seus convidados estrangeiros. O recipiente servia, ao mesmo tempo, vinho, vinho de arroz, hidromel e a bebida dos mongóis, o leite de égua fermentado.

16 Logo após sua morte, esse material foi traduzido para o siríaco, uma língua dos cristãos orientais, porém tanto o original como a tradução desapareceram. A missão notável de Sauma ficou conhecida só por meio de breves referências nos arquivos do Vaticano, da França e da Inglaterra, até que o manuscrito siríaco ressurgiu na Pérsia (Irã) em 1887.

5. Os Ming, os bárbaros do mar Meridional e os missionários

1 Ele foi o terceiro imperador Ming, após ter usurpado o trono do sobrinho.

2 Quando os chineses chegaram a Bengala, ficaram encantados ao ver uma girafa, um presente do rei de Malindi. Eles convenceram os embaixadores de Malindi não só a oferecer o animal como um presente para o imperador chinês, mas a enviar uma segunda girafa. Zheng He presenteou o imperador com ambas ao retornar para Beijing em 1415.

3 "Os ausentes estão sempre errados."

4 Uma das histórias mais famosas refere-se à retirada dos mouros de Granada. Quando o último rei mouro, Boabdil, olhou para a cidade que abandonava, irrompeu em lágrimas. A mãe foi impiedosa: "Sim, chore como uma mulher por uma cidade que não soube defender como um homem."

5 Na realidade, Dias e Vasco da Gama não foram os primeiros. Segundo Heródoto, um capitão cartaginês navegou ao redor da África bem antes e levou dois anos para fazer o percurso de leste para oeste, ao contrário dos ibéricos, que navegaram do oeste para o leste.

6 Padre Martín era um homem influente e disse ao rei Filipe II que ele deveria ir à China para conquistá-la. Felizmente para a Espanha, Filipe negou qualquer aventura impulsiva.

7 Citado em C.M. Cipolla, *Guns, Sails and Empires: Technological Innovation and the Early Phases of European Expansion 1400-1700,* Nova York, Pantheon, 1965, p. 120.

8 Contudo, ele foi amado. Apesar do ódio aos mongóis e da violência contra as normas chinesas, quando ele morreu, 38 de suas 40 concubinas escolheram seguir os costumes mongóis com relação à morte de um governante e se suicidaram.

9 Ver trecho sobre "Eunucos" no Cap. 6.

6. Manchus e russos

1 Como uma grande estratégia similar à adotada por Stalin no leste europeu em 1945: criar um amplo *glacis* contra possíveis ataques do Ocidente.

2 Em 1842, os ingleses, na campanha da China, observaram que as tropas chinesas (Han) desconfiavam dos companheiros manchus (a quem os ingleses se referiam como "tártaros") como se fossem estrangeiros.

3 Essa frase foi a irônica referência de Voltaire ao infeliz almirante britânico Byng, que levou um tiro em 1757 por não ter conseguido derrotar os franceses na ilha de Minorca. Devo essa referência ao meu editor, Bill Swainson.

4 A história de Yangzhou continuou fomentando o ressentimento dos Han contra os manchus em meados da década de 1800.

5 Trezentos anos depois, o primeiro grande líder da China depois de Mao, Deng Xiaoping, fez o mesmo apelo para consolidar a lealdade às suas reformas sociais e econômicas: "É glorioso ser rico."

6 Louis Le Conte, *Nouveaux Memoires sur l'état present de la Chine*, Paris, J.L. de Lorme, 1697.

7 Pouco antes de ele morrer, o papa nomeou-o cardeal.

8 Por exemplo, padre Louis Le Couplet, *Tabula Chronologica Trium Familiarum Imperialium Monarchiae Sinicae*, Paris, 1686.

9 Esse processo de dupla tradução pode ter causado inúmeras dificuldades, na ocasião e mais tarde. As modulações da linguagem, um componente essencial do caráter nacional, são intraduzíveis sem um conhecimento sutil e profundo do contexto cultural alheio. Como Wittgenstein disse, "Os limites da minha linguagem são os limites do meu mundo".

10 Os jesuítas têm muito mérito na conclusão do tratado, que ajudou a elaborar o édito de tolerância de Kangxi em 1692.

7. Europeus, missões e comércio

1 Por exemplo, F.M. Arouet de Voltaire, *Catechisme Chinois* (1764), vol. 1 do *Dictionnaire Philosophique* (1764), Paris, Librairie Garnier Frères, 1936.

2 Foi estimado que, entre 1400 e 1800, o suprimento de grãos da China foi multiplicado por seis.

3 Ping-ti Ho, *Studies in the Population of China 1368-1953*, Cambridge, MA, Harvard University Press, p. 281.

4 Em 1850, as cifras da China tinham aumentado para 400-450 milhões.

5 Citado de novo em uma petição de 1835 para o imperador; citado em Michael Greenberg, *Britain's Trade and the Opening of China 1800-1842* (1951), Nova York, Monthly Review Press, 1979, p. 45.

6 Citado in Greenberg, op. cit., p. 42, fn. 5.

7 Uma história oficial da dinastia Ming descreve em minúcias o costume dos portugueses de ferver e comer crianças chinesas.

8 Parece improvável que tenham permanecido em isolamento casto. Nas cidades chinesas, havia grupos separados de cortesãs e prostitutas de diversas classes sociais. Na década de 1820, os grupos tinham uma alta posição social e as cortesãs, como as gueixas japonesas, acompanhavam e entretinham os homens em jantares e banquetes, sem haver necessariamente um envolvimento sexual, embora isso pudesse acontecer. Existia uma clara distinção entre elas e as moças de classe inferior. No mesmo período na Índia, muitos ingleses tinham amantes, criando nesse processo uma nova classe de povo eurasiano. Havia, em muitos lugares e entre muitos ocidentais, uma tendência a preferir amantes locais submissas a esposas ocidentais exigentes. É uma tendência com ecos no século XXI.

9 Foi a Königlich Preussische Asiatische Handelskompanie. Ela organizou cinco viagens marítimas à China, sem grande resultado.

10 Por isso, era em geral transportado por terra do México ao Caribe e enviado pela frota anual espanhola para a Espanha.

11 Segundo as tabelas comparativas publicadas pelo Banco da Inglaterra, o equivalente em 2002 é de £42.800.000.

12 John W. Foster, *American Diplomacy in the Orient*, Nova York, Houghton Mifflin, 1903, p. 56-57.

13 Hosea Ballou Morse, *The Chronicles of the East India Company, trading to China 1635-1834*, Cambridge, MA, Harvard University Press/Oxford, Clarendon Press, 1926-29, vol. 2, Apêndice G, p. 232.

14 Alain Peyrefitte, *The Collision of two Civilisations; the British Expedition to China 1792-94* (trad. J. Rothschild), Londres, Harvill/HarperCollins, 1993, p. 1 fn. 2.

15 Aubrey Singer, The *Lion and the Dragon: The Story of the First British Embassy to the Court of the Emperor Qianlong in Peking 1792-1794,* Londres, Barrie and Jenkins, 1992, p. 180-1.

16 Houve mais que a típica recusa dos chineses em admitir que os europeus fossem melhores em alguma coisa. Como mencionado no Capítulo 5, para a infantaria chinesa a cavalo lutando nas muralhas ao norte, arcos e flechas serviam muito bem. De qualquer modo, poucos camponeses recrutados sabiam usar armas; e em 1842, as tropas de elite manchus lutaram com os ingleses com uma espada em cada mão. Ver meu livro *Opium, Soldiers and Evangelicals,* Londres, Palgrave, 2004, p. 135.

17 Fragilidade que reforça a suspeita dessa missão. Antes que partisse de Beijing para Guangzhou, o vice-rei foi aconselhado a fazer preparativos militares ostensivos para a chegada de Macartney. Os ingleses eram "habitualmente truculentos" e "brigões" e não lhes seria permitido causar problemas no litoral porque Beijing rejeitara suas demandas. Singer, op. cit., p. 103.

18 Em 1842, quando a primeira guerra anglo-chinesa terminou, o lucro líquido da companhia foi de US$130.000 (segundo as cifras da secretaria de Trabalho dos EUA, o que representa quase 1,75 milhão na cotação do dólar em 1991). Cf. carta de Delano para Sturgis em 4 de junho de 1943, coleção Forbes, Baker Library, Harvard.

19 Ver comentário sobre a situação moderna em William Langewiesche, *The Outlaw Sea A World of Freedom, Chaos and Crime,* Nova York, North Point Press, 2004.

20 G.W.F. Hegel, *Lectures on the Philosophy of World History: Introduction, reason in history* (trad. H.B. Nisbet; com introdução de Duncan Forbes), Cambridge, NY, Cambridge University Press, (1975) 1980, p. 199-200.

21 "Existe só no papel, que aceita qualquer coisa."

22 Seu *Voyage Round the World* foi publicado em São Petersburgo entre 1810-14, com uma edição inglesa em dois volumes aparecendo em 1813.

23 Ver edito de Jiaqing em E. Backhouse e J.O.P. Bland, *Annals and Memoirs of the court of Peking (from the sixteenth to the twentieth century),* Boston, Houghton Mifflin/London, Heinemann, 1914, p. 387-8.

24 O primeiro carregamento de chá de Assam, no norte da Índia, só chegou à Inglaterra em 1837.

8. O Mandato do Céu se dissolve

1 Peyrefitte, *The Collision of two Civilisations*, op. cit., p. xix.

2 Alguns desses franceses lutaram, sob o comando do conde de Grasse, contra os ingleses em Chesapeake Bay e Yorktown, dando uma ajuda decisiva à vitória americana na Guerra de Independência. Mais tarde, em 1º de setembro de 1785, John Jay disse no Congresso Continental que Paris deveria estar agradecida pelas cortesias dos americanos aos franceses em Guangzhou. Correspondência Diplomática 19/9/1783 — 4/3/1789, p. 767-8.

3 Alguns deles se reuniam nas salas da D.W.C. Olyphant nas "feitorias" em Guangzhou. Ficaram conhecidos, irreverentemente, como o "Monopólio Sionista".

4 Citado em Jonathan Spence, *The China Helpers: Western Advisers in China 1620-1960*, Londres, Bodley Head, 1969, p. 38.

5 Otto von Kotzebue, por exemplo, escreveu com frequência para o czar sobre suas explorações em *A Voyage of Discovery into the South Sea and to Behring's Straits; in search of a north-west passage, undertaken in the years 1815,16,17 and 18 in the ship Rurik* (2 vols.), Londres, editado por sir Richard Phillips and Co., 1821.

6 Citado em Immanuel C.Y. Hsu, "The Great Policy Debate in China, 1874: Maritime Defense v. Frontier Defense", *Harvard Journal of Asiatic Studies* 1964-65, p. 222.

7 De qualquer modo, o devoto presbiteriano Napier basicamente pensava que os chineses eram pagãos ignorantes e ficou surpreso ao descobrir que eles o achavam um bárbaro iletrado.

8 Charles Greville, *The Greville Memoirs 1814-1860* (org. Lytton Strachey e Roger Fulford), Londres, Macmillan, 1938. Verbetes para 24/8/1840 e 13/11/1840.

9 François Guizot, *Mémoires pour servir à l'histoire de mon temps* (nouv. edn.), Paris, Michel Lévy Frères, 1872, vol. 7, p. 309.

10 Mas o selo de negócio da companhia continuou sendo aceito por todos como uma garantia de qualidade, mesmo no contrabando.

11 Um *tael* = 1,2 onça de prata pura.

12 Citado em Maurice Collis, *Foreign Mud, being an account of the opium imbroglio at Canton in the 1830's and the Anglo-Chinese War that followed*, Londres, Faber and Faber, 1946, p. 207.

13 Não muito depois, Lin caiu em desgraça. Ele agiu de modo calmo e filosófico. "Colocar a culpa pelo fracasso político nos outros", observou ele, "é uma característica permanente da vida política."

14 Discuti isso em detalhes no meu livro *Opium, Soldiers and Evangelicals*, Londres, Palgrave, 2004.
15 Repositório Chinês vol. XI, 1842, p. 274-89.
16 Palestra em Boston, no *Baltimore Niles Weekly Register*, vol. 61 (1842), p. 326-30.
17 Contudo, havia tempo para relaxar. Um oficial britânico, o general-de-brigada lorde Saltoun, gostava de tocar violino, então trouxe um assistente para acompanhá-lo no violoncelo.
18 Lin pediu a Parker para revisar sua carta à rainha Vitória (que nunca foi entregue) e para traduzir partes do livro de Vattel, *Law of Nations*.
19 Earl Swisher (org.), *China's Management of the American Barbarians*, New Haven, Yale University Press, 1953, p. 137.
20 Petição para o imperador, 4/4/44, em Swisher, op. cit., p. 142-4.
21 Citado em Frederic Wakeman Jr., *Strangers at the Gate: Social Disorder in South China 1839-1861*, Berkeley, Cal., University of California Press, 1966, p. 88-9.
22 Um visitante na Austrália observou que os chineses eram "os melhores jardineiros, os melhores trabalhadores, os melhores cozinheiros e as pessoas mais honestas e cumpridoras da lei".
23 Esse sentimento de lutar por razões altruístas não se limitou aos ingleses na China em 1840, 1857 e 1860. Exerceu também influência na visão dos ingleses e americanos sobre o papel deles na Primeira Guerra Mundial. Veja um trecho do discurso do presidente Woodrow Wilson no Congresso em 8 de janeiro de 1918: "Nossa demanda nessa guerra não se limita a nós." Cf. John Whitley Chambers (org.), *The Eagle and the Dove: The American Peace Movement and United States Foreign Policy 1900-1922*, Syracuse, NY, 1991, p. 131. Uma retórica muito similar de benevolência universal ocorreu nos Estados Unidos nos séculos XX e XXI nas guerras da Coreia, Vietnã e nos conflitos do Golfo.
24 Theodore Walrond (org.), *Letters and Journals of James, eighth Earl of Elgin* (com prefácio de Arthur Stanley), Londres, J. Murray, 1872, p. 212.
25 Durante a batalha, o comandante americano local, comodoro Josiah Tatnall, visitou um amigo, o almirante britânico James Hope, que fora ferido. Enquanto o visitava, a tripulação de seu barco ajudou os ingleses no conflito armado e Tatnall usou o navio a vapor para rebocar diversas chatas de fuzileiros navais ingleses que não conseguiam avançar por causa da correnteza. Depois, disse que esses homens estavam em dificuldades e que o "sangue é mais espesso do que a água", e também que ele "iria ser condenado ao inferno se ficasse impassível diante do massacre de homens brancos". O secretário de Marinha aprovou a iniciativa.

26 H. Cordier, *Histoire Générale de la Chine*, Paris, Paul Guethner, 1920, p. 121-23, cita um despacho de 15/2/1960 do duque de Montebello, embaixador francês em São Petersburgo, mencionando observações do príncipe Gorchakov, ministro de Relações Exteriores russo.

27 Ministro de Relações Exteriores para o barão Gros no dia 21/4/1960, em Cordier, op. cit., p. 124-31.

28 Citado em Spence, *The China Helpers*, op. cit., p. 74-5.

9. Colapso e revolução

1 Quando o capitão do navio teve a insolência de atacar três navios dinamarqueses dentro das águas territoriais chinesas, o primeiro-ministro Guenther von Rehfüs teve que esperar dois anos para ser recebido na corte.

2 Tsungli Yamen para o enviado dos EUA, sr. Low, 28/3/1971, *Foreign Relations of the United States 1871*, Washington, D.C., USGPO.

3 Do cônsul-geral em Xangai, G.F. Seward, para o secretário de Estado, W.H. Seward, 14/10/1968, *Foreign Relations of the United States 1870*, p. 337.

4 Henry Wheaton, *Elements of International Law: with a Sketch of the History of the Science*, Filadélfia, Lea & Blanchard, 1836.

5 Mas alguns exemplares do diário sobreviveram. A história é relatada por E.R. Hughes em *The Invasion of China by the Western World*, Londres, Adam and Charles Black, 1937, p. 107-8. Hughes escreveu que sua cópia do diário foi publicada em Chengdu, Sichuan, em 1897.

6 Jeffery G. Barlow, *Sun Yat-sen and the French 1900-1908* (China Research Monograph nº 14), Center for Chinese Studies, Institute of East Asian Studies, Universidade da Califórnia, Berkeley, 1979, p. 9, citando registros de *The Management of Barbarian Affairs of the Ch'ing Dynasty from Beginning to End* (80 vols.) Beijing, 1930.

7 O representante diplomático na China, Frederick F. Low, culpou o encarregado de negócios francês em Beijing, conde de Rochechouart, de evocar o espectro da guerra. Ele disse que o conde era "ambicioso e inescrupuloso, mesmo para um francês. Suas ações são movidas inteiramente pela paixão, o preconceito e a ambição pessoal", e ele ganhou muito dinheiro com indenizações exorbitantes reivindicadas aos chineses. Despacho de 21 de junho de 1870 para Washington.

8 Essa é uma das variáveis de um grande número de estimativas. O memorando chinês para a Comissão Internacional de Ópio, criada em Xangai em 1909,

forneceu uma estimativa de consumo das províncias que variava de 2% da população na Manchúria a 50% em Anhui, e de 50% dos homens em Yunnan. Comissão Internacional de Ópio, *Report of the International Opium Commission* (1909), vol. 2 p. 62-6. O professor Alfred W. McCoy estima que, em torno de 1900, havia 13,5 milhões de viciados (isto é, não só fumantes), em "Opium History 1858-1940", Recreational Drug Information website.

9 Como o Reich alemão ainda não havia sido constituído, Burlingame pronunciou-se e escreveu como enviado do imperador chinês para Bismarck, na ocasião chanceler da Confederação da Alemanha do Norte.

10 Citado em Spence, *The Search for Modern China,* op. cit., p. 215.

11 Jornal de Colônia *Kölnische Zeitung* de 25/7/94, citado no *North China Herald* em 7/9/94.

12 A compra de navios modernos e armas era uma coisa. A organização e o treinamento era outra. Até 1900, nos exércitos chineses, o levantamento de peso e a arte de manejar o arco e flecha ainda contava nos exames de qualificação para candidatos a oficiais. S.D.W. Putjata, *China's Wehrmacht,* Viena e Leipzig, 1895, p. 27-33. Idem Kurt Bloch, *German Interests and Policies in the Far East,* Nova York, 1939.

13 Houve três grandes acordos de empréstimos, cada um de £15 milhões. Um deles foi com bancos franceses e russos e dois com a Corporação Bancária de Hong Kong e Xangai e com o Deutsch-Asiatische Bank. Todos os três foram afiançados pelos rendimentos aduaneiros da China.

14 Que, como o historiador britânico A.J.P. Taylor mencionou com desdém, "é inútil como base naval. Só oferece uma praia para os marinheiros do esquadrão da China se banharem". *The Struggle for Mastery in Europe 1848-1918*, Oxford, Clarendon Press, 1954, p. 376, n. 2.

15 Quando Guilherme II soube dos assassinatos, ordenou que a esquadra naval alemã partisse para a baía de Jiaozhou e demonstrasse "com uma brutalidade inescrupulosa" o desagrado do imperador alemão. Ele queria que seus navios "*augenblicklich nach Kiautschou zu fahren, die dort befindliche Ortschaft zu besetzen [...] und wenn nötig mit brutalster Rücksichtslosigkeit den Chinesen gegenüber zu zeigen, dass der deutsche Kaiser nicht mit sich spassen lässt*" ["partissem imediatamente para Kiaochow, ocupassem o local e, se necessário, mostrassem aos chineses com a maior brutalidade que ninguém pode desafiar o imperador alemão" (tradução do autor)]. Johannes Lepsius, Albrecht Mendelssohn Bartholdy, Friedrich, Thimme (orgs.), *Die Grosse Politik der Europäischen Kabinette; Sammlungen der Diplomatischen Akten des Auswärtigen Amtes,* vol. 14, Berlim, 1924, doc. 3686, p. 67.

16 Essa frase famosa do kaiser Guilherme, proferida num discurso em 1901 na Associação de Regata da Alemanha do Norte, foi citada em C. Gauss, *The German Kaiser as Shown in his Public Utterances,* Nova York, Charles Scribner's Sons, 1915, p. 181-83.

17 George Nathaniel Curzon, *Problems of the Far East,* Londres, Longmans Green, 1894, p. 238.

18 O comentário de Robert Hart a respeito de Li foi que "ele é diligente e agradável, mas [...] quanto às suas reais inclinações etc., ele fala como se pensasse que só a Inglaterra fosse confiável e age como se estivesse sendo pago pela Rússia"!

19 O *The Times* de 30 de julho de 1900 publicou sua observação: "Assim como os hunos há um milênio, sob o comando de Átila, ganharam uma reputação ainda viva na tradição histórica, então o nome da Alemanha poderá ficar conhecido do mesmo modo na China [...]." Essa é a única razão para os ingleses se referirem aos alemães na Primeira Guerra Mundial como "hunos".

20 A força aliada enviada à China, com um total de 42 a 44 mil soldados, incluía americanos, austríacos, belgas, ingleses (e indianos), holandeses, franceses, alemães, italianos, japoneses e russos. Hart comentou que "os japoneses tiveram um desempenho melhor do que os outros em destreza, disciplina, organização e resistência". Carta de 18 de agosto de 1900 para E.B. Drew.

21 Incluindo os 39 anos do valor do juro, o pagamento real foi de 980 milhões de taéis.

22 Publicado em *McClure's Magazine,* fevereiro de 1899 e republicado em *Rudyard Kipling's Verse: Definitive Edition,* Nova York, Doubleday, 1929.

23 Stephen Kinzer, *Overthrow: America's Century of Regime Change from Hawaii to Iraq,* Nova York, Times Books, 2006.

24 Os ingleses, por exemplo, enviaram o mais notável soldado imperial, Ian Hamilton, nascido em Corfu, lutara na fronteira noroeste da Índia, no Afeganistão, na Birmânia, no Sudão e na Guerra dos Bôeres — e fracassou, tragicamente para os ingleses, quando comandou a campanha de Galípoli em 1915.

25 O menino permaneceu no palácio, mas nunca mais exerceu qualquer papel. Depois de uma vida turbulenta, morreu em 1967 como escriturário ou jardineiro na República Popular da China.

10. O Dragão como um joguete

1 Em 1883, o maior contingente desses japoneses era de prostitutas.

2 John K. Fairbank e Merle Goldman, *China, A New History,* (ed. rev. e ampl.) Cambridge, Mass, Belknap Press of Harvard University Press, 1998, p. 260.

3 Winston S. Churchill, *The World Crisis* (4 vols.), vol. 2, 1915, Nova York, Scribner, 1929, p. 1-2.

4 Ver Robert Lansing, *Self-determination: a Discussion of the Phrase,* Washington, 1921.

5 Foi fundado em 1919 como um instrumento de Moscou para lidar com os partidos comunistas do mundo inteiro comprometidos a implementar políticas do Comintern, que eram, na prática, decididas pelo Partido Comunista soviético.

6 Jung Chang e Jon Halliday alegam que ele tinha uma "sede assassina de sangue" desde a infância. *Mao: The Unknown Story,* Londres, Jonathan Cape, 2005.

7 Não que os ingleses fossem impopulares. Os tibetanos acharam muito mais fácil lidar com eles do que com os chineses. "Quando se conhece o escorpião", diziam, "a rã parece divina". Bem mais tarde, houve ecos mágicos e inusitados da amizade tibetana. Na década de 1930, um diplomata inglês encontrou a última encarnação do Panchen Lama em Beijing. O Panchen disse que eles já tinham se encontrado antes. O diplomata, que nunca estivera no Tibete, ficou perplexo, porém descobriu que ele tinha uma semelhança surpreendente com um certo George Bogle, que fora o primeiro visitante inglês a ir ao Tibete, em 1774, e lá encontrou Panchen Rimpoche, a quem admirou muito. Patrick French, *Tibet, Tibet, A Personal History of a Lost Land,* Londres, HarperCollins, 2003.

8 Na verdade, Wellington Koo queria mais. Ele queria usar a legislação internacional para debilitar insidiosamente a antiga doutrina do *rebus sic stantibus*, e assim as leis e tratados só seriam válidos quando as circunstâncias que os produziram não mudassem: uma visão bem tradicional chinesa.

9 Para os empreiteiros, dizia-se, até os peidos dos estrangeiros eram perfumados.

10 Owen Lattimore, *China Memoirs: Chiang Kai-shek and the War against Japan,* Tóquio, University of Tokyo Press, 1990, p. 137-38.

11 Citado em Spence, *The China Helpers,* op. cit., p. 195.

12 J.V. Stalin, *Problems of Leninism*, Moscou, Foreign Languages Publishing House, 1953, p. 454-58.

13 Citado em Michael Howard, *The Continental Commitment*, Londres, Temple Smith, 1972, p. 98.

14 Citado em Walker Connor, "Ethnology and the Peace of South Asia", *World Politics,* outubro de 1969, p. 62-3.

15 Johnson para Stimson, 13 de fevereiro de 1933.

16 Hew Strachan, *The First World War,* vol. 1, Oxford/Nova York, Oxford University Press, 2001, p. 331.

17 Citaao em Howard, *The Continental Commitment,* op. cit., p. 132-3, 139.

11. A China na nova ordem mundial

1 Winston S. Churchill, *The Second World War* (6 vols.) (nova ed. rev.), Londres, Cassell, 1949, vol. III, p. 539.

2 Como os chefes de gabinete dos EUA disseram: "não obstante a entrada do Japão na guerra, continuamos a pensar que a Alemanha ainda é o principal inimigo e sua derrota é a chave da vitória. Assim que a Alemanha for derrotada, o colapso da Itália e a derrota do Japão serão imediatas." Robert E. Sherwood (org.), *The White House Papers of Harry Hopkins: An Intimate History* (2 vols.), Londres, Eyre and Spottiswoode, 1948-9, vol. 1, p. 449.

3 Citado em Carl Hoffmann, *Saipan: The Beginning of the End,* US Marine Corps Historical Division, 1950, p. 36.

4 John Keegan, *Intelligence in War: Knowledge of the Enemy from Napoleon to al-Quaeda,* Londres, Hutchinson, 2003.

5 Gordon Prange, Donald Goldstein e Katherine V. Dillon, *Miracle at Midway,* Nova York, McGraw-Hill, 1982, p. 260-3.

6 Embora, por exemplo, houvesse uma pequena força nacionalista indiana lutando com os japoneses, que foram reprimidas pelo exército indiano (britânico). Ela era composta só por voluntários, com cerca de 2 milhões de homens, e é provável que tenha sido o maior exército de voluntários jamais visto.

7 Citado em Christopher Thorne, *The Issue of War: States, Societies and the Far Eastern Conflict of 1941-1945,* Nova York, Oxford University Press, 1985, p. 25.

8 Roy Jenkins, *Churchill: a biography,* Nova York, Farrar, Straus and Giroux, 2001, p. 680-1.

9 Citado em Christopher Thorne, *Allies of a Kind: the United States, Britain and the War against Japan 1941-1945,* Nova York, Oxford University Press, 1978, p. 181.

10 Ele descreveu seus preceitos no livro *China's Destiny,* editado em 1942, uma mistura de princípios da vida militar com elementos da moralidade tradicional, aliados ao metodismo americano.

11 Que seria também um estratagema para o acordo de rendição dos Aliados. As negociações dos termos do acordo causariam dificuldades enormes.

12 Herbert Feis, *Churchill, Roosevelt, Stalin: the War they Waged and the Peace they Sought,* Princeton, Princeton University Press, 1957, p. 211.

13 Quando o horrorizado mordomo de Churchill contou o que descobrira ao primeiro-ministro, ele discretamente o instruiu a deixar as coisas como as encontrara.

14 Houve ressonâncias mútuas através de Estocolmo.

15 Uma palavra alemã intraduzível que significa prazer diante da desgraça dos outros.

16 O comandante deles, o marechal-de-campo Paulus, rendeu-se em 31 de janeiro. A história da campanha é brilhantemente contada no livro de Antony Beevor, *Stalingrad,* Londres, Viking, 1998.

17 A. Heywood e F.A.S. Clarke, *The History of the Royal West African Frontier Force*, Aldershot, 1964, p. 385-6.

18 Martin Gilbert, *W.S. Churchill* (8 vols.), Londres, Heinemann, 1966, vol. 8, p. 1180.

19 Que mais tarde se tornou a Alemanha Oriental e perduraria até a reunificação em 1990.

20 Depois da guerra, algumas pessoas disseram que Roosevelt traíra a China em Yalta. Porém, ele não teve como evitar que os exércitos russos entrassem na Manchúria, assim como na Polônia. Muito antes da conferência de Yalta, o governo chinês pediu aos EUA para ajudá-lo a firmar acordos com os russos, porém fez mais concessões a Moscou do que os americanos tinham aconselhado.

21 A campanha bélica alemã foi realizada por uma espécie de coalizão multinacional. Talvez o exemplo mais espetacular tenha sido a composição multinacional das divisões *Waffen SS* (SS armada) que alguns soldados Aliados consideravam as melhores tropas de ambos os lados. Os remanescentes das formações SS francesas foram um dos últimos defensores de Berlim quando os russos entraram na cidade.

22 A perda do cargo foi um grande golpe, mas Churchill recuperou-se. Algum tempo depois, ele recebeu alguns americanos mórmons para jantar em sua casa de campo, Chartwell, e convidou-os a beber conhaque após a refeição. O mórmon mais velho franziu a testa e explicou que um drinque como aquele seria aliar a mordida de uma víbora ao coice de um antílope. Churchill sorriu feliz. "Procurei a minha vida toda por um drinque como esse."

23 Robert V. Daniels (org.), *A Documentary History of Communism* (2 vols.) (rev. nova ed.), Hanover, NH, University Press of New England, 1984, p. 137-8.

24 *Foreign* Relations *of the United States*, op. cit., 1946 vol. VI, p. 696, Washington, USGPO. O documento é resumido em Mr. X, "The Sources of Soviet Conduct", *Foreign Affairs,* julho de 1947. Frank Roberts, da Embaixada britânica em Moscou, disse o mesmo a Londres.

25 "O conflito entre o comunismo e o capitalismo é uma aparência. No cerne da situação está a Ásia contra o universo dos brancos. É uma disputa sem medidas" (tradução do autor). Carta de Gaulle em 14 de janeiro de 1951 para o sobrinho Bernard. Charles de Gaulle, *Lettres, notes et Carnets, Juin 1951-Mai 1958,* Paris, Plon, 1985, p. 177.

26 "Retomara contato, a despeito da opinião mundial, com uma Ásia profundamente revoltada e que, sob diversas divisas, rejeita o Ocidente" (tradução do autor). Carta de 7 de junho de 1854 (em *Lettres, notes...*, op. cit., p. 209) para Jean Sainteny, que, após ter sido líder da resistência durante a guerra, serviu a partir de 1946 como um funcionário sênior francês na Indochina.

27 Churchill, na ocasião um civil, reviu o texto antes de entregá-lo ao presidente Truman e ao primeiro-ministro Clement Attlee.

28 Citado em Bruce Cumings (org.), *Child Conflict: The Korean-American Relationship 1943-1953*, Seattle, University of Washington Press, 1983, p. 13.

29 Ross Terrill, *Mao, A Biography* (ed. rev. e ampliada), Stanford, Stanford University Press, 1999, p. 459.

30 Seu poder em nenhum lugar foi mais bem esclarecido do que em algumas obras de ficção. Uma das melhores é o livro de Arthur Koestler, *Darkness at Noon*.

31 Dizem que os russos entregaram em segredo dezenas de milhares de prisioneiros de guerra japoneses para os comunistas chineses, a fim de treiná-los e criar uma força aérea, e até mesmo para lutar por Mao. Cf. Chang e Halliday, *Mao* op. cit.

32 He Di, "The Evolution of the Chinese Communist Party's Policy towards the United States 1944-1949", em Harry Harding e Yuan Ming (orgs.), *Sino-American Relations 1944-1955: A Joint Reassessment of a Critical Decade*, Wilmington, Del., Scholarly Resources, 1989, p. 40.

33 Zhang, Shu Guang, *Deterrence and Strategic Culture: Chinese-American Confrontations 1949-1958*, Ithaca, Cornell UP, 1992, p. 21.

12. O novo imperador

1 Citado em Max Hastings, *The Korean War*, Londres, Michael Joseph, 1987, p. 59.

2 Discurso da cerimônia de posse em 20 de janeiro de 1953. Em *Public Papers of the Presidents of the United States: Dwight D. Eisenhower*, vol. 1953, Washington, USGPO, 1960, p. 7.

3 Shi Zhe, "With Mao and Stalin: Reminiscences of Mao's Interpreter, Pt. II: Liu Shaoqi in Moscow", *Chinese Historians* 6, primavera de 1993, p. 84.

4 Dean Acheson, *Present at the Creation*, Nova York, W.W. Norton and Co., 1969, p. 257.

5 Testemunho Executivo, 29/3/50, Congresso dos EUA, Comitê do de Relações Exteriores do Senado. *Historical Series: Review of the World Situation 1949-50*, Washington, USGPO, 1974, p. 273.

6 NSC 48/5, *Foreign Relations of the United States, 1951*, vol. 6, Washington, USGPO, p. 35, 37.

7 Acheson, *Present at the Creation*, op. cit., p. 357.

8 Declaração do presidente Truman proferida em 27 de junho de 1950, em Harry S. Truman, *Years of Trial and Hope 1946-1952, Memoirs*, vol. II, Nova York, Doubleday, 1956, p. 339.

9 Isso também teve efeitos colaterais inusitados. Na Coreia, a prática da circuncisão surgiu em 1945 e só se disseminou após a chegada de muitos americanos, que se converteram em modelos para os coreanos, ao que parece de corpo e mente.

10 Quanto ao seu relato, ver Paul H. Nitze, *From Hiroshima to Glasnost: At the Center of Decision*, Nova York, Grove Weidenfeld, 1989. Também Ernest May, *American Cold War Strategy: Interpreting NSC 68*, Boston, MA, Bedford/St Martin's, 1993.

11 G. Kennan, *American Diplomacy 1900-1950*, Chicago, Chicago University Press, 1951, p. 51-2.

12 O governo também deu bastante liberdade aos líderes locais e regionais, consolidando uma "política" generalizada para tudo que funcionasse melhor.

13 Mesmo com a mescla criteriosa de terror, essa prática era uma forma contínua de pressão pessoal que alguns escritores sugerem que teve resultados semelhantes aos da prática da Igreja Apostólica Romana da confissão conduzindo ao perdão; ou entre os batistas, cujos seguidores "renasciam".

14 O atual (2004) Dalai Lama, líder espiritual do Tibete, exilou-se há muitas décadas na Índia. Mas quando era bem pequeno, sua família falava chinês em casa.

15 A impressão do Ocidente foi relevante, porém errônea. O discurso de Zhou foi uma tentativa de solucionar problemas com os governos locais nacionalistas.

16 Sir Robert Thompson, *Revolutionary War in World Strategy 1945-1969*, Nova York, Taplinger, 1970, p. 120.

17 Muitos combatentes eram legionários alemães. Apesar de terem pouco a perder e estarem prontos para morrer como qualquer outro, eles insistiam em levantar cedo para beber café quente antes de saírem para o combate fatal. A literatura sobre essa campanha é vasta. Um bom livro recente é o de Martin Windrow, *The Last Valley: Dien Bien Phu and the French Defeat in Vietnam*, Londres, Weidenfeld and Nicolson, 2003.

18 O periódico *Défense Nationale* publicou diversos artigos de acordo com essa perspectiva, como as matérias de maio de 1954 e fevereiro de 1955.

19 Suart Schram, *The Political Thought of Mao Tse-tung* (rev. e nova ed.), Nova York, Praeger, 1969, p. 408-9.

20 Como medida de segurança "para um canal de apoio", os embaixadores americanos e chineses em Varsóvia iniciaram conversas ocasionais.

21 Por exemplo, Mao viajou pelo país em seu trem privado de 11 vagões. Durante as viagens, todo o tráfego ao longo da linha do trem era interrompido e as pessoas afastadas das estações. O trem só se movia quando ele estava acordado e parava sempre, dia ou noite, quando ele decidia dormir.

22 Um ano antes, em 1963, o presidente Kennedy pediu ao secretário-adjunto de Estado, Averell Harriman, para conversar com os soviéticos sobre qual seria a atitude deles se os EUA lançassem um ataque nuclear preventivo contra as instalações nucleares chinesas.

23 O secretário de Estado, John Foster Dulles, pensou que a ação britânica no canal de Suez seria uma traição: um político importante britânico, Harold Macmillan, assegurou-lhe em particular que nada aconteceria.

24 Henry Kissinger, *Diplomacy*, Nova York, Simon and Schuster, 1994, p. 588-89.

25 Essa proeza foi ainda mais milagrosa quando uma pessoa, ao examinar as fotos, não viu sinal das braçadas do presidente que parecia pairar sobre a água.

26 Jerome Chen, *Mao Papers: Anthology and Bibliography*, Nova York, Oxford University, 1970, p. 24-5.

27 Deng Rong, *Deng Xiaoping and the Cultural Revolution* (trad. Sidney Shapiro), Nova York, Bertelsmann, 2005, p. 85. Muitos métodos de tormento e tortura são reminiscentes dos *pogroms* do Nacional Socialismo contra os judeus, entre outros de pessoas, sobretudo após 1938.

28 O vice-comandante da missão britânica na ocasião (mais tarde embaixador), Percy Cradock, fez um relato vívido da pilhagem e dos ataques sofridos pelos diplomatas em *Experiences of China*, Londres, John Murray, 1994, cap. 6.

29 Essa é a versão em Chang e Halliday, Mao, op. cit.

30 Acordo sobre o Término da Guerra e o Restabelecimento da Paz no Vietnã, 27/1/1973, UN Treaty Series 935, 52, 55.

31 Henry Kissinger, *Years of Renewal*, Londres, Weidenfeld and Nicolson, 1999, p. 144.

32 Porém, ele teve tempo, pouco antes de morrer, de enviar uma mensagem aos guardiões do túmulo de Confúcio, dizendo-lhes para fechar os portões e defender o templo, pois a Guarda Vermelha estava chegando.

33 Li Zhisui, *The Private Life of Chairman Mao*, Londres, Chatto and Windus, 1994.

34 Como ele próprio compreendeu e disse a Richard Nixon: *RN, Memoirs*, Nova York, Grosset & Dunlap, 1978, p. 558.

13. Reafirmação

1 Não pela primeira ou última vez, os chineses ficaram indiferentes às perdas humanas. O diplomata britânico Percy Cradock lastimou com um ministro chinês a morte de 20 mil jovens. O ministro riu. "Nossas perdas foram muito maiores", disse.

2 Infelizmente, tanto para os EUA quanto para a China, as guerrilhas islâmicas anti-soviéticas incluíam 20 mil jovens sauditas que retornaram ao país com habilidades militares e começaram a acreditar, como um de seus líderes, Osama bin Laden, que combatentes muçulmanos dedicados poderiam derrotar uma superpotência.

3 *Selected Works of Deng Xiaoping,* vol. 3 (1982-92), Beijing, Foreign Languages Press, 1994, p. 201.

4 Ver Geremie Barmé, "To screw foreigners is patriotic: China's avant-garde nationalists", *China Journal,* julho de 1995, p. 209.

5 Logo se tornou evidente para os estrangeiros que a maneira de assegurar a prosperidade de um negócio era conseguir que o filho ou sobrinho do secretário mais importante do partido, de um CEO chinês ou comandante regional militar fosse aceito em uma universidade ocidental, sobretudo nas universidades americanas do grupo "Ivy League".

6 Um relato surpreendente de como perder dinheiro na China — mesmo quando se investe em um negócio aparentemente seguro como a Shanghai Greater Unison Condom Factory — é o de Tom Clissold em *Mr China,* Londres, Constable and Robinson, 2004. É claro que a ideia de financistas sofisticados perderem dinheiro para "caipiras" locais espertos não é nova. Outras advertências encontram-se em James McGregor, *One Billion Customers: Lessons from the Front Lines of Doing Business in China,* Nova York, Free Press, 2002. Ver também Mark Kitto, "That's China", *Prospect,* abril de 2006.

7 Com ecos, talvez, da maneira como o antigo império grão-mongol na Índia baseou sua riqueza em tapetes e outros artigos têxteis.

8 O acordo detalhado foi assinado em julho de 1991 com o sucessor de Reagan, George Bush.

9 Foi uma "unificação" e não uma "reunificação", pois a Alemanha só fora unificada no período de 1933-45. Mas ninguém, mesmo na Alemanha, a esperava no momento em que ocorreu. No entanto, foi um acontecimento ao qual nenhum alemão poderia se opor, ou deixar de acolher, assim que a unificação tornou-se uma questão política.

10 Os Estados Unidos não só criaram a Internet como controlaram, e controlam, a infraestrutura física essencial que a faz funcionar. Além disso, tem autoridade sobre a estrutura que controla os números de protocolo da Internet e o sistema dos endereços dos domínios.

11 Houve, é claro, o argumento de que se um invasor, sobretudo um americano, encontrasse o país em desordem com meio milhão ou um milhão de mortos, ele recuaria horrorizado. Entretanto, isso não era uma base consistente para um planejamento estratégico sólido.

12 Tanto em 1991 quanto em 2003 as guerras do Golfo demonstraram que nesse aspecto os EUA eram vulneráveis. Ambas revelaram a crescente profissionalização do Exército, exigida pelos novos arsenais e também, cada vez mais, dissociada do ponto de vista pessoal, social e ideológico do amplo conjunto de cidadãos em nome de quem as batalhas eram travadas. Esse fato significou ainda uma crescente ansiedade dos civis, em especial no Ocidente, em razão dos combates serem transmitidos em tempo real na televisão e às distinções fictícias entre combatentes e "civis inocentes".

13 Representava três vezes a taxa de crescimento dos EUA, apesar de partir de uma base muito baixa.

14 Era o segundo na comparação da paridade do poder de compra.

15 Possivelmente, grande parte disso era dinheiro da China buscando vantagens fiscais concedidas por empresas estrangeiras.

16 Ver William Langewiesche, *The Outlaw Sea*, op. cit.

17 Por exemplo, quando o vice-presidente dos EUA, Dick Cheney, visitou a China em 2004, seus pronunciamentos para a imprensa chinesa foram um tanto censurados, com as menções a Taiwan e à Coreia do Norte sendo cortadas.

18 Uma estimativa ocidental sugere que em 2004 esses campos continham entre 4 a 6 milhões de pessoas sujeitas à "correção administrativa" e à "reeducação por meio do trabalho".

19 Não só nas camadas mais ricas. Por volta da virada do século, um correspondente ocidental entrevistou um Jovem Pioneiro durante uma cerimônia para celebrar o 110º aniversário de Mao. "Aprendemos com Mao", disse o jovem "que sempre atingimos nossa meta se nos esforçarmos e trabalharmos bastante." "E qual é sua meta?" "Ir para os EUA."

20 Nem sempre Beijing vencia. Em 1989, o décimo Panchen Lama morreu. O Dalai Lama, em conluio secreto com um abade tibetano, escolheu e designou a 11ª encarnação do Panchen Lama. Os chineses raptaram a criança e seus pais e indicaram um Panchen deles. O escolhido pelo Dalai nunca mais foi visto, porém a versão chinesa foi desprezada e mais tarde fugiu.

21 Ver, por exemplo, Maria Hsia Chang, *Falun Gong: The End of Days*, *New* Haven, Yale University Press, 2003.

22 O partido podia condenar o Falun Gong como um "culto maléfico" que idolatrava seu líder como um Deus e fazia lavagem cerebral em seus adeptos para tornarem-se "novos homens e mulheres", mas também parece uma boa descrição do maoismo em um país onde o pensamento de Mao continuava sendo ensinado em todos os níveis do sistema educacional.

23 Para os padrões ocidentais, as condições de vida, seja nos dormitórios dos trabalhadores de fábricas ou nas instalações de muitos estudantes universitários, eram terríveis. Às vezes, havia oito pessoas em um quarto pequeno dividindo quatro beliches.

24 Alguns relatos dizem que, de 1990 a 2005, 7 mil policiais morreram em serviço, sendo mil assassinados e 30 mil feridos em ataques propositais.

25 A expressão foi criada pelo professor Joseph Nye, de Harvard, em seu livro *Bound to Lead: The Changing Nature of American Power*, Nova York, Basic Books, 1990.

26 Por exemplo: muitos chineses acreditavam que em maio de 1999 os aviões da Otan, na campanha contra a Sérvia, tinham bombardeado a embaixada da China em Belgrado de propósito e não por acidente, mesmo que não houvesse um motivo plausível. Do mesmo modo, milhões de chineses acreditavam na ideia absurda de que, quando um avião de reconhecimento da Marinha dos EUA colidiu com um caça chinês no mar Meridional em abril de 2001, isso foi uma ação deliberada de um avião de transporte pesado dos EUA interceptando o caça muito mais rápido e ágil.

27 Nos últimos anos, empresas como a Exxon relataram que as prospecções eram insignificantes.

28 Citado no *Economist* 16/10/04, p. 71.

29 Em 2004, os alemães abriram o Pyongyang Goethe Institute, o primeiro centro cultural estrangeiro na Coreia do Norte.

30 Cf. Allen S. Whiting, *China Eyes Japan*, Berkeley, Cal., University of California Press, 1989.

31 Onde as forças especiais alemãs foram recebidas como companheiros arianos.

32 Citado em Andrew Nathan e Bruce Gilley, *China's New Rulers: The Secret Files*, Nova York, *New York Review Books*, 2000, p. 207-9.

14. Em direção ao futuro?

1 Não é um exagero especular que se — ou quando — for possível clonar seres humanos, todas as relações humanas mudarão profundamente.

2 Os pais encontravam vários subterfúgios. Por exemplo: se um casal tivesse um segundo filho poucos anos depois do primeiro, poderiam subornar um médico para ele dar uma certidão de nascimento para a segunda criança com a mesma data do primeiro, tornando-os, oficialmente, "gêmeos".

3 Veja a entrevista do ministro chinês do Meio Ambiente, Pan Yue, para a revista alemã *Der Spiegel* publicada em 7 de março de 2005. Todas essas previsões são, é claro, especulativas. Alguns demógrafos argumentaram que o crescimento da população vinha declinando desde o final da década de 1980 e que no mundo desenvolvido haverá, em torno de 2035, uma substituição do nível de fertilidade. As razões são misteriosas. Quaisquer que sejam, a China poderia ficar imune a elas?

4 Em 2004, a estimativa norte-americana era de que dois terços do valor dos produtos chineses originavam-se de importações.

5 Ver nota 3 acima.

6 Uma palavra de precaução geral pode ser uma advertência. O crescimento no mundo inteiro é medido pelo PIB. Mas num período em que as economias são mais impulsionadas pelo conhecimento e pelos serviços, os números do PIB têm o mesmo significado da época da manufatura?

7 Em 2004, o total do fluxo de investimento estrangeiro no país alcançou cerca de US$560 bilhões.

8 O professor Fred Hu da Universidade de Beijing discute esse ponto no *Financial Times*, 3 de agosto de 2005, p. 11. Ele é diretor administrativo do Goldman Sachs.

Bibliografia Selecionada

Amyot Joseph, *Art militaire des Chinois* (publ. por M. Deguignes) (Joseph de Guignes), Paris, 1772.

Anderson, Benedict, *Imagined Communities: Reflections on the Origin and Spread of Nationalism*, Londres, Verso, 1991.

Anson, G., *A Voyage round the World in the Years 1740-44*, compilado nos artigos e documentos de Richard Walter, Londres, Milner, 1832.

Ashley, Evelyn, *The Life and Correspondence of Henry John Temple, Viscount Palmerston, by the Hon. Evelyn Ashley* (2 vols.), Londres, R. Bentley & son, 1879.

Backhouse, E. e J.O.P. Bland, *Annals and Memoirs of the Court of Peking (from the sixteenth to the twentieth century)*, Boston, Houghton Mifflin/London, Heinemann, 1914.

Banno, Masataka, *China and the West, 1858-1861, The Origin of the Tsungli Yamen*, Cambridge, Mass., Harvard UP, 1964.

Barlow, Jeffrey G., *Sun Yat-sen and the French 1900-1908* (China Research Monograph Nº 14), Center for Chinese Studies, Institute of East Asian Studies, Universidade da Califórnia, Berkeley, 1979.

Bau, Mingchien Joshua, *The Foreign Relations of China: A History and a Survey* (ed. rev. e ampl.), Londres, Nisbet & Co, 1922.

Baum, R., *Burying Mao: Chinese Politics in the Age of Deng Xiaoping*, Princeton, Princeton University Press, 1994.

Beale, Howard K., *Theodore Roosevelt and the Rise of America to World Power*, Baltimore, Johns Hopkins Press, 1956.

Beasley, William, *The Meiji Restoration*, Londres, Oxford University Press, 1973.

Bell, Herbert C.F., *Lord Palmerston* (2 vols.), Londres, Longmans Green, 1936.

Bernstein, Richard, *Ultimate Journey*, Nova York, Knopf, 2001.

Berridge, Virginia, *Opium and the People* (rev. nova ed.), Londres/Nova York, Free Association Books, 1999.

Biraben, J.R., "Essai sur l'évolution du nombre des hommes", *Population*, jan.-fev. 1979.

Black, Conrad, *Franklin Delano Roosevelt: Champion of Freedom*, Londres, Weidenfeld and Nicolson, 2005.

Bloch, Kurt, *German Interests and Policies in the Far East*, Nova York, 1939.

Bobbitt, Philip, *The Shield of Achilles: War, Peace and the Course of History*, Nova York, Knopf, 2002.

Booth, Martin, *The Dragon Syndicates: the Global Phenomenon of the Triads*, Nova York, Doubleday, 1998.

Bourne, K., *The Foreign Policy of Victorian England 1830-1902*, Oxford, Clarendon Press, 1970.

Boxer, C.R., *South China in the Sixteenth Century, Being the Narratives of Galeote Pereira*, Fr. Gaspar da Cruz O.P., Fr. Martin de Rada O.E.S.A. (1550-75), Londres, Hakluyt Society, 1953.

The Portuguese Seaborne Empire 1415-1825, Manchester, Carcanet, 1991 (orig. Londres, Hutchinson, 1969).

Burghardt, G.E., *Kleine Missions-Bibliothek*, vol. III, Bielefeld, 1860.

Burnett, John S., *Dangerous Waters: Modern Piracy and Terror on the High Seas*, Nova York, Dutton, 1992.

Buruma, Ian, *Inventing Japan 1853-1964*, Londres, Weidenfeld and Nicolson, 2003.

Bush, George W., *The National Security Strategy of the United States*, Washington, Casa Branca, setembro de 2002.

Buzan, Barry, *The United States and the Great Powers: World Politics in the 21st Century*, Cambridge, Polity Press, 2004.

Buzan, Barry e Rosemary Foot (orgs.), *Does China Matter?* Londres, Roudedge, 2004.

Cambridge History of China (orgs. Denis Twitchett e John K. Fairbank), Cambridge/Nova York, Cambridge University Press, 1978-98.

Chambers, John Whiteclay (org.), *The Eagle and the Dove: The American Peace Movement and United States Foreign Policy 1900-1922* (2ª ed.), Syracuse, NY, Syracuse University Press, 1991.

Chang, Maria Hsia, *Falun Gong: The End of Days*, New Haven, Yale University Press, 2003.

Chen Chi, *Die Beziehungen zwischen Deutschland und China bis 1933*, Hamburgo, Institut für Asienkunde (Instituto de Estudos Asiáticos), 1973.

Chen Jian, *China and the Cold War*, Chapel Hill, North Carolina Press, 2000.

Ching, Julia e W.G. Oxtoby (orgs.), *Discovering China: European Interpretations in the Enlightenment*, Nova York, University of Rochester Press, 1992.

Churchill, sir Winston Spencer, *The Second World War* (6 vols.), (nova ed., rev. reset), Londres, Cassell, 1949.

Cipolla, C.M., *Guns, Sails and Empires: Technological Innovation and the Early Phases of European Expansion 1400-1670*, New York Pantheon, 1965.

Clayton, Anthony, *The Wars of French Decolonization*, Londres, Longman, 1994.

Collis, Maurice, *Foreign Mud, Being an Account of the Opium Imbroglio at Canton and the Anglo-Chinese War that Followed*, Londres, Faber and Faber, 1946.

Constant, Charles Samuel de, *Les Mémoires de Charles de Constant sur le commerce à la Chine* (org. Louis Demigny), Paris, SEVPEN, 1964.

Cordier, H., *Histoire Génerale de la Chine* (4 vols.), Paris, Paul Guethner, 1920.

Costin, William C., *Great Britain and China 1833-1860*, Oxford, Clarendon Press, 1937.

Council on Foreign Relations, *Council on Foreign Relations Task Force on Chinese Military Power*, Nova York, Council on Foreign Relations, 2003.

Couplet, Fr. Louis, *Tabula Chronologica Trium Familiarum Imperialium Monarchiae*, Sinicae, Paris, 1686.

Cranmer-Byng, J.L., *An Embassy to China: Lord Macartney's Journal 1793-1794*, em *Britain and the China Trade, 1635-1842*, Londres/Nova York, Routledge, 2000, vol. 8.

Crowley, James, *Japan's Quest for Autonomy: National Security and Foreign Policy 1930-1938*, Princeton, Princeton University Press, 1966.

Cumings, Bruce, *The Origins of the Korean War* (2 vols.), Princeton, Princeton University Press, 1981-90.

Cunnynghame, Arthur, *An ADC's Recollectiom of Service in China*, Londres, 1844.

Curzon, George Nathaniel, *Problems of the Far East*, Londres, Longmans Green, 1894.

Dallin, David J., *The Rise of Russia in Asia*, New Haven, Conn., Yale University Press, 1949.

Dalloz, Jacques (trad. Josephine Bacon), *The War in Indo-China 1945-54*, Dublin, Gill and Macmillan, 1990.

Daniels, Robert V. (org.), *A Documentary History of Communism* (rev. nova ed.), Hanover, NH, University Press of New England, 1984.

Davies, J.F., *The Chinese, A General Description of the Empire of China and its Inhabitants* (2 vols.), Londres, Charles Knight, 1836.

Dawson, Christopher (org.), *The Mongol Mission: Narratives and letters of the Franciscan Missionaries in Mongolia and China in the Thirteenth and Fourteenth Centuries* (traduzido por uma freira de Stanbrook Abbey), Nova York, Sheed and Ward, 1955.

Dennett, Tyler, *Americans in East Asia; a Critical Study of the Policy of the United States with Reference to China, Japan and Korea in the 19th century*, Nova York, Barnes & Noble, 1941.

Dermigny, Louis, *La Chine et l'Occident: le commerce à Canton au XVIIIe siècle, 1719-1833*, 3 vols., Paris, 1964.

Djilas, Milovan, *Conversations with Stalin*, Nova York, Harcourt Brace and World, 1962.

Dower, John W., *War Without Mercy: Race and Power in the Pacific War*, Nova York, Pantheon, 1986.

_____. *Embracing Defeat: Japan in the Wake of World War II*, Nova York, Norton, 1999.

Dunne, George H., SJ, *Generation of Giants: The Story of the Jesuits in China in the Last Decades of the Ming Dynasty*, Londres, Burns and Oates, 1962.

Eberhard, Wolfram, *A History of China*, Berkeley, Cal., University of California Press, 1977.

_____. *China und seine Westlichen Nachbarn*, Darmstadt, Wissenschaftliche Buchgesellschaft, 1978.

Fairbank, John K., *The United States and China* (4ª ed.), Cambridge, MA, Harvard University Press, 1979.

_____. *The Chinese World Order: Traditional China's Foreign Relations*, Cambridge, MA, Harvard University Press, 1968.

Fairbank, John K. e Merle Goldman, *China, A New History* (ed. Rev. e ampl.), Cambridge, MA, Belknap Press of Harvard University Press, 1998.

Feis, Herbert, *Churchill, Roosevelt and Stalin: the War they Waged and the Peace they sought*, Princeton, Princeton University Press, 1957.

Fewsmith, Joseph, *China since Tiananmen*, Cambridge, Cambridge University Press, 2001.

Foreign Office (UK), *Foreign Office Confidential Papers Relating to China and her Neighbouring Countries 1840-1914, with an Additional List 1915-1937* (compilada por Lo Hui-nim), Haia/Paris, Mouton, 1969.

Foreign *Relations of the United States* (série de documentos oficiais), Washington, USGPO, (anual).

Foster, John W., *American Diplomacy in the Orient*, Nova York, Houghton Mifflin, 1903.

Gallagher, Louis J., SJ, *China in the Sixteenth Century: The Journals of Matthew Ricci, 1583-1610*, Nova York, Random House, 1953.

Gaulle, Charles de, *Lettres, notes et Carnets, Juin 1951-Mai 1958*, Paris, Plon, 1985.

Gelber, Harry G., *Nations out of Empires*, Londres, Palgrave, 2001.

Opium, Soldiers and Evangelicals. Londres, Palgrave, 2004.

Gernet, Jacques, *China and the Christian Impact, A Conflict of Cultures*, Cambridge, Cambridge University Press, 1985.

Gilley, Bruce, *Tiger on the Brink; Jiang Zemin and China's New Elite*, Berkeley, University of California Press, 1998.

Goldstein, Melvyn C., *The Snow Lion and the Dragon: China, Tibet and the Dalai Lama*, Berkeley, University of California Press, 1997.

Goodman, David S.G. e Gerald Segal (orgs.), *China Rising: Nationalism and Interdependence,* Londres, Routledge, 1997.

Graham, Gerald S., *The China Station: War and Diplomacy 1830-1860*, Oxford, Clarendon Press, 1978.

Greenberg, Michael, *Britain's Trade and the Opening of China 1800-1842*, (Cambridge, Cambridge University Press, 1951) Nova York, Monthly Review Press, 1979.

Greider, William, *One World, Ready or Not: The Manic Logic of Global Capitalism*, Nova York, Simon and Schuster, 1997.

Greville, C.C.F., *The Greville Memoirs; a Journal of the Reigns of King George IV and King William IV* (org. Henry Reeve) (3 vols.), Londres, Longmans Green, 1874.

Grew, Joseph, *Ten Years in Japan*, Nova York, Simon and Schuster, 1944.

Grunfeld, A. Tom, *The Making of Modern Tibet*, Armonk, Nova York, M.E. Sharpe, 1987.

Guizot, François, *Mémoires pour servir à l'histoire de mon temps* (nova ed.), Paris, Michel Lévy frères, 1872.

Hackett, Roger F., *Yamagata Aritomo in the Rise of Modern Japan 1838-1922*, Cambridge, MA, Harvard UP, 1971.

Harrison, John A., *The Founding of the Russian Empire in Asia and America*, Coral Gables, University of Miami Press, 1971.

Henriot, Christian, *Prostitution and Sexuality in Shanghai, a Social History 1849-1949* (trad. Noel Castelino), Cambridge, Cambridge University Press, 2001.

Hevia, James, *Cherishing Men from Afar: Qing Guest Ritual and the Macartney Embassy 1793*, Durham and London, Duke University Press, 1995.

Howard, Michael, *The Continental Commitment*, Londres, Temple Smith, 1972.

Hsü, Immanuel C. Y., *The Rise of Modern China* (5ª ed.), Nova York, Oxford University Press, 1995.

Hughes, Ernest Richard, *The Invasion of China by the Western World*, Londres, A. & C. Black, 1937.

Huntington, Samuel, *The Clash of Civilizations and the Remaking of World Order*, New York, Simon & Schuster, 1996.

Hyma, Albert, *The Dutch in the Far East: a History of the Dutch Commercial and Colonial Empire*, Ann Arbor, George Wahr, 1942.

Iriye, Akira, *Origins of the Second World War in Asia and the Pacific*, Londres, Longmans, 1987.

Israel, Jerry, *Progressivism and the Open Door: America and China 1905-1921*, Pittsburgh, University of Pittsburgh Press, 1971.

Jenkins, Robert Charles, *The Jesuits in China, and the Legation of Cardinal de Tournon*, Londres, D. Nutt, 1894.

Jenkins, Roy, *Churchill: a Biography*, Nova York, Farrar, Straus and Giroux, 2001.

Franklin Delano Roosevelt, Londres, Macmillan, 2003.

Jocelyn, Viscount, *Six Months with the Chinese Expedition*, (2ª ed.), Londres, J. Murray, 1841.

Johnston, Alastair Iain, *Cultural Realism: Strategic Culture and Grand Strategy in Chinese History*, Princeton, Princeton University Press, 1995.

Jung Chang e John Halliday, *Mao: The Unknown Story*, Londres, Jonathan Cape, 2005.

Kao, John, "The Worldwide Web of Chinese Business", *Harvard Business Review*, 71, 1993.

Kennan, George ("Mr X"), "The Sources of Soviet Conduct", *Foreign Affairs*, julho de 1947.

Khodarkovsky, Michael, *Where Two Worlds Met: The Russian State and the Kalmyk Nomads 1600-1771*, Ithaca, Cornell UP, 1992.

Kierman, Frank A. e John Fairbank, *Chinese Ways of Warfare*, Cambridge, MA, Harvard University Press, 1974.

Kim, Samuel S. (org.), *The International Relations of Northeast Asia*, Lanham, MD, Rowman and Littlefield, 2003.

Kirker, James, *Adventures to China: Americans in the Southern Oceans 1792-1812*, Nova York, Oxford University Press, 1970.

Kissinger, Henry A., *The White House Years*, Londres, Weidenfeld and Nicolson, 1979.

Kotzebue, Otto von, *A Voyage of Discovery into the South Sea and Bering straits... in the Years 1815-1818* (2 vols.), Londres, 1821.

Krusenstern, Adam Johann von, *Voyage Round the World in the Years 1803, 1804, 1805 and 1806* (trad. Richard Hoppner), Londres, 1813.

Lane, George, *Ghengis Khan and Mongol Rule*, Westport, Conn., Greenwood Press, 2004.

Langewiesche, William, *The Outlaw Sea: a World of Freedom, Chaos and Crime*, Nova York, North Point Press, 2004.

Lattimore, Owen, *Inner Asian Frontiers of China*, Londres, Boston, Beacon Press, 1962.

China *Memoirs: Chiang Kai-shek and the War Against Japan*, Tóquio, University of Tokyo Press, 1990.

Le Conte, Fr. Louis, *Nouveaux Mémoires sur l'état present de la Chine*, Paris, J.L. de Lorme, 1697.

Lee, Thomas, H.C. (org.), *China and Europe: Images and Influences in the Sixteenth to Eighteenth Centuries*, Hong Kong, Chinese University Press, 1991.

Lepsius, Johannes, Albrecht Mendelssohn Bartholdy e Friedrich Thimme (orgs.), *Die Grosse Politik der Europäischen Kabinette: Sammlungen der diplomatischen Akten des auswärtigen Amtes* (40 vols.), Berlim, Deutsche Velagsgesellschat für Politik und Geschichte, 1922 *et seq.*

Leutner Mechthild (org.), *Deutschland und China 1937-1949*, Berlim, Akademie Verlag, 1998.

Li Zhisui, *A vida privada do Camarada Mao*, Rio de Janeiro, Civilização Brasileira, 1997.

Lombard, Denis e Jean Aubin (orgs.), *Asian Merchants and Businessmen in the Indian Ocean and the China Sea*, Oxford, Oxford University Press, 2000.

Lu Yan, *Re-understanding Japan: Chinese perspectives 1695-1945*, Honolulu, University of Hawaii Press, 2004.

Lukin, Alexander, *The Bear Watches the Dragon*, Nova York, Armonk, M.E. Sharpe, 2003.

Ma, Laurence J.C., *Commercial Development and Urban Change in Sung China (960-1279)*, Ann Arbor, Departamento de Geografia, Universidade de Michigan, 1971.

Macdonald, sir Claude, *The Open Door and British Informal Empire in China 1895-1900,* Nova York e Londres, Garland Publishing, 1987.

MacFarquhar, Roderick (org.), *The Politics of China: The Eras of Deng and Mao*, Cambridge, Cambridge University Press, 1997.

MacFarquhar, Roderick e Michael Schoenhals, *Mao's Last Revolution,* Cambridge, MA, Harvard University Press, 2006.

McNeill, William H., *The Pursuit of Power: Technology, Armed Force and Society since AD 1000*, Chicago, University of Chicago Press, 1982.

_____. *The Age of Gunpowder Empires 1450-1800*, Washington, American Historical Association, 1989.

Mahan, Alfred Thayer, *The Influence of Sea Power Upon History 1660-1783*, Boston, Little Brown, 1890.

Malek, Roman (org.), *The Chinese Face of Jesus Christ*, St Augustin, Institut Monumenta Serica, Nettetal, Steylar, 2002.

Malek, Roman e Arnold Zingerle (orgs.), *Martino Martini SJ und die Chinamission im 17, Jahrhundert*, St Augustin, Institut Monumenta Serica, Nettetal, Steyler, 2000.

Mancall, Mark, *Russia and China, Their Diplomatic Relations to 1728*, Cambridge, MA, Harvard University Press, 1971.

_____. *China at the Center: 300 years of Foreign Policy*, Nova York, Free Press, 1984.

Manz, Beatrice Forbes, *The Rise and Rule of Tamerlane*, Cambridge, Cambridge University Press, 1989.

Marshall, Robert, *Storm from the East: From Ghengis Khan to Khubilai Khan*, Berkeley, Cal., University of California Press, 1993.

Martin Jones, David, *The Image of China in Western Social and Political Thought*, Londres, Palgrave, 2001.

Martini Martino SJ, *Bellum Tartaricum, or, The Conquest of the Great and most Renowned Empire of China, by the Invasion of the Tartars*... (trad. para o inglês), Londres, impresso por John Crook, 1654.

Michael, Franz, *The Origin of Manchu Rule in China*, Baltimore, Johns Hopkins Press, 1942.

Milton, Giles, *Nathaniel's Nutmeg*, Nova York, Farrer, Straus and Giroux, 1999.

Mohr, Friedrich Wilhelm, *Fremde und deutsche Kulturbetätigung in China*, Munique, 1926.

Montesquieu, Charles Secondat, Baron de, *L'Esprit* des lois, Paris, 1748.

Morgan, David, *The Mongols*, Oxford, Blackwell, 1986.

Morse, Hosea Ballou, *The International Relations of the Chinese Empire* (3 vols.), Londres, Nova York, Longmans Green, 1910-18.

Nathan, Andrew J., *China's Transition*, Nova York, Columbia University Press, 1998.

Nathan, Andrew J. e Robert Ross, *The Great Wall and the Empty Fortress*, Nova York, W.W. Norton, 1997.

Needham, Joseph, *Science and Civilization in China*, Cambridge, Cambridge University Press, 1954.

Nye, Joseph S. Jr., *Bound to Lead. The Changing Nature of American Power*, Nova York, Basic Books, 1990.

Ouchterlony, John, *The Chinese War*, Londres, Saunders and Otley, 1844.

Pelcovits, Nathan A., *Old China Hands and the Foreign Office*, Nova York, American Institute of Pacific Relations, 1848.

Petech, L., *China and Tibet in the Early XVIIIth Century* (2ª ed. rev.), Leiden, EJ. Brill, 1972.

Peyrefitte, Alain, *The Collision of two Civilisations: the British Expedition to China 1792-4*, Londres, Harvill, 1993.

Polo, Marco, *The Book of Marco Polo*, Londres, J. Murray, 1926.

Prange, Cordon W., *At Dawn We Slept: The Untold Story of Pearl Harbor*, Nova York, McGraw-Hill, 1981.

Prange, Gordon W., Donald M. Goldstein e Katherine V. Dillon, *Miracle at Midway*, Nova York, McGraw-Hill, 1982.

Preston, Diana, *The Boxer Rebellion*, Cambridge, Cambridge University Press, 1995; Nova York, Berkeley Books, 1999.

Pritchard, Earl H., *The Crucial Years of Anglo-Chinese Relations 1750-1800*, Research Studies of the State College of Washington, Washington, Pullman, 1936.

Putjata, S.D.W., *China's Wehrmacht*, Viena e Leipzig, 1895.

Roberts, J.M., *The Triumph of the West*, Londres, Guild Publishing, 1985.

Robinson, Thomas e David Shambaugh (orgs.), *Chinese Foreign Policy: Theory and Practice*, Oxford, Clarendon Press, 1994.

Rockhill, William Woodville (org.), *The Journey of William of Rubruck to the Eastern Parts of the World 1253-1255; as Narrated by Himself; with Two Accounts of the Earlier Journey of John of Pian de Carpine* (trad. do latim e editado com uma nota introdutória de W. W. Rockhill, Londres, impresso para a Hakluyt Society, 1900.

Rossabi, Morris, *Voyager from Xanadu: Rabban Sauma and the First Journey from China to the West*, Tóquio/Nova York, Kodansha International, 1992.

_____. (org.) *China Among Equals: the Middle Kingdom and its Neighbours, 10th-14th Centuries*, Berkeley, Cal., University of California Press, 1983.

Rowbotham, Arnold H., *Missionary and Mandarin: The Jesuits at the Court of China*, Berkeley and LA, University of California Press, 1942.

Rywkin, Michael, *Russia in Central Asia*, Nova York, Collier Books, 1963.

Schlesinger, Arthur M., *War and the American Presidency*, Nova York, Norton, 2004.

Segal, Gerald, "Does China Matter?", *Foreign Affairs*, setembro-outubro de 1999.

Serge, Victor, *Memoirs of a Revolutionary 1901-1941*, Londres, Oxford University Press, 1963.

Serruys, Henry, *The Mongols and Ming China: Customs and History* (org. Françoise Aubin), Londres, Variorum Reprints, 1987.

Shambaugh, David, *Modernizing China's Military: Progress, Problems and Prospects*, Berkeley, Cal., University of California Press, 2003.

Sherwood, E. Robert (org.), *The White House Papers of Harry Hopkins: An Intimate* History (2 vols.), Londres, Eyre and Spottiswoode, 1948-49.

Sinor, Denis (org.), *The Cambridge History of Inner Asia*, Cambridge, Cambridge University Press, 1990.

Smith, Adam, *An Enquiry into the Nature and Causes of the Wealth of Nations* (4ª ed.), Londres, A. Strahan and T. Cadell, 1789.

Snow, Edgar, *Red Star over China* (1ª ed. rev. e ampl.) (1937), Nova York, Bantam Books, 1978.

Spate, O.H.K, *The Spanish Lake*, Minneapolis, University of Minnesota Press, 1979.

Spence, Jonathan, *The China Helpers*; *Western Advisers in China 1620-1960*, Londres, Bodley Head, 1969.

_____. "Opium Smoking in Ching China", em Frederic Wakeman Jr e Carolyn Grant (orgs.), *Conflict and Control in Late Imperial China*, (artigos apresentados em conferência no East-West Center, Honolulu, em junho de 1971), Berkeley, University of California Press, 1975.

_____. *The Search for Modern China*, Nova York, Norton, 1990; 2ª ed. 1999.

Staunton, sir George, *An Authentic Account of an Embassy from the King of Great Britain to the Emperor of China* (2 vols.) (2ª ed., corr.) Londres, G. Nicol, 1798.

Stephan, John J., *The Russian Far East: a History*, Stanford, Cal., Stanford University Press, 1994.

Stöcker, Helmuth, *Deutschland und China im 19. Jahrhundert; das Eindrigen des deutschen Kapitalismus*, Berlim, Rütten und Löning, 1958.

Strachan, Hew, *The First World War* (vol. 1), Oxford/Nova York, Oxford University Press, 2001.

Sun, Yuli, *China and the Origins of the Pacific War 931-1941*, Nova York, St Martins, 1993.

Sutter, Robert G., *China's Rise in Asia: Promises and Perils*, Lanham, MD, Rowman and Littlefield, 2005.

Swisher, Earl (org.), *China's Management of the American Barbarians*, New Haven, Yale University Press, 1953.

Taylor, A.J.P., *The Struggle for Mastery in Europe 1848-1918*, Oxford, Clarendon Press, 1954.

Temperley, H.W.V. e L.M. Penson, *Foundations of British Foreign Policy from Pitt (1792) to Salisbury (1902)*, Cambridge, Cambridge University Press, 1938.

Teng Ssu-yu, *China's Response to the West: a documentary survey 1839-1923*, Cambridge, MA, Harvard University Press, 1954.

Terrill, Ross, *Mao, a Biography*, Stanford, Cal., Stanford University Press, 1999.

_____. *The New Chinese Empire: and What it Means for The United States*, Nova York, Basic Books, 2003.

Thorne, Christopher, *The Issue of the War: States, Societies and the Far Eastern Conflict of 1941-1945*, Nova York, Oxford University Press, 1985.

Tirpitz, Grande almirante Alfred von, *My Memoirs* (2 vols.), Nova York, Dodd Mead & CO, 1919.

Toland, John, *The Rising Sun: the Decline and Fall of the Japanese Empire, 1936-1945*, Nova York, Bantam Books, 1971.

Torday, Laszlo, *Mounted Archers*, Edimburgo, Durham Academic Press, 1997.

Tuchman, Barbara, *Stilwell and The American Experience in China 1911-1945*, Nova York, Grove Press, 2001.

Tyler, Christian, *Wild West China: The Taming of Xinjiang*, Londres, John Murray, 2003.

Ure, John, *The Cossacks*, Londres, Constable, 1999.

Van Alstyne, Richard W., *The United States and East Asia*, Londres, Thames and Hudson, 1973.

Van Gulick, R.H., *Sexual Life in Ancient China: A Preliminary Survey of Chinese Sex and Society from ca. 1500 BC till 1644 AD*, (Sinica Leidensia, vol. 57), Leiden/Boston, Brill, 2003.

Väth, Alfons, SJ, *Johann Adam Schall von Bell SJ, Missionar in China, Kaiserlicher Astronom und Ratgeber am Hofe von Peking 1592-1666: ein Lebens — und Zeitbild* (nova ed.), Nettetal, Steyler, 1991.

Wakeman, Frederic Jr., *Strangers at the Gate: Social Disorder in South China 1839-1861*, Berkeley, University of California Press, 1966.

Waley-Cohen, Joanna, *The Sextants of Beijing: Global Currents in Chinese History*, Nova York, Norton, 1999.

Walrond, Theodore (org.), *Letters and Journals of James, Eighth Earl of Elgin*, (com prefácio de Arthur Stanley), Londres, J. Murray, 1872.

_____. *Washington Treaties: Conference on the Limitation of Armament 1921-22, Treaty between the United States, Belgium, the British Empire, China, France, Italy, Japan, the Netherlands and Portugal, regarding principles and policies to be followed in matters concerning China, signed at Washington*, 6 de fevereiro de 1922, Washington, US Government Printing Office, 1925.

Wheaton, Henry, *Elements of International Law: with a Sketch of the History of the Science*, Filadélfia, Carey, Lea & Blanchard, 1836.

White, Gordon, *Riding the Tiger: the Politics of Economic Reform in Post-Mao China*, Londres, Macmillan, 1993.

Whiting, Alan, "Chinese Nationalism and Foreign Policy after Deng", *China Quarterly*, junho de 1995, p. 295-316.

Will, Pierre-Etienne, *Bureaucracy and Famine in Eighteenth-Century China* (trad. Elborg Forster), Stanford, Stanford University Press, 1990.

Wills, John E. Jr., *Embassies and Illusions: Dutch and Portuguese Envoys to K'ang-hsi 1666-1687*, Cambridge, MA, Council on East Asian Studies, Harvard University, 1984.

Windrow, Martin, *The Last Valley: Dien Bien Phu and the French Defeat in Vietnam*, Londres, Weidenfeld and Nicolson, 2003.

Wolseley, Garnet Joseph (marechal de campo visconde), *The Story of a Soldier's Life* (2 vols.), Westminster, Archibald Constable and Co., 1903.

Woodcock, George, *The British in the Far East*, Londres, Weidenfeld and Nicolson, 1969.

World Bank, *The East Asian Miracle: Economic Growth and Public Policy*, Nova York, NY, Oxford University Press, 1993.

Young, L.K., *British Policy in China 1895-1902*, Oxford, Oxford University Press, 1970.

Yü Wen-Tang, *Die Deutsch-Chinesischen Beziehungen von 1860-1880*, Bochum, Brockmeyer, 1981.

Zhai Qiang, *China and the Vietnam Wars 1945-1975*, Chapel Hill, North Carolina Press, 2000.

Zhang Shu Guang, *Deterrence and Strategic Culture: Chinese-American Confrontations 1949-1958*, Ithaca, Cornell University Press, 1992.

Zhang Yongjin, *China in International Society since 1949: Alienation and Beyond*, Oxford, St Antony's College; Nova York, St Martin's Press, 1998.

Zhou Yongming, *Anti-Drug Crusades in Twentieth Century China: Nationalism, History and State Building*, Lanham, MD, Rowman and Littlefield, 1999.

Índice Remissivo

Este livro foi composto na tipologia Adobe Caslon Pro,
em corpo 11/14,9, e impresso em papel off-white 80g/m²
pelo Sistema Cameron da Distribuidora Record
de Serviços de Imprensa S.A.